¡Quiero Reparar mis errores!
un abrazo
Gardenia

SECCIÓN DE OBRAS DE HISTORIA

Fideicomiso Historia de las Américas
Serie Estudios

Coordinada por
Alicia Hernández Chávez

Ciudadanía política y formación de las naciones

CIUDADANÍA POLÍTICA Y FORMACIÓN DE LAS NACIONES
Perspectivas históricas de América Latina

Hilda Sabato
Coordinadora

EL COLEGIO DE MÉXICO
Fideicomiso Historia de las Américas
FONDO DE CULTURA ECONÓMICA

MÉXICO

Primera edición, 1999

Se prohíbe la reproducción total o parcial de esta obra
—incluido el diseño tipográfico y de portada—,
sea cual fuere el medio, electrónico o mecánico,
sin el consentimiento por escrito del editor.

Ciudadanía política y formación de las naciones es resultado de un proyecto patrocinado por el Joint Committee on Latin American Studies del Social Science Research Council, el American Council of Learned Societies y el Instituto de Estudios Políticos y Relaciones Internacionales de la Universidad Nacional de Colombia, con el apoyo de la Fundación Ford y de Colciencias

El ensayo de Antonio Annino fue traducido por Isidro Rosas; el de Carlos A. Forment, por Eduardo L. Suárez; el de José Murilo de Carvalho, por José Esteban Calderón, y el de Richard Graham, por Carolina Rocha.

D. R. © 1999, FIDEICOMISO HISTORIA DE LAS AMÉRICAS
D. R. © 1999, EL COLEGIO DE MÉXICO
Camino al Ajusco, 20; 10740 México, D. F.

D. R. © 1997, FONDO DE CULTURA ECONÓMICA
Carretera Picacho-Ajusco, 227; 14200 México, D. F.

ISBN 968-16-5147-2

Impreso en México

PRESENTACIÓN

EL FIDEICOMISO HISTORIA DE LAS AMÉRICAS nace de la idea y la convicción de que la mayor comprensión de nuestra historia nos permitirá pensarnos como una unidad plural de americanos, al mismo tiempo unidos y diferenciados. La obsesión por definir y caracterizar las identidades nacionales nos ha hecho olvidar que la realidad es más vasta, que supera nuestras fronteras, en cuanto ésta se inserta en procesos que engloban al mundo americano, primero, y a Occidente después.

Recuperar la originalidad del mundo americano y su contribución a la historia universal es el objetivo que con optimismo intelectual trataremos de desarrollar a través de esta serie que lleva precisamente el título de Historia de las Américas, valiéndonos de la preciosa colaboración de los estudiosos de nuestro país y en general del propio continente.

El Colegio de México promueve y encabeza este proyecto que fue acogido por el gobierno federal. Al estímulo de éste se suma el entusiasmo del Fondo de Cultura Económica para la difusión de estas series de Ensayos y Estudios que entregamos al público.

ALICIA HERNÁNDEZ CHÁVEZ
Presidenta
Fideicomiso Historia de las Américas

AGRADECIMIENTOS

Hace algunos años, al incorporarme al Joint Committee on Latin American Studies del Social Science Research Council y el American Council of Learned Societies, mis colegas en el Comité y Eric Hershberg, su coordinador ejecutivo, me alentaron para poner en marcha una iniciativa colaborativa en torno al tema de la ciudadanía política en América Latina en perspectiva histórica. Se trataba de conectar a quienes venían trabajando alrededor de un conjunto de tópicos diferentes, pero que de una u otra forma se vinculaban con esa problemática. Luego de una ronda preliminar de consultas, en agosto de 1995 tuvo lugar en Bogotá un seminario en el que se discutieron unos veinte trabajos originales sobre diferentes aspectos del tema en cuestión. Dada la riqueza de los materiales presentados y del debate que se generó en torno a ellos, decidimos organizar un libro sobre la base de versiones nuevas de aquellos textos y de la reflexión que ellos inspiraron.

Hoy, finalmente, publicamos ese libro que, como se ve, es el resultado de un esfuerzo colectivo en el que han participado no solamente sus autores, sino todas las personas que colaboraron en diferentes momentos de su gestación.

A todos ellos, mi profundo agradecimiento. En particular, quiero mencionar a Eric Hershberg, quien con sus ideas, entusiasmo, humor y capacidad de trabajo hizo posible este volumen. También a Alexandra Cordero y los demás integrantes del equipo del SSRC, por su eficiencia y cordialidad, y a mis colegas del Joint Committee por el apoyo y las sugerencias que brindaron a esta iniciativa.

El seminario de Bogotá resultó un éxito gracias al esfuerzo y la cooperación de Gonzalo Sánchez, Francisco Gutiérrez y demás colegas y personal del Instituto de Estudios Políticos y Relaciones Internacionales de la Universidad Nacional de Colombia.

En Buenos Aires, sin la ayuda de Sandra Minvielle en la normalización de los textos, y de Haydée Fumagalli y Ricardo Oscar Abregó en las comunicaciones, todo hubiera resultado más difícil. En cuanto a la publicación del libro, quiero agradecer especialmente a Alicia Hernández Chávez, por su invalorable colaboración y su compromiso con esta edición. Tanto el seminario como este volumen han contado con aportes financieros del SSRC y de Colciencias, que resultaron claves para su realización. Finalmente quiero también dar las gracias a los demás autores, que convirtieron mi tarea de coordinadora en un estimulante desafío intelectual.

Hilda Sabato

Buenos Aires, junio de 1997

INTRODUCCIÓN[1]

Hilda Sabato[*]

> L'égalité politique marque l'entrée définitive dans le monde des individus. Elle introduit un point de non-retour. Elle affirme un type *d'équivalence de qualité* entre les hommes, en rupture complète avec les visions traditionelles du corps politique [...] L'égalité politique [...] n'est pensable que dans la perspective d'un individualisme radical, contrairement aux autres formes d'égalité, qui peuvent parfaitement s'accommoder d'une organisation hiérachique ou diférenciée du social.
>
> Pierre Rosanvallon, *Le sacré du citoyen*,
> Gallimard, París, 1992, p. 14.

1. EN LOS ÚLTIMOS AÑOS, el tema de la ciudadanía se ha convertido en una referencia obligada tanto en las discusiones políticas como en los debates académicos. Más allá de los motivos que han llevado a que un concepto prácticamente ausente de los lenguajes político y académico de los años sesenta y setenta haya adquirido después de 1980 tal relevancia, lo cierto es que su uso se ha multiplicado y su sentido se ha diversificado de tal manera que aparece vinculado a problemáticas de la más variada índole. Y si bien existe cierto consenso en cuanto a la asociación de ese concepto con los de Estado, nación y democracia, en algunos usos recientes se busca desgajarlo de sus raíces ideológicas, esto es, de los marcos de la filosofía política liberal que en sus distintas variantes construyó o reconstruyó esos conceptos y sirvió de base ideológica para la formación efectiva de naciones, Estados y democracias, tanto en Europa como en América. Si resultan atractivos los intentos de cargar a la noción de ciudadanía de nuevas valencias,

---

[1] Agradezco los comentarios de Juan Carlos Korol a una versión preliminar de este texto.
[*] Facultad de Filosofía y Letras de la Universidad de Buenos Aires (PEHESA, Instituto Ravignani) y Consejo Nacional de Investigaciones Científicas y Técnicas (Conicet), Argentina.

no parecen tan felices aquellos que buscan borrar sus orígenes y su historia, restándole así densidad semántica.

Esa densidad se recupera, en cambio, en varios trabajos recientes que rastrean las distintas perspectivas conceptuales que han ido abonando la noción de ciudadanía y exploran la tensión que recorre a dos vertientes aparentemente contrapuestas, la republicana clásica y la liberal, las cuales remiten al viejo dilema de "cómo reconciliar las libertades de los antiguos con las libertades de los modernos". Así, mientras el énfasis de la ciudadanía liberal está puesto en la titularidad y el ejercicio de los derechos individuales en función de la búsqueda del interés propio de cada ciudadano, la visión clásica supone la participación de éste en la comunidad política en aras del bien común. Partiendo de estas diferencias fundamentales, hoy se ensayan críticas y combinaciones para encontrar nuevos caminos en la definición de ciudadanía.[2]

En este volumen hemos elegido un camino algo diferente: no se trata de buscar nuevas definiciones sino de analizar un conjunto de procesos sociales que tuvieron lugar en Iberoamérica cuando la constitución de una ciudadanía política se planteó como problema concreto. Hemos escogido esa lente para preguntarnos en forma renovada sobre problemas nada nuevos de la historia de América Latina. Cómo se construyeron las comunidades políticas de la región y cómo se organizó, sostuvo y reprodujo (o no) el poder político en el seno de cada una de ellas: tal es la preocupación más general que subyace a nuestra empresa.

2. En los albores del siglo XIX, España y sus colonias de América entraron en un periodo de grandes transformaciones que cambiaron el escenario político de manera radical. En poco tiempo se derrumbó el edificio de la monarquía, sobre el que se sostenía la autoridad sobre reinos y súbditos a ambos lados del Atlántico. A la descomposición del poder real siguieron intentos diversos por construir nuevas bases sobre las cuales fundar un orden. Una tras otra esas tentativas fueron fracasando, el antiguo reino se fragmentó y la América colonial se disgregó en múltiples espacios donde, además, se libraron guerras y revoluciones. Se inició entonces la conflictiva historia de la conformación de nuevas comuni-

---

[2] La bibliografía sobre ciudadanía es amplísima. Sobre la vigencia y la utilidad actual del concepto, véase entre otros, Chantal Mouffe (comp.), *Dimensions of Radical Democracy. Pluralism, Citizenship, Community*, Verso, Londres, 1992; Salvatore Veca, *Cittadinanza. Riflessioni filosofiche sull'idea di emancipazione*, Feltrinelli, Milán, 1990, y Ronald Beiner (comp.), *Theorizing Citizenship*, State University of New York, Albany, 1995. La cita es del artículo de Chantal Mouffe, "Democratic Citizenship and the Political Community", en C. Mouffe (comp.), *op. cit.*, p. 228.

dades políticas, la redefinición de soberanías, la constitución de poderes y regímenes políticos nuevos. A pesar de la diversidad de situaciones, desde el Río de la Plata hasta Nueva España, el ideario liberal, en sus distintas versiones, proveyó buena parte del basamento normativo para esa construcción. Los gobiernos independientes se fundaron sobre el principio de soberanía del pueblo, y la república representativa se impuso en la mayoría de las antiguas colonias.[3] Aunque el caso del Brasil es bastante diferente, pues su independencia de Portugal fue "un proceso pacífico y negociado..." y "la separación se consumó conservando la monarquía y la casa de Braganza", de todas maneras se organizó un gobierno de tipo constitucional "de conformidad con los principios del liberalismo vigente".[4]

Con esos marcos normativos inestables y en constante redefinición pero de todas maneras vigentes, se desarrollaron los procesos concretos de formación de las nuevas comunidades políticas. Se trató de procesos sociales complejos que a lo largo del siglo XIX desembocaron en la constitución de los Estados-nación modernos, resultado que no estaba prefigurado de antemano y que tuvo en cada región, y aun en cada localidad, su historia peculiar y distintiva.[5]

Sin embargo, y más allá de esas diferencias, en toda Iberoamérica el ejercicio del poder político se asentó sobre los principios de la soberanía popular y la representación moderna, principios establecidos por las constituciones y sostenidos ideológicamente por las elites triunfantes de todos los partidos y en todas las regiones después de la independencia. Así, aunque a lo largo del siglo XIX en los distintos lugares del espacio americano hubo variaciones importantes en las propuestas hegemónicas fundantes de las comunidades políticas —desde el jacobinismo de algunas revoluciones iniciales, pasando por la flexión conservadora entre las décadas de 1820 y 1840, hasta el liberalismo republicano y constitucionalista de mediados de siglo y la ola positivista del último tercio—, en mayor o menor medida todas ellas sostuvieron los principios básicos del credo liberal. Y si bien es cierto que del seno

[3] *Cf.* Tulio Halperin Donghi, *Reforma y disolución de los imperios ibéricos, 1750-1850*, Alianza, Madrid, 1985; Frank Safford, "Politics, Ideology, and Society", en Leslie Bethell (comp.), *Spanish America after Independence c. 1820-c. 1870*, Cambridge University Press, Londres, 1987, pp. 48-122, esp. pp. 50-51.
[4] José Murilo de Carvalho, *Desenvolvimiento de la ciudadanía en Brasil*, FCE y El Colegio de México (Fideicomiso de Historia de las Américas), México, 1995, pp. 21-23.
[5] Un libro reciente referido en particular a México incluye reflexiones generales muy interesantes sobre esta cuestión. Gilbert Joseph y Daniel Nugent (comps.), *Everyday Forms of State Formation*, Duke University Press, Durham, 1994.

mismo de las propias elites surgieron ideas de signo conservador difícilmente reductibles al liberalismo, que compitieron con éste y lograron imponerse en algunas coyunturas, nunca llegaron a constituirse en alternativas duraderas.[6]

Desde el poder, las elites triunfantes buscaron entonces imponer los principios liberales sobre otros grupos que tenían horizontes culturales distintos a los que proponía ese ideario, o que profesaban versiones diferentes del mismo, y que a veces resistieron, otras se sometieron, aceptaron, reinterpretaron o contribuyeron a modificar el liberalismo a través de complejos procesos de relación social, cultural y política. Por otra parte, las prácticas de poder concretas que desarrollaron las propias elites con frecuencia violaron aspectos fundamentales del ideario que estaba en la base de su legitimidad, provocando tensiones y contradicciones en el seno mismo de las clases dirigentes. Por lo tanto, entre los derechos definidos por las leyes y las constituciones, las prácticas políticas impulsadas por las elites viejas y nuevas, y las expectativas y acciones de los demás sectores de la sociedad hubo amplio terreno para el conflicto y la negociación.

Dadas las concepciones vigentes de nación y Estado, la creación de una ciudadanía política constituyó un aspecto central de todo ese proceso. Las constituciones definían, a la vez que presuponían, al ciudadano ideal, a quien otorgaban derechos políticos y convertían así en miembro de la comunidad política nacional. Los límites teóricos de esa ciudadanía variaron con el tiempo, aunque no de manera lineal; pero más allá de esas variaciones en el plano de los proyectos, lo que resultó a lo largo del proceso histórico concreto tuvo poco que ver con ellos, lo cual abre un abanico de preguntas para la investigación.[7] La cuestión de la construcción de la ciudadanía política define, por tanto, un campo problemático desde donde analizar la formación de las nuevas naciones.

Éste es el terreno que está explorando actualmente la historiografía latinoamericana. En consonancia con una preocupación más general sobre la representación política, se produjo una cantidad importante de trabajos en torno a problemas relacionados con el sufragio, las eleccio-

---

[6] El proyecto bolivariano y los intentos monárquicos en México son ejemplos de este conservadurismo duro. Sobre la persistencia de los principios liberales véase Tulio Halperin Donghi, *op. cit.*, y Frank Safford, *art. cit., passim*.

[7] Para una crítica de la noción de "proyecto" en el contexto de la formación de los Estados-nación, véase Derek Sayer, "Everyday Forms of State Formation, Some Dissident Remarks on 'Hegemony'", en Gilbert Joseph y Daniel Nugent (comps.), *op.cit.*, pp. 367-377.

nes y otras formas de representación.[8] Por otro lado, y también coincidiendo con el creciente interés político y académico por el desarrollo de la sociedad civil, se está llevando adelante una serie de estudios sobre ese tema en perspectiva histórica. Estos tópicos pueden englobarse dentro de la problemática común de la ciudadanía política y analizarse desde esa perspectiva.

La reunión que dio origen a este volumen se organizó precisamente con el objetivo de discutir investigaciones en marcha sobre aspectos que pueden aglutinarse en torno a esa problemática común. El resultado es un libro en el que se exploran ideas y prácticas políticas, se analizan modos de participación formal, informal y alternativa, se indaga acerca de la formación de esferas públicas, y se estudian la representación política y el sufragio.

Hace algunos años, en un notable artículo de síntesis, Frank Safford señaló que la mayor parte de los mejores trabajos sobre la historia política de nuestros países todavía estaba "en el primer estrato de la investigación histórica: el análisis de ideas expresado por la elite a través de materiales impresos", y agregaba que "todavía hay poco análisis del funcionamiento de los procesos políticos o de sus conexiones sociales". Tampoco encontraba trabajos referidos a situaciones locales ni a la relación entre éstas y la política nacional. En los últimos años esa situación ha comenzado a revertirse, y este volumen es una muestra de la nueva literatura dedicada al análisis de los vínculos entre sistema político y sociedad civil en situaciones específicas.

El libro no pretende cubrir todas las regiones o todos los periodos históricos, ni brindar un panorama completo de la historiografía en curso, ni tampoco proponer una interpretación global de los problemas planteados. Más bien busca mostrar las preguntas y las preocupaciones vigentes, las estrategias de investigación que se están ensayando, las respuestas nuevas que se discuten hoy. Se verá que existe coincidencia en cuanto a la agenda de problemas, lo que da al libro

---

[8] Hay numerosos trabajos sobre casos particulares. Entre los volúmenes relativamente recientes que reúnen estudios sobre varios países de la región se encuentra el tomo pionero *Notabili, Elettori, Elezioni*, de *Quaderni Storici*, serie nueva, núm. 69, 1988, compilado por Antonio Annino y Raffaele Romanelli, que incluye también el estudio de casos europeos. En fecha más reciente se han publicado Antonio Annino (comp.), *Historia de las elecciones en Iberoamérica, siglo XIX. De la formación del espacio político nacional*, FCE, Buenos Aires, 1995; Eduardo Posada Carbó (comp.), *Elections before Democracy. The History of Elections in Europe and Latin America*, Macmillan, Londres, 1996, y Carlos Malamud (comp.), *Partidos políticos y elecciones en América Latina y la Península Ibérica, 1830-1930*, Papeles de Trabajo del Instituto Universitario Ortega y Gasset, Madrid, 1995.

una extraordinaria unidad; pero el resultado es fragmentario y polémico tanto por su cobertura como por la diversidad de interpretaciones y respuestas que se ofrecen.

Dada la amplitud de la problemática abordada, el volumen se organizó utilizando un criterio que combina cronología con área geográfica y temas de discusión. En la primera parte, los trabajos de François Xavier-Guerra, Antonio Annino y José Carlos Chiaramonte analizan los problemas que se plantean en torno a la ciudadanía en el momento de la independencia de las colonias americanas de España. La segunda parte incluye trabajos referidos a diversas formas de representación política y participación pública que se ensayaron en distintos países y periodos a lo largo del siglo XIX y hasta comienzos del XX. Finalmente, la tercera parte reúne algunas interpretaciones de los procesos de largo plazo de construcción de la ciudadanía política en Brasil, México y Uruguay.

3. El principio que organiza este volumen es, como dijimos, el problema de la construcción de la ciudadanía política en los procesos de constitución de los Estados-nación iberoamericanos sobre bases normativas básicamente liberales. La ciudadanía política liberal supone, como bien señala Rosanvallon, "una ruptura completa con las visiones tradicionales del cuerpo político", ahora compuesto por individuos libres e iguales. Sin embargo, una tensión recorre este concepto, pues en sus versiones decimonónicas, la ciudadanía lleva implícita una dimensión comunitaria. En efecto, ella define una comunidad política de límites establecidos, una comunidad de iguales que forman un cuerpo político, en este caso el de la nación. No obstante, a diferencia de los cuerpos propios de la organización jerárquica de las sociedades tradicionales, se trata en este caso de una comunidad *abstracta*.[9] Esta concepción se impone como norma y como *desideratum* en una Iberoamérica donde existen relaciones sociales complejas, donde funcionan comunidades concretas, cuerpos y organizaciones pertenecientes a la sociedad colonial, pero también asociaciones y agrupamientos de nuevo tipo que, aunque nacidos bajo las premisas del orden liberal, están permeados por tensiones de diversa índole. En esta articulación entre normas y procesos, entre ideas y prácticas, se abre un abanico de temas abordados por los trabajos aquí reunidos.

[9] François Xavier-Guerra, *Modernidad e independencias,* Mapfre, Madrid, 1992.

En primer lugar, se plantea el problema de la nación, es decir, de la definición de las nuevas comunidades políticas formadas por los ciudadanos. François-Xavier Guerra apunta las dificultades que experimentó la monarquía hispánica para transformarse en nación moderna, "no sólo originada(s) por su diversidad geográfica y el alejamiento de sus dos principales pilares, el europeo y el americano, sino también por la persistencia de dos maneras distintas de concebirla a ambos lados del Atlántico". En la visión de Guerra, en la América de los albores del siglo XIX predominaba una concepción corporativa y plural de la nación, que hacía aún más difícil el tránsito hacia las formas modernas de representación y soberanía, y que se enfrentaba con las ideas vigentes entre los liberales españoles. De acuerdo con esta interpretación, con la disolución de la monarquía, correspondía a los reinos (no al pueblo abstracto, sino a los pueblos) reasumir la soberanía, definida en contraposición a la soberanía de la metrópoli. Sin embargo, muy pronto, las ideas modernas de nación, establecidas por la Constitución de Cádiz y luego retomadas en las cartas americanas, irían superponiéndose a las más tradicionales, en un proceso de largo alcance y de cambios culturales profundos y lentos (*cf.* trabajos de Guerra y de Annino en este volúmen).[10]

Se abrió así un siglo XIX conflictivo en términos de la constitución de las nuevas comunidades políticas. En algunas regiones de Iberoamérica, como en el territorio del ex virreinato del Río de la Plata, los intentos de organizar "un Estado centralizado con una única soberanía nacional" no tuvieron éxito, en la medida en que "los pueblos" reclamaron sus derechos de autonomía y se mantuvieron como entidades soberanas hasta mediados del siglo, según lo sostiene José Carlos Chiaramonte. En otras, en cambio, hubo una centralización temprana, como en Brasil, donde la monarquía construyó un Estado central que articuló los poderes regionales. De acuerdo con la polémica sugerencia de José Murilo de Carvalho: "en el siglo XIX [...] el Brasil era un Estado en busca de una nación..."[11]

Finalmente, una vez definidos los Estados-nación soberanos, en la segunda mitad del siglo XIX todavía encontramos situaciones muy diversas en cuanto a la persistencia de las soberanías regionales; por ejemplo, mientras en las repúblicas de Argentina y Uruguay —en el territorio del

---

[10] Véase además, François Xavier-Guerra, *ibid.*
[11] La frase se completa con una afirmación mucho más discutible, "...los otros países eran naciones en busca de un Estado".

otrora virreinato del Río de la Plata— un Estado central consolidado contribuyó decisivamente a la "invención" de la nación moderna, en otras áreas, como en las actuales Colombia o Perú, la historia de los poderes y las soberanías regionales y aun locales mantuvo un peso fundamental.

4. En ese tránsito entre la nación moderna como proyecto y las naciones concretas como resultado, ocupa un lugar central el problema de la representación política. "El pueblo o la nación no puede hablar, no puede actuar sino a través de sus representantes." Sieyès sintetizaba así el principio sobre el que se asentaría el gobierno representativo en los Estados modernos. En teoría, esos representantes se diferenciaban de los de las sociedades del Antiguo Régimen, en cuanto que no debían funcionar como delegados o mandatarios de grupos o sectores particulares; por el contrario, una vez electos, no estaban limitados por el mandato imperativo, y representaban, a la vez que producían, la voluntad de la nación como comunidad única y abstracta compuesta por individuos. La elección de esos representantes se convirtió en un aspecto fundamental del nuevo sistema y en un momento decisivo de la relación entre gobernantes y gobernados. El derecho a elegir y ser elegido, por su parte, constituyó el núcleo de unos derechos políticos cuya titularidad estaba reservada a los ciudadanos. La definición normativa de los alcances y límites de esa ciudadanía fue variable y ésta nunca coincidió con la totalidad de la población.[12]

En la Iberoamérica del siglo XIX se produjo una superposición y sucesión de formas y mecanismos de representación diversos, aspecto que varios trabajos exploran. En ese marco se inscribe el estudio de los procesos electorales, considerados pieza clave en la transformación de los sistemas de representación. El primer problema que surge en ese sentido es el del sujeto de la representación: quiénes eran "representados" y, también, quiénes podían elegir y ser elegidos. Frente a las imágenes de la nación moderna y del ciudadano ("caracterizado por los atributos de la universalidad [...], igualdad [...], individualidad [...] y abstracción", según sintetiza François-Xavier Guerra, citando a Pierre Rosanvallon), que muy pronto comenzaron a circular en los distintos espacios de la región, varios de los ensayos aquí reunidos encuentran

---

[12] *Cf.* Giuseppe Duso, *La Rappresentanza: un Problema di Filosofia Politica*, Franco Angeli Libri, Milán, 1988; D. Pécaut y B. Sorj (comps.), *Métamorphoses de la Répresentation Politique*, Ed. du CNRS, París, 1991; Giovanni Sartori, *Elementi di teoria politica*, Il Mulino, Bolonia, 1983, y el libro ya clásico de Hannah Pipkin, *The Concept of Representation*, Berkeley, University of California Press, 1967.

tanto en la normativa como en la práctica de la etapa independentista una proliferación de formas que evocan a las instituciones coloniales o indígenas: los pueblos, las comunidades, los cuerpos [...] y sobre todo, el vecino, noción muchas veces confundida, fusionada o superpuesta a la de ciudadano.

Para Carmagnani y Hernández, "la condición de vecino, en el contexto mexicano, es el elemento fundador de la ciudadanía", en la medida en que fue la adquisición de ese *status* por parte de nuevos actores sociales el primer paso en el camino hacia la obtención de derechos políticos. Según Annino, "Cádiz transformó la comunidad local en la fuente de los derechos políticos liberales. Y [...] con una hazaña espectacular, los constituyentes extendieron la vecindad a los indígenas". Desde 1812 a 1855 todas las leyes electorales mexicanas establecían como "requisito primordial para ser considerado ciudadano o elector [...] ser vecino de su localidad y tener un modo honesto de vivir", relación que se mantuvo luego de las reformas liberales y que sólo comenzó a debilitarse a comienzos del siglo xx *(cf.* Carmagnani y Hernández). Este vínculo "confirió a la ciudadanía su connotación orgánica al territorio de pertenencia" debido a la pluralidad social y cultural propia de México, donde "al introducirse el liberalismo se encontró esencialmente con una 'sociedad de sociedades' que dificultó la afirmación de un criterio exclusivamente político y general para todos los eventuales titulares de derechos políticos". Claro que esta situación no es generalizable al resto de la región, donde el concepto de vecino, si bien mostró una notable persistencia, tendió a perder relevancia a medida que avanzaba el siglo.

Los alcances y los límites de la ciudadanía definidos a partir de la extensión de los derechos políticos y en particular del derecho a voto fueron muy variables. Lejos de producirse un proceso gradual de ampliación de ese derecho a partir de una ciudadanía restringida por requerimientos de propiedad o calificación, como prescribe el modelo marshalliano,[13] en buena parte de Iberoamérica la independencia introdujo un concepto relativamente amplio de ciudadano, que tendía a incluir a todos los varones adultos, libres, no dependientes, lo que lo acercaba más al *citoyen* de la Francia revolucionaria que al ciudadano propietario propuesto por Locke. Como dice Rosanvallon para Francia:

[13] Me refiero al modelo clásico propuesto por T. H. Marshall en su seminal trabajo de 1950, *Class, Citizenship, and Social Development*, modelo que buena parte de la historiografía tradicional latinoamericana sobre el tema adopta explícita o implícitamente.

"La única distinción autorizada por la abstracción de la igualdad es aquélla de la *naturaleza* de los sujetos jurídicos reales (edad, sexo, etc.)..."[14] Se excluía así, además de a los menores de cierta edad —variable según épocas y lugares—, a las mujeres, los esclavos y, en general, los sirvientes o los trabajadores dependientes. En cambio, con el giro conservador de las décadas de 1820 y 1830, mientras en algunas regiones se mantenía la definición amplia sin requisitos censatarios o de capacidad, en la mayor parte de los nuevos países se introdujeron fuertes restricciones. En fechas posteriores la situación fue muy variable y cada lugar tuvo su historia particular en la materia. En varios países, la amplitud en el derecho a voto en la base estuvo acompañada por un sistema indirecto que, como en México y Brasil, establecía requisitos de propiedad y capacidad para los electores en sus diferentes niveles. De esta manera, se formaba un sistema de base relativamente amplia pero jerarquizado en sus escalones intermedios. Como dice Annino para México: "...la 'intensidad' de la ciudadanía liberal se construyó en sentido vertical a lo largo del proceso electoral desde la parroquia hasta la cumbre de la provincia [...]. Sin embargo, a esta verticalidad jerárquica [...] se contrapuso [...] la ciudadanía horizontal del vecino-comunero, cuya pertenencia a la Nación es sin duda débil frente a su pertenencia al pueblo, que sigue existiendo como entidad autónoma y corporativa".

5. Definido el sujeto de la representación, se plantea un segundo problema: el de las prácticas electorales. Varios trabajos exploran esta cuestión a través del análisis de casos concretos. Prácticamente en todo el espacio iberoamericano y a lo largo de todo el siglo XIX encontramos que se realizaban elecciones regulares y frecuentes para designar representantes en los niveles local, regional y nacional, que podían ser directas o indirectas, y estas últimas de primero, segundo o aun de tercer grado. Todos los años se movilizaban hombres y recursos en la preparación, organización y concreción de los procesos electorales. Su papel era sin duda diferente al que tienen hoy en día y distinto también al que le fijaban los parámetros normativos liberales; por tanto, durante mucho tiempo se los interpretó como viciados, denunciándose las prácticas corruptas de las elites políticas en ese terreno. En los últimos años esta perspectiva ha sido cuestionada desde diversos ángulos. En un estudio pionero en ese sentido, Annino y Romanelli reaccionaron

---

[14] Pierre Rosanvallon, *Le sacré du citoyen*, Gallimard, Paris, 1992, pp. 70-71.

contra la tendencia a "considerar al liberalismo como el antecedente de una predestinada evolución democrática", subrayando en cambio la especificidad de las experiencias liberales caracterizadas por "el esfuerzo realizado por la sociedad no igualitaria de notables por traducir un orden orgánico y jerárquico en instituciones como las constituciones y las leyes electorales, cuya racionalidad es fundamentalmente individualístico-cuantitativa". En ese contexto, las prácticas electorales no habrían sido formas de ignorar o distorsionar las normas, sino más bien una manera de procesarlas en cada situación específica.[15]

Los trabajos aquí reunidos se preocupan, precisamente, por analizar casos particulares, inquiriendo en cada momento y lugar sobre las características de las elecciones. Quiénes participaban en cada ocasión y en qué calidad, cómo se armaba la escena comicial, cuáles eran las reglas formales e informales del juego electoral, qué resultados se obtenían, son algunas de las preguntas que aquí se formulan. Aunque se proponen respuestas diversas a estas cuestiones y cada caso ofrece sus peculiaridades, desde la puesta en funcionamiento del sistema de unanimidad rosista en Buenos Aires (cf. Marcela Ternavasio) hasta la compleja estructuración de la estratificada maquinaria mexicana (cf. Marcello Carmagnani y Alicia Hernández Chávez), el conjunto revela que las prácticas electorales cumplieron un papel central en la construcción de una esfera política que se relacionaba de manera compleja con la esfera social, pero que no podía reducirse a ella. En la mayoría de los países de la región, esas prácticas estuvieron en la base de la formación de redes dirigidas por viejas y nuevas elites locales, regionales y nacionales, destinadas a crear y movilizar clientelas. En ese marco, los votantes no eran, como prevé la teoría, los ciudadanos individuales, libres y autónomos que asistían pacíficamente al comicio para emitir su voto. En general, quienes votaban lo hacían enrolados en fuerzas electorales, movilizadas colectivamente por las facciones o los partidos para participar en las tumultuosas y con frecuencia violentas jornadas comiciales, durante las cuales la manipulación, el control y el patronazgo políticos siempre jugaron un papel importante. En algunos casos, la relación entre dirigentes y bases estaba cimentada en vínculos de dependencia social; en otros, se trataba de lazos creados en función de la vida política; pero en todos ellos las prácticas electorales, heterogéneas y complejas, contribuyeron de manera decisiva a la articulación de

---

[15] Antonio Annino y Raffaele Romanelli, "Premesa", en *Notabili, Elettori, Elezioni, op. cit.*, pp. 675 y 677. (La traducción es mía.)

redes políticas que incorporaron a distintos sectores de la población al juego electoral, así como a la creación de liderazgos y tradiciones específicamente políticos. Participaban en tales redes gentes de distinta condición social y origen étnico en combinaciones muy variadas (*cf.* especialmente Pilar González Bernaldo, Marta Irurozqui, Víctor Peralta Ruiz, Eduardo Posada Carbó y Marcela Ternavasio).

Estas redes que se organizaban para operar en el terreno electoral tuvieron diferentes grados de estructuración, cohesión y continuidad. Aunque a veces se creaban como mecanismos *ad hoc* para operar en una coyuntura determinada en pos de alguna candidatura, en general se fueron convirtiendo en una pieza importante de las agrupaciones que comenzaron a conocerse como "partidos políticos". Varios trabajos abordan el tema de la organización de tipo partidario en distintos momentos del siglo y en diferentes lugares de la región. En principio, los partidos fueron apareciendo como forma de asociación política al reunir a grupos y personas que aspiraban a llegar al poder, a partir de lazos de muy diversa índole, en torno a figuras dirigentes fuertes. Ese desarrollo no se dio sin tensiones en medio del clima de ideas que predominó en el área hasta bien entrada la segunda mitad del siglo XIX, respecto a cómo debía ejercerse la representación política. Si bien circulaban diferentes propuestas sobre este punto, predominaban aquellas que veían a la nación como un todo indivisible y entendían las elecciones como el mecanismo para la selección de los mejores, pero en tanto representantes del conjunto y no de ningún sector en particular. Se suponía que en ese trámite, los notables de cada lugar se impondrían naturalmente.[16] En consecuencia, en buena parte de nuestra historia, la idea misma de partido resultaba por lo menos incómoda, aunque de hecho surgieron y se desarrollaron agrupamientos con ese nombre a los que críticamente se denominaba "facciones" y que se convirtieron en "factores de aglutinación de intereses políticos, centros de actuación de quienes habían llegado o aspiraban a llegar al poder, lugares de constitución de redes materiales y tramas simbólicas que contribuyeron a definir tradiciones políticas".[17]

En varios países de la región, una dicotomía ideológico-política básica dividía a los partidos en liberales y conservadores; pero no fue ése

---

[16] Sobre la figura del notable y la llamada "representación notabiliar" véase Antonio Annino y Raffaele Romanelli, *Notabili...*, *op. cit.*, y Bernard Manin, "Métamorphoses du gouvernement répresentatif", en D. Pécaut y B. Sorj, *op. cit.*, pp. 31-71.

[17] Hilda Sabato, "Elecciones y prácticas electorales en Buenos Aires, 1860-1880. ¿Sufragio universal sin ciudadanía política?", en Antonio Annino (comp.), *Historia de las elecciones...*, *op. cit.*, p. 125.

el único clivaje que separaba a los grupos que competían por el poder. Además, hubo partidos de larga historia, como los de Uruguay o Colombia, y organizaciones más efímeras, como en Perú o Argentina (*cf.* Gerardo Caetano, Eduardo Posada-Carbó, Carmen McEvoy, Marta Bonaudo). Lugares de formación y actuación de las viejas y nuevas dirigencias políticas, estas agrupaciones, generalmente verticales y personalistas, buscaban sus partidarios en sectores más amplios de la sociedad, movilizando desde artesanos o profesionales urbanos hasta campesinos y peones. En cada región, la historia de los partidos siguió caminos diferentes, pero muchos de los rasgos que los caracterizaron en el siglo XIX todavía hoy son reconocibles en los partidos modernos. Sin embargo, hacia finales del siglo pasado, en algunos países se introdujeron cambios importantes en las formas de asociación política y las organizaciones partidarias fueron adoptando un perfil más familiar para nosotros con una organización interna de índole más democrática apoyada en criterios de representación política plural.

¿Cuál fue el papel de las elecciones y de estas redes de asociación política en el plano de las relaciones entre sociedad civil y sistema político y de la conformación efectiva de una ciudadanía? Este libro no ofrece una respuesta única a esta pregunta; tanto la hipótesis optimista de que todas estas prácticas contribuyeron a la consolidación ciudadana o la opuesta, de que sólo la habrían obstruido, resultan demasiado simples para interpretar la compleja historia que nos ocupa.

Si miramos las cifras de participación electoral, el panorama que se presenta es muy heterogéneo entre regiones y variable en el tiempo dentro de cada una de ellas. De todas maneras, se puede afirmar que, en la mayoría de los casos, una proporción muy baja de la población total —menos de 5%— se involucraba en las votaciones, porcentaje semejante al que se encuentra por entonces en varios países de Europa. No obstante, hubo casos de mayor participación electoral, como en el Brasil imperial donde, hacia 1870, alrededor de un millón de votantes tomaban parte regularmente en los comicios, lo que representaba 10% de la población total y 50% de los individuos habilitados para votar, entre quienes figuraba un número no desdeñable de esclavos libertos. Con la ley de 1881 que introdujo restricciones al derecho a voto, las cifras bajaron drásticamente a unos 100 000 sufragantes (*cf.* José Murilo de Carvalho, Richard Graham). Sin embargo, no siempre la legislación era tan determinante y con frecuencia una proporción no desdeñable de los habilitados para votar no ejercía ese derecho. En Argentina, por ejemplo, donde desde mediados de siglo se impuso el sufragio universal masculino, de manera que cualquier hombre adulto nacido o naturalizado podía votar, las cifras de asistencia a los comicios eran en extremo variables y sólo una proporción menor de quienes podían votar lo hacían efectivamente. En ese caso, la baja participación electoral que se observa en la segunda mitad del siglo XIX se interpretó tradicionalmente como el resultado de la presencia masiva de inmigrantes que no se nacionalizaban y, por lo tanto, no gozaban del derecho a voto. Sin embargo, las cifras de participación electoral de quienes sí estaban habilitados para hacerlo rara vez superaban 20%, lo que sugiere que no se trataba sólo de un problema de derechos.[18]

En la legislación, las elecciones aparecían como el mecanismo por excelencia de la representación política. Sin embargo, la población no siempre consideró el votar una forma de intervención deseable y significativa. La imagen de un pueblo ávido por ejercer sus derechos electorales resulta anacrónica en muchas regiones de Iberoamérica, donde los que aspiraban a gobernar se quejaban con frecuencia de "la indiferencia" y "la falta de espíritu cívico" de los supuestos ciudadanos. Con frecuencia, el montaje de máquinas electorales sirvió no solamente para controlar los comicios sino para hacerlos posibles, es decir, para reclutar activamente votantes, a quienes se ofrecían las ventajas materiales y simbólicas de pertenecer a una clientela. Paradójicamente, eran muchas veces los sectores más acomodados, aquellos que en los casos de sufragio censatario estaban habilitados para votar, quienes se mostraban menos atraídos por esa posibilidad, rechazando el privilegio que les otorgaban las leyes. Es probable que por mucho tiempo nociones como las de soberanía popular y representación en su versión moderna resultaran muy abstractas para amplios sectores de la población, que a menudo desarrollaban mecanismos de participación política más directa.

6. Una forma de intervención fundamental fue la de las armas. En la Iberoamérica del siglo XIX la ciudadanía política se asociaba estrechamente a la participación en las milicias. En varios países de la región, para poder votar se debía estar inscrito en la Guardia Nacional; pero, además, la condición misma de ciudadano activo implicaba el derecho y el deber de pertenecer a ella para defender a la patria (*cf.* José Murilo de

---

[18] Las cifras disponibles corresponden a la ciudad de Buenos Aires. *Cf.* Hilda Sabato, *ibid.*; y *La política en las calles. Entre el voto y la movilización. Buenos Aires 1862-1880*, Sudamericana, Buenos Aires, 1998.

Carvalho). Este objetivo era interpretado de maneras muy diversas en la medida en que el ejercicio de la violencia era considerado legítimo, no solamente frente a un enemigo exterior sino también en el plano interno, en ocasión de los frecuentes enfrentamientos entre facciones y los levantamientos o pronunciamientos en contra de los gobiernos de turno, cuando se consideraba que el poder central violaba la Constitución o las bases sobre las cuales se fundaba su legitimidad. La vía armada de acceso al poder fue transitada muchas veces y los líderes militares tuvieron un papel muy importante en toda la región. Por su parte, la participación en ese tipo de acciones involucraba a sectores amplios de la población, a veces bastante más amplios que los que tomaban parte en los comicios. La impronta de la tradición republicana en este terreno es subrayada por el trabajo de Víctor Peralta Ruiz sobre Lima, donde el mito del ciudadano armado "apareció rodeado con el lenguaje de la fraternidad y el asociacionismo" propio de la sociedad civil.

Otra forma de participación fundamental consistió precisamente en un conjunto de prácticas originadas en el seno de esa sociedad civil. Se abre aquí un amplio espectro de cuestiones teóricas e históricas en torno a un concepto que, sobre todo en distintas versiones de tonalidad hegeliana, ha sido recuperado en los últimos años, a propósito de la renovada preocupación por la democracia.[19] En este marco, varios de los trabajos reunidos aquí adoptan esa perspectiva para indagar el perfil que fue adoptando la sociedad civil en transformación y su relación con el Estado, también en construcción, a medida que avanzaba el siglo XIX y en el contexto de las transformaciones económicas y sociales más generales. En la Iberoamérica independiente surgieron pronto formas de sociabilidad nuevas que, a diferencia de las de la Colonia, extraían "su legitimidad no de la costumbre o de la ley, sino de la asociación misma, de la voluntad de los asociados", entendidos como individuos libres e iguales entre sí.[20] En su seno se desarrollaron prácticas comunicativas igualitarias en las que la autoridad del argumento predominaba sobre la que pudiera emanar de las jerarquías sociales previas y que habrían resultado fundamentales en la creación de formas democráticas de vida (cf. Carlos Forment). Un entramado cada vez más denso de instituciones de este nuevo tipo —asociaciones profesionales o

---

[19] Para una síntesis de los debates sobre el tema, véase Jean Cohen y Andrew Arato, *Civil Society and Political Theory*, The MIT Press, Cambridge, Mass., 1992.

[20] François Xavier-Guerra, *op. cit.*, p. 89.

étnicas, sociedades de ayuda mutua, salones, logias masónicas, clubes sociales y culturales, periódicos de diversa índole— se hizo visible en varias ciudades de la región (Lima, Buenos Aires y otras) como expresión de una sociedad civil vigorosa. Se fue constituyendo así la base para la formación de lo que Habermas ha llamado una esfera pública política, una instancia creada desde la sociedad civil por "personas privadas que reunidas forman un público" con el propósito de entablar el diálogo y el debate con el Estado.[21] Aunque no se trató de un proceso generalizado ni homogéneo, lo vemos con claridad en algunas ciudades grandes, en plena modernización, sobre todo hacia la segunda mitad del siglo XIX. En esos casos, la esfera pública funcionó como un espacio de mediación entre ciertos sectores de la sociedad civil y el Estado o el poder político, y como un ámbito de acción para un público urbano que buscaba incidir sobre las decisiones políticas. A través de los distintos tipos de asociaciones —que además de ser lugares de sociabilidad funcionaban con frecuencia como intermediarios frente al Estado—, de la prensa escrita y también de otras formas de acción, como las movilizaciones callejeras, sectores importantes de la población de la ciudad intervenían en la vida política de manera muy directa. A su vez, "desde el poder se atendía a las señales que provenían de ese espacio que fue convirtiéndose en una fuente de legitimación para la acción política", lo cual se relaciona estrechamente con el papel creciente de la opinión pública como instancia decisiva de legitimidad política.[22]

Se podrían citar en este caso las palabras pronunciadas por Malesherbes en 1775 en Francia: "Se ha levantado un tribunal independiente de todos los poderes y que todos los poderes respetan..." La opinión pública aparece aquí, como allá, cuando "el mundo se vacía de otras autoridades heredadas".[23] Concepto polisémico: encontramos que en la región admite muy variadas acepciones, desde las versiones unanimistas arraigadas en el pensamiento ilustrado que entendían la opinión como única y monolítica, hasta las que la concebían como un mero agregado de voluntades, resultado del compromiso entre opiniones divergentes. En buena parte del siglo XIX, sin embargo, existió una difun-

[21] Jürgen Habermas, *Historia y crítica de la opinión pública*, Ediciones Gili, México, 1981.
[22] Hilda Sabato, "Citizenship, Political Participation and the Formation of the Public Sphere in Buenos Aires, 1850s-1880s", *Past and Present*, agosto de 1992, núm. 136, p. 151.
[23] Mona Ozouf, "L'Opinion Publique", en Keith Baker (comp.), *The French Revolution and the Creation of Modern Political Culture. The Political Culture of the Old Regime*, vol. 1, Pergamon Press, Oxford, 1988, p. 424.

dida desconfianza hacia las nociones de disidencia y diversidad en el seno social y una preferencia por la versión unanimista de la opinión pública. Más aún, en la medida en que las elecciones generalmente implicaban la competencia entre partes, peyorativamente consideradas "facciosas", los contemporáneos muchas veces contrastaban la nociva división propia de la vida político-electoral con el benéfico imperio de la opinión pública, considerada representación genuina y deseable de la voluntad del pueblo o de la nación entendidos colectivamente.

Esta visión puede vincularse con una de las vertientes ideológicas que marcó de manera decisiva la vida política del siglo XIX iberoamericano: el republicanismo. Aunque este libro no aborda sistemáticamente el problema de las múltiples y heterogéneas corrientes teóricas y filosóficas que circularon en la región, varios trabajos examinan el atractivo y la influencia que diversas versiones del ideario republicano ejercieron sobre la vida política de nuestros países, desde la veta clásica hasta las adaptaciones española, francesa o estadunidense más modernas, conviviendo en tensión con el liberalismo más puro. El republicanismo, planteado en fecha temprana en el terreno político como opción a las ideas que sustentaban el orden monárquico, luego fue reformulado, una y otra vez, ya abriéndose a distintas orientaciones (democrática, militarista, etc.), ya reuniendo a varias de ellas en "peculiar amalgama", como dice Carmen McEvoy refiriéndose a la experiencia peruana de la década de 1870. Esta investigadora señala que "el republicanismo peruano nació con una doble herencia ambigua y contradictoria. Por un lado, una apelación constante a un espíritu de cuerpo tendiente a la consecución del mejor beneficio para todos sus miembros [...] por el otro, una tenaz defensa de los derechos y de la propiedad privada..." En esa coyuntura, el republicanismo actuó como una ideología cohesionadora de una coalición multiclasista y multipartidaria dirigida por una nueva elite, pero que logró incluir a "los frágiles sectores medios que pugnaban por hacerse de un espacio social y político". No siempre se produjo una amalgama semejante. Una veta más democratizante estuvo en la base de lo que Gutiérrez Sanín llama la movilización plebeya en Nueva Granada de mediados de siglo, dirigida por artesanos y trabajadores manuales, mientras que por la misma época en Buenos Aires la retórica del régimen rosista era de matriz clásica y resistente al liberalismo.[24] En cambio, en los años que siguieron a la caída de Rosas,

---

[24] Jorge Myers, *Orden y virtud. El discurso republicano en el régimen rosista*, Universidad Nacional de Quilmes, Bernal, 1995.

el republicanismo liberal constituyó "el basamento firme de un clima ampliamente compartido por partidos políticos e instituciones civiles, en sus niveles de dirección pero también en sus bases" en una Buenos Aires en que, al contrario de lo que ocurría en Bogotá, "la visión [...] de un pueblo que podía expresarse de manera unitaria se confirmaba en la medida en que la diversidad cultural y las diferencias sociales no se traducían todavía en explícitos conflictos de clase ni en una fragmentación en la actividad institucional que reconociera como base esas diferencias".[25] La presencia política de las distintas variantes del republicanismo fue declinando en el último tercio del siglo XIX; reemplazadas en parte por un nuevo núcleo de ideas, el positivismo, el cual irradiaría su influencia sobre un amplio espectro de formaciones políticas.

7. Hasta aquí el conjunto principal de temas abordados en este libro, que, sin embargo, no agota el vasto campo de problemas que nos planteamos al principio. La definición de una ciudadanía política fue un presupuesto en la formación de las nuevas naciones iberoamericanas impuesto por las elites triunfantes después de la independencia. El poder político debía fundar su legitimidad de origen en el sistema representativo, lo que implicaba la construcción de una comunidad de iguales —cuyos límites podían ser muy variables—, que participara directa o indirectamente en el ejercicio del poder político. En la mayor parte de nuestros países ese proceso tuvo poco que ver con lo que prescribían las teorías en boga o aun con los proyectos de las propias elites que lo dirigieron. Luego de largos y sangrientos años de guerra, la consolidación de las nuevas comunidades políticas nacionales no terminó con la violencia, la cual siguió ejerciéndose como una forma legítima de acceso al poder o de presión sobre él. No obstante, esa situación no impidió que nuevas formas relativamente pacíficas de representación política se fueran imponiendo, y las elecciones fueron el mecanismo más frecuente de acceso a los puestos de gobierno en la mayoría de los países de la región. En cada lugar, el sistema electoral tenía sus reglas explícitas pero sobre todo sus mecanismos concretos de funcionamiento, y no puede generalizarse respecto a su relevancia ni a su papel desde el punto de vista de la relación entre sociedad civil

---

[25] Hilda Sabato, "Vida política y cultura de la movilización en Buenos Aires, 1860-1880", Buenos Aires, 1995. Este ensayo se publicará en Marcello Carmagnani, Alicia Hernández Chávez y Ruggiero Romano (comps.), *Para una historia de América,* t. III: *Los nudos* 2, FCE y El Colegio de México (Fideicomiso de Historia de las Américas), México, en prensa.

y poder político ni de la efectiva construcción de una ciudadanía. Esta relación encontró también otros canales de funcionamiento, que dieron lugar a formas de intervención política y pública significativas diferentes de la vía electoral.

De aquí surgen imágenes de la vida política en la sociedad iberoamericana decimonónica bastante más complejas que las que durante mucho tiempo predominaron en nuestra literatura sobre el tema. En la formación de los Estados-nación el acceso al poder político y su ejercicio efectivo no fueron procesos de simple reproducción o recambio de elites que dirimían entre sí esas cuestiones. La relación de estas elites con sectores más amplios de la población fue decisiva para la formación de las nuevas comunidades políticas y se dio a través de diversos mecanismos, entre los cuales tuvieron un papel central las nuevas y viejas formas de representación y de intervención en la vida pública. No se trató de un proceso lineal de construcción de una ciudadanía política moderna ni de un patrón universal de democratización paulatina. Por el contrario, el poder se construyó y se sostuvo de maneras diferentes en cada lugar y en cada momento. Cómo y por qué son cuestiones que no se resuelven en este libro; pero para responder a esos interrogantes los temas aquí tratados resultan insoslayables.

Estos temas constituyen, por lo tanto, una agenda de cuestiones que deberán seguirse explorando. En conjunto, representan un momento de la indagación histórica diferente al que Frank Safford sintetizó hace casi 10 años. La pregunta central acerca de "la dificultad para establecer nuevos Estados viables después de la separación de España", es decir, para la construcción y ejercicio del poder político en la Iberoamérica del siglo XIX, sigue siendo la misma pero las formas de exploración y abordaje son novedosas. A las visiones de procesos globales que tan magistralmente interpretaron historiadores como Richard Morse o Tulio Halperin Donghi, se superponen ahora las múltiples imágenes fragmentarias y con frecuencia contradictorias que nos ofrecen las actuales perspectivas de la historia política.[26] Este libro reúne apenas algunas de estas nuevas imágenes.

---

[26] Frank Safford, *art. cit.* La cita es de la página 51. *Cf.* su síntesis y comentario de las interpretaciones de Richard Morse y Tulio Halperin Donghi.

PRIMERA PARTE

LOS ORÍGENES DE UN PROBLEMA

EL SOBERANO Y SU REINO
Reflexiones sobre la génesis del ciudadano en América Latina

François-Xavier Guerra[*]

EL CIUDADANO Y LA NACIÓN son dos de las mayores novedades del mundo moderno, dos figuras íntimamente ligadas con la soberanía en el mundo latino. Ambos se constituyen en relación o en oposición al monarca absoluto: la nación, como soberanía colectiva que reemplaza la del rey; el ciudadano, como el componente elemental de este nuevo soberano. De ahí el título de nuestro ensayo. Pero ni una ni otro son realidades simples que se puedan captar de manera unívoca, sino conceptos complejos con atributos múltiples —y a veces contradictorios— que cambian según los momentos y lugares.

Por eso, para estudiar al ciudadano hay que colocarse en un doble registro: el cultural, para descifrar esta figura compleja, y el histórico, para asistir a su génesis y a sus avatares. Del ciudadano podríamos decir lo que Tertuliano decía del cristiano: no nace, se hace. Ser y sentirse ciudadano no es algo "natural", sino el resultado de un proceso cultural en la historia personal de cada uno y en la colectiva de una sociedad.

Analizar así al ciudadano es abordar de otra manera el problema de la democracia, no como una cuestión institucional o sociológica en la que la historia no representa más que un telón de fondo para dar colorido a la escena, sino como un elemento esencial de inteligibilidad. El ciudadano, la nación, las elecciones, el régimen representativo, la igualdad ante la ley, los derechos del hombre y muchos otros elementos constitutivos de nuestros modelos políticos actuales son realidades (o ideales) nuevas que tienen a lo más dos siglos de existencia. Hay, pues, que estudiarlas como lo que son, como una invención social, sin dejarse engañar por la polisemia del lenguaje. Ni el ciudadano moderno es el ciudadano de las repúblicas antiguas o medievales, ni la nación moderna equivale a la del Antiguo Régimen, ni la representación tiene el mismo sentido y funciones en las sociedades tradicionales que en las modernas...

[*] Universidad de París I, Francia.

Es este proceso de invención el que hay que estudiar, atentos a sus ritmos, a las rupturas y permanencias, a las hibridaciones entre lo viejo y lo nuevo; a los lugares donde primero se produce esta invención y a su difusión hacia otras áreas; a las combinatorias, en fin, que se producen en países y medios sociales diversos, entre los elementos comunes a un área cultural —en nuestro caso la occidental, la europea-americana— y otros específicos.

No han sido éstas las problemáticas que más se han utilizado en múltiples coloquios y libros sobre la democracia, sobre todo en América Latina. Consciente o inconscientemente, muchos de estos análisis están impregnados de supuestos morales o teleológicos por su referencia a modelos ideales. Se ha estimado de manera implícita que, en todo lugar y siempre —o por lo menos en los tiempos modernos—, la sociedad y la política deberían responder a una serie de principios como la igualdad, la participación de todos en la política, la existencia de autoridades surgidas del pueblo, controladas por él y movidas sólo por el bien general de la sociedad... No se sabe si este "deberían" corresponde a una exigencia ética, basada ella misma en la naturaleza del hombre o la sociedad, o si la evolución de las sociedades modernas conduce inexorablemente hacia esa situación.

Ambas posturas absolutizan el modelo ideal de la modernidad occidental: la primera, al considerar al hombre como naturalmente individualista y democrático; la segunda, por su universalización de los procesos históricos que han conducido a algunos países a regímenes políticos en los que hasta cierto punto se dan estas notas. Ni qué decir tiene que ninguno de estos supuestos resiste un análisis histórico. Cada vez conocemos mejor hasta qué punto la modernidad occidental —por sus ideas e imaginarios, sus valores, sus prácticas sociales y comportamientos individualistas— es diferente no sólo de las sociedades no occidentales, sino también de las sociedades occidentales del Antiguo Régimen.[1] Concebir la sociedad como una asociación voluntaria de individuos iguales, regida por autoridades que ella misma se ha dado, representa una novedad radical respecto a las sociedades hasta entonces existentes, en las que el individuo se concebía ante todo como miembro de un grupo, en las que la jerarquía se consideraba como cons-

---

[1] *Cf.* para estos temas las obras pioneras de Louis Dumont, *Homo hierarchicus. Essai sur le système de castes*, París, 1966; *Homo æqualis. Génèse et épanouissement de l'idéologie économique*, París, 1977; *Essais sur l'individualisme. Une perspective anthropologique sur l'idéologie moderne*, París, 1983.

titutiva del orden social y las autoridades estaban legitimadas por la historia, la costumbre o la religión.

Puesto que nuestras maneras de concebir el hombre, la sociedad o el poder político no son universales ni en el espacio ni en el tiempo, la comprensión de los regímenes políticos modernos es ante todo una tarea histórica: estudiar un largo y complejo proceso de invención en el que los elementos intelectuales, culturales, sociales y económicos están imbricados íntimamente con la política. Esto es lo que vamos a intentar hacer aquí, limitándonos por la amplitud del tema a la época de la independencia, periodo fundamental en que la modernidad irrumpe en el mundo ibérico, cuando se define por vez primera el ciudadano moderno y se realiza una gran cantidad de elecciones basadas en este nuevo sujeto político.

Decimos bien "en el mundo ibérico", puesto que en esta época fundadora es imposible separar a América Latina de sus metrópolis ibéricas, y más aún en nuestro tema, por la extraordinaria importancia que tuvieron los debates de las Cortes y de la Constitución de Cádiz en todo el mundo ibérico; no sólo en la América realista —de hecho la parte más poblada de la América hispánica—, sino también en las regiones insurgentes e incluso en el mundo portugués. No olvidemos que la Revolución portuguesa de 1820 adoptó como sistema provisional la Constitución de Cádiz y que con arreglo a ella tuvieron lugar las elecciones de 1821 a las Cortes constituyentes de Lisboa, tanto en Portugal como en Brasil; también para este último el ciudadano y el sistema electoral definidos en Cádiz fueron la primera expresión de la modernidad política.

Si añadimos que el repentino triunfo de la modernidad política en el mundo ibérico es inseparable del proceso de disolución de las monarquías en ese ámbito, se complica más aún el análisis al hacer coincidir el nacimiento del ciudadano con la creación de nuevas naciones. Sólo si se tienen bien claros estos orígenes es posible entender la larga y compleja historia —hecha de avances y retrocesos— de la construcción del ciudadano en América Latina.

Por razones de espacio nos centraremos en el mundo hispánico y en la Constitución de Cádiz, aunque de vez en cuando haremos algunas anotaciones comparativas con las constituciones independentistas. Vamos, pues, a examinar el lugar que ocupa la problemática de la ciudadanía en la gran mutación de la época revolucionaria, si el ciudadano que aparece en aquel tiempo es ya el ciudadano moderno y la función que cumplen entonces las elecciones.

Prioridad y primacía de la nación

La primera comprobación que podemos hacer es que la cuestión del ciudadano no es ni prioritaria ni central en las primeras fases de las revoluciones hispánicas. Lo que va dominar al principio son los problemas de soberanía, representación y nación; es decir, temas que conciernen más a la colectividad que al individuo. Las razones de este fenómeno son obvias, puesto que la crisis revolucionaria tiene su origen en la abdicación forzada de la familia real en favor de Napoleón y en el rechazo —casi unánime en España y unánime en América— de la nueva dinastía y de la invasión francesa. Antes que nada hay que justificar entonces la resistencia al invasor y organizar un gobierno que colme el vacío del rey ausente. No se puede lograr esto más que rompiendo con el absolutismo y con su concepción de la soberanía absoluta del monarca. Con palabras diversas —nación, reino, pueblo, que indican por lo demás la coexistencia de imaginarios muy diversos, unos más tradicionales y otros más modernos—, todos afirman los derechos de la colectividad a reasumir la soberanía. Existen, ciertamente, divergencias sobre la naturaleza de esa soberanía y acerca de cómo concebir la colectividad; pero, como en la Francia revolucionaria y de modo muy diverso a Inglaterra, la proclamación de los derechos colectivos de la nación, de la soberanía colectiva, priva sobre la afirmación de los derechos individuales. Sin embargo, existe una diferencia importante: mientras que en Francia se trata de la afirmación interna de la soberanía —la nación frente al rey—, en el mundo hispánico la nación se afirma primero contra un adversario exterior: Napoleón en una primera fase; la España peninsular después, una vez comenzado el proceso de la independencia.

La diferencia es importante, pues la afirmación de la soberanía interna implica una demanda social —por lo menos en el seno de las elites— mientras que la afirmación de la externa es independiente de la evolución de los espíritus y compatible con la tenaz persistencia de imaginarios tradicionales. La mutación cultural y política que se produce a partir de entonces no resulta de una maduración endógena, sino que ha sido impuesta por circunstancias exteriores y, en gran parte, inesperadas. Ahí tenemos la primera explicación de una de las paradojas más importantes del mundo hispánico: la victoria precoz de la modernidad política en sociedades que son aún —por sus imaginarios y sus prácticas sociales— mayoritariamente sociedades del Antiguo Régimen.

A esta primera especificidad hispánica de la primacía de los derechos de la colectividad —de la nación, se dirá cada vez más frecuentemente— hay que añadir una segunda: la difícil transformación de la monarquía hispánica en nación moderna, dificultad originada no sólo por su diversidad geográfica y el alejamiento de sus dos principales pilares, el europeo y el americano, sino también por la persistencia de dos maneras distintas de concebirla a ambos lados del Atlántico. Contrariamente a Francia, en donde la nación moderna es la heredera del reino y coincide casi por completo con él, la definición de la nación va a provocar el enfrentamiento entre españoles y americanos, la desintegración de la monarquía y una enorme dificultad para definir territorialmente la nación en la América independiente. Aquí tenemos un nuevo problema para la creación del ciudadano moderno, puesto que si éste es el componente elemental de la nación soberana ¿cómo definirlo con claridad cuando ésta es incierta y problemática?[2]

El debate sobre la naturaleza de la nación, central en la construcción de la modernidad política en el mundo latino, tiene, pues, en el mundo hispánico una dimensión suplementaria. No se trata sólo, como en Francia, del enfrentamiento entre los que la piensan de manera antigua y orgánica como un cuerpo compuesto por una multiplicidad de grupos diferentes y jerarquizados, y los que la conciben como una asociación libre de individuos iguales, sino también de definir su estructura política y territorial.

Aquí es donde aparecen las principales diferencias entre españoles y americanos. Los primeros imaginan a la nación en su gran mayoría como unitaria; los segundos, como plural, como un conjunto de pueblos —reinos, provincias, ciudades—. Esta diferencia fundamental implica dos maneras de concebir tanto la soberanía como la representación.[3] La visión unitaria conduce más fácilmente a considerar a la nación como una entidad abstracta y a los diputados sólo como sus representantes, independientemente de toda procuración corporativa —estamental o

---

[2] Acerca de la incertidumbre que reina en este aspecto de la ciudadanía en el Río de la Plata, cf. José Carlos Chiaramonte, "Formas de identidad política en el Río de la Plata luego de 1810", *Boletín del Instituto de Historia Argentina y Americana Doctor E. Ravignani*, 1989, núm. 1, tercera serie, pp. 71-92, y François-Xavier Guerra, "La nation en Amérique espagnole: le problème des origines", *La Nation, La pensée politique,* 1995, núm. 3, París.

[3] Cf. sobre este tema los excelentes análisis de Joaquín Varela Suanzes-Carpegna, *La teoría del Estado en los orígenes del constitucionalismo hispánico. (Las Cortes de Cádiz)*, Centro de Estudios Constitucionales, Madrid, 1983, 434 pp.

provincial— y desligados de cualquier mandato imperativo. La visión plural, aunque acepte retóricamente la soberanía nacional —pues de eso se trata—, está obligada a tener en cuenta a los pueblos que componen la nación. En la práctica política —y al principio también en los textos constitucionales— se tiende a concebir la nación como surgida no tanto de un contrato entre individuos sino de un pacto entre pueblos y, por tanto, a considerar a los representantes como procuradores de ellos.

En relación con este problema primario y fundamental, que va a ser una de las principales causas de ruptura entre las dos partes de la monarquía, primero, y de la dificultad de definir la nación en la América independiente, después, la discusión sobre la estructura última y elemental de la nación —corporativa o individualista— aparece como relativamente secundaria o, en todo caso, subordinada a él.

La centralidad de este problema en las relaciones entre España y América y la persistencia de la visión americana de una nación plural es un elemento esencial de los conflictos y debates de esa época. En este registro se sitúa la constante demanda americana de igualdad entre los dos continentes, tal como se manifiesta, por un lado, en la reivindicación de los americanos de constituir juntas de gobierno análogas a las españolas y, por otro, en el combate por la igualdad de representación en las instituciones centrales de la monarquía. Cuando la Real Orden de enero de 1809 convoca a los americanos para la elección de diputados a la Junta Central, es significativo que las protestas no conciernen primariamente al carácter corporativo y restringido de la representación —los diputados deben ser elegidos por los cabildos de las principales ciudades de América—, sino a la cantidad de diputados que se le atribuye a América y al número de ciudades que deben participar en esa elección.[4]

Lo mismo pasa a partir de 1810 en las Cortes de Cádiz. En las discusiones sobre la futura Constitución, las principales divergencias entre diputados españoles y americanos siguen remitiendo a estas dos concepciones de la nación. Incluso cuando parece discutirse sobre derechos individuales —por ejemplo, sobre el derecho de las castas a la ciudadanía—,[5] más allá del registro moderno en el que los diputados

---

[4] *Cf.*, por ejemplo, los argumentos de Camilo Torres, *Memorial de agravios. Representación del cabildo de Santa Fe a la Suprema Junta Central de España...* (1809), o el *Catecismo político cristiano por Don José Amor de la Patria* (1810), y para más detalles François-Xavier Guerra, *Modernidad e independencias. Ensayos sobre las revoluciones hispánicas,* Mapfre, Madrid, 1992, 406 pp.

[5] *Cf. Diario de las Sesiones de las Cortes Generales y Extraordinarias* (en adelante *DSCGE*) del 3 al 14 de septiembre de 1811, núms. 336 al 348.

americanos fundan a veces sus argumentos, lo que sigue siendo fundamental es la reivindicación de la igualdad de representación entre los dos continentes y la justa representación de las provincias. En esta discusión apasionada están en juego, ante todo, los derechos colectivos de los pueblos, como lo muestra el desarrollo del debate. Después de haber perdido la batalla de la ciudadanía automática de las castas, los diputados americanos replantean el debate para incluir a las castas en el censo electoral, del que depende el número de diputados de América en las futuras Cortes.[6]

La misma visión plural y corporativa de la nación se observa en la formación de las juntas americanas y en los primeros textos electorales que éstas promulgan. El pueblo que reasume la soberanía y constituye juntas de gobierno en 1809-1810 no remite a los componentes individuales de una nación, sino al cuerpo político de una ciudad, congregado en juntas o en cabildos abiertos. El imaginario social es doblemente corporativo; por una parte, es cada ciudad capital como cabeza de un cuerpo político territorial que comprende otras ciudades, villas o pueblos dependientes la que actúa en nombre de una provincia o de un reino; y por otra, son los vecinos principales —la *sanior pars*— quienes actúan en nombre de la ciudad con la aclamación del bajo pueblo urbano.

"Disuelta la Nación Española"[7] por la ausencia de un gobierno central legítimo, los pueblos, convertidos en verdaderas ciudades-Estados, son el punto de partida para construir la nación.[8] Esto no podrá hacerse más que por "pactos y negociaciones [entre] los Estados o cuerpos políticos",[9] puesto que, como se dice con toda claridad en el Río de la Plata: "para que una autoridad sea legítima entre las ciudades de nuestra confederación política debe nacer en el seno de ellas mismas, y ser una obra de sus propias manos".[10]

---

[6] El carácter apasionado de su defensa de las castas, además de razones morales y de oportunidad política, resulta de un cálculo falso sobre su importancia numérica. En la discusión, el diputado mexicano Cisneros habla de 10 millones de castas contra seis millones de españoles e indios; es decir, 62% de la población (*DSCGE*, núm. 339).

[7] Declaración de independencia de Venezuela, *El Publicista de Venezuela*, núm. 2, 1811. En 1810 el gobierno legítimo que, al desaparecer, disuelve los vínculos entre los pueblos es la Junta Central.

[8] Una construcción tanto más difícil cuanto que, en muchas regiones, quienes reasumieron la soberanía no fueron sólo las ciudades capitales sino también otras ciudades, villas o incluso pueblos.

[9] Acta de Federación de la Provincias Unidas de la Nueva Granada, 27/XI/1811, en Diego Uribe Vargas, *Las constituciones de Colombia,* Madrid, 1977, p. 365.

[10] *Reglamento de la división de poderes sancionado por la Junta conservadora, precedido de documentos oficiales que lo explican,* Buenos Aires, 29 de octubre de 1811, en *Estatutos, regla-*

¿Ciudadanos o vecinos?

La primacía que tiene la problemática de los derechos colectivos —de la nación, de los pueblos— en el proceso revolucionario es ya un indicio de que el ciudadano que aparece en los primeros textos constitucionales no puede ser una figura simple, y de que, muy probablemente, no se trata aún del ciudadano tal como lo concebimos ahora. Una buena manera de evitar los anacronismos es intentar desentrañar la polisemia de un término que, entonces como ahora, servía para designar tanto al ciudadano de la Antigüedad o de las ciudades del Antiguo Régimen como al moderno.

Ni esta tarea es puramente académica ni la problemática nueva, pues el propio Agustín de Argüelles, uno de los principales líderes liberales de las Cortes de Cádiz, se veía obligado a precisar en 1811 que:

> La palabra ciudadano no puede ya entenderse en el sentido vago e indeterminado que hasta aquí ha tenido. Aunque término antiguo, acaba de adquirir por la Constitución un significado conocido, preciso, exacto. Es nuevo en la nomenclatura legal, y no se puede confundir en adelante con la palabra vecino.[11]

La diferencia que hace Argüelles entre el ciudadano del Antiguo Régimen —el *vecino*— y el ciudadano moderno es totalmente pertinente en el plano de los principios; pero cabe preguntarse si la ruptura entre la antigua concepción y la nueva es ya un hecho o se trata más bien de un ideal en competencia con otras concepciones más extendidas y tradicionales. Esta última interpretación parece más probable, como lo ejemplifican las explicaciones que, bajo la forma de un diálogo entre un padre y su hijo, se ve obligado a dar un catecismo cívico en 1813:

> H[ijo]. Bien, padre mío, pero ¿porque me dixo V. que cumpliendo yo con mis deberes seria un perfecto ciudadano?
> P[adre]. Porque esas son las obligaciones de un hombre social, y el que cumple con ellas es un hombre de bien y un perfecto ciudadano.
> H. Pero como yo he nacido en Aranjuez que no es ciudad...

---

mentos y constituciones argentinas (1811-1989), Universidad de Buenos Aires, Documentos para la Historia Argentina, 1956, p. 15.

[11] Sesión del 4 de septiembre de 1811, *DSCGE*, núm. 337.

P. Pues en toda sociedad, hijo mío, se llama ciudadano el hombre libre que sea miembro de ella por naturaleza o por domicilio, porque la distinción entre aldeas, villas y ciudades es geográfica solamente, esto es entre población y población, pero no entre sus moradores...[12]

Para ayudar a este celoso padre, intentemos tipificar las diferencias entre ambas acepciones. Como Pierre Rosanvallon lo ha señalado con pertinencia,[13] el ciudadano moderno puede caracterizarse por los atributos de universalidad, igualdad e individualidad, a los que nosotros añadiríamos el de la abstracción. No queremos extendernos aquí sobre su semejanza con el ciudadano de la Antigüedad clásica, a pesar de las referencias que a él hicieron los revolucionarios franceses e hispánicos, ya que, por una parte, muchas de ellas fueron o retóricas o destinadas precisamente a marcar las diferencias entre ambos[14] y, por otra, porque al ciudadano de la Antigüedad puede aplicarse mucho de lo que vamos a decir del ciudadano de las monarquías del Antiguo Régimen (el vecino).

La figura del ciudadano se caracteriza en ellas por atributos que se oponen punto por punto a los del ciudadano moderno. En primer lugar, ser vecino es poseer un estatuto particular dentro del reino: ser miembro de pleno derecho de una comunidad política dotada de privilegios, fueros o franquicias. Como lo dice en 1726 el Diccionario de la Academia Española: "Ciudadano... El vecino de una Ciudad que goza de sus privilegios y está obligado a sus cargas, no relevándole de ellas alguna particular exención".[15]

El estatuto es doblemente particular, puesto que todos los habitantes del reino no son vecinos de una ciudad.[16] No lo son los extranjeros ni tampoco, entre los vasallos del rey, los que dependen de un señor laico o eclesiástico o, en América, de un hacendado, o los que viven

---

[12] Manuel López Cepero, *Lecciones políticas para el uso de la juventud española*, Sevilla, 1813.
[13] Pierre Rosanvallon, *Le sacré du citoyen. Histoire du suffrage universel en France*, Gallimard, París, 1992, pp. 45 y ss.
[14] *Cf.* para este tema en Francia, Claude Nicolet, "Citoyenneté française et citoyenneté romaine: essai de mise en perspective", en *La nozione di "Romano" tra cittadinanza e universalità*, Atti del II seminario internazionale di studi storici "Da Roma alla Terza Roma", 21-23 de abril de 1982, Universidad de La Sapienza, Roma, Ed. Scientifiche Italiane, núm. 198, pp. 145-173.
[15] *Diccionario de la Lengua castellana en que se explica el verdadero sentido de las voces, su naturaleza y calidad, con las phrases o modos de hablar, los proverbios o refranes y otras cosas convenientes al uso de la lengua*, Madrid, 1737. Ed. facsímil (reedición), citada en adelante como *Diccionario de Autoridades*, Madrid, 1990, t. I.
[16] Empleamos genéricamente el término ciudad para designar a todas las colectividades con un estatuto político reconocido; por lo tanto también a los pueblos.

dispersos en el campo o en localidades sin estatuto político reconocido. Tampoco lo son, dentro de la ciudad, los forasteros o, en los pueblos, los agregados y forasteros.

En segundo lugar, ser vecino no consiste sólo en poseer un estatuto particular, sino también en gozar de un estatuto privilegiado, lo que implica, por tanto, la desigualdad. Esta desigualdad, obvia en relación con los que no son ciudadanos, se da también entre los mismos vecinos. Por una parte, porque no existe un "vecinazgo" común a todo el reino, sino que este estatuto depende de los derechos específicos de la comunidad a la que se pertenece. Además de que existe toda una jerarquía de privilegios entre ciudades, villas y pueblos, algunas de esas comunidades poseen fueros particulares. Por otra, porque incluso dentro de una misma ciudad algunos vecinos poseen, como lo dice el texto citado, "exenciones"; es decir, privilegios suplementarios, los que resultan, por ejemplo, de la nobleza o la hidalguía. Ahí tenemos una de las bases de la distinción —tan importante en América— entre los patricios y el común del pueblo, o con otras palabras, entre las familias "principales" o "más distinguidas" —*la sanior pars*— y el resto de la población. La ciudadanía premoderna es inseparable de una estructura y una concepción jerárquicas de la sociedad.

En tercer lugar, la ciudadanía premoderna va pareja con una concepción corporativa o comunitaria de lo social. La ciudad es uno de los cuerpos, de las comunidades, que constituyen la sociedad. El hombre se define por su pertenencia a un grupo, ya sea éste de carácter estamental, territorial o corporativo. No pertenecer a uno de estos grupos es, en la práctica, estar fuera de la sociedad: vagabundos, mendigos, marginales de todo tipo...

Por último, hay que señalar que, contrariamente al ciudadano moderno, componente individual de una colectividad abstracta —la nación o el pueblo—, el vecino es siempre un hombre concreto, territorializado, enraizado: se es vecino de esta ciudad o de esta otra, y en esa pertenencia se basa primariamente su identidad y su orgullo.

Muy diferente es el ciudadano que surge de manera progresiva en los textos constitucionales de la época revolucionaria y, sobre todo, el que define la Constitución de Cádiz.[17] La nueva ciudadanía se sitúa dentro de una nueva concepción de la sociedad y de la política que

---

[17] En la América insurgente, los primeros reglamentos y constituciones muestran un mayor tradicionalismo: voto reservado a los vecinos, representación de ciudades y pueblos, mandatos imperativos, etcétera.

sigue en gran medida el modelo elaborado por la Revolución francesa y en menor grado por los Estados Unidos. El parentesco del mundo hispánico con Francia se explica por una semejanza de situaciones políticas. La existencia en ambos de un absolutismo homogeneizador muy parecido hacía que la creación de un régimen político acorde con las ideas del siglo se planteara de manera análoga: como la fundación de una sociedad y de una política pensadas como enteramente nuevas. A diferencia de los Estados Unidos, en donde la política moderna se presentaba como una consolidación y un perfeccionamiento de las viejas libertades inglesas, tanto civiles como políticas, los revolucionarios franceses e hispánicos la pensaron como una ruptura radical con el Antiguo Régimen. Por tanto, para estos últimos las constituciones no estaban destinadas prioritariamente a garantizar unas y otras libertades, sino a crearlas, fundando una nueva sociedad en la que las libertades políticas engendraban las civiles. Lógico era también que para resolver el problema de la congregación de los pueblos en una colectividad política más amplia los hispanoamericanos se inspiraran en el federalismo estadunidense.

En la Constitución de la monarquía española de 1812 elaborada por las Cortes de Cádiz, aplicada en la América realista y fuente de inspiración para otras muchas de las independientes,[18] ya están plasmados los principales elementos que determinan al ciudadano moderno. En primer lugar, ya se ha adoptado el imaginario moderno de nación compuesta por individuos: "La Nación española es la reunión de todos los españoles de ambos hemisferios" (artículo 1). Y como corolario lógico de esta visión resulta que sólo los individuos —con exclusión de cualquier cuerpo o estamento— nombran a "los diputados que representan la Nación" (artículo 27), lo cual implica que ni los cuerpos y estamentos ni, estrictamente hablando, las provincias y pueblos son representables. El diputado, como en la Francia revolucionaria, no es el representante de la circunscripción que lo ha elegido, sino de la nación, de una colectividad única y abstracta.

En cuanto a la caracterización de ese individuo, base de la nación moderna, se recoge implícitamente en la Constitución y explícitamente en los debates de las Cortes la triple distinción, clásica en estos albores de la modernidad, de los componentes elementales de la soberanía: el nacional por oposición al extranjero (lo que muchos llaman aún en-

---

[18] La excepción más notable es, sin duda, la de las constituciones venezolanas, por la fuerte presencia de una población servil.

tonces el "natural"); el sujeto de los derechos civiles (propiedad, libertad, seguridad, etc.) y el titular de los derechos políticos (el ciudadano).

La ciudadanía aparece así como el círculo más restringido dentro de una serie de círculos concéntricos y cada vez más excluyentes. El más amplio comprende el conjunto de la población: esclavos y libres. El segundo, los titulares de derechos civiles: los hombres libres —nacionales y extranjeros—, con exclusión de los esclavos. El tercero, los nacionales (los "españoles", dice la Constitución): los hombres libres, mujeres y niños "nacidos y avecindados en los dominios de las Españas y los hijos de éstos", los extranjeros que hayan obtenido "carta de naturaleza" o que "sin ella lleven diez años de vecindad", lo que excluye a los extranjeros transeúntes (artículo 5). El cuarto, los ciudadanos —los titulares de los derechos políticos— capaces de elegir y ser elegidos, lo que excluye a las mujeres, los menores de 21 años, los extranjeros que no posean carta especial de ciudadano y las castas —"los españoles que por cualquier línea son habidos y reputados por originarios de África"—, exclusión esta última muy atacada por los americanos y difícilmente justificable en la teoría, puesto que se trata de hombres libres, nacidos y avecindados en los dominios españoles (artículo 22). Queda aún un último círculo, el de los ciudadanos que gozan del ejercicio actual de sus derechos, con exclusión de quienes los tienen suspendidos por diversas razones, entre las cuales las más importantes son el no tener "empleo, oficio o modo de vivir conocido" y "el estado de sirviente doméstico" (artículo 25).

La enumeración de estas sucesivas exclusiones no debe, sin embargo, inducir a conclusiones precipitadas sobre el carácter restringido de la ciudadanía. Tanto por sus atributos de igualdad y universalidad como por el número de personas que se benefician de ella, no estamos ante una definición restringida del ciudadano, sino ante una definición muy amplia que se sitúa ya en el registro de la universalidad de la ciudadanía y del sufragio.

Se ha alcanzado casi totalmente la igualdad. Todas las distinciones del Antiguo Régimen fundadas en el estatuto personal o colectivo han desaparecido, y no existen todavía aquellas que —con fundamentos modernos y en nombre de los intereses o la razón, la fortuna o la cultura— serán establecidas posteriormente en los regímenes de sufragio restringido. La condición de ciudadano es independiente tanto del estatuto personal —pertenencia a los estamentos privilegiados o a las "dos repúblicas" en América, con la sola excepción de los esclavos y las castas— como del estatuto del lugar de residencia —ciudades, villas, pueblos, señoríos o población rural dispersa—. Más aún, también ha sido igualado el estatuto de las localidades en un estatuto municipal común, lo que es sin duda uno de los fenómenos esenciales de esta época.[19]

La universalidad de la ciudadanía es casi total, tanto práctica como teóricamente. El número de personas que han accedido a ella es en extremo elevado. Aunque el ejemplo sea imposible de generalizar, puesto que sin duda alguna el número de "castas" o "sirvientes domésticos" depende de la situación local y de los criterios empleados para definirlos, el padrón electoral de la ciudad de México que sirvió para las elecciones a las diputaciones provinciales y a las Cortes ordinarias en 1813 muestra un acceso masivo a la ciudadanía. El padrón arroja la composición siguiente para las catorce parroquias de la ciudad:

	Cantidad	%
Ciudadanos	*112 270*	*91*
Hombres	49 179	40
Hujeres	63 091	51
Sirvientes	*10 101*	*8*
Hombres	3 135	3
Mujeres	6 966	5
Originarios de África	*1 536*	*1*
Total	123 907	100

* Nota: Cálculos basados en AGN, México, Ayuntamientos, vol. 168. Hemos respetado el vocabulario del padrón.

La categoría "ciudadanos" equivale prácticamente al conjunto de la población (91%); sólo están excluidos de ella los sirvientes domésticos (8%) y las castas (1%), lo que significa que los ciudadanos representan alrededor de 93% de la población masculina.[20]

Las únicas excepciones a la universalidad de la ciudadanía responden a una lógica moderna: a la distinción entre derechos civiles y de-

---

[19] *Cf.* a este respecto los trabajos de Antonio Annino, entre otros, "Soberanías en lucha", cap. 8, en Antonio Annino, L. Castro Leiva y François-Xavier Guerra (coords.), *De los Imperios a las naciones. Iberoamérica*, Ibercaja, Zaragoza, 1995.

[20] De esto no puede deducirse el número de electores, puesto que sin duda están incluidos en el padrón los menores de 21 años.

rechos políticos y a la independencia de la voluntad, indisociable de una concepción contractual de la nación. En la primera se funda la exclusión de los esclavos (desprovistos enteramente de derechos civiles), los que tienen una incapacidad física o moral, los menores y las mujeres (titulares sólo parciales de esos derechos). La segunda refuerza la exclusión de las mujeres, consideradas como dependientes de su padre o su marido,[21] y, por las mismas razones, la de los sirvientes domésticos.

Sin embargo, cabe preguntarse si estos atributos de una modernidad evidente representan una ruptura radical con el imaginario prerrevolucionario y son tan modernos como parecen. Las confusiones continuas de los hombres de la época cuando manejan estas nociones muestran que muchas de ellas, aun siendo nuevas, han sido construidas a partir del imaginario tradicional y conservan muchos de sus elementos. Eso pasa, por ejemplo, con la distinción entre españoles y ciudadanos —que equivale a la distinción francesa entre ciudadanos pasivos y activos— o, lo que es lo mismo, entre derechos civiles y derechos políticos.

Para muchos, y sobre todo para los americanos, los dos registros son equivalentes y lo nuevo son los derechos políticos, la ciudadanía propiamente dicha, concebida como la recuperación por el cuerpo social de unos derechos asumidos o acaparados antes por el monarca. Los derechos civiles esenciales existían ya para ellos antes de la Constitución. Como lo dice el diputado de Perú, Dioniso Inca Yupanqui, para refutar el argumento de los diputados peninsulares que privaban de derechos políticos a las castas, justificando esta exclusión por la concesión de derechos civiles: "¿Y cuándo no han tenido esa seguridad? Todo el que es libre, ha disfrutado siempre la protección de la ley para sus haberes; nada nuevo se les franquea..."[22]

En esta convicción de que la sociedad ha existido siempre y es anterior al pacto fundador de la nación moderna se puede encontrar el eco de las doctrinas clásicas sobre la sociabilidad natural del hombre, pero, sobre todo, la experiencia evidente de la densidad y la fuerza de los vínculos sociales en una sociedad estructurada por grupos con un fuerte sentimiento comunitario. Por eso, afirmar el carácter universal e igualitario de los derechos políticos no es incompatible con la persis-

---

[21] Las razones que explican la exclusión de las mujeres son más complejas y estrictamente discriminatorias, pues según ese criterio hubieran podido votar las solteras y las viudas mayores de 21 años.
[22] *DSCGE*, núm. 340, 7 de septiembre de 1811.

tencia de una imagen corporativa de lo social, pues el cuerpo no implica siempre una desigualdad interna.

La confusión entre vecino y ciudadano se veía facilitada por el hecho de que esta nueva figura había sido elaborada, tanto en Francia como en España, a partir de la ciudad vista como el lugar por excelencia de la política, la libertad, la civilización. Antes de ser asociado a formas nuevas del vínculo social, civil significa aún en el siglo XVIII "lo que toca y pertenece al derecho de la Ciudad, y de sus moradores y Ciudadanos".[23]

En cierta manera la nación moderna es concebida como una vasta ciudad. Por tanto, muchos de los atributos del ciudadano remiten, generalizándolos y abstrayéndolos, a los del vecino. La nacionalidad —pertenencia jurídica a la nación— generaliza el vecinazgo como origen: *ser natural de...* Las condiciones necesarias para la posesión de los derechos civiles, especialmente el domicilio, como expresión de la inscripción material en la sociedad, reproducen las antiguas exclusiones de los marginales y los vagabundos —los no "avecindados"—, quienes siguen estando fuera de la sociedad como antes lo estaban de la ciudad. Y las condiciones que suspenden el ejercicio de la ciudadanía remiten a las cualidades morales inseparables de un estatuto privilegiado: a la dignidad y las virtudes (excluyendo a los que han sido objeto de penas "aflictivas o infamantes" o están "procesados civilmente") y a la capacidad para asumir las cargas y los deberes colectivos de la comunidad (exclusión de los "quebrados" y de los que no tienen "empleo, oficio o modo de vivir conocido").[24]

La existencia de estas analogías entre lo viejo y lo nuevo hacen comprensible por qué, en caso de duda o litigio sobre quién es o no ciudadano, son continuas las referencias a la abundante jurisprudencia del antiguo "vecinazgo". Por ejemplo, se explican así las continuas alusiones en los discursos de la época a la "dignidad de la ciudadanía" o incluso a "los fueros, prerrogativas y preeminencia que le condecoran [al ciudadano]".[25] La ciudadanía moderna se sigue considerando como un estatuto privilegiado, muy amplio ciertamente, pero privilegiado. Esto explica la sorprendente clasificación del padrón electoral de México de 1813, en donde la categoría "ciudadanos" comprende de modo explícito a las mujeres, y de manera implícita a los menores; esta clasi-

---

[23] *Diccionario de Autoridades, op cit.*, t. I.
[24] Recojo aquí a mi manera los criterios de Rosanvallon, *op cit.*, pp. 70-72.
[25] *Cf.* AGN, México, Historia, vol. 445, exp. XIV.

ficación es jurídicamente incomprensible —más aún tratándose de un padrón electoral—, pero muy clara si se continúa viendo en la ciudadanía un estatuto privilegiado, aunque extendido a la mayor parte de la población.

Elecciones y representación

Por más que el ciudadano esté ya cerca de las notas de igualdad y de universalidad que lo caracterizarán en adelante, lo que está mucho menos claro es que este ciudadano sea ya un individuo desligado de sus pertenencias comunitarias. En primer lugar porque, pese a las referencias constantes al individuo, el discurso explícito y el imaginario subyacente a muchas disposiciones legales muestra que los hombres de esta época piensan la sociedad como constituida por comunidades y, especialmente, por la primera de todas: la familia. La utilización corriente de "jefes de familia" para designar a los ciudadanos lo muestra con claridad. La exclusión de las mujeres y los domésticos del voto, fundada en su supuesta ausencia de voluntad autónoma, equivale a decir de otra manera que están inmersos en una comunidad con vínculos tan fuertes que la voluntad del jefe de familia expresa la de todo el grupo. De hecho, más que el individuo, la base de la nueva representación es la familia, no sólo como comunidad de sangre, sino como *domus,* el conjunto de las personas que, por vivir bajo el mismo techo están bajo la dependencia de su cabeza.[26]

La visión comunitaria de lo social se comprueba también en otros campos. Aunque el ciudadano aparece definido en muchos artículos por su pertenencia a una comunidad abstracta —la nación—, en otros se lo concibe como miembro de una comunidad concreta. Los términos empleados para definir al "español" comportan, como ya lo dijimos, la palabra "avecindados", que puede interpretarse en el simple sentido de domicilio, pero que remite en otros lugares explícitamente a los pueblos-comunidades como células elementales de pertenencia territorial (artículo 5).

Lo mismo se constata para la comunidad territorial superior: la provincia. El diputado a Cortes debe ser "nacido en la provincia o [...] avecindado en ella" (artículo 91) y en caso de doble elección la vecindad actual predomina sobre la naturaleza (artículo 94). Por otra parte,

---

[26] De ahí que la exclusión de los solteros de la ciudadanía fuese propuesta varias veces en las Cortes.

los diputados deben llevar a las Cortes, además del acta que acredite su elección, poderes dados por la junta electoral de la provincia. Aunque estos poderes suelen ser "amplios", su existencia muestra que el diputado es a la vez representante de la nación en su conjunto y de su muy concreta comunidad provincial. Añadamos que la práctica general en América de redactar instrucciones para el diputado se parece a un mandato imperativo, típico de la representación corporativa del Antiguo Régimen.

El sistema electoral, por su parte, es también una mezcla de disposiciones y prácticas que favorecen la individualización y otras que reconocen o incluso refuerzan los comportamientos comunitarios. Para captar hasta qué punto la votación es la expresión libre de un individuo autónomo es necesario analizar el voto de primer grado, el único en el que interviene esa masa de nuevos ciudadanos que se confunde casi con la población masculina libre y adulta.[27]

La primera condición para que la voluntad individual pueda expresarse es que todos los que son ciudadanos, y sólo ellos, puedan efectivamente votar, lo que supone la existencia de un padrón electoral imparcial. Sin prejuzgar las intenciones de los constituyentes que tuvieron que inventar disposiciones inéditas para hacer votar a una masa considerable de hombres ni las de las autoridades locales que las aplicaron, bien puede afirmarse que esa condición no se dio. En efecto, la constitución de los padrones se dejó a las municipalidades y los párrocos, los únicos que entonces podían materialmente hacerlo. Es muy posible que en las ciudades grandes ese padrón fuese relativamente imparcial; pero no es arriesgado suponer que en los pueblos el poder de decidir quiénes eran en realidad los ciudadanos en ejercicio de sus derechos facilitase múltiples manipulaciones electorales al servicio de estrategias locales.[28]

Si pasamos ahora al acto material de la votación, a los comicios propiamente dichos, el primer punto que hay que considerar es el carácter secreto o no del sufragio. La respuesta no puede ser más que muy matizada y en parte contradictoria. Los ciudadanos comienzan reunién-

---

[27] El sufragio es indirecto en tres grados: parroquia, partido y provincia (de hecho en cuatro, pues en la parroquia los ciudadanos votan por compromisarios que a su vez eligen a los electores parroquiales).

[28] Piénsese, por ejemplo, en la incertidumbre que reinaba en cuanto a la definición de las castas o los domésticos. Así, en algunos lugares fueron excluidos los peones de las haciendas. *Cf.* Marie-Danielle Demelas, "Microcosmos. Une dispute municipale à Loja (1813-1814)", *Bulletin de l'Institut Français d'Etudes Andines*, 1984, XIII, núms. 3-4, pp. 65-76.

dose en junta electoral y eligiendo un presidente, un secretario y dos escrutadores (para simplificar los designaremos en adelante como la mesa electoral). Todos juntos asisten luego a una misa del Espíritu Santo y después de ella cada elector se acerca a la mesa e indica a ésta los nombres de los compromisarios que quiere designar. Aunque el artículo 51 de la Constitución prevé que esa designación sea oral y que sean los miembros de la mesa quienes escriban los nombres en una lista, disposiciones complementarias confirmadas por múltiples actas electorales admiten que se lleven listas escritas de antemano[29] y que el sistema del voto oral se reserve a los analfabetos y, sobre todo, a los indios.

El voto, pues, no es público, puesto que no es en principio conocido por los otros miembros de la junta electoral; pero tampoco es secreto, porque es conocido por los miembros de la mesa. La libertad está asegurada teóricamente en relación con los otros electores, pero no respecto de la mesa. Esta limitación es importante, puesto que la mesa, como lo muestran múltiples actas electorales, ejerce una influencia predominante en la votación. A veces sugiere nombres a electores perplejos o desorientados; otras, por la presencia en su seno de personajes influyentes, ejerce una presión prácticamente irresistible sobre los electores, o incluso falsifica los resultados al contabilizar nombres diferentes de los que han sido pronunciados.

Una circunstancia agravante es la siguiente: la Constitución dispone que las juntas electorales estén presididas por el jefe político o el alcalde "con asistencia del cura párroco" (artículo 46), lo cual deja, de hecho, en las manos de las autoridades locales la integración de la mesa y refuerza todavía más el control de los comicios por estas autoridades, ya sean agentes del Estado o autoridades electas. Este control local, visible ya en el levantamiento de los padrones, se manifiesta después de la votación por el carácter prácticamente irrevocable de las decisiones tomadas por las juntas electorales en caso de reclamación (artículo 50).[30] Sólo la representación nacional, las Cortes, era soberana en estos asuntos, y por las circunstancias mismas de la época —distancias considerables y necesidad de legitimar su propia autoridad— pocas veces anu-

---

[29] Bando del intendente de México Gutiérrez del Mazo en diciembre de 1813 que convocaba a elecciones parroquiales. *Cf.* AGN, México, Historia, vol. 445, exp. x, ff. 1-21.

[30] Las disposiciones legales coinciden aquí con la práctica, tal como puede constatarse en las reclamaciones elevadas a autoridades superiores en que se pedía la anulación de algunas elecciones. En todos los casos conocidos, por lo menos en México, las autoridades se declararon incompetentes y remitieron el expediente a las Cortes.

laron éstas unas elecciones americanas. El sistema electoral dejaba de hecho el dominio de las elecciones a las comunidades locales y, en su seno, a sus autoridades, ya fuesen legales o *de facto*.[31]

Otros elementos favorecen el predominio de realidades comunitarias y por tanto notabiliarias. En primer lugar, haber escogido para las elecciones primarias el marco parroquial equivale a privilegiar la continuidad sobre la ruptura. La parroquia era, en efecto, la célula básica de la sociabilidad tradicional: una comunidad muy fuerte unida por estrechos vínculos de parentesco y vecindad (en el sentido de proximidad física), de prácticas religiosas y solidaridad material. Conservar este marco no sólo hacía más difícil la individualización y la autonomía del voto, sino que reforzaba el aspecto comunitario por la frecuencia de los comicios y por las ceremonias que los acompañaban.

También significa dar predominio en el sistema electoral a los elementos de continuidad con las prácticas electorales del Antiguo Régimen, tal como existían en los comicios de los pueblos de indios o de algunas ciudades para la elección de diputados y síndicos personeros del común. Las Cortes no hicieron aquí más que reconducir y extender el sistema instaurado por Carlos III con las reformas municipales de 1767.[32] Por estas razones los revolucionarios franceses, conscientes de esta realidad, habían creado para el voto de primer grado una división inédita y puramente administrativa, el cantón, en un intento —en gran parte vano— de romper los comportamientos comunitarios.[33]

Un elemento suplementario que favorece la permanencia de estos comportamientos es el voto en junta. Como en Francia, la votación se efectúa en todos sus grados en juntas o asambleas electorales; es decir, los electores se reúnen en grupo en un mismo lugar para efectuar las operaciones del voto. Aunque el voto sea individual, los comicios son un acto colectivo y una ceremonia que materializa simbólicamente la reunión de la nación. El marco parroquial y las modalidades ceremoniales del mundo hispánico acentúan aún más su aspecto comunitario al hacer intervenir en él a toda la población. Contrariamente a Francia, donde el alejamiento de la capital del cantón obligaba a los habitantes

---

[31] Este elemento ha sido expuesto con fuerza y pertinencia en diversos trabajos de Antonio Annino

[32] *Cf.* sobre este tema François-Xavier Guerra, *Modernidad e independencias*, Mapfre, Madrid, 1992, cap. 10.

[33] Las referencias a las prácticas electorales francesas remiten, si no se dice lo contrario, a Patrick Guéniffey, *Le nombre et la raison. La Révolution française et les élections*, EHESS, París, 1993, 559 pp., obra que renueva los estudios sobre esta problemática en la Francia revolucionaria.

de los pueblos a desplazamientos largos, realizados sobre todo por hombres, el marco parroquial favorece la reunión de toda la comunidad: hombres, mujeres y niños, ciudadanos y no ciudadanos; tanto más cuanto que el voto es precedido por una misa solemne del Espíritu Santo y es seguido de un *tedéum*[34] y tiene lugar un domingo (artículos 37, 47, 58). El carácter religioso de la ceremonia acentúa sus rasgos tradicionales. El pueblo que se congrega es el pueblo cristiano y la misa del Espíritu Santo es una demanda a la Providencia para que ilumine a los electores.

En función de todas estas consideraciones, la cuestión de la libertad del voto, tradicional en los estudios electorales, adquiere una dimensión distinta. Podríamos, ciertamente, describir con detalle fraudes y manipulaciones; pero a nuestro parecer éste no es el fenómeno más generalizado y relevante en aquella época, aunque no sea más que por su carácter improvisado. Aunque el fraude no hubiera existido y los resultados electorales hubiesen reflejado fielmente las preferencias de los electores, no tendríamos aún al ciudadano moderno. Un voto libre no es necesariamente un voto individualista, producto de una voluntad aislada. Inmerso en una red de vínculos sociales muy densos, el ciudadano se manifiesta libremente a través de su voto como lo que es: ante todo, miembro de un grupo, sea cual fuere el carácter de éste (familiar, social o territorial). El elector escoge con libertad a aquellos que mejor representan a su grupo, normalmente a sus autoridades o a los que éstas designan, como lo corroboran los resultados electorales de que disponemos. Como lo dice en 1813 el presidente de la junta electoral de la provincia de San Luis Potosí, con una frase de admirable naturalidad: "Si nos hayamos (sic) congregados en verdadera Junta Aristocrática es en virtud de la Democracia del Pueblo..."[35]

Si bien este resultado es paradójico para nosotros, no lo era en absoluto para los contemporáneos, incluidos los constituyentes franceses o hispánicos. El sistema electoral que ellos idearon no estaba destinado a dar el poder al pueblo ni a construir un régimen representativo tal como lo concebimos ahora (o la Inglaterra y los Estados Unidos de aquel entonces). La representación, tal como ellos la concebían, no tenía como objeto reflejar la heterogeneidad social y arbitrar pacífica-

---

[34] El cumplimiento de estas disposiciones electorales no falta nunca en las actas electorales y su ausencia puede provocar una petición de nulidad de las elecciones; *cf.* por ejemplo para el *Tedéum* el caso de Guadalcazar (San Luis Potosí). *Cf.* AGN, México, Historia, vol. 445, exp. XIV.

[35] AGN, México, Historia, vol. 445, exp. XIV, ff. 10-17.

mente las diferencias o los conflictos que resultaban de la diversidad de intereses y opiniones. Lo que buscaban era crear primero, por la Constitución, una nueva comunidad política, igualitaria y soberana, una nueva sociedad regida por principios nuevos y, después de esta primera etapa, formar una asamblea que, haciendo las veces de la nación, expresase su voluntad y obrase por el interés general. Signo de esta particular concepción de la representación es la desconfianza muy extendida hacia la divergencia de opiniones, la cual, identificada con las luchas de facciones, se consideran como un obstáculo a la unidad de la nación y a la elaboración de una voluntad colectiva. Tampoco los intereses tienen buena prensa, pues su particularismo hace difícil obrar por el interés general, el cual no se concibe como un compromiso entre intereses particulares, sino como algo diferente y de orden superior.

Según esta óptica, las elecciones tienen dos funciones: por una parte, legitimar el poder, escenificando la voluntad del soberano; por la otra, seleccionar a los hombres que, juntos, formarán la representación nacional. La primera es una función simbólica y no propiamente representativa, puesto que de las elecciones no se puede deducir lo que la nación piensa o quiere. ¿Cómo podría hacerse esto cuando, a diferencia de las elecciones en los países anglosajones, en las elecciones francesas e hispánicas de esta época no hay ni candidatos, ni programas, ni campañas electorales? ¿Cómo concebir un voto individualizado cuando no existe información pública sobre lo que se vota?

A pesar de que la libertad de prensa existe de hecho en España desde 1808 y oficialmente a partir de 1810, en España y en la América realista o insurgente no existe todavía una verdadera opinión pública moderna, concebida ésta como una discusión libre y pública de diferentes puntos de vista. Ciertamente existe un debate de opinión entre las elites, pero éste está confinado en círculos privados que continúan la antigua República de las Letras. A partir de 1810, en América existen también algunos periódicos, pero en la mayoría de los casos se trata de un periódico único por región, con un número muy reducido de ejemplares, casi siempre de carácter oficial, que se publica con fines de propaganda y pedagogía cívica, en el que sólo se expresa la tendencia en el poder. A veces circulan también, dirigidos al conjunto de la sociedad, impresos o manuscritos de toda procedencia —realista e insurgente—, pero estos escritos no están destinados ni a informar ni a argumentar, sino a la propaganda. La guerra propagandística no es la opinión pública moderna. Si la existencia de ésta requiere una prensa libre, abundante y pluralista, sólo en el Cádiz de las Cortes surgió una verdadera opinión pública. La opinión pública en una sola ciudad y su germen en algunas otras es muy poca cosa para que los ciudadanos-electores, y más aún los del campo, fuesen también ciudadanos en el "reino de la opinión".

Todo el sistema electoral está previsto y funciona, pues, para separar la deliberación de la elección.[36] En las asambleas electorales de los cuerpos y comunidades antiguos la elección propiamente dicha no era más que la última fase, y quizá la menos importante, de la reunión del grupo: la que materializaba el acuerdo al que se había llegado antes por discusión y compromiso. En las juntas electorales modernas la deliberación —la discusión sobre asuntos públicos—, no existió en ninguna de sus fases, ni antes, ni durante, ni después de la reunión de los electores. Todas sus etapas están estrictamente reglamentadas con este fin y se cuida incluso de precisar que "verificado el nombramiento de electores [parroquiales] se disolverá inmediatamente la junta, y cualquier otro acto en que intente mezclarse será nulo" (artículo 57). La voluntad nacional no sale de un agregado de voluntades parciales, sino solamente de la reunión de la representación nacional, de esa asamblea que hace las veces de la nación. Sólo ahí tiene lugar la deliberación y se toman las decisiones políticas. Por eso, hablando con rigor, puede decirse que en esas elecciones no se trata de política.

La ausencia de la política se manifiesta igualmente en los criterios que sirven para escoger a los electores de los diferentes grados. El lenguaje empleado para designar el acto mismo de la elección es significativo del universo mental en el que nos encontramos. Las palabras son siempre "nombramiento" o "nombrar" y no "elegir". No se trata de resolver por el voto una competencia entre diferentes candidatos, sino de escoger a los más aptos. La ley, contrariamente a lo que sucederá más tarde,[37] no precisa cuáles son los criterios por los que se juzga esa aptitud; pero múltiples documentos muestran que en la práctica siguen estando vigentes —con las modificaciones que se imponen para cada grado— las cualidades que poco antes se habían fijado para una elección todavía tradicional, la de los diputados americanos a la Junta

[36] Éste es uno de los puntos centrales de la demostración de Guéniffey, que François Furet destaca con razón en la introducción a la obra de aquél.

[37] Esa aptitud no se funda aquí en criterios objetivos, como se intentará hacer posteriormente cuando se apele a la propiedad o la instrucción para restringir el sufragio. Sin embargo, la idea está ya presente en la Constitución, puesto que se prevé que a partir de 1830 hará falta saber leer y escribir para poder ejercer los derechos de ciudadano.

Central. Se pedía entonces que fuesen "individuos de notoria probidad, talento e instrucción, exentos de toda nota que pueda menoscabar la opinión pública".[38]

Se trata, pues, de seleccionar en función de una dignidad y de unas cualidades intelectuales y morales reconocidas por todos. La "opinión" aquí, como en otros tantos escritos contemporáneos, remite a la fama, al reconocimiento por todos los miembros de la comunidad de las cualidades personales de los individuos. El acto de elegir es en cierto modo explicitar algo que ya existía antes; es formalizar uno de los sentidos antiguos de la palabra representación, la cual "significa también autoridad, dignidad, carácter o recomendación de la persona".[39]

Y entre las cualidades que suponía este imaginario premoderno estaba precisamente el no ser candidato. Presentar candidatura y hacer campaña es demostrar ambición, falta del desinterés necesario para representar. La representación no es algo que se pide, sino un servicio a la comunidad a la que se pertenece, y éste es precisamente el sentido que tiene el artículo 55 de la Constitución de Cádiz, inconcebible desde una óptica moderna: "Ningún ciudadano podrá excusarse de estos encargos, por motivo o pretexto alguno". A pesar de que la realidad no coincide siempre con la teoría, la representación como carga y no como cargo no es pura retórica, sino que muchos elegidos tendrán que justificar su negativa con toda clase de argumentos.[40]

No quiere decir esto que no existiese en la realidad una competición entre hombres deseosos de hacerse elegir. Pero el análisis de los procesos de nulidad de elecciones muestra claramente la diferencia entre una competencia oculta y las luchas electorales modernas. Ningún caso conocido nos revela un enfrentamiento entre hombres con concepciones políticas diferentes; si éstas existen, ninguna es visible. Tampoco los bandos muestran un conflicto entre grupos definidos por criterios puramente económicos. Las divisiones electorales no remiten ni al individuo ni a la competencia entre tendencias políticas o intereses diversos, sino a las querellas de los actores colectivos de una sociedad premoderna.

En las elecciones de diputados a Cortes o a las diputaciones provinciales se enfrentan los actores sociales más elevados, las familias princi-

---

[38] Real orden, Sevilla, 22/I/1809, AHN, Estado, 54, D., 71.
[39] *Diccionario de Autoridades, op. cit.*, t. III.
[40] *Cf.* por ejemplo, la renuncia de Frontaura, primer diputado electo en San Luis Potosí, en AGN, México, Historia, vol. 445, exp. XIV, ff. 18-33. En este caso, Frontaura había hecho todo lo posible para ser elegido, para luego renunciar. Una manera de mostrar su preeminencia.

pales y sus clientelas respectivas, directamente a través de sus jefes, o indirectamente a través de algunos de sus miembros. En niveles inferiores se trata de conflictos entre notables locales apoyados en sus redes de influencia o de dependencia. En los pueblos se da toda la gama de confrontaciones posibles: entre barrios, entre españoles e indios, entre los antiguos vecinos y los agregados. El único fenómeno que podría parecer una excepción a esta tipología, el enfrentamiento entre los partidos europeo y americano —bien visible, por ejemplo, en las elecciones de la provincia de México—,[41] se integra perfectamente en ella, pues se trata de una disputa entre facciones, entre dos grupos que no se distinguen más que por un informal estatuto personal y en los que se encuentran hombres de perfiles sociales muy parecidos.

La acción de estos grupos no está destinada evidentemente a captar el voto de los ciudadanos por la exposición pública de sus ideas o proyectos. Sus maneras de actuar son las de los viejos actores colectivos. En las elecciones parroquiales se trata de movilizar a los miembros del grupo para controlar las mesas electorales y obstaculizar así el voto de los adversarios o captar el de los indecisos. Más que acciones violentas, de las que no tenemos constancia, se trata de desanimar al adversario y provocar así su abstención o de falsificar los resultados si, a pesar de todo, se presenta a votar.

En los grados siguientes, en las juntas electorales de partido y de provincia, aunque el reducido número de electores individualiza más el sufragio, el voto en junta genera comportamientos parecidos a los que se daban en las elecciones de los antiguos cuerpos —cabildos civiles y eclesiásticos, capítulos de órdenes religiosas— a cuya jurisprudencia electoral se siguen haciendo referencias explícitas.[42] El debate no se centra nunca en diferencias políticas, ni siquiera en una discusión sobre las cualidades de las personas, sino en cuestiones de procedimiento. La formación jurídica y la mentalidad pleitista de muchos de los grandes electores —clérigos o laicos— aparece a plena luz; las glosas y los comentarios legales son los medios de los que se sirven para excluir a sus adversarios. El voto sobre estas cuestiones de procedimiento o la elección propiamente dicha aparecen concertados de antemano en reuniones previas en las que se ha definido la estrategia de la facción.

[41] *Cf.* los voluminosos expedientes sobre la nulidad de las elecciones de 1813, en AGN, México, Historia, vol. 448, exp. V.

[42] *Cf.,* por ejemplo, los argumentos utilizados para pedir la anulación de las elecciones de la junta de partido de la provincia de México en 1813, en AGN, México, Historia, vol. 448, exp. V, ff. 65-82.

La acusación más grave contra los adversarios es precisamente la de haber practicado antes de la junta electoral este acuerdo —un convenio— lo que también remite a las antiguas elecciones corporativas y al temor a las divisiones facciosas que se expresaban en éstas.[43]

Después de este recorrido, intentemos hacer algunas consideraciones sobre un rasgo de este sistema que tendrá un largo porvenir: la elección indirecta. La explicación dada para la existencia de este sistema en la Constitución francesa de 1791 es ciertamente válida en nuestro caso: compaginar el número con la razón; es decir, la participación de un gran número de ciudadanos, exigida por la nueva legitimidad, con la necesidad de elegir hombres dotados de las cualidades necesarias para el ejercicio de una función.[44] Pero, en nuestro caso, esta exigencia no basta para explicar la multiplicación de los grados, pues en vez de los dos grados de la elección francesa —cantón y departamento— tenemos de hecho cuatro: nombramiento de compromisarios en la parroquia, de electores de parroquia, de partido y de provincia.

Difícil es creer que la multiplicación de los grados esté destinada a evitar la participación del pueblo, puesto que dos hubieran bastado ampliamente, teniendo en cuenta además la densa red de vínculos antiguos en la que están inmersos los electores. Se temen, sí, los tumultos a los que pueden dar lugar las asambleas electorales, y en este sentido se denunciarán durante todo el siglo las elecciones tumultuarias. Pero los tumultos que se temen son los que resultan de los modos de acción de las facciones o los grupos para imponerse físicamente y los que pueden surgir de un descontento popular que encuentra en estas reuniones ocasión para manifestarse. Lo que es mucho menos probable, por no decir imposible, es que con este sistema se haya intentado cerrar al pueblo el acceso al poder. No existe ninguna constancia en esta época de tentativas populares para tomar el poder por esta vía; podríamos añadir que tampoco por ninguna otra, puesto que las revueltas populares no tenían en el Antiguo Régimen este fin, sino el de manifestar a las autoridades que han violado los principios de justicia que fundan el pacto social. Quizás la explicación esencial de la multipli-

[43] Todos estos fenómenos son particularmente visibles en la encuesta realizada sobre las elecciones de la provincia de México de 1813. La acusación más grave por la que se pedía su anulación era precisamente el convenio previo del partido americano. En las declaraciones hechas durante la investigación del caso, varios participantes confiesan llanamente que la concertación previa existía, pero era inevitable puesto que era preciso discutir las cualidades de los hombres que tenían que elegir. Cf. AGN, México, Historia, vol. 448, exp. v.

[44] Ésta es una las tesis centrales de Guéniffey, op cit., que da además el título a su libro, Le nombre et la raison.

cación de los grados electorales resida en el deseo de respetar la estructura piramidal de las comunidades políticas, y permitir más fácilmente la expresión de toda la pirámide de notables.

Hagamos, para terminar, algunas consideraciones sobre lo que esta primera época representa en la construcción del concepto de ciudadano moderno. No cabe duda de que podemos designarla con toda propiedad como el momento revolucionario fundamental de la América hispánica por la extraordinaria ruptura que representa con el Antiguo Régimen. Como hemos visto, triunfan entonces, con mucho avance sobre la mayoría de los países europeos, los principales elementos constitutivos de la política moderna: el fin definitivo del absolutismo, la noción contractual de la nación y su soberanía, la necesidad de apelar a estos últimos conceptos para legitimar todos los poderes, una concepción igualitaria y prácticamente universal de la ciudadanía, las elecciones modernas...

Es obvio, como hemos intentado mostrarlo a lo largo de estas páginas, que esta ruptura no es completa y que muchos de estos elementos modernos están todavía impregnados de imaginarios y de prácticas heredadas del Antiguo Régimen. El absolutismo desaparece en la teoría, pero quedará por largo tiempo la idea de un poder que regentea desde arriba la sociedad y que controla, a través de sus agentes, las elecciones, que, a pesar de todo, son el único fundamento de la legitimidad. También permanecerá con fuerza particular en algunos periodos —algunos muy recientes— la primacía de la colectividad, llámese ésta nación o pueblo, sobre los derechos individuales. Larga vida tendrá la concepción plural de la nación, vista como un conjunto de pueblos, y la concepción pactista de la política que de ella se deriva. Fuertes y durables serán los traumatismos que una representación fundada en el individuo provocará en los cuerpos y las comunidades de la antigua sociedad y, sobre todo, en los pueblos excluidos de la representación legal. Muy enraizadas se mostrarán también las prácticas no legales que se fundan en una noción antigua de la representación.[45]

Centrándonos de nuevo en nuestro tema y situándonos en esta primera época revolucionaria, intentemos ahora describir el camino que quedaba por recorrer para llegar o aproximarse a los atributos que con-

---

[45] Para las formas de esta otra representación en la que participan los caciques y los caudillos, cf. François-Xavier Guerra, "The Spanish-American Tradition of Representation and its European Roots", *Journal of Latin American Studies*, Cambridge University Press, núm. 26, 1994.

figuran al ciudadano moderno. El problema fundamental será el de la nacionalidad: saber de qué nación se es ciudadano; o dicho de otra manera: ¿cómo construir una nacionalidad a partir de identidades que oscilaban entre el polo de la ciudad-provincia y el polo americano?

El camino para llegar a la igualdad política general será más corto, puesto que la no representación de los estamentos y cuerpos fue establecida casi desde el principio, y la de las castas reconocida casi inmediatamente por las constituciones de los nuevos países.[46] Quedaba por completar la igualdad civil: abolir la esclavitud, los mayorazgos, los privilegios jurisdiccionales del clero y de otros cuerpos...

La universalidad de la ciudadanía política sufrió, como bien se sabe, otros muchos avatares, puesto que el sufragio masculino casi universal de esta primera época fue considerado en diferentes momentos del siglo XIX como la causa principal de la inestabilidad política. De ahí la instauración posterior de regímenes de sufragio restringido que apelaron a la soberanía racional para intentar cualificar a ese individuo abstracto que es el ciudadano moderno. El carácter abstracto de la ciudadanía moderna hará que estos intentos duren en general poco, y que se vaya imponiendo de manera gradual el sufragio universal propiamente dicho con la admisión al voto de los domésticos, primero, y de las mujeres, después, permaneciendo siempre incierto y variable el criterio de la edad.[47]

Quedaba, en fin, mucho para llegar a la individualización, el atributo más importante y el más difícil de obtener de la ciudadanía moderna. Una individualización que, para ser completa, exigirá primero la individualización social; es decir, la disolución o, por lo menos, el debilitamiento de los grupos estructurados por vínculos de tipo antiguo: las haciendas, las comunidades pueblerinas o las parroquias urbanas, las parentelas, las redes clientelares (y sobre todo, después, las político-administrativas), los grupos articulados por vínculos corporativos (y entre ellos, luego, los militares). Estamos aquí ante un largo e inacabado proceso que algunos factores materiales pueden favorecer, como la urbanización y el crecimiento urbano, las migraciones interiores o ex-

---

[46] La igualdad política de los indios existió desde el principio, salvo en alguna Constitución provincial de Nueva Granada. Excepto por algunas tentativas tempranas y fallidas de representación de clases privilegiadas (en la Constitución de las Provincias Unidas de Sudamérica de 1819 o en las elecciones mexicanas del imperio de Iturbide) sólo el individuo será en adelante representable.

[47] Para una exposición más detallada de esos sucesivos momentos políticos, cf. François-Xavier Guerra, *Modernidad...*, op. cit., cap. v, "El pueblo soberano: incertidumbres y coyunturas del siglo XIX".

teriores, y la expansión de la economía moderna y del trabajo asalariado.

La individualización tendrá también una dimensión política: asegurar la expresión de una voluntad autónoma. Esto implicará, por un lado y en una primera etapa, eliminar todo lo que pueda favorecer comportamientos comunitarios de los votantes (distritos electorales calcados sobre las comunidades, juntas electorales, ceremonias, voto en grupo de militares, peones o aldeas) y, por otro en una segunda etapa, garantizar la expresión libre del sufragio, haciendo más difíciles el fraude y la presión de las autoridades sociales o los representantes del Estado. En este tenor se situarán las medidas para asegurar la imparcialidad de los registros electorales, el pluralismo para la constitución y el funcionamiento de la mesa, la aparición tardía de elementos técnicos que favorecen el voto secreto (urnas, boletines, cabinas electorales), las disposiciones para impedir la presión física sobre los votantes y la existencia de instancias neutrales para las reclamaciones.

Pero ninguno de esos factores será en sí mismo suficiente sin la individualización cultural, algo más impalpable, pero esencial, que remite a la interiorización del modelo del ciudadano moderno. Esto implica la adhesión real al principio de un hombre, un voto, y al deber cívico de participar en los comicios. Supone admitir en los hechos —contra el unanimismo de viejo o nuevo cuño— lo que un verdadero régimen representativo conlleva: el pluralismo de opiniones e intereses y sus corolarios: la legitimidad de las opiniones adversas y su manifestación pública, y la posibilidad de que las elecciones puedan provocar una alternancia en el poder.

Estos cambios culturales profundos no podían darse rápidamente ya que dependían de los factores que favorecen en todos los campos las mutaciones culturales. En nuestro caso había que separar la esfera pública de una balbuciente esfera privada y construir una verdadera opinión pública. Todo esto suponía la extensión de las formas modernas de sociabilidad que fueron los lugares privilegiados de elaboración, aprendizaje y asimilación de los imaginarios y las prácticas políticas modernas: las tertulias y las sociedades en esta primera época; los clubes electorales u otras asociaciones políticas a mediados del siglo XIX; los partidos políticos modernos después. Hacía falta, igualmente, una pedagogía para crear la nación y difundir la imagen del ciudadano moderno: mediante la escuela, la simbología, las ceremonias, el calendario... Añadamos a estos factores la influencia de modelos políticos exteriores, no sólo porque éstos eran considerados por casi todas las elites de nuestra área como arquetipos de civilización, sino también porque, muchas veces, países de fuera de la región precedían a las naciones hispanoamericanas en esa marcha hacia la modernidad y les suministraban así experiencias en las que podían inspirarse o escarmentar.

¿Hasta qué punto esta larga y, sin embargo, incompleta enumeración de condiciones y etapas se dio en la realidad? ¿O se trata aún, y no sólo para América Latina, de un horizonte en parte inalcanzable por el carácter ideal del modelo del hombre-individuo-ciudadano?

CIUDADANÍA "VERSUS" GOBERNABILIDAD REPUBLICANA EN MÉXICO
Los orígenes de un dilema

Antonio Annino*

Introducción

CON ESTE ARTÍCULO quisiera llamar la atención sobre las difíciles relaciones entre ciudadanía y gobernabilidad en el México republicano. El término "gobernabilidad" no tiene todavía una definición precisa porque ha entrado hace poco en el léxico político. Este neologismo se utiliza para designar el conjunto de las condiciones que hacen posible gobernar un país, o para subrayar la capacidad de las autoridades constituidas para hacerse obedecer sin recurrir, a no ser en casos excepcionales, al uso de la fuerza. Esta segunda acepción, que utilizaré aquí, se acerca y casi se identifica con la de "legitimidad".[1] Es sabido que para los grupos dirigentes mexicanos la cuestión de la gobernabilidad constituyó durante todo el siglo un dilema angustioso, sobre todo para la elite liberal que buscó, a costa de dos guerras civiles, la transformación moderna del país. La idea de que la sociedad aún estaría "inmadura", o no lo bastante "educada" para practicar correctamente los principios liberales, fue común a muchas clases dirigentes del siglo XIX; y no sólo en México o en otros países de América Latina. Sin embargo, también es verdad que en el caso mexicano esta percepción se arraigó poderosamente entre las elites por la presencia de una población en gran parte india, considerada incapaz o demasiado inculta para practicar positivamente los derechos democráticos que se le habían concedido desde la independencia. Los límites de la gobernabilidad

---

* Universidad de Florencia.

[1] La bibliografía sobre el tema es notoriamente vasta. Me limito a recordar las clásicas consideraciones de Max Weber, *Economia e Società,* Milán, 1980, vol. 1°; pp. 207-211; los desarrollos y contribuciones propuestas por la sociología política, entre los cuales D. Easton, *A System Analysis of Political Life,* Nueva York, 1967, pp. 311-340; y finalmente las posibles conexiones entre este tema y el de la obligación política moderna: C. Pateman, *The Problem of Political Obligation. A Critical Analysis of Liberal Theory,* Berkeley, 1985, pp. 125-130.

republicana fueron así atribuidos a la debilidad de la ciudadanía moderna y a su carácter fundamentalmente ajeno a la cultura de las clases populares.[2]

Durante largo tiempo esta tesis ha dominado también la historiografía, y sólo en los últimos años se ha iniciado una profunda revisión de los itinerarios del liberalismo mexicano. En esta perspectiva, mi tesis es que no fue la debilidad de la ciudadanía moderna sino, por el contrario, su fuerza la que creó los mayores problemas para la gobernabilidad de México. Trataré de mostrar cómo la ciudadanía liberal se difundió desde antes de la independencia por obra de circunstancias imprevisibles y extraordinarias, y cómo los *pueblos* monopolizaron este proceso por medio de los municipios, impidiendo más tarde su control a la república. Algunos documentos me permitirán además señalar un fenómeno que considero importante: la extraordinaria capacidad de las comunidades indígenas para utilizar una categoría liberal como la "ciudadanía" para defenderse del Estado liberal y de su pretensión de destruir la identidad comunitaria. Allí radica la particular "fuerza" de la ciudadanía en el caso mexicano: monopolizada por los *pueblos* durante no pocas décadas, reprodujo lógicas de sincretismo cultural y político no muy distintas de las que en los tres siglos coloniales habían permitido a las comunidades adaptarse a la occidentalización. Por consiguiente, creo que el desarrollo del liberalismo mexicano puede interpretarse también en esta perspectiva de larga duración, utilizada por los antropólogos.[3] Mi investigación, además, parece concordar con aquella historiografía que últimamente ha afirmado la existencia, en México, de un "liberalismo popular", muy distinto del de las elites pero no por ello menos importante para entender los problemas de la gobernabilidad.[4] Pero, a diferencia de esta historiografía, yo considero que el "liberalismo popular" nació en los años del constitucionalismo gaditano y no durante las guerras civiles de mitad de siglo, cuando los *pueblos* apo-

---

[2] Un análisis amplio de este debate se encuentra en las dos obras de C. Hale, *El liberalismo mexicano en la época de Mora. 1821-1853*, México, 1985; y *La transformación del liberalismo en México a fines del siglo XIX*, México, 1991.

[3] Para el caso de México véase Serge Gruzinski, *La colonisation de l'imaginaire. Sociétés indigènes et occidentalisation dans le Mexique espagnol XVIè-XVIIè siècles*, París, 1988, pp. 367-370. [Edición en español en el FCE.]

[4] Para una visión de conjunto sobre este tema, véase Antonio Annino, R. Buve (coord.), "El liberalismo en México", *Cuadernos de Historia Latinoamericana*, 1, Ahila, 1993. La obra de Alicia Hernández Chávez, *Anenecuilco. Memoria y vida de un pueblo*, México, 1991, había ya mostrado con mucha claridad la capacidad de una comunidad de aldea para utilizar en su propio beneficio algunos principios del liberalismo.

yaron activamente a Benito Juárez contra los conservadores primero, y contra Maximiliano después. Esta revisión cronológica sugiere una más amplia definición del "liberalismo popular". En las dos coyunturas, la acción de los *pueblos* fue muy diferente: al apoyar a los liberales en guerra, las comunidades hicieron sólo una opción política, sin duda importante para el futuro del país, pero no modificaron los equilibrios institucionales, como en cambio lo habían hecho en los años de Cádiz. Por "liberalismo popular" se debe entender, por consiguiente, tanto la adhesión política de los *pueblos* al partido liberal como su monopolio sobre algunas instituciones liberales.

Los orígenes del problema de la ciudadanía son, pues, bastante excepcionales en el caso mexicano: el liberalismo se difunde y se divide a lo largo de fronteras sociales e institucionales *antes* de la constitución de la república y no después. Es natural, entonces, preguntarse cuánto este particular tipo de ciudadanía liberal y pluriétnica, nacida antes del Estado nacional y con un muy fuerte arraigo en el territorio, pesó luego sobre las relaciones entre los gobiernos y los *pueblos* donde, no lo olvidemos, vivía la mayor parte de la población mexicana. Mas para responder a esta pregunta es necesario superar el propio concepto liberal de ciudadanía, cuya naturaleza jurídico-formal no permite incorporar las múltiples dimensiones sociales y culturales que esta institución adquiere en México. Aquí el famoso debate puesto en marcha por T. H. Marshall encuentra una puntual confirmación, sobre todo por la oportunidad que ofrece al historiador de transformar la ciudadanía, de objeto en instrumento de investigación.[5] Más que indagar acerca de la correspondencia entre realidad y coherencia doctrinaria de esta importante institución liberal, lo relevante para el historiador es tomarla en cuenta para identificar fenómenos sociales que de otra manera escaparían a su mirada. En suma, no cuenta lo que *es* la ciudadanía, sino el uso diferenciado que de ella pueden hacer el Estado y ciertos actores sociales. Me parece que en este campo "el efecto Marshall" ha sido decisivo: la clásica visión jurídico-formal de la ciudadanía condenaba al historiador a privilegiar la dimensión institucional, y por consiguiente el "centro" del sistema político, mientras la perspectiva marshalliana permite pri-

[5] T. H. Marshall, "Citizenship and Social Class", en *Class, Citizenship, and Social Development,* Chicago, 1964. Ha seguido un debate durante años, en que han participado muchísimos autores, entre los cuales se encuentran D. Held, *Political Theory and the Modern State,* Stanford, 1989; y J. M. Barbalet, *Citizenship,* Milton Keynes, 1989. En Francia existe un renovado interés por el tema después de la publicación de la obra de Pierre Rosanvallon, *Le sacré du citoyen. Histoire du suffrage universel en France,* París, 1992.

vilegiar las "periferias", donde la ciudadanía puede ser fuerte, débil o diferente debido a las prácticas de rechazo, apropiación, etc., de las sociedades locales. En las "periferias" del sistema, la ciudadanía, como las otras categorías que fundan el Estado moderno, se mide con otras culturas y se transforma en un valor polisémico, cuyos signos hay que investigar a fondo, sobre todo si nos ocupamos de un país pluriétnico como México, donde desde la Conquista las sociedades locales fueron más fuertes que los "centros".

El problema de los orígenes de la ciudadanía se vuelve así prioritario. Pero existe una razón quizá más importante: investigar la multiplicación de los sentidos en las "periferias" impone valorar los momentos de discontinuidad que rompen la aparente unidad del proceso institucional reivindicado por el Estado. De manera más o menos explícita esta investigación de la discontinuidad termina por deslegitimar la linealidad de las cronologías clásicas que distinguen todavía el tiempo del súbdito del tiempo del ciudadano moderno, el tiempo del Antiguo Régimen de aquel del Estado liberal o, en México, el tiempo de la Colonia del de la república. Es muy fuerte, como se verá, la discontinuidad del momento gaditano porque es inmediato y radical el proceso de multiplicación de los sentidos del término "ciudadanía". Pero esta polisemia conserva un sustrato idiomático común: el jusnaturalismo católico de la tradición colonial, que las prácticas de los actores sociales sobreponen al nuevo lenguaje liberal. El resultado es un nuevo léxico político inventado por las comunidades locales, que logran así controlar y redefinir tanto la discontinuidad como la continuidad.

Las pruebas de este fenómeno léxicográfico son muchas aun cuando la historiografía no las ha tomado nunca en consideración. Sin ninguna pretensión de hacer un estudio completo, me he limitado a plantear la cuestión porque la considero de importancia fundamental. La llamada "política moderna" siempre ha querido implantar en Occidente monoidentidades colectivas que sustituyesen las poliidentidades de los antiguos regímenes. Para llevar adelante esa transformación, los grupos dirigentes en diversos países han intentado monopolizar el léxico político e imponerlo a las sociedades locales. Los éxitos de estos intentos podrían constituir en el futuro un campo de investigación para estudiar los problemas de la gobernabilidad. Si se acepta la idea de que en México la ciudadanía moderna ha seguido las lógicas de la occidentalización, entonces será necesario mirar con renovado interés los inestables equilibrios entre las culturas y los lenguajes, sin ver en ellos la prueba de fracasos o de "patologías" nacionales que remiten a inexistentes paradigmas de normalidad. Se trata más bien de los continuos intentos por parte de ciertos actores colectivos, como los *pueblos,* por redefinir y adaptar la ciudadanía a valores, memorias y prácticas en verdad distintas de las oficiales, pero que sería erróneo considerar incapaces de confrontarse con la "modernidad política".

El desliz de la ciudadanía

Las investigaciones de los últimos veinte años nos han mostrado que las empresas de supervivencia colectiva de las comunidades mesoamericanas durante la época colonial fueron resultado de complejas estrategias materiales e inmateriales, que sin embargo parecen entrar en crisis después de las independencias.[6] La posibilidad de confirmar esta idea, bastante extendida entre los estudiosos, por desgracia es obstaculizada por la dificultad de encontrar una documentación adecuada. El silencio de las fuentes sigue siendo el signo más evidente del desafío más dramático que, sin lugar a duda, la República hizo a las comunidades: el fin de su diversidad jurídico-institucional y la transformación de los *comuneros* en "ciudadanos", o sea en sujetos nuevos, sin ninguna conexión con el pasado. Sin embargo, estudiando los orígenes de este desafío se tiene la impresión de que las comunidades intentaron, con cierto éxito, contener las amenazas más peligrosas para su identidad, al menos durante unas décadas. Este éxito no sólo dependió de las nuevas estrategias adoptadas por las comunidades: fue favorecido por un proceso más general que he llamado "desliz de la ciudadanía" y que involucró también a los *pueblos* no indígenas. Con el término "desliz" he definido el más notable cambio institucional que se consumó en el interior de las nuevas estructuras constitucionales ideadas en Cádiz y difundidas en la Nueva España entre 1812-1814 y 1820-1824: la inesperada conquista, por parte de los *pueblos,* de la nueva ciudadanía liberal con la consiguiente limitación de la injerencia estatal en las sociedades locales.

La rapidez del proceso dependió también de la crisis del sistema colonial, pero la homogeneidad de los comportamientos colectivos deja

[6] Entre los estudios más importantes, N. Farris, *Maya Society under Colonial Rule,* Princeton, 1984; Marcello Carmagnani, *El regreso de los dioses. Los procesos de reconstitución étnica en Oaxaca,* México, 1988.

entrever la fuerza de fenómenos más profundos y de mayor duración, que llevan a primer plano el nexo entre continuidad y discontinuidad. En particular, el "desliz de la ciudadanía" parece constituir un capítulo central en la evolución de la territorialidad mexicana y de su capacidad para debilitar los poderes disciplinadores del Estado.[7] La fuerza demostrada por los *pueblos* en los años de Cádiz debe ser evaluada, por consiguiente, en una escala temporal más amplia, que tome en cuenta las dinámicas regionales y locales del siglo XVIII. Pero todo el proceso no habría sido posible si la carta de Cádiz no hubiese presentado algunas "brechas" institucionales que favorecieron la acción de los *pueblos*. Estas "brechas" son importantes para nuestro tema porque nos muestran que el desliz de la ciudadanía fue un proceso legal y no ilegal como podría parecer, y que —por consiguiente— el problema de la gobernabilidad republicana se complicó incluso por este dato originario, difícilmente ocultable por los gobiernos.

La más evidente de estas brechas fue la radical diversidad de valores presentes en el texto constitucional en la definición de la soberanía y el territorio.[8] La primera se definió de manera muy abstracta, a la francesa, para centralizar de nuevo un imperio fragmentado y homologar políticamente sus partes sin ninguna concesión a una tradición histórica que a fin de cuentas siempre había legitimado autonomías territoriales muy fuertes. La idea de territorio fue, en cambio, distinta y no recibió de la experiencia francesa, a la cual los constituyentes aún volvieron la mirada, el modelo geométrico de los departamentos y cantones.[9] La diferencia no es secundaria porque un proyecto de territorio geométrico dibujaba un camino igualmente geométrico para construir la nueva representación política liberal, empezando por la fuerza que se reconocía a los números en la consolidación del nexo entre ciudadanía y soberanía. Todo era medido en el sistema francés por medio de requisitos y paradigmas numéricos, desde la diferencia entre ciudadanos activos y pasivos con base en un censo, hasta la que había entre electores y elegidos, entre ciudadanos y no ciudadanos, etc. Cada una

---

[7] Véase sobre este punto Marcello Carmagnani, "Territorialidad y federalismo en la formación del Estado mexicano", en AA. VV., *Problemas de la formación del Estado y de la nación en Hispanoamérica*, Colonia, 1984, pp. 289-304.

[8] He analizado más ampliamente este punto en Antonio Annino, "Cádiz y la revolución territorial de los pueblos mexicanos. 1812-1821", en Antonio Annino (coord.), *Historia de las elecciones en Iberoamérica, siglo XIX*, Buenos Aires, 1995, pp. 143-176.

[9] Como lo ha mostrado M. V. Ozouf-Marignier, *La représentation du territoire française à la fin du 18e siècle*, París, 1992.

de estas estrategias numéricas suponía, además, un dato fundamental: la capacidad del Estado para medir el cuerpo social, para controlar la información en las "periferias", para aplicar luego en forma coherente esta información a los mecanismos institucionales; en suma, un conjunto de poderes y de recursos culturales que el Estado francés en parte tenía ya en el siglo XVIII y en parte desarrolló en el XIX.

La cuestión numérica nunca fue una cuestión "técnica". En los albores del liberalismo se señala cuán crucial era el acto de medir a los hombres para cualquier proyecto de modernizar en sentido liberal las relaciones entre Estado y sociedad. El sistema colonial había manifestado siempre escasa familiaridad con el acto de medir; siempre había censado parcial o localmente la población (tributarios, censos, milicias, etc.), y nunca, a no ser quizá en los últimos años borbónicos, se había planteado el problema de conocer mejor para gobernar mejor. Y este pasado fue heredado por la Constitución de Cádiz con una decisión que merecería una reflexión profunda. En ningún lugar de la carta este dilema, no resuelto, es más evidente que en la definición de la ciudadanía. Ni la fiscalidad ni la propiedad identificaron de hecho al nuevo ciudadano liberal del imperio, ni se adoptó la distinción entre ciudadanía pasiva y activa. A la soberanía abstracta y homologante se contrapuso en el texto una ciudadanía de índole enteramente territorial, o sea dejada en manos de las culturas locales. El ciudadano de Cádiz, y luego el de la República, fue en efecto el *vecino,* el antiguo sujeto político de las ciudades ibéricas y americanas. Sin duda esta figura tenía mucho en común con el *bourgeois* francés y con el *householder* inglés de la época *whig,* pero estas figuras conocieron con el liberalismo una definición técnico-jurídica nueva, que amplió los requisitos y garantizó al Estado y a sus agentes un control sobre ellos. En cambio, en la Constitución de 1812 no fue modificada la definición anterior de *vecino;* sólo fue extendida a nuevos sujetos (los indios), pero conservó toda la indeterminación formal de la tradición, tanto que para el historiador resulta difícil comprender qué perfil conservaba en 1812 en la mentalidad colectiva. Se puede así pensar que la indefinición constitucional todavía daba a entender que para ser *vecino* no era necesario un requisito de edad o de propiedad, si se exceptúa quizá el *solar* (afincado), mientras seguramente valía ser padre de familia y sobre todo gozar del respeto de la comunidad de pertenencia *(tener modo honesto de vivir).*[10]

---

[10] La única indicación segura la he encontrado en un documento del Consejo de Estado español, de fecha 28 de abril de 1820, donde se afirma que los americanos con derecho de voto

No es aventurado, por consiguiente, afirmar que al constitucionalizar la *vecindad* preliberal, y con ella el principio de la notoriedad social, la carta gaditana transformó la comunidad local en una fuente de los nuevos derechos políticos. En esta clave debemos valorar entonces la extensión de esta *vecindad* a la población indígena. Decisión sin duda extraordinaria para la época, pero sin deudas con el jacobinismo y con su vocación universalista de igualdad: No olvidemos que negros y castas fueron excluidos de los nuevos derechos y que la esclavitud se conservó. La extensión de la ciudadanía liberal a los indios tiene sus raíces en la época borbónica, cuando el jansenismo ilustrado español trastornó el esquema teológico de Salamanca del siglo XVI. El indio de finales del siglo XVIII era considerado *miserable* materialmente y ya no espiritualmente; su pobreza era considerada una limitación al desarrollo de la sociedad. En síntesis, si el indio en Cádiz accede a la igualdad liberal es porque jansenistas y fisiócratas treinta años antes le habían reconocido el estatus de *Homo aeconomicus*.[11]

Pero si también el indio es un *vecino-ciudadano*, entonces la comunidad indígena se vuelve una fuente de derechos constitucionales, como la blanca. Comenzamos a entrever los contornos de aquella brecha constitucional que los *pueblos* forzaron por propia iniciativa cuando la carta gaditana fue aplicada en México. Y para medir la amplitud de la brecha debemos examinar las posibilidades de acción colectiva ofrecidas por el derecho de voto. Los constituyentes gaditanos optaron por el voto indirecto, como en Francia y en los Estados Unidos, pero duplicando los niveles: los *vecinos*, los *compromisarios* de las parroquias, los *electores* de los *partidos*, y finalmente los de las *provincias*. Las *juntas* parroquiales estaban abiertas a todos los *vecinos*, alfabetizados o no, en las de *partido* y de *provincia* se votaba en secreto y por consiguiente era necesario saber leer y escribir, mientras para ser elegido a las Cortes era necesaria una renta. Este sistema de voto indirecto estructuraba en realidad una jerarquía de ciudadanías diferentes en cuanto a requisitos y derechos, minimizando, por lo menos en el papel, la fuerza de las comunidades territoriales. El acto más importante para la construcción de la nueva representación se consumaba en efecto en las *juntas* provinciales, únicas que podían delegar la soberanía a la Cortes por medio del voto.

eran 2 millones de "padres de familia". Archivo General de Indias (Sevilla), Indiferente General, exp. 1523.
[11] Sobre el jansenismo en España y en México véase J. Sagnieux, *Les jansénistes et le renoveau de la predication*, Lyon, 1976.

La funcionalidad institucional de este complejo mecanismo electoral se fundaba, sin embargo, en una suposición muy endeble: la separación entre esfera administrativa y esfera política. Sólo las elecciones para las Cortes eran consideradas políticas por la nueva Constitución, mientras el voto para los nuevos municipios y para las diputaciones provinciales elegía sólo buenos administradores, que debían ocuparse del *gobierno interior de los pueblos,* o sea de cuestiones como la limpieza de las calles, la construcción de escuelas, prisiones, etc. Pero esta distinción entre esfera política y administrativa, entre *gobierno político* y *gobierno económico,* no resistió la prueba de los hechos. Ya había fallado en la última época borbónica con las reformas de las intendencias, como lo han mostrado algunos estudios.[12] Las crisis del imperio se agregaron a este fracaso, haciéndolo en cierto modo irreversible: las autoridades coloniales mexicanas eran radicalmente antiliberales, pero comprendieron muy bien que la carta gaditana era un recurso estratégico en la lucha contra los *insurgentes* de Hidalgo y Morelos, porque podía satisfacer las demandas autonomistas de las sociedades locales.[13]

Esta decisión política explica la excepcional difusión, en pocos años, de los nuevos municipios constitucionales entre los *pueblos.* Creo que la importancia de este fenómeno puede valorarse desde tres puntos de vista. En primer lugar, el municipio constitucional cambió radicalmente el perfil de la sociedad colonial, hasta tal punto que en 1821 era muy distinta de la de 1808. Cuando brotó la crisis dinástica por los hechos de Bayona, los comerciantes españoles sólo necesitaron un golpe de palacio en la capital para controlar el país y liquidar el proyecto autonomista criollo. En 1821, Iturbide fue obligado a seguir un esquema completamente diferente para imponer políticamente el proyecto independentista: partir del apoyo de las sociedades periféricas y ocupar, por último, la capital con el ejército *Trigarante.* Este simple dato nos muestra todo el alcance del cambio: después de la experiencia de Cádiz, las estructuras centralizadas del sistema colonial habían desaparecido, sustituidas por un conjunto de poderes difundidos en el territorio y

[12] Véase en particular H. Pietschmann, *Die Einführung des Intendantensystems in Neu-Spanien im Rahmer der Allgemein Verwaltungsreform der spanischen Monarchie im 18. Jahrhundert,* Colonia-Viena, 1972.

[13] Existen muchos documentos que confirman este dato importante. El más claro es una carta del virrey Calleja al ministro de Guerra de Madrid, de fecha 5 de marzo de 1813, en *Boletín del Archivo General de la Nación,* México, t. 1, núm. 1, 1930, pp. 80-87. La decisión de aplicar la Constitución no fue unánime: la Audiencia envió un *informe* secreto a la Regencia en 1813 para convencer al gobierno de suspender la Constitución en la Nueva España. Véase J. Delgado (ed.), *La Audiencia de México ante la rebelión de Hidalgo,* Madrid, 1984.

organizados en torno a los grupos militares y los municipios. Cádiz aceleró así en forma imprevista las dinámicas de larga duración de la territorialidad mexicana.

En segundo lugar, todo el proceso fue manejado por las autoridades coloniales y no por las elites criollas, y esto constituye una peculiaridad del caso mexicano, digna de atención. La historiografía siempre ha considerado que la experiencia gaditana sólo fue importante para la formación ideológica de los futuros grupos dirigentes.[14] Con una sola excepción, los historiadores sostuvieron largo tiempo que la Constitución de Cádiz no se había aplicado a causa de la guerra civil.[15] La realidad, en cambio, fue muy diferente: las elecciones para los nuevos municipios difundieron la primera experiencia liberal española por toda la sociedad mexicana, y modificaron radicalmente el orden institucional. El hecho de que los grupos dirigentes criollos no hayan controlado esta transformación cobra entonces gran importancia porque identifica una diferencia cronológica crucial para el futuro republicano: mientras los *pueblos* se legitimaron con las elecciones del nuevo orden liberal desde antes de la independencia, las elites fueron obligadas a buscar este tipo de legitimidad tras la caída de la colonia. Ningún liderazgo occidental debió nunca enfrentar un desafío como el mexicano. La Constitución de 1824 fue muy importante, pero hay que recordar que sólo modificó la forma de gobierno. Respecto al tema de ciudadanía y voto, la carta de 1824 aceptó casi completamente el modelo gaditano. En este sentido, es correcto afirmar que la ciudadanía liberal se difunde y se consolida antes de la república liberal.

Pero esta diferencia cronológica no habría sido tan decisiva para nuestro tema si la difusión de la ciudadanía no hubiese alterado profundamente el proyecto institucional de Cádiz. Para valorar este tercer punto debemos mirar al fracaso de la reforma judicial. Como es sabido, en el sistema colonial, el ejercicio de la justicia en el nivel local estuvo

---

[14] En esto, la historiografía ha compartido siempre las tesis de Jesús Reyes Heroles, *El liberalismo mexicano*, México, 1957, t. 1, pp. 1-118.

[15] La excepción a la que me refiero es N. Lee Benson (coord.), *Mexico and the Spanish Cortes, 1810-1822*. Es interesante recordar que este libro es regularmente citado pero con una óptica al estilo de Reyes Heroles, es decir, favoreciendo el aspecto relativo a la "recepción" del liberalismo. El capítulo sobre las elecciones de los municipios nunca ha suscitado interés. He podido, en cambio, verificar en una primera investigación cuán pertinente es este tema gaditano para comprender los orígenes y las peculiaridades del liberalismo en México. Véase Antonio Annino, "Pratiche creole e liberalismo nella crisi dello spazio urbano coloniale. Il 29 novembre 1812 a Città del Messico", en Antonio Annino y Raffaele Romanelli (coords.), "Notabili, Elettori, Elezioni", *Quaderni Storici*, núm. 69, 1988, pp. 727-765.

durante tres siglos en manos de funcionarios como los alcaldes mayores y luego, en la época borbónica, de los subdelegados e intendentes. Cada uno de ellos concentraba en sus manos las famosas *cuatro causas,* la militar, la civil, la criminal y la fiscal. En 1812 Cádiz decretó una importante reforma con sentido liberal: los funcionarios conservaron la causa fiscal y militar mientras las otras dos pasaron a una nueva estructura de jueces, los *jueces de paz.* Con esta reforma se habría introducido al nivel local el principio de la división de los poderes, pero esto no fue posible por la guerra y la escasez de los recursos financieros.[16] Sin embargo, en previsión de la reforma, las Cortes habían quitado a los funcionarios dos de las cuatro causas, creando un vacío jurisdiccional que inmediatamente fue llenado por los nuevos ayuntamientos. La verdadera ruptura institucional se consumó, pues, en el terreno de la justicia: el municipio electivo se transformó en un poder jurisdiccional autónomo, dando así a la ciudadanía el valor de un derecho al autogobierno local. Lo que impresiona es la excepcional rapidez de esta ruptura y la homogeneidad de los comportamientos colectivos, que sin duda remiten a culturas territoriales comunes que requerirían ser profundizadas en el futuro. En efecto, es evidente que nos encontramos frente a una movilización de recursos comunitarios que vuelven a poner en juego saberes y estrategias del pasado colonial, y que son capaces una vez más de apropiarse de los nuevos recursos ofrecidos por la evolución de los lenguajes y de los modelos políticos. Me limitaré aquí a señalar la dimensión territorial de este fenómeno que se puede resumir en pocos pero significativos datos: en 1812, en el momento en que entra en vigor la carta gaditana, los cabildos novohispanos son 54, en 1821 llegan casi a mil y debe recordarse que en el nuevo orden liberal los municipios electivos son todos iguales.[17] La igualdad liberal en México logra reforzar mejor a los actores colectivos que a los individuales. Si luego observamos la distribución territorial de los nuevos municipios, veremos que su número es mayor en las áreas indígenas: por ejemplo, en la provincia de Oaxaca llega en 1820 a 200. Si luego

---

[16] Véase sobre este punto M. Ferrer Muñoz, *La Constitución de Cádiz y los comienzos de la Independencia de México,* México, 1994, cap. IV.

[17] Para mayores detalles, véase Antonio Annino, "Cádiz y la revolución territorial de los pueblos mexicanos", en *Historia de las... op. cit.,* y en ese mismo volumen, de M. Bellingeri, "Las ambigüedades del voto en Yucatán. Representación y gobierno en una formación interétnica. 1812-1829", pp. 227-291. Las cifras sobre el número de cabildos son el resultado de una investigación en fuentes de archivo de la época (AGN), principalmente sobre los informes de los intendentes y los delegados a las autoridades centrales.

consideramos la composición de los nuevos municipios, veremos, gracias a las actas electorales, que en muchos casos fueron elegidos alcaldes y regidores indígenas. Las fuentes de archivo disponibles difícilmente permitirán calcular con exactitud el porcentaje de elegidos indígenas sobre el número total de los municipios, pero seguramente no se puede afirmar ya que el dictado constitucional fuera sistemáticamente desvirtuado por grupos locales blanco-mestizos para excluir del voto a la población india. Además, en no pocos casos los nuevos cabildos fueron instituidos en antiguos *pueblos-sujetos,* lo cual sugiere que la difusión de los municipios desencadenó un proceso de fragmentación-reagregación étnica y de afirmación de nuevos estratos de *principales.* Aun en este caso es difícil, si no imposible, reconstruir la totalidad del fenómeno, pero la tendencia es bastante evidente. La desestructuración de las jerarquías territoriales de la colonia parece así afectar también a las *ex repúblicas,* pero según lógicas propias de la cultura indígena. Esto es evidente en las prácticas de la nueva representación de los municipios. Los *pueblos* indígenas eligieron, por ejemplo, más *regidores* que los que correspondía según el número de habitantes. Esta transgresión de la norma no fue arbitraria sino que siguió la costumbre colonial: en las cofradías indígenas, en los consejos de los ancianos de las aldeas, siempre que se trataba de tomar una decisión importante que involucraba a todo el territorio de una *República,* cada comunidad enviaba un representante. La representación municipal se adaptó a este modelo de "proporcionalidad" que durante tres siglos se había fundado sobre las comunidades y no sobre la suma numérica de los habitantes.

Captada por las comunidades indias, difundida por un Estado incapaz de controlar las prácticas, la ciudadanía liberal fue redefinida por las culturas locales con significados muy lejanos de los proyectados por las Cortes de Cádiz, pero no por ello menos importantes para entender los dilemas de la futura gobernabilidad republicana. Es necesario insistir en la superposición de los derechos de la ciudadanía con los de justicia: los documentos sobre las elecciones municipales en los años gaditanos nos informan que *alcaldes* y *regidores* fungían también como jueces, y no sólo en los municipios indígenas sino también en los blanco-mestizos.[18] El paso de los poderes del Estado a las sociedades locales fue, pues, masivo y generalizado, respecto a todos los seg-

---

[18] Antonio Annino, "Cádiz y la revolución territorial de los pueblos mexicanos, 1812-1821", *op. cit.,* pp. 214-224.

mentos de la sociedad, aun cuando sea fácil imaginar que los significados de "justicia", y por consiguiente de "ciudadanía", siguieron siendo distintos en los *pueblos* indígenas. Esta pluralidad de significados y de superposiciones semánticas logró finalmente articular la ciudadanía con la cuestión de la tierra. Muchas propiedades comunitarias pasaron a la administración de los nuevos municipios, muchas cofradías funcionaron como estructuras electorales que vincularon viejas y nuevas jerarquías en los *pueblos*. Una vez más el fenómeno se encuentra en comunidades indígenas y no indígenas, pero en este caso las diferencias son marcadas: la Constitución de Cádiz había suprimido las *repúblicas* en el momento en que había reconocido a los indios los derechos de ciudadanía, pero esta reforma quitó a las comunidades el más importante recurso institucional para defender sus intereses. El municipio liberal, con la posibilidad que ofrecía de reubicar las tierras bajo su jurisdicción, se convirtió en un instrumento de las comunidades para defenderse de los aspectos más amenazantes de la igualdad liberal. Tierra, ciudadanía y justicia estructuraron de esta manera un sujeto institucional nuevo, distinto del proyectado en la Constitución, expresión directa de los intereses y de las culturas locales mexicanas. Todo este cambio institucional se realizó al margen del control del Estado colonial y de las elites criollas; fue un proceso autónomo de los *pueblos*, y por consiguiente alteró no sólo el antiguo orden sino también el nuevo.

Fisiologías colectivas de la ciudadanía: los pactos y las normas

Muchas décadas después de Cádiz, los municipios mexicanos continuaron proclamándose "soberanos", reivindicando el derecho de aceptar o no la autoridad de los gobiernos con base en una libertad no concedida por las constituciones sino preexistente a ellas. Casi parece que los *pueblos* en sus *títulos primordiales* hubiesen registrado el haberse convertido en municipios antes de la instauración de la república. Esta idea es sin duda excesiva, y de cualquier manera imposible de verificar, pero este principio de "soberanía" municipal, autónoma de la estatal, expresó una concepción de las relaciones entre Estado y sociedad que superponía al liberalismo el antiguo contractualismo de la monarquía católica. No olvidemos que durante tres siglos coloniales, en América y en México este modelo contractual había adquirido un perfil por así decir "bajo" por la falta de Cortes. Los antiguos cabildos habían sido reconocidos siempre como los representantes virtuales de los territorios, y esto fue evidente sobre todo en 1809 y en 1810, cuando se eligieron los representantes americanos a la Junta Central y luego, a las Cortes constituyentes.[19] La tesis un tanto difundida en el imperio de que con la crisis dinástica de 1808 la soberanía no podía recaer sino en los reinos, y por consiguiente en sus legítimos representantes, los cabildos, no fue un expediente del todo artificioso. La impresionante homogeneidad de los comportamientos colectivos en cada ángulo de América, el consenso unánime en torno a esta idea de la retroversión, demuestran que el modelo de soberanía compartida entre rey y reinos estaba profundamente arraigado en la cultura de todas las sociedades locales.

El primer liberalismo gaditano teorizó la superación del contractualismo del Antiguo Régimen por medio de la representación moderna, pero no abolió la monarquía. El *vecino* de Cádiz se volvió un *ciudadano* pero conservó también la condición de *súbdito*, y con ello no pocos valores del pasado: la Constitución describió un conjunto de nuevos derechos pero al mismo tiempo dejó en vigor todas las disposiciones de las Leyes de Indias que no contrariaban los nuevos principios. La frontera entre el ciudadano moderno y el súbdito antiguo fue así muy débil, si no inexistente. La polisemia de la ciudadanía durante la primera experiencia liberal fue, pues, más articulada que cuanto nos haya mostrado el proceso descrito en el párrafo precedente. La expansión de los municipios no sólo creó nuevas jurisdicciones sino que también legitimó la idea de que la soberanía, atributo antiguo de la justicia, pasase ahora de los cabildos provinciales a los locales. Con una paradoja sólo aparente, el constitucionalismo gaditano en México legitimó la convicción de que la retroversión de la soberanía debía beneficiar a toda la sociedad organizada y no sólo a los cabildos más importantes, como había sucedido en la fase constituyente.

Pero el fenómeno no se limitó a los *pueblos,* no fue la expresión de una cultura "popular" que escapó al control de un saber "alto". En esos años aun las elites articularon el contractualismo de la tradición con el liberalismo, y tal vez en ningún lugar sea esto más visible que en las mismas sesiones de Cádiz. Algunas investigaciones han analizado ya

[19] Véase François-Xavier Guerra, *Modernidad e independencias,* Madrid, 1942, pp. 177-226, 319-350.

los fundamentos doctrinarios no modernos de la cultura de los diputados americanos,[20] pero se recuerda también que esto no condujo a un rechazo de la Constitución. Existió una versión americana y mexicana del liberalismo que trató en Cádiz de limitar fuertemente el proyecto centralista y la ubicación de la soberanía en la constituyente. En la defensa de las autonomías territoriales, los diputados americanos superpusieron principios diversos, creando lenguajes que luego permanecieron por largo tiempo en la república. El caso más preñado de implicaciones para el futuro se refiere a dos adverbios. Parece un detalle lingüístico, pero no lo es: cuando el 28 de agosto de 1811 se discutió la ubicación de la soberanía, los liberales españoles afirmaron que estaba "esencialmente" en la nación; los americanos, por su parte, sostuvieron que lo era "originariamente".[21] Los dos adverbios concretaban dos concepciones distintas y opuestas de la soberanía y de sus relaciones con la representación. Al ya famoso adverbio de Sieyès que legitimaba la nueva posición dominante del parlamento, los americanos contrapusieron la idea típicamente contractual de la soberanía, "originariamente" depositada en la nación y por ello jamás delegable en forma definitiva a la instituciones representativas. Al mismo tiempo, los americanos aceptaron la nueva forma de representación y apoyaron unánimemente la extensión de la ciudadanía liberal a los indios. La soberanía, la fuente legítima del poder, quedó así suspendida entre liberalismo y contractualismo, entre dos adverbios difícilmente conciliables frente al imperativo moderno de la delegación de la soberanía de los electores a los elegidos por la vía del voto. Para valorar la perduración de este dilema estratégico basta leer las constituciones mexicanas del siglo XIX; en todas, federales o centralistas, se afirma que la soberanía reside *esencial y originariamente* en la nación.

El deslizamiento de la ciudadanía hacia los municipios fue, pues, un proceso ciertamente autónomo y deseado por los *pueblos,* pero no del todo ajeno a la lectura del liberalismo practicada por grupos sociales altos. Elites y comunidad por razones diversas compartieron una visión fundamentalmente contractualista de la ciudadanía: el liberalismo la había extendido a toda la sociedad organizada, a todos aquellos que tuviesen un *modo honesto de vivir;* el contractualismo clásico le dio una

---

[20] J. Varela Suanzes-Carpegna, *La teoría del Estado en los orígenes del constitucionalismo hispánico (las Cortes de Cádiz),* Madrid, 1983, pp. 25-38, 85-88, 221-244.
[21] *Diario de Sesiones de las Cortes Generales y Extraordinarias,* Madrid, 1870, vol. II, núm. 330, pp. 1714-1717.

fuerza superior a la de la norma constitucional porque conservó la soberanía "originaria".

Para entender los problemas de la gobernabilidad republicana es entonces importante fijarnos en el momento de la independencia, porque el Plan de Iguala fue una síntesis bastante coherente de los dilemas abiertos por la primera experiencia constitucional. Ya he recordado que Iturbide partió de la periferia para ocupar el centro de México, adaptándose y aprovechando para su propio beneficio la nueva lógica territorial. Se puede decir aún más: la marcha del Ejército Trigarante en 1821 no encontró muchos obstáculos militares y fue bastante pacífica porque los españoles se rendían casi de inmediato; tuvo, en cambio, un muy fuerte contenido político, diseñó un nuevo mapa del contractualismo y del liberalismo. Iturbide, como es sabido, mantuvo en vigor la Constitución de Cádiz, pero su avance hacia la capital fue acompañado por pactos políticos con los nuevos municipios, que al punto exigieron garantías para defender la propia autonomía territorial.[22] El cambio del originario diseño institucional gaditano recibió de esta manera una legitimidad definitiva. Nótese que las Diputaciones Provinciales no tuvieron ningún peso en la formación de este pacto para sostén de la independencia entre Ejército Trigarante y municipios; se fundó, pues, sobre una nueva versión del contractualismo clásico, practicado ahora por dos nuevos sujetos que se repartieron la soberanía como garantía del nuevo orden.

El aspecto más importante para nuestro tema es que la crisis del efímero imperio de Iturbide reprodujo esta fisiología contractualista: el bando antiiturbidista, favorable a la república, se organizó por medio de otro pacto entre una fracción del ejército y una serie de municipios, pacto formalizado en dos nuevos *planes,* el de Veracruz (diciembre de 1822) y el de Casa Mata (1º de febrero de 1824).[23] Más allá de los acontecimientos y de los conflictos que modificaron la vida política del país, queda el hecho de que el paso a la república siguió un esquema ya puesto a prueba con la independencia y por esto ampliamente legitimado. Los congresos, las instituciones representativas "nacionales", desempeñaron un papel totalmente subordinado a este esquema, tanto con Iturbide como con la república. La única novedad es que con el Plan de

[22] Este aspecto de la independencia está documentado en el Archivo Histórico de la Defensa Nacional, XI/481.3/122-64, donde se conservan las correspondencias entre Iturbide y los ayuntamientos gaditanos.
[23] Véase T. Anna, *El imperio de Iturbide*, México, 1990, pp. 166-203.

Veracruz aparece en escena una nueva práctica: el *levantamiento*. Desde siempre considerado un fenómeno degenerativo ligado a las ambiciones personales de los generales, el *levantamiento* fue en realidad la expresión bastante coherente de la compleja relación entre liberalismo y contractualismo que se había instaurado en México en los años de la crisis del imperio. Lo prueba el alto grado de legitimidad que esta práctica conservó en la mentalidad colectiva y de formalización institucional de sus procedimientos. Un estudio sobre los documentos nos muestra en efecto que cada *levantamiento* fue precedido de un *plan* que definía la futura forma de gobierno que más adelante las asambleas constituyentes iban a institucionalizar.[24] Aun cuando este procedimiento no tenga precedentes en la historia occidental, no hay duda de que *planes* y *levantamientos* deben considerarse para todos los efectos como fuentes de derecho. Debemos también descartar la tradicional etiqueta de "militarismo" con la que usualmente se define este fenómeno. Es fácil comprobar que la legitimidad de un *plan* no estaba en el ejército sino en las *actas de adhesión* de los municipios y de los estados (de la federación), sin ninguna distinción jerárquica entre unos y otros, y estas *actas* eran redactadas en asambleas públicas de *vecinos* con procedimientos rigurosamente formalizados. La naturaleza del *levantamiento* era, por ello, fuertemente contractualista: el recurso a este procedimiento puede parecer ilegal si sólo se lo valora con la vara de medida de la norma constitucional y republicana; lo es mucho menos si se le inserta en el más vasto contexto institucional del que nació el México independiente.

Es también obvio que la dinámica de esta república no podía ser la de Francia o Inglaterra, a las cuales las elites volvieron los ojos siempre como a modelos ideales. En esta república, que articuló el liberalismo con valores del Antiguo Régimen, la fuerza y la amplitud de la ciudadanía legitimaron las expectativas de lucha de actores tan diferentes entre sí como los comerciantes, las comunidades indígenas, los militares, etc. El problema de la gobernabilidad fue dramático y dependió, ciertamente, de muchos factores, pero, desde el punto de vista histórico, no se puede minimizar el problema de sus orígenes: contrariamente a los casos francés o norteamericano, el Estado mexicano no heredó la soberanía directamente de la monarquía española sino de cuerpos terri-

---

[24] En la Colección Lafragua, conservada en la Biblioteca Nacional de la ciudad de México, es posible encontrar una rica documentación sobre este tema. Para un primer panorama, consúltense *Planes en la Nación Mexicana*, México, 1987, vols. 1 y 2.

toriales que se sintieron siempre libres de romper el pacto de subordinación a los gobiernos.

Todo esto plantea no pocos interrogantes al historiador, empezando por la idea misma de soberanía que circulaba en la mentalidad colectiva. Para una primera respuesta debemos una vez más volver a la monarquía, porque en aquellos años se consolidaron algunos valores que luego volvemos a encontrar durante todo el siglo. En 1808, cuando el cabildo de la ciudad de México intentó, sin éxito, reunir una junta de la ciudad para gobernar el Virreinato, el argumento utilizado para justificar este proyecto fue el del forzoso vacío de la Corona, que creaba un "estado de necesidad natural". El argumento no era nuevo; formaba parte precisamente de la tradición jusnaturalista católica y, en el siglo XVII, había sido desarrollado también por la corriente protestante holandesa. La idea central de esta tradición era la de la nación como "entidad natural", concepción que no por casualidad fue esgrimida precisamente por un diputado mexicano, Juridi y Alcocer, para oponerse en 1811 a la idea de la soberanía a la francesa. Juridi y Alcocer propuso sustituir el adverbio "esencialmente" por "originariamente": *"de manera que la Nación no dejará de ser nación porque se deposite en una persona o en un cuerpo moral"*.[25] El adverbio jusnaturalista clásico identificaba una nación existente en sí, independiente de los gobiernos, totalmente "natural" y por ello autosuficiente, idea muy distinta de la liberal que prefiguraba una nación para construirse junto con el Estado.

Esta idea de nación natural, autosuficiente, preexistente al Estado, pasó a la república, se repitió de continuo en los lenguajes de los *planes* y de los *levantamientos,* y fue legitimada por las *actas de adhesión* de las instituciones representativas locales. Desde el *Plan* de Veracruz se teoriza que la declaración de invalidez de un gobierno —en aquel momento la monarquía iturbidista— deja a la nación libre "y además con su actual emancipación se halla al presente en su estado natural" y por consiguiente siendo "libre, soberana, independiente y en su estado natural" tiene plena facultad de *constituirse* por medio de un Congreso. La distinción entre *Nación en estado natural* y *Nación constituida* fue utilizada ya en Cádiz por los diputados americanos para rechazar el proyecto centralista de los liberales españoles, y para reivindicar el derecho de los territorios a aceptar o no un determinado proyecto constitucional. Volvemos a encontrar esta idea no sólo en el Plan de Veracruz,

---

[25] *Diario de Sesiones, op. cit.,* p. 1715.

sino también en el Plan de Perote de Santa Anna de 1828, de Nicolás Bravo de 1833, de Cuernavaca de 1834, de San Luis Potosí de diciembre de 1845 y de la Ciudadela de 1846. Se trata de *planes* liberales, centralistas y federalistas, prueba de que el conflicto político se practicaba a partir de un conjunto de valores comunes. La legitimidad de esta idea de soberanía nunca totalmente delegable, controlada por una sociedad "natural" de la que forman parte los municipios colectivos y no las asambleas "nacionales", en tanto expresión de la nación "constituida", fue más fuerte que la continuidad de la propia clase parlamentaria a lo largo de la primera mitad del siglo. Es un dato significativo, en efecto, que la inestabilidad política provocada por los levantamientos no resquebrajase la estabilidad de la clase parlamentaria, como lo ha demostrado una investigación reciente.[26] El problema de la gobernabilidad es, pues, más complejo, y depende mucho de las prácticas de legitimación política: el acto de *constituirse en nación* no es en el México republicano el acto soberano de una asamblea constituyente, porque la nación ya existe *en estado natural* y se expresa por medio de otros cuerpos representativos, cuyo pacto recíproco precede a la norma constitucional e impone a los constituyentes un mandato imperativo preciso por medio del *plan*. La ciudadanía articula estas dos esferas distintas, la "natural" y la "constituida", legitima la primera con las *actas de adhesión* de los ciudadanos libremente convocados en asamblea por los municipios, y legitima la segunda por medio del voto. En 1824, 1841 y 1846, los electores provinciales de Michoacán se reunieron en la capital, Morelia, para designar a los diputados a las tres constituyentes y para investirlos de un mandato vinculante, como se puede leer en las actas electorales:

> En consecuencia otorgan a cada uno de los diputados poderes para que constituyan la Nación del modo que entienden ser más conforme a la felicidad general, y especialmente para que dicten leyes sobre todos los ramos de la administración pública que sean de su competencia y tengan por objeto el interés general afirmando las bases, religión, independencia, y unión, que deben ser inalterables, así como la forma de república representativa, popular, según lo proclamado en el artículo primero del plan del cuatro de agosto.[27]

[26] C. Noriega Elio, "Los grupos parlamentarios en los congresos mexicanos, 1810-1857. Notas para un estudio", en B. Rojas (coord.), *El poder y el dinero. Grupos y regiones mexicanos en el siglo XIX*, México, 1994, pp. 93-119.

[27] Archivo de Notarías de Morelia, *Protocolo del notario Miguel García*, vol. 276, 1846, hh. 583-586.

A documentos como éste se refirieron tres constituyentes diferentes: federalista, liberal-moderado y centralista. En todos ellos volvemos a encontrar el lenguaje del orden "natural" de la nación, de su preexistencia al Estado, de su soberanía delegable sólo mediante un pacto,temporal y nunca definitivo. Es el mismo lenguaje de los *planes* y los *levantamientos*, pero lo reencontramos también en las *actas de adhesión* de los municipios que rompen con los gobiernos reivindicando su "soberanía". Esta no es, pues, parte de la nación "constituida", pertenece más bien a la nación en "estado natural" como la *vecindad* de la tradición colonial. No hay que olvidar que las Leyes de Indias reconocieron siempre a los *vecinos* el derecho de reunirse en asamblea para decidir sobre el *bien común*. Como fundamento de las *juntas municipales* de los ciudadanos republicanos, que deliberan sobre si apoyar un *plan* y un *levantamiento*, se entrevé la persistencia de la antigua institución del *cabildo abierto* con su derecho de deliberar sobre cada aspecto del bien común. La fisiología de la ciudadanía nos permite así entender cómo también después de Cádiz fue difícil para los gobiernos lograr que las culturas locales aceptaran la distinción entre esfera administrativa (los municipios) y esfera política (el Estado). Las constituciones republicanas y las leyes orgánicas sobre los municipios reafirmaron siempre la naturaleza administrativa de los ayuntamientos, pero esta parte de la normativa jamás tuvo eficacia, por lo menos hasta la Reforma liberal de mediados del siglo y el porfiriato. Por lo demás, el conflicto interno de las elites obligaba a las facciones a buscar el apoyo de los municipios y a reconocerles una función política, que difícilmente podía luego ser deslegitimada. Esta lógica del conflicto es muy semejante a la que durante las guerras civiles de mediados de siglo permitió a los liberales de Benito Juárez movilizar a los *pueblos*. El liberalismo popular mexicano tiene, por consiguiente, una historia larga, que nace antes de la república y la acompaña durante todo el siglo. Sin esta continuidad sería difícil explicar el monopolio municipal de la ciudadanía y la continuidad de sus redes semánticas.

La semántica católica de la ciudadanía

Una de estas redes, quizá las más importante, vincula a la ciudadanía con la dimensión religiosa del catolicismo mexicano. No se trata de las relaciones entre Iglesia y Estado sino de una cuestión más profunda y compleja: las reacciones de una sociedad no secularizada a la difusión de lenguajes y valores de la política moderna que tienden a la secularización. Nos hemos encontrado ya con algunos fragmentos del problema: el énfasis con que se habla de la nación en *estado natural,* ya formada y autosuficiente frente al Estado, revela la persistencia de una idea de sociedad muy semejante a la teorizada durante tres siglos por el jusnaturalismo católico hispánico.[28] Esta idea se vinculó al liberalismo vía la ciudadanía, con el resultado de ampliar sus prácticas mucho más allá de los límites fijados por las constituciones. Los *planes* de los *levantamientos* parecen mostrar un código jusnaturalista común a todos los actores, desde los *caudillos* hasta los *pueblos,* y por consiguiente una cultura religiosa común. Pero no se debe generalizar: estos documentos sólo expresan una convergencia entre religiosidades muy diversas que, divididas ya desde la época borbónica, seguirán siendo siempre antitéticas. Mientras el catolicismo de las elites se había acercado al jansenismo y al iluminismo *erastiano* [de Tomás Erasto (1524-1583), teólogo suizo-alemán cuya doctrina teológico-política atribuye la dirección de la Iglesia al poder civil], las comunidades de aldea, sobre todo las indígenas, habían permanecido fieles a los cultos locales, a la integridad de formas religiosas completamente barrocas.[29]

En los umbrales de la crisis del imperio, las altas jerarquías de la Iglesia mexicana todavía estaban empeñadas en tratar de contener y disciplinar aquel amplio margen de tolerancia, aquel espacio desordenado que hacía más de un siglo caracterizaba al barroco popular.[30] Sabemos también que este divorcio forzoso entre altas jerarquías y devoción popular no se consumó totalmente, y podemos, incluso, imaginar que la *insurgencia,* con sus apelaciones a los cultos de los santos y de la Virgen de Guadalupe, haya abierto una nueva brecha al renacimiento de los "barbarismos".

Pero este divorcio no se consumó ni siquiera con Cádiz porque los constituyentes jamás pensaron presentar una imagen secularizante de la Constitución. Si miramos las estrategias de las imágenes y de los ritos decididos por las Cortes para la difusión de la carta, resulta evidente que no se inventó ninguna representación colectiva nueva, como en cambio había acontecido en Francia. La única novedad fue que *pueblos* y ciudades dedicaron la plaza principal a la Constitución. Es cierto que

---

[28] H. Rommen, *The State in Catholic Thought,* Londres, 1947, pp. 148-156.
[29] David Brading, *Orbe Indiano, op. cit.,* pp. 530-552.
[30] Serge Gruzinski, *La guerra de las imágenes. De Cristóbal Colón a "Blade Runner",* FCE, México, 1994, p. 205.

la Constitución impulsó también novedades importantes: la difusión de folletos, catecismos cívicos y libros fue notable también en México, pero este lenguaje escrito no se articuló con el visual; permaneció en el ámbito urbano, no llegó a los *pueblos,* y cuando lo hizo, fue fácilmente captado por el imaginario local. Pero una vez más su fuerza fue legitimada por el mismo liberalismo gaditano gracias a la *publicación* y al juramento de la Constitución, dos actos públicos que en México abrieron otras brechas para los *pueblos.*

Estos rituales no fueron idénticos en todos los *pueblos* mexicanos; sin embargo, presentan algunos elementos comunes importantes. No hay duda, por ejemplo, de que las comunidades recurrieron en esas ocasiones a los modelos de las fiestas de los santos patronos: juramentos y publicaciones se celebraban a lo largo de tres jornadas de festejos, con procesiones, tianguis (los mercados indígenas donde las comunidades intercambian los productos), repique de campanas, fuegos artificiales, riñas de gallos, desfiles varios y danzas.[31] Al leer las relaciones que los funcionarios locales enviaban a las autoridades superiores descubrimos que la Constitución fue colocada en el centro de aquel mundo de devociones y sociabilidad que la cultura borbónica había tildado de "paganismo". Este renacimiento, o esta continuidad del imaginario religioso pueblerino, muestra que el constitucionalismo liberal no rompió con el mundo de los valores que en el pasado habían garantizado la supervivencia de las identidades colectivas de los *pueblos.*

Las mismas Cortes habían creado un vínculo con la esfera religiosa por medio de las misas: un decreto había ordenado en 1812 que cada párroco ilustrase en el sermón la "bondad del sabio código", y así se hizo en todas las localidades, pero con un rito adicional, no previsto por los decretos. Al final de la misa una copia del texto era transportada en procesión bajo un baldaquín, llevado en andas como en la procesión del Santísimo, y recorría todo el territorio del pueblo, desde los barrios hasta las iglesias, conventos y capillas. En estas procesiones los *vecinos-ciudadanos* se distribuían como siempre en "cuerpos": los eclesiásticos, el funcionario local y los jefes de las milicias, los "vecinos respetables", el "cuerpo principal de la república" (a pesar de la supresión de estas instituciones indias) y, finalmente, toda la vecindad agrupada en las cofradías, cada una con el estandarte del santo patrono.

Por consiguiente, no es difícil imaginar que los *pueblos* hayan per-

---

[31] Véase Antonio Annino, "Cádiz y la revolución territorial de los pueblos mexicanos, 1812-1821", en *Historia de las elecciones, op. cit.,* pp. 209-212.

cibido la llegada del constitucionalismo liberal como un cambio que se integraba en los códigos de comunicación simbólica local sin romper con las culturas colectivas. No olvidemos que será necesario esperar el periodo de la Reforma de Juárez para asistir en México a la difusión masiva de las fiestas cívicas y de valores secularizantes. Durante la primera época republicana hubo una difusión de catecismos cívicos, diarios, opúsculos, etc., pero una vez más podemos dudar que este material impreso, hijo de la libertad de pensamiento, haya logrado por sí solo sustituir los lenguajes visuales de los *pueblos,* hijos de una libertad más antigua, la del barroco novohispano.

La actitud de las elites en la primera mitad del siglo contribuyó a consolidar esta situación: el *Plan de la Constitución Política de la Nación Mexicana,* redactado en mayo de 1824, afirmó que el primer deber de los ciudadanos era *"profesar la religión católica apostólica romana como la única del Estado",* principio que fue repetido en todos los textos constitucionales hasta 1857. Durante las tres primeras décadas republicanas, las mismas prácticas y lenguajes de los *levantamientos* promovieron una superposición constante del campo político con el religioso. Tal vez sea verdad, como se ha hecho notar, que la inestabilidad política ofreció repetidas oportunidades a los gobiernos y sus adversarios para utilizar lo sagrado en un intento por reforzar unos poderes centrales frágiles y sin una segura legitimidad.[32]

La obtención de la ciudadanía por parte de las sociedades locales alcanzó así un significado más amplio y completo: los fundamentos comunitarios del voto, el control de los requisitos de acceso a la arena política delegado a las comunidades; estos capítulos tan cruciales del primer constitucionalismo mexicano, que el sistema electoral indirecto trató sin mucho éxito de neutralizar, adquirieron una legitimidad propia porque se difundieron a través de una pluralidad de culturas religiosas arraigadas en el territorio.

Sin embargo, este universo dividido entre una religiosidad "iluminada" y otra "barroca" conservó siempre una concepción común de la sociedad, muy semejante a la de la neoescolástica española. La historiografía ha encarado esta cuestión, tan controvertida, sólo para el periodo de la independencia.[33] Me parece que el campo de la reflexión y la

---

[32] A. Lamperiere, "¿Nación moderna o república barroca?, México, 1823-1857", en François-Xavier Guerra, "Imaginar la Nación", *Cuadernos de Historia Latinoamericana,* Münster-Hamburg, 1994, p. 150.

[33] Véase O. C. Stoetzer, *Las raíces escolásticas de la emancipación de la América española,* Madrid, 1982.

investigación es más vasto: es necesario interrogarse no sólo sobre los años de la crisis imperial sino también sobre el periodo republicano, y es necesario, además, considerar el mundo de los *pueblos* y las formas particulares, sincréticas, por medio de las cuales estos sujetos colectivos reinterpretaron de manera autónoma los lenguajes del jusnaturalismo que la Iglesia había difundido en los tres siglos coloniales. Deben explorarse, ante todo, los caminos que estos lenguajes tomaron en América y en México, aunque no en España, pues la neoescolástica fue una cultura que dio respuestas a menudo antitéticas a algunas importantes cuestiones de teoría política. La más significativa para nuestro tema es el antirregalismo, esto es, el principio de la limitación del *poderío absoluto* del rey frente a los reinos. Es indudable, por ejemplo, que la tradición del autonomismo criollo es deudora del antirregalismo de los jesuitas, que en el siglo XVII fueron los intérpretes más autorizados de la neoescolástica. Sin este precedente no se explicaría la fuerza y el consenso que en América tuvieron las tesis sobre la retroversión de la soberanía después de 1808. Pero precisamente la amplitud de este consenso y su comprensibilidad por parte de las sociedades locales nos muestran que los lenguajes de la soberanía y del antirregalismo eran bien conocidos incluso fuera de las elites. Me pregunto entonces en qué medida la continuidad del principio de la limitación del poder favoreció primero el deslizamiento de la ciudadanía por parte de los *pueblos* y luego la articulación entre liberalismo y prácticas contractualistas. Por esta razón creo que la cuestión más pertinente no es la de las "raíces escolásticas" de la independencia o de la república sino, más bien, la de los desarrollos americanos y mexicanos de esta tradición. Se trata de comprender por qué vías actores sociales tan distintos como los *pueblos* y las elites se dividieron ante las prácticas a pesar de compartir la misma idea de sociedad de la tradición jusnaturalista católica: una entidad limitada y natural que se contrapone al Estado, ente limitado y artificial, no necesario para conseguir los fines morales de los individuos.[34]

Tal vez todo esto pueda parecer forzado, porque sugiere que una tradición doctrinaria de tan "alto" nivel teológico fue practicada por actores sociales tan "bajos" como los *pueblos*. Pero debemos recordar que durante la época colonial fue la Iglesia la que monopolizó los lenguajes

---

[34] K. Schmitt, *La dictadura. Desde los comienzos del pensamiento moderno de la soberanía hasta la lucha de las clases proletarias,* Madrid, 1985, p. 157.

del jusnaturalismo y los difundió en la sociedad. Naturalmente, los *pueblos* no conocían los fundamentos teológicos de los principios sobre la limitación del *poderío absoluto* del rey, aunque sí conocían sus efectos prácticos en el campo de la justicia y de los derechos propios frente a la Corona. No se trata, por consiguiente, de que durante los años de Cádiz los *pueblos* hubiesen recibido con la ciudadanía también las jurisdicciones del Estado.

Sobre estas bases nace la república con un consenso muy ambiguo. Los municipios habrían debido renunciar a su "soberanía" por el solo hecho de votar por un congreso. Pero ¿cómo se presentaba, de quién era la república? ¿De todos los ciudadanos de una nueva nación, o de aquellos que ya controlaban con sus municipios electivos los territorios, administrando una justicia propia según las *costumbres inmemoriales?* Si la república no ofrecía más libertad y autogobierno que aquellos ya obtenidos antes por los *pueblos,* ¿dónde se ubicaba entonces la legitimidad de los nuevos gobernantes? ¿Por qué se requería obedecer a sus leyes? Problemas de difícil solución, enclavados en las ambivalencias de un lenguaje oficial que durante todo el siglo proclamó que la soberanía estaba en el pueblo pero también en los *pueblos*. Constituciones, planes, opúsculos y diarios, reprodujeron y difundieron constantemente esta doble definición, y no es fácil comprender por qué las clases dirigentes la aceptaron. Una explicación posible es que el término *soberanías de los pueblos* presentaba una fuerte carga de legitimidad histórica, ya que durante tres siglos había formado parte en América del lenguaje imperial. La continuidad de esta fórmula es, de cualquier manera, el signo más evidente de la fuerza de la tradición jusnaturalista-católica americana y de su idea de sociedad "natural", titular de derechos inalienables.

Sincretismos culturales de la ciudadanía

La ambigüedad de los lenguajes oficiales dejó espacios para nuevos fenómenos de sincretismo por parte de las comunidades indígenas, que constituían la gran mayoría de la población. Las comunidades aceptaron formar parte de la nueva nación republicana, pero al defender sus propios intereses construyeron otras ideas de nación, utilizando procedimientos de yuxtaposición de valores no muy diferentes de los coloniales. Este fenómeno no ha sido estudiado todavía, pero una primera impresión sugiere que se manifestó en forma cíclica de acuerdo con las coyunturas agrarias y políticas. Es también significativo que las cronologías de las protestas violentas y de las legales no sean muy diferentes: las comunidades recurrieron a una o a la otra, o a ambas, según su conveniencia.

Entre las vías legales, se generalizó en la república el recurso a un expediente constitucional que por su naturaleza misma pertenecía a la memoria de la comunidad: el derecho de petición. Como es sabido, se trata de un derecho proveniente de la milenaria tradición de las monarquías occidentales, retomada luego por el constitucionalismo liberal de todos los países, comprendido México. Entre los años treinta y cuarenta del siglo XIX una oleada de peticiones de los *pueblos* en defensa de sus tierras llegó a los congresos mexicanos, y fue tal su cantidad que los parlamentarios discutieron sobre cómo limitar el uso de este derecho sin lesionar los principios constitucionales.[35] Otra oleada ocurrió después de la caída de Maximiliano en los años setenta. Esta enorme masa documental constituye una fuente magnífica para analizar algunos aspectos del sincretismo político desarrollado por las comunidades. La petición que aquí presento es de 1877, y formalmente no coincide con el periodo cronológico del que me he ocupado en las páginas anteriores. Considero, sin embargo, que precisamente por pertenecer al segundo liberalismo, el de la Reforma, este documento es todavía más representativo de los procesos culturales que se manifestaron en el curso de la primera república, cuando sin duda los *pueblos* gozaron de una autonomía mayor. Es posible que esta petición haya sido redactada por un abogado ligado a los *pueblos*. El detalle es secundario porque, como se sabe, desde la época colonial las comunidades indígenas estaban habituadas a recurrir a *procuradores* para defender sus intereses ante las autoridades. Precisamente la posibilidad de que el autor no perteneciera a las comunidades nos señala el grado de difusión, en 1877, de una costumbre plurisecular.

La petición está firmada por los "ciudadanos" de 56 *pueblos*-municipios indígenas del estado de Guanajuato, y su título es:

Defensa del Derecho territorial patrio elevada por los pueblos mexicanos al Congreso General de la Nación pidiendo la reconquista de la propriedad territorial para que nuevamente sea redistribuida entre todos los ciudada-

---

[35] Véase la documentación en el Archivo Histórico de la Defensa Nacional, XI/481.3/872, 13-892-174, 836-38 y 39; también J. M. Bocanegra, *Memorias para la historia de México independiente*, (1982), México, 1985, pp. 85-90.

nos habitantes de la república por medio de leyes agrarias y la organización general del trabajo, por la serie de Leyes protectoras con los fondos que se han de crear de un banco de Avíos.[36]

Es evidente, desde el título, que no se trata de una petición cualquiera de una comunidad afectada por la expansión de las haciendas. El problema existe y se habla de él en el texto, pero no constituye el argumento más importante que, en cambio, pretende ser de alcance "nacional". ¿De qué derecho y de qué patria hablan, pues, estos ciudadanos de Guanajuato? De un México indio, que no quiere ser antiblanco sino que reivindica por medio de la Constitución liberal la soberanía plena sobre el territorio del país, y no para gobernarlo sino para "organizar bien los intereses reconquistados de la propiedad" después de la independencia. Mucho más que los medios propuestos, son significativas para nuestro tema las relaciones entre la tierra-territorio y la idea de "patria-nación". En efecto, en la defensa de los derechos de propiedad de la Constitución, los *pueblos* nos hablan de otra nación mexicana, que por su naturaleza conserva un *derecho territorial* que precede a la Constitución misma. Se trata de un esquema de nación bastante complejo porque articula principios modernos con mitos y lenguajes jurídicos de la tradición colonial y del iusnaturalismo católico, pero no del oficial de la tradición escolástica. También es del todo evidente que el término "Nación" se emplea en el sentido moderno, monista, y que por consiguiente los indígenas no se definen por la pertenencia a etnias diversas o a lenguas locales. La nación indígena mexicana se considera como una entre las tantas existentes en el escenario internacional, y por esto reivindica

> la valiosa ventaja que prescribe el procedimiento y modo legal, para hacer uso de aquel derecho de que nos hallamos investidos, al par que los demás hombres de otras naciones civilizadas, para que con la razón y el derecho mostremos a quien corresponda nuestras penalidades y sufrimientos, obviando con esta conducta de aquella odiosa qualificación con que indebidamente siempre se ha querido degradar nuestra raza, nivelando nuestros juicios y sencillos actos al puro hecho de inculto salvaje y del indomable bruto.[37]

---

[36] Este documento se conserva en su versión impresa en la Biblioteca de Condumex de la ciudad de México.
[37] *Ibidem*, p. 5.

El principio de igualdad entre naciones diferentes y soberanas, típico del liberalismo decimonónico, justifica así la adhesión a los títulos de propiedad de las haciendas obtenidos

> por medio de la conquista en las Américas con notorio ultraje del derecho: antes de esta época los habitantes de ellas habían revestidos con legítimos y originarios títulos, por haber este suelo su señalada patria, y su pacífica y larga posesión nadie con pruebas evidentes les podía haber puesto en duda.[38]

El primer elemento histórico que define la patria-nación indígena mexicana es, por consiguiente, la legitimidad de los títulos de ocupación del suelo antes de la llegada de los españoles: argumentación semejante a la utilizada por Vitoria y Las Casas en el siglo XVI para anular la legitimidad de la conquista y defender la de la evangelización.[39] La petición recuerda con entusiasmo la obra de Las Casas en defensa de los indios contra "la práctica detestable de la encomienda", y enumera las principales disposiciones que afectaron durante siglos a la "Nación" india, de las *composiciones de tierra* a las reducciones, a las *dotaciones,* etc., para llegar así a la independencia:

> los españoles más tarde lo entendieron así: pues muchos de estos ricos extranjeros aceptaron la independencia para conservar en el mismo estado estos intereses, pasándose al lado de los independientes, traicionando su patria. Tan que fue así, que casi ellos mismos impulsaron a que se pusiera en frente de la revolución el general español Iturbide, con el fin de respetar la propiedad... Sensible es decirlo, pero es la verdad. Nuestras autoridades olvidaron el derecho del *post liminium* con que recobró América, entre la que se enumera la Nación Mexicana, sus derechos con su independencia: en el hecho mismo de respetar indebidamente una propiedad viciosa y llena de nulidad.

El punto absolutamente central para nuestro tema es la referencia al principio del *post liminium,* porque nos muestra que la idea de nación indígena tiene sus fundamentos doctrinarios e históricos en el *jus gentium* (derecho de gentes) de la tradición jusnaturalista-católica. El *jus gentium* fue un corpus jurídico heredado y reinterpretado de la an-

---
[38] *Ibidem,* p. 7.
[39] Véase sobre este punto A. Pagden, *The Fall of Natural Man. The American Indian and the Origin of Comparative Ethnology,* Cambridge, 1982, cap. IV.

tigüedad clásica que, de la patrística a la escolástica y neoescolástica, fue siempre utilizado por los teólogos católicos para decidir, entre otras cosas, si un territorio conquistado tenía derecho a la calificación de "reino" y, por consiguiente, si conservaba o no sus derechos. En particular, el principio del *post liminium* reconocía a los prisioneros de guerra el derecho de recuperar, una vez libres, su *status* jurídico originario.[40] Todas estas cuestiones fueron centrales en el famoso debate sobre la naturaleza del indio americano después de la conquista. En pleno siglo XIX el autor, o los autores, de la petición de los *pueblos-municipios* de Guanajuato apelaron al *jus gentium* para reinterpretar la independencia mexicana y legitimar por esta vía una idea diferente de nación. En efecto, con base en el principio del *post liminium,* con la independencia, la nación mexicana de los indígenas salió de su prisión y recuperó su libertad, una libertad que sin embargo tenía ya antes de la conquista:

> los habitantes de las mismas América, cuyas naciones occidentales conquistadores, apenas reconocieron su soberanía sobre ellas 300 años, al fin estas proclamaron su independencia, reconquistaron su libertad, por que es país de libres, con títulos justos y con el derecho de patria.

Pero esta patria ¿es la de las civilizaciones prehispánicas?

No precisamente. Como se ha visto, el concepto tiene una naturaleza moderna: una colectividad más un territorio y un sentido de pertenencia. Quizá sea correcto afirmar que la nación diseñada en la petición tiene una cara liberal y un cuerpo indígena mítico, el del catolicismo evangelizador novohispano. Por una parte se afirma, en efecto, con palabras modernas que "a nosotros pues nos toca el derecho de defender, y probar que el suelo de este continente nos pertenece por el mismo derecho de propriedad y dominio que los pueblos de las demás naciones". Pero a pocas líneas leemos:

> nos asiste la fé de creer aquel dato de la Biblia que refiere al Génesis cap. 10, v. 30, al numerar los nombres de los trece hijos de Jectam hermano de Faleg, de la descendencia de Sem, de donde sin duda procedemos... Así pues, a pocos tiempos de la confusión de los idiomas, multiplicada la numerosa descendencia de las Indias Orientales, pasaron a poblar las Indias Occidentales... y recordamos con noble orgullo los nombres de los siete

---

[40] J. Marín y Mendoza, *Historia del derecho natural y de gentes,* Madrid, 1950, pp. 49-65.

jefes que partieron desde Sennaar… estos fueron los fundadores de las populosas Ciudades en el otro continente: y sus inmediatos sucesores fueron los que les tocó en suerte de haber fundado en el nuevo, las fundaciones primitivas de Axoco de los Xilancas… en Xalisco con parte de los descendientes de los Toltecas con sus gefes Ehecatl y Cohuatl, tomando posesión rumbo a Ecatepetl los Olmecas con su Gefe Apopocanub… hacia Oaxaca los Zapotecas…[41]

Estas afirmaciones aparentemente tan arbitrarias y mitológicas, si las leemos con los ojos de un liberal doctrinario del siglo XIX, tienen en realidad raíces que no son nada ilusorias. Se remontan a la cultura del Apocalipsis de los grandes cronistas franciscanos del siglo XVI, de Motolinía a Jerónimo de Mendieta, a los muchos que vincularon al indio americano con la visión apocalíptica de la historia según la cual una parte de las Tribus de Israel no retornó del exilio babilónico. Puesto que no dejaron huellas en Asia, algunos franciscanos explicaron los misteriosos orígenes de los indios americanos con esta desaparición, mientras otra interpretación veía en los indios a los descendientes de judíos que en el 71 de nuestra era se habían perdido después de la destrucción de Jerusalén por obra de Vespasiano y Tito.[42] El recuerdo de estas interpretaciones no se había perdido en el México del siglo XIX. Los frescos de los conventos, como la famosa capilla de Juan Gerson (siglo XVI) en Tecamachalco, recordaban cotidianamente a los devotos indios los grandes ciclos del imaginario sincrético de la evangelización. De este imaginario del siglo XIX no conocemos nada, por desdicha, pero esta petición de 1877 demuestra al menos que el problema va mucho más allá de las "raíces escolásticas". También es posible que estas citas tengan una justificación más precisa en el texto: recurrir al *jus gentium* y a la cultura de la evangelización para reivindicar la existencia de un derecho "nacional" preexistente a la Constitución liberal, es un expediente para crear lo que técnicamente se llama una "fuente de derecho". Queda de cualquier modo el dato de fondo: estos *pueblos* no rechazaron ni la Constitución ni los derechos de la ciudadanía.

Esta petición sólo es una de las tantas que a lo largo del siglo las comunidades enviaron a los gobiernos de la República y que todavía esperan ser estudiadas para entender las diversas vías que arraigaron el liberalismo en la sociedad mexicana. Nuestro documento no co-

---

[41] *Derecho territorial patrio…, op. cit.*, p. 15.
[42] Véase Serge Gruzinski, *El águila y la Sibila. Frescos indios de México*, Barcelona, 1994.

rresponde seguramente a un modelo pero sí a prácticas sincréticas del imaginario.

Conclusiones

Un estudio no institucional de la ciudadanía permite evaluar el enorme impacto que esta categoría de la política moderna tuvo sobre una sociedad tan compleja como la mexicana. Obviamente, los resultados fueron muy diferentes de los proyectos constitucionales, mas en ello radica, precisamente, el interés del caso: la ciudadanía liberal no fue extraña, no fue negada, y ni siquiera fue un fracaso, como se ha dicho muchas veces. Su difusión dio lugar, simplemente, a significados diversos y articuló otros tantos derechos. Fue esta pluralidad la que creó los mayores problemas a la gobernabilidad republicana. Con todos sus límites, mi estudio demuestra que fue la difusión de la ciudadanía la que generó los principales mecanismos de inestabilidad política, y no a la inversa. Se confirma también que la estructura social comunitaria desempeñó un papel fundamental. Nadie habría podido imaginar todos estos fenómenos que, sin embargo, se dieron y plantearon a las elites un desafío muy difícil: no el de difundir la ciudadanía en una sociedad que la rechazaba por "tradicional", sino el de lograr controlarla como práctica social. Por circunstancias del todo excepcionales, la ciudadanía no desarrolló un sentido de pertenencia al Estado sino, por el contrario, reforzó y legitimó la resistencia contra él.

Es evidente, además, que la ciudadanía que se consolidó en México fue sólo política y no civil, en el sentido clásico del término. México escapa totalmente del dilema de la Revolución francesa, y en general de los liberalismos del Viejo Mundo, sobre cómo articular estas dos dimensiones básicas de la ciudadanía moderna. Las mismas elites comenzaron a plantearse el problema sólo a mediados del siglo, y los resultados del debate son todavía muy discutidos por los historiadores. Se podría afirmar también que una estructura social de Antiguo Régimen como la de México no fue del todo favorable al desarrollo de una ciudadanía civil, pero quizá sea necesario reconocer que el problema se complicó por la dinámica misma de la ciudadanía política, y por el hecho, por ejemplo, de que sus actores sociales fueron —de hecho y en parte de derecho— los *pueblos* y no los funcionarios del Estado. Este dato me parece de extraordinaria importancia porque nos señala una frontera al mismo tiempo móvil y muy sólida, cultural más que institucional, social más que jurídica, y tal vez básica para proseguir la exploración del tema. En esta perspectiva debemos valorar otro aspecto para nada secundario: al difundirse por medio de los municipios, la ciudadanía política no modificó la desigualdad social pero cambió las relaciones de poder de los grupos entre sí y entre éstos y el Estado, y por consiguiente transformó en algo al antiguo régimen mexicano. Por el momento es difícil valorar este "algo", pero es importante que exista como posible campo de investigación de los caminos de la ciudadanía mexicana.

CIUDADANÍA, SOBERANÍA Y REPRESENTACIÓN EN LA GÉNESIS DEL ESTADO ARGENTINO (C. 1810-1852)

José Carlos Chiaramonte[*]

LA MAYORÍA DE LOS HISTORIADORES consideran que la influencia de los pensadores políticos de la Ilustración fue débil en la etapa final del periodo colonial; su auge correspondió, tardíamente respecto a la cronología europea, a los años posteriores a la independencia. Sin embargo, esta afirmación requiere ulterior precisión, como lo prueba el caso del Río de la Plata, puesto que ella es válida sólo si limitamos nuestra atención a una parte, y no mayoritaria, de las elites urbanas, sobre todo de la de Buenos Aires. Y aún en estos casos sólo si consideramos la expresión escrita de su pensamiento más que la infrecuente traducción del mismo en las prácticas políticas. Porque, en realidad, el relieve histórico de estos grupos deriva del juicio posterior de la historiografía, dominada por el interés exclusivo de organizar la visión del pasado en función de la aparición del Estado moderno, de la que ellos habrían sido indudablemente precursores, más que de su peso real en las prácticas políticas de la época.

Estos recaudos son imprescindibles para una historia de las formas de representación y de participación política rioplatenses en la primera mitad del siglo XIX, en la medida en que lo que podríamos considerar clara expresión de las corrientes más modernas del periodo —sobre todo para reducir a rasgos comunes lo que en realidad era un conjunto de tendencias diversas—: la concepción contractualista del origen de la sociedad y la imagen individualista de la misma, se enhebra con escasas excepciones en una sucesión de fracasos constitucionales. En cambio, lo que muestran las investigaciones de aspectos como la historia de las elecciones y de la conformación de un espacio diferenciado de lo político[1] es un panorama de predominio de prácticas y concep-

---

[*] Instituto de Historia Argentina y Americana Dr. Emilio Ravignani, Facultad de Filosofía y Letras, Universidad de Buenos Aires, Argentina.

[1] Véase nuestro trabajo sobre la historia electoral de Buenos Aires en la primera década revolucionaria: José Carlos Chiaramonte —con la colaboración de Marcela Ternavasio y Fabián Herrero—, "Procesos electorales y construcción del espacio político en Buenos Aires de la

ciones acordes con expresiones antiguas del jusnaturalismo, pese a las notables pero poco exitosas tentativas de remplazarlas por las derivadas del jusnaturalismo moderno del siglo XVIII y comienzos del XIX.

Por consiguiente, la cuestión de la ciudadanía en los Estados hispanoamericanos durante la primera mitad del siglo XIX nos obliga a un nuevo esfuerzo de reordenamiento de los criterios de abordaje del problema de la formación de esos Estados antes de reordenar los datos mismos. Ello es indispensable sobre todo porque la resonancia moderna del concepto constituye de entrada el principal factor de confusión. Como lo apuntamos de manera general, y tal como ha sido observado para otros temas del pasado, nuestra labor se podría ver condicionada por una imagen preconcebida, según la cual todos los datos de esa historia se ordenan en función de una perspectiva que desemboca en la ciudadanía moderna. De alguna manera, el riesgo es el de una nueva versión del sofisma *post hoc, propter hoc,* por efecto del cual todo lo ocurrido se carga del sentido proporcionado por el punto de llegada, y se desdibujan o desaparecen los rasgos más significativos de cada periodo o coyuntura histórica cuando no apuntan al resultado final o cuando se consideran sólo como obstáculos para ese resultado.

Lo cierto es que el caso del Río de la Plata muestra que si bien el propósito de constituir una ciudadanía moderna aparece en los comienzos mismos del proceso de independencia y que el lenguaje del periodo registra un uso frecuente del término ciudadano, las formas de participación política predominantes son distintas, y su historia, confrontada con los intentos de conformar una ciudadanía rioplatense, merece mucho más interés que el de considerarlas simples resabios del pasado interpuestos en el camino de lo nuevo. Sólo si examinamos lo ocurrido con estos recaudos se hace comprensible la accidentada y poco exitosa historia de construcción de la ciudadanía argentina en esa etapa. De esta manera, gran parte de nuestro trabajo consistirá en analizar la relación dinámica entre las figuras del vecino y el ciudadano como versiones contrapuestas del sujeto de la representación, así como las del apoderado, el diputado de la nación y el agente diplomático como figuras contrapuestas del representante.[2]

---

primera mitad del siglo XIX", en Antonio Annino (comp.), *Historia de las elecciones en Iberoamérica, siglo XIX. De la formación del espacio político nacional,* FCE, Buenos Aires, 1995.

[2] Sobre los conceptos de vecino y ciudadano nos hemos ocupado ya en nuestro trabajo "El federalismo argentino en la primera mitad del siglo XIX", en Marcello Carmagnani (comp.), *Federalismos latinoamericanos: México/Brasil/Argentina,* El Colegio de México/FCE, México, 1993.

El sujeto de la representación

Un nítido ejemplo de lo que estamos comentando es, justamente, el de la frustración de los intentos por constituir una ciudadanía a lo largo de toda la primera mitad del siglo XIX, pese al constante interés por crearla y a la profusa utilización del concepto que se observa en artículos periodísticos y en otros documentos. Claro que, en este punto, nos enfrentamos a uno de los clásicos problemas de equívocos generado por la interpretación anacrónica que los historiadores solemos efectuar del lenguaje de época, lo cual requiere un análisis especial antes de seguir adelante. Este análisis, por otra parte, nos permitirá aproximarnos a las concepciones predominantes en el periodo y, por lo tanto, a la peculiaridad histórica de la representación política en el Río de la Plata durante la primera mitad del siglo XIX.

La palabra *ciudadano,* aparentemente la menos problemática del vocabulario político de la época en cuanto suponemos fuera de toda duda su referencia al moderno régimen representativo liberal, es sin embargo tan equívoca como las otras. En la acepción del Antiguo Régimen integraba también el léxico heredado del siglo XVIII, tal como lo leemos en la primera edición del *Diccionario de la Real Academia Española,* en 1723: "CIUDADANO: El vecino de una Ciudad, que goza de sus privilegios, y está obligado a sus cargas, no relevándole de ellas, alguna particular exención..."[3] Esta definición nos transmite un uso de época que precisa su peculiaridad histórica: la condición ciudadana no es justamente la forma de participación en un universo político igualitario sino privilegiado, correspondiente a la también privilegiada calidad de ciudad. Esta condición privilegiada del "estado de ciudad", que se comprueba en los documentos de época, se refleja, asimismo, en la definición de la voz ciudad por el citado diccionario:

> CIUDAD: Población de gentes congregadas a vivir en un lugar, sujetas a unas leyes, y a un gobierno, gozando de ciertos privilegios y exenciones, que los señores Reyes se han servido de concederlas según sus servicios. Unas son cabeza de Reino, como Burgos, Toledo, León, Sevilla, etc. Otras tienen voto en Cortes, como las referidas, y Valladolid, Salamanca, Cuenca, etc....

---

[3] Real Academia Española, *Diccionario de la lengua castellana en que se explica el verdadero sentido de las voces, su naturaleza y calidad, con las frases y modos de hablar, los proverbios o refranes, y otras cosas convenientes al uso de la lengua,* t. II, Imprenta de la Real Academia Española, Madrid, 1729.

En esta concepción, la ciudad era algo más que un tipo de asentamiento de población en el sentido del urbanismo. Y que esto constituía una noción fundamental en la época lo muestra el editor de un periódico rioplatense de comienzos de siglo XIX, quien advierte

> lo que ciertamente es fundar una Ciudad en lo político, pues ésta esencialmente se constituye, no por su material población, sino por el establecimiento de la autoridad y gerarquía, y por la ejecución de aquellos actos solemnes que son los fundamentos del orden social y civil...[4]

La calidad privilegiada, corporativa, de esta forma de representación —para la cual conviene evitar la denominación de ciudadanía por la connotación actual de este término—, puede comprenderse mejor según se expone doctrinariamente en uno de los textos de enseñanza del derecho de más uso en las universidades hispanoamericanas y españolas de la primera mitad del siglo XIX, las *Instituciones de Derecho Real de Castilla y de Indias* del guatemalteco José María Álvarez, cuya primera edición apareció en la ciudad de México en 1819-1821. Esta obra, que también se adoptará como manual universitario en Buenos Aires en 1834, al explicar —reproduciendo literalmente párrafos de Heinecio— que en derecho no todo individuo es persona sino sólo aquel que tenga estado, añade estas precisiones respecto de lo que debe entenderse por estado, en cuanto "circunstancia o condición que hace que los hombres usen de distinto derecho":

> El estado es de dos maneras: o natural o civil [...] Civil es el que trae su origen del derecho civil: *v.g.* la diferencia ente hombres libres y siervos, entre ciudadanos y peregrinos, entre padres e hijos de familia. [Y aclara:] Es pues de tres maneras el estado civil. De libertad, según el cual unos son libres y otros siervos; de ciudad, según el cual unos son ciudadanos y otros peregrinos; y finalmente, de familia, según el cual unos son padres y otros hijos de familia.[5]

Estamos entonces ante una concepción de la sociedad según la cual sólo se es algo, sólo se es alguien, si se participa de una condición

---

[4] *Telégrafo Mercantil, Rural, Político-Económico, e Historiógrafo del Río de la Plata (1801-1802)*, t. III, núm. 2, 10/I/1802, fol. 13.
[5] José María Álvarez, *Instituciones de Derecho Real de Castilla y de Indias*, 2 t., UNAM, México, 1982, vol. I, t. I, pp. 66 y 67; Juan Heinecio, *Recitaciones del Derecho Civil*, t. I, Madrid, 1847, p. 111. Entre las muchas ediciones de la obra de Álvarez se cuenta la de Buenos Aires, a que aludimos en el texto, prologada por Dalmacio Vélez Sársfield: José María Álvarez, *Instituciones de Derecho Real de España*, Buenos Aires, 1834.

privilegiada, propia del Antiguo Régimen.[6] Esta concepción, que no ve a la sociedad como integrada por individuos sino por conjuntos definidos según su *status*, era propia del derecho natural y de gentes, y se corresponde con la que consideraba que las sociedades son "personas morales" y no agrupación de individuos. Leemos en el curso que sobre el derecho natural y de gentes dictó el catedrático y rector de la Universidad de Buenos Aires, presbítero Antonio Sáenz, en 1822-1823:

> Una asociación formada con el consentimiento de los asociados, y dirigida por una o más autoridades que se expidan con la representación pública de todos, y es obligada a proveer acerca de su bien y seguridad, se ha considerado siempre como una persona moral que tiene existencia, y funciones propias y peculiares de su especial ser y carácter moral.[7]

Este punto de vista, que en el tratadista del derecho de gentes se reserva para definir la naturaleza de los estados en sus relaciones recíprocas, proviene de una concepción más antigua y general aplicada a distintas formas de asociación, la cual dará origen a que no sólo las ciudades principales sino el conjunto de pueblos rioplatenses invoquen derechos de soberanía, como lo hizo la ciudad de Jujuy, que en 1811 declaró su pretensión de ser considerada como "una pequeña república que se gobierna a sí misma"; o los pueblos bonaerenses que impugnaron la postura de Buenos Aires de regular el número de representantes según la cantidad de población, y pretendieron en cambio ser tenidos como "cuerpos morales, que tienen de su parte todas las ventajas, aun cuando el pueblo de Buenos Aires tenga la del número".[8]

---

[6] Una enumeración más amplia, aunque de similar sentido que las de la referencia anterior, se lee en la voz *estado* de la citada edición del *Diccionario de la Real Academia*:

> ...en las Repúblicas se distinguen, conocen y hay diversos estados, unos seculares y otros Eclesiásticos, y de estos los unos Clérigos y los otros Religiosos, y de los Seculares propios de la República, unos Nobles y otros Caballeros, otros Ciudadanos, unos oficiales, otros Labradores, etc. y cada uno en su estado y modo de vivir tiene orden, reglas, y leyes para su régimen. / Es también el que tiene o profesa cada uno, y por el cual es conocido y se distingue de los demás: como de Soltero, Casado, Viudo, Eclesiástico, Religioso, etc.

> Entre las diversas modalidades de uso del vocablo, es útil distinguir la siguiente: *"Estados del Reino:* Son los tres que llaman también Brazos dél, y tienen voto en Cortes, llamados para los negocios graves: el primero el Eclesiástico, que se compone de los Prelados y Dignidades eclesiásticas, el segundo de los Grandes y Nobles, y el tercero de las Ciudades que tienen esta regalía".

[7] Antonio Sáenz, *Instituciones Elementales sobre el Derecho Natural y de Gentes [Curso dictado en la Universidad de Buenos Aires en los años 1822-23]*, Instituto de Historia del Derecho Argentino, Facultad de Derecho y Ciencias Sociales, Buenos Aires, 1939, p. 66.

[8] "El Memorial [de los pueblos de la campaña de Buenos Aires]", Luján, 10 de julio de 1820, en Gregorio F. Rodríguez, *Contribución Histórica y Documental*, t. I, Peuser, Buenos Aires, 1921, pp. 244 y ss.

La calidad de "vecino" a partir de la Independencia

Pese a este empleo por Álvarez del término ciudadano, en el lenguaje político que registramos en el Río de la Plata desde 1810, y posiblemente debido a la voluntad de evitar el equívoco generado por el uso del mismo en la modalidad igualitaria difundida por la Revolución francesa, la palabra preferida para expresar esa calidad privilegiada y corporativa del hombre de ciudad será la de *vecino*. Y la forma predominante de su participación en lo concerniente a la comunidad estará mediada por su modalidad corporativa, conformada en el ayuntamiento o cabildo.

Recordemos que en la teoría moderna del Estado se genera un dualismo de relieve, el de la sociedad política y la sociedad civil, dualismo inconcebible en la doctrina tradicional en la que la subordinación jurídico-política iba acompañada de una subordinación económico-social.[9] De esta manera, cuando parte de los líderes de la independencia intentan imponer una soberanía única en el Río de la Plata y una supuesta igualdad ante la ley de una proyectada ciudadanía, estaban desligando los derechos políticos de la condición social —"estado"— y, por eso mismo, dando lugar a la aparición del llamado "espacio político" o "esfera pública" moderna. Esto no conciliaba con la tradición estamental de la sociedad colonial. Pero, como expresión del inestable mundo político de esos años, sucedía que las ráfagas revolucionarias que sacudían irregularmente la política local empujaban con frecuencia al vecino a rebasar los moldes corporativos de su participación política a través de la modalidad de los cabildos abiertos —o "asambleas populares"—, en los que se materializaba la temida democracia directa.[10]

Es difícil establecer con precisión el significado político del vocablo "vecino" a fines del periodo colonial, como en realidad ocurre con todo el vocabulario de época. El mismo diccionario que hemos citado refleja esta ambigüedad en las imprecisas referencias que transcribimos:

"VECINO, NA: El que habita con otros en un mismo barrio, casa o Pueblo [...] Se llama también el que tiene casa, y hogar en un Pueblo, y contribuye en

---

[9] "La desigualdad natural consagraba un derecho desigual", Joaquín Varela Suanzes-Carpegna, *La teoría del Estado en los orígenes del constitucionalismo hispánico (las Cortes de Cádiz)*, Centro de Estudios Constitucionales, Madrid, 1983, p. 71.

[10] Respecto del cabildo abierto como forma de democracia directa, véase nuestro citado trabajo, en colaboración, "Procesos electorales..", art. cit.

él en las cargas, y repartimientos, aunque actualmente no viva en él [...] Significa asimismo el que ha ganado domicilio en un Pueblo, por haber habitado en él tiempo determinado por la ley.

La ambigüedad del vocabulario correspondía a la indefinición del estatuto de vecino, del que no se encuentra una delimitación cabal en la legislación indiana. Al comienzo del periodo colonial se había reservado esta denominación a los encomenderos, aneja a la obligación de "poblar" casa en la ciudad. Otros sectores afectados por este privilegio buscaron ampliarlo, apoyados por la Corona. Una real cédula de Carlos I de 1554, a raíz de un incidente electoral, establecía que "...el que tuviere casa poblada, aunque no sea encomendero de indios, se entienda ser vecino."[11] Con el declive de las encomiendas al llegar al siglo XVIII, la limitación de la vecindad a los encomenderos había desaparecido prácticamente.

La calidad de vecino en su conformación a través del periodo colonial, tuvo en realidad limitada proyección política, pues por su propia naturaleza, no incluía a sectores importantes de la ciudad, como el clero, los militares en actividad y la burocracia,[12] para cuya participación, en ocasiones especiales, habría de ser necesaria la modalidad del cabildo abierto. Ese carácter político limitado de la representación de ciudad, expresada en la calidad de vecino, se manifestó así en la necesidad de convocar a cabildo abierto cuando se requería tratar asuntos de cierta trascendencia. La lista que debía hacer el ayuntamiento para invitar al cabildo abierto no se circunscribía entonces a los vecinos pues incluía a miembros de la burocracia, del clero regular y secular y del ejército.[13]

Pero a partir de 1808, la nueva etapa caracterizada por el recurso frecuente a la antes excepcional institución del cabildo abierto mostrará que esta aparente ampliación de lo que podríamos considerar participación política de época no lo era tanto. La tendencia de los capitulares, manifestada en los sucesos de 1810, fue la de integrar a esos sectores de calidad social relevante pero, al mismo tiempo, limitar la presencia de ve-

[11] Gastón Gabriel Doucet, "Feudatarios y soldados en el cabildo de Córdoba", *Revista de Historia del Derecho*, 1974, núm. 2, p. 384 [Buenos Aires].

[12] No integraban el cabildo "los sacerdotes, los funcionarios, los militares en servicio activo, los hijos de familia, los dependientes, y todos los que no tuvieran su propia casa y familia", R. Zorraquín Becú, *La organización política argentina en el periodo hispánico*, Perrot, 4ª ed., Buenos Aires, 1981, p. 321.

[13] *Ibid.*, pp. 362-363.

cinos a sólo los de "notoria calidad". Al solicitar autorización del virrey para convocar a cabildo abierto para el día 22 de mayo de 1810, el ayuntamiento de Buenos Aires le expresaba:

> para evitar los desastres de una convulsión Popular, desea [el Cabildo] obtener de V. E. un permiso franco para convocar por medio de esquelas la principal y más sana parte de este Vecindario, y que en un Congreso público exprese la voluntad del Pueblo...[14]

Asimismo, la Primera Junta de Gobierno, al convocar a la elección de los diputados del interior, utilizó la misma fórmula restrictiva.

Aparentemente, como lo muestran los testimonios de concesión de vecindad por el cabildo de Buenos Aires a lo largo del periodo colonial, la calidad de vecino había perdido su original rigidez para incluir, por necesidad de fortalecer al organismo comunal de una ciudad tan poco abundante en categorías sociales altas, a personas de extracción social más bien modesta.[15] De esta manera, la actitud del cabildo, que se repetirá en otras convocatorias, respondía al propósito de evitar la presencia políticamente inconveniente de sectores populares. Pero la presión de los sectores que se intentaba excluir anuló el efecto de esa limitación, y los cabildos abiertos se transformaron en las asambleas populares que tanto disgusto o entusiasmo, según los distintos puntos de vista, habrían de suscitar.

La calidad de vecino y la participación política de la campaña

El propósito de definir la calidad de vecino encierra otra dificultad de gran relevancia para la historia de la participación política en la primera mitad del siglo XIX. Se trata de la exclusión del habitante rural que implica el término "vecino". Es cierto que ya en tiempos coloniales se registra el uso de la expresión "vecino de la campaña", que después de

---

[14] Archivo General de la Nación, *Acuerdos del Extinguido Cabildo de Buenos Aires*, serie IV, Libros LXV, LXVI y LXVII, Buenos Aires, 1927, p 123. La modalidad restrictiva era antigua: "Por lo general no todos los vecinos eran invitados, sino solamente 'las personas mas principales de esta ciudad', como dice un acta bonaerense de 1674, o 'los vecinos principales desta república'...", R. Zorraquín Becú, *op. cit.*, p. 362.

[15] Así lo muestra, además de lo observado respecto de los cabildos abiertos de fines del periodo colonial, una revisión amplia, aunque no completa, de las actas del cabildo de Buenos Aires: Archivo General de la Nación, *op. cit.*, serie I, tomos I-XIII, serie III, tomos VII-XI, y serie IV, tomos I-IV, correspondientes a los periodos 1589-1672 y 1782-1810 (mayo).

1820 será habitual en la política rioplatense para designar al poblador rural, aunque, presumimos, la extensión de esa calidad al habitante rural se hacía para quienes tuvieran casa abierta también en las ciudades y villas.[16] Pero, al margen de esta cuestión aún oscura por falta de información adecuada,[17] la apertura de los procesos electorales a partir de 1809, y su generalización luego de 1810, parece haber conferido un nuevo vigor a la calidad restrictiva de la condición de vecino, manifestada en la profunda resistencia a conferir el voto a la población rural. Y el problema surge cuando las transformaciones derivadas de la instauración de procedimientos electorales para elecciones de diputados a asambleas y congresos constituyentes generan de hecho un espacio político que rebasa al de ciudad.

La representación de ciudad, vigente en los primeros comicios del Río de la Plata, es la perduración del sistema representativo estamental hispano para la elección de diputados a Cortes, pero sin la representación de la nobleza ni del clero. La razón de esto estriba al parecer en que, por virtud de la doctrina de la retroversión del poder a "los pueblos", quedó omitida de hecho la representación de los otros estamentos, al amparo también de la casi nula existencia de una nobleza. En cambio, recordemos que en 1808 el ayuntamiento de la ciudad de México pedía la convocatoria de representantes de ciudades, nobleza y clero, puesto "que la verdadera representación, la plena, era la antigua española, la de las cortes o junta general del reino".[18]

Como se recordará, las normas establecidas por la Junta Central de España e Indias y por el Consejo de Regencia para las elecciones de diputados americanos a esa Junta y a las Cortes, respectivamente, entre

---

[16] "Declaramos, que en la elección que se hiciere en los Cabildos de Pueblo donde no estuvieren vendidos los oficios de Regidores, y otros concegiles, no puedan ser elegidas ningunas personas, que no sean vecinos, y que el que tuviere casa poblada, aunque no sea Encomendero de Indios, se entienda ser vecino." *Recopilación de Leyes de Indias*, ley VI, tit. X, libro IV [1554].

[17] "Desde el punto de partida de la ley, incluso aquellos colonos españoles de las Indias que vivían en el campo existían solamente en relación con su comunidad urbana. Eran vecinos del asentamiento urbano más próximo, y era la ciudad la que definía su relación con el Estado. Esto estaba en la línea de las tradiciones del mundo mediterráneo..." J. H. Elliot, capítulo 1, "España y América en los siglos XVI y XVII", en Leslie Bethell, (comp.), *Historia de América Latina, 2., América Latina colonial: Europa y América en los siglos XVI, XVII, XVIII*, Crítica, Barcelona, 1990, p. 12.

[18] José Miranda, *Las ideas y las instituciones políticas mexicanas*, primera parte, 1521-1820, 2ª ed., UNAM, México, 1978, pp. 235 y ss. Lo que el ayuntamiento proponía, según el Acta del Cabildo, era " 'la última voluntad y resolución del reino que [éste] explica por medio de su metrópoli..., interin las demás ciudades y villas [es decir, el estado llano] y los estados eclesiástico y noble puedan ejecutarlo de por sí inmediatamente o por medio de sus procuradores unidos con la capital' ". *Ibid.*, p. 238 (los corchetes de la cita son de Miranda.)

comienzos de 1809 y comienzos de 1810, conferían a los cabildos la organización y control del acto electoral.[19] Y el electorado consistía entonces en la población que gozaba del estado de ciudad. Pero ya en febrero de 1811, el líder de la facción más radical de la política porteña, Bernardo de Monteagudo, proclamó la urgencia de incluir a los "labradores y gente de campaña" en "las funciones civiles" y en el "rango de ciudadanos", y reclamó la concesión del voto a la población rural: "¿En qué clase se considera a los labradores? ¿Son acaso extrangeros o enemigos de la patria, para que se les prive del derecho de sufragio? Jamás seremos hombres libres si nuestras instituciones no son justas".[20]

Sin embargo, la demanda no fue atendida, y habrá que esperar hasta el Estatuto Provisional de 1815 para que, al tiempo que se define una ciudadanía, se conceda el voto a la población rural.[21] Pero aún entonces, las resistencias son fuertes y anulan parte de las disposiciones iniciales. El Estatuto se promulgó en 1815, pero posteriormente fue reformado en la versión definitiva dada por el Congreso de Tucumán en 1816. El texto inicial de 1815 concedía el voto al habitante rural incluso en la elección de capitulares, lo cual era lógico, pues los ayuntamientos rioplatenses tenían jurisdicción no sólo urbana sino también rural. A tal efecto, reglamentaba las elecciones de "los Pueblos y Partidos de la Campaña sujetos al Excmo. Cabildo", estableciendo que se harían en forma similar a la de la elección de electores para el nombramiento de diputados.[22] Sin embargo, el riesgo de tumultos populares parece haber inducido a suprimir esa concesión en el texto reformado de 1816, convertido al año siguiente en lo que fue la normativa de mayor influencia posterior, en demérito de las fracasadas constituciones, el denominado Reglamento Provisorio de 1817. Se eliminó la

[19] Real orden de la Junta Central..., del 22 de enero de 1809, real orden del 6 de octubre de 1809, de la misma Junta, que reforma la anterior, decreto de la Junta Central del 1º de enero de 1810 —los tres documentos relativos a la representación americana en la Junta Central—, y decreto del Consejo de Regencia, del 14 de febrero de 1810, sobre la forma de elección de los diputados americanos a las Cortes Generales. Julio V. González, "Filiación histórica del gobierno representativo argentino", libro I, *La revolución de España*, La Vanguardia, Buenos Aires, 1937, pp. 267 y ss.
[20] *Gazeta de Buenos Ayres*, "Continuación del artículo de ciudadanía", núm. 26, 28 de febrero de 1812.
[21] Estatuto provisional para la Dirección y Administración del Estado dado por la Junta de Observación, 5 de mayo de 1815, en *Estatutos, reglamentos y constituciones argentinas (1811-1898)*, Universidad de Buenos Aires, Buenos Aires, 1956, pp. 33 y ss.
[22] La versión del Estatuto que hemos citado no contiene las modificaciones introducidas a su texto algunos días después de su sanción y publicadas en la *Gazeta* del 25 de noviembre de 1815. Entre ellas, las correspondientes al cap. IV, "De las elecciones de Cabildos Seculares", art. 2º y siguientes, que contienen las disposiciones que comentamos.

organización de comicios en la campaña, aunque se admitía que "los ciudadanos de las inmediaciones y campaña, con ejercicio de ciudadanía, podrán concurrir, si quisiesen, a dichas elecciones". En la discusión del artículo correspondiente, informaba el periódico del Congreso, se explicó que

> en las elecciones capitulares no se daba voto a los ciudadanos de la campaña por algunas razones bastantes graves que se expusieron, y la experiencia de los inconvenientes que traen semejantes reuniones. Se alegó por otros el derecho que les daba la calidad de ciudadanos de la campaña con exercicio de ciudadanía [para que] puedan concurrir, si quisiesen, a las elecciones capitulares.[23]

La resistencia a conceder participación política a la población rural implicaba cuestiones de distinta naturaleza. Por lo que dejan traslucir los comentarios citados y lo que se sabe del disgusto que la concesión del voto a la campaña en el referido Estatuto había provocado en personas muy influyentes de la elite,[24] resulta evidente que una de ellas era el temor al voto popular —ya fuese espontáneo, ya organizado por medio del clientelismo— sin los controles políticos existentes en la ciudad. Pero una razón quizá de más peso era lo que encerraba como negación del sistema representativo vigente según lo que en la época se llamaba "nuestra antigua constitución".[25] Su significado no se refleja adecuadamente al decir que se le otorga representación política al habitante rural, pues mucho más allá que eso, la participación electoral de los habitantes rurales implica una modificación radical en el sistema representativo mismo. En efecto, la representación de ciudad no significaba que se dividía en dos la población —urbana y rural— y se otorgaba representación sólo a la urbana, sino que se concebía un solo universo político con cabeza en la ciudad, que podía incluir también al

---

[23] Citado en J. M. Sáenz Valiente, *Bajo la campana del cabildo. Organización y funcionamiento del Cabildo de Buenos Aires después de la Revolución de Mayo (1810-1821)*, Kraft, Buenos Aires, 1952, p. 89.

[24] Por ejemplo, en Mendoza, San Martín aprueba que en la elección de diputados al Congreso de Tucumán, en 1815, que debía guiarse por el régimen establecido en el Estatuto, haya participado sólo el pueblo de la ciudad, rechazando las impugnaciones realizadas por no haber votado los habitantes de la campaña. Carlos S. A. Segretti, "Cuyo y la forma de Estado hasta 1820", Academia Nacional de la Historia, *Investigaciones y Ensayos*, núm. 37, enero-junio de 1988, p. 112. [Buenos Aires.]

[25] Sobre el concepto de "antigua constitución" y su vigencia en el Río de la Plata, véase nuestro trabajo "Acerca del origen del Estado en el Río de la Plata", *Anuario del IEHS*, núm. 10, 1995 [Tandil].

habitante rural si llenaba los requisitos para alcanzar el privilegio: familia, casa en la ciudad, propiedad.

El problema fue debatido de manera explícita en 1818 en una de las sesiones del Congreso constituyente destinada a la definición del régimen electoral de la futura Constitución. En ella se contrapuso el procedimiento de elegir un diputado por una cantidad dada de habitantes al de conceder a cada pueblo el derecho de elegir su diputado. Este último procedimiento era mencionado como el derecho de representación de las ciudades villas "por razón de ser Pueblos" y no "por razón de la población que contienen", y criticado por el riesgo de conducir al federalismo.[26]

La concepción de la soberanía y la forma de representación

La trascendencia de lo que llevamos expuesto se comprende mejor si reparamos en que constituyen rasgos fundamentales de lo que podemos denominar representación de ciudad, con los susodichos recaudos en cuanto al concepto político de ciudad. Y a su vez, esta forma de representación adquiere todo su relieve si recordamos cómo se conformó la cuestión central de la historia política del siglo XIX: la naturaleza de la soberanía.

En la necesidad de asegurar la legitimidad del poder que debía suplir al de la monarquía, la doctrina invocada para deponer a sus representantes, y al amparo del ejemplo dado por el levantamiento de las ciudades españolas contra la ocupación napoleónica, fue la de la reasunción de la soberanía por los pueblos. Esta doctrina, a su vez, se apoyaba en la del pacto de sujeción, que se encuentra tanto en adeptos de la escolástica como en la misma *Enciclopedia*.[27] Apenas formulada tal doctrina en todas las ciudades hispanoamericanas en que se iniciaron movimientos de independencia, se produjo una escisión en los llamados partidos criollos, como se observa en Buenos Aires, Caracas, Bogotá, México o Santiago de Chile. Por un lado, las ciudades convocadas a

---

[26] Crónica de la sesión del viernes 21 de agosto de 1818, *El Redactor del Congreso*, en E. Ravignani (comp.), *Asambleas Constituyentes Argentinas*, Instituto de Investigaciones Históricas, Buenos Aires, 1973, tomo I: 1813 a 1833, pp. 373 y 374.

[27] La autoridad política deriva de dos fuentes: la fuerza, la violencia del que la usurpa, o del "consentimiento de aquellos que se han sometido mediante el contrato, expreso o tácito, entre ellos y aquél a quien han transferido la autoridad". [Diderot.] "Autoridad Política", en Denis Diderot y Jean Le Rond d'Alembert, *La Enciclopedia (Selección de artículos políticos)*, Tecnos, Madrid, [1986], p. 6.

integrar los nuevos órganos de gobierno se afirmaron en esa doctrina y tendieron a considerarse "pueblos" americanos en igualdad de derechos para decidir sobre su destino. Por otro, algunas ciudades, las que habían sido sede de las autoridades administrativas hispanas, solieron más bien apoyarse en su calidad de antiguas capitales para afirmar su derecho a regir a las demás.[28]

En Buenos Aires esta escisión se encuentra ya en el seno del cabildo abierto del 22 de mayo de 1810, que inició el proceso que culminaría tres días después con la deposición del virrey y la formación del nuevo gobierno. Y los hombres que dirigieron este proceso tendieron a preservar el papel rector de Buenos Aires como cabeza de un Estado centralizado, proyecto que se mantendría en pie hasta su fracaso final en 1827. De esta manera, para quienes intentaban reunir los restos del ex virreinato en un Estado centralizado, con una soberanía "nacional" única, las relaciones de la autopostulada capital, Buenos Aires, con el resto de las ciudades del territorio se veían muy complicadas por el supuesto mismo del acto inicial del proceso hacia la independencia, expresado en la doctrina de la retroversión. La emergencia de tantos pueblos soberanos como ciudades con ayuntamiento había —y en ciertos casos aun sin esa calidad— equivalía a una intolerable escisión territorial de la soberanía, la cual atacaba el corazón mismo de la moderna teoría del Estado: la doctrina de la indivisibilidad de la soberanía.[29]

Es significativo observar cómo la irresoluble tensión entre los datos de la realidad y las aspiraciones políticas hace que los mismos promotores de una posible nación reflejen en su pensamiento esta dualidad al yuxtaponer lo inconciliable. Así, un testimonio como el de Mariano Moreno, en un texto del que suelen subrayarse sólo sus ingredientes rousseaunianos, nos proporciona un atisbo de la magnitud del problema hacia 1810. Puesto que América era parte de la Corona de Castilla, la rendición de esta última ante los ejércitos napoleónicos separó a ambas, y los pueblos americanos comenzaron a disfrutar derechos que estaban sofocados desde tiempos de la Conquista, los cuales "se derivan esencialmente de la calidad de pueblos, y cada uno tiene los suyos enteramente iguales y diferentes de los demás".

[28] Manuel José Forero, *La primera república. Historia extensa de Colombia*, vol. v, Lerner, Bogotá, 1966, pp. 252-253; Carraciolo Parra Pérez, *Historia de la Primera República de Venezuela*, 2 vols., Caracas, 1959, vol. I, pp. 405 y ss.; José Miranda, *op. cit.*, pp. 238-239; H. M. Brackenridge, *Viaje a América del Sur*, t. 1, Hyspamérica, Buenos Aires, 1988, p. 277.

[29] Sobre el problema de la soberanía, véase R. Carré de Malberg, *Teoría general del Estado*, FCE, México, 1948, caps. I y II; sobre el postulado de su indivisibilidad, véase p. 142.

Podemos comprobar en este párrafo que en el análisis político de Moreno se desliza la acepción antigua de pueblo, la cual coexiste con la más habitual en él y que comparte con Rousseau, en esa invocación a "la calidad de pueblos" que hace que cada uno de ellos tenga derechos "iguales y diferentes de los demás". Aquí se menciona un derecho igual pero diferente. Igual porque igualaba a los pueblos como tales. Diferente porque esa calidad de pueblo era fruto de un privilegio especial para cada uno de ellos concedido por la Corona: signo de desigualdad y no de igualdad. Este mismo sentido es el que, si bien como distinción de estados y no territorial —esto es, de privilegios grupales y no territoriales—, exponía el antes citado jurista guatemalteco José María Álvarez.

"Eructando derechos de pueblos"

La circunstancia misma de encontrarse en un mundo de derechos desiguales, poseídos en virtud de concesiones privilegiadas, es la que nos explica la continua invocación de sus derechos particulares por los pueblos rioplatenses. Esos derechos eran ejercidos y defendidos conscientemente por sus representantes, a quienes no se les ocultaba que provenían del antiguo régimen hispanocolonial, según se puede observar en un alegato del diputado porteño Tomás Manuel de Anchorena en el seno del Congreso de Tucumán, quien reclamó

> la nulidad de cuánto obrase o acordase el congreso en asuntos que toquen directa o indirectamente a la organización de territorio y jurisdicciones en que han estado los pueblos desde la existencia de la última asamblea, y los derechos e intereses que han poseído y gozado estos respectivamente en el antiguo gobierno español, y demás que después les han correspondido, corresponden y correspondiesen en lo sucesivo sin que primero se acuerde unánimemente por los SS. diputados el número de votos que en esta materia deba hacer sanción.[30]

Pero en la impaciencia de quienes deseaban una pronta constitución de un Estado nacional capaz de afrontar los urgentes problemas políticos y bélicos, la existencia de pueblos soberanos que reivindicaban derechos y eran reacios a renunciar a ellos, era tanto un factor a ser tenido en cuenta para no indisponerse con sus portadores como un

---

[30] E. Ravignani (comp.), *op. cit.*, t. I, p. 228.

motivo de aguda irritación cuando se convertían en obstáculos. Así lo expresan dos invocaciones contradictorias de *El Redactor* del Congreso de 1816. En una, con motivo de la instalación del Congreso, el cronista halaga a los representantes de los pueblos rioplatenses, que —declara— forman "el círculo político a que se dirigen las líneas tiradas del centro del poder que vosotros mismos habéis depositado en el Congreso Soberano, que tan dignamente os representa". En otra, meses más tarde, critica a hombres que afirman sus derechos aun en medio de la lucha, y que "entretanto excitan discordias, descubren aspiraciones, demarcan planes de desunión perpetua, eructando derechos de pueblos y olvidándose de que hay un Congreso en que los han depositado por la unión de sus representantes".[31]

En cuanto a la afirmación de Moreno, puede atribuirse a su asunción de una tradición política española que, como jurista formado en la Universidad de Charcas, no desconocía; es decir, la existencia —en el tipo de representación corporativa propia de la sociedad estamental del Antiguo Régimen— del derecho de representación de ciudades junto al de estamentos. Pero, de cualquier manera, Mariano Moreno no deja de ilustrar una característica del proceso de la independencia hispanoamericana: la conjunción de criterios políticos heterogéneos y difíciles de compatibilizar en el curso de la construcción de los nuevos Estados. Así, la realidad llevará —aun en muchos de los que se adherían a un concepto de nación, a imagen de la Revolución francesa, con una soberanía única y un pueblo compuesto de individuos— a la conciliación con la existencia de múltiples soberanías y la conformación de muchos pueblos soberanos.

De la misma índole es el notorio cuidado con el que gobernantes rioplatenses tratan de reflejar en sus declaraciones el carácter corporativo de la unión, aunque no sean partidarios del mismo. Así, Rivadavia, en una carta de abril de 1817, al aclarar el sentido de la expresión "Provincias del Río de la Plata" lo hace refiriéndose a sus componentes ("las indicadas provincias"), no a una entidad nacional:

> siendo yo el solo representante del Supremo Gobierno de las Provincias del Río de la Plata que se hallaba en Europa, que no dudaba que en el caso de resolverse el gobierno inglés a interponer sus respetos para con las indicadas provincias...

[31] *Ibid.*, pp. 183 y 267.

Ese plural (provincias) sustituye lo que años más tarde hubiese sido expresado como "la indicada nación". Asimismo, en 1823, en correspondencia con un funcionario, alude a "los pueblos que forman la Nación..." Y, más aún, en su discurso al asumir la presidencia elabora una curiosa conjunción de lo individual y lo corporativo: "Cuando los representantes de la Nación, los pueblos que la componen, y cada individuo que la habita..."[32]

El conflicto en torno a la forma de representación

A las distintas formas de pensar los fundamentos y mecanismos de organización del Estado correspondieron dos concepciones diferentes de las formas de representación. La concepción del carácter soberano de los pueblos fue unida a la práctica del mandato imperativo; los diputados de los pueblos eran apoderados de los mismos, en el viejo sentido de la diputación a Cortes, tal como ocurrió en la convocatoria a elegir diputados a la Primera Junta, del 27 de mayo de 1810. Según esta modalidad, los representantes llevan a las asambleas, además de sus poderes, un mandato expreso en forma de instrucciones,[33] de sus representados sobre las cuestiones que se debatirán, lo que imposibilita o limita la negociación de acuerdos —posibilidad implícita en la admisión de que una asamblea representativa debe conciliar los diversos intereses en juego—. La representación con mandato libre, en cambio, conviene al concepto del representante de toda la nación y no de sus electores, lo cual, al eliminar las instrucciones de parte de estos últimos, facilita el funcionamiento de las asambleas representativas.[34]

El mandato imperativo rigió en la elección de representantes de

---

[32] Rivadavia a Juan Martín de Pueyrredón, París, 15/IV/1817; Rivadavia al comisionado Diego Estanislao Zavaleta..., Buenos Aires, 16/XII/1823, y Discurso al asumir la Presidencia de la República, 8/II/1826. En Bernardino Rivadavia, *Páginas de un Estadista*, Elevación, Buenos Aires, 1945, pp. 76 y 122.

[33] Por ejemplo, las célebres instrucciones artiguistas del año XIII, en E. Ravignani, *op. cit.*, t. VI, 2ª parte, pp. 89 y ss. Véase también los detallados comentarios a las tres versiones del texto en Alberto Demicheli, *Formación constitucional rioplatense*, 3 vols., Montevideo, 1955. Las mismas, y las de otras provincias rioplatenses, en Ariosto D. González, *Las primeras fórmulas constitucionales en los países del Plata (1810-1814)*, Claudio García y Cía. Montevideo, 1941, caps. IV y V. Las de diputados al Congreso de Tucumán, en *Sesiones de la Junta Electoral de Buenos Aires (1815-1820)*, Facultad de Filosofía y Letras, Buenos Aires, 1917, pp. 115 y ss.

[34] Sobre el carácter del mandato imperativo y del mandato libre, véase R. Carré de Malberg, *op. cit.*, pp. 914 y ss. También, J. R. Vanossi, *El estado de derecho en el constitucionalismo social*, 2ª ed., Eudeba, Buenos Aires, 1987, pp. 154 y ss.

alguno de los primeros gobiernos centrales —como la Junta Grande— o de las reuniones constituyentes, y sólo será suprimido en 1852 por expresa determinación del Acuerdo de San Nicolás al convocarse al Congreso Constituyente de 1853. Sin embargo, no será mantenido en el ordenamiento interno de los estados provinciales organizados a partir del fracaso de la Constitución de 1819 —todas las constituciones provinciales, sin excepción, desde 1819 en adelante implican una representación libre—; pero, en el otro extremo, se lo puede considerar vigente en buena parte de las reuniones interprovinciales celebradas luego del fracaso de la Constitución de 1826, porque en realidad fueron reuniones de carácter diplomático en las que los diputados, en calidad de agentes diplomáticos, actuaban como representantes de Estados soberanos sujetos de derecho internacional, tal como lo explicamos más adelante. En definitiva, en este último caso, no se hacía más que desarrollar lo que estaba implícito en la utilización del mandato imperativo: el carácter soberano de los representados.

El mandato imperativo, como ya observamos, correspondió inicialmente a una estructura corporativa de las sociedades rioplatenses en las que, por una parte, los diputados eran elegidos por los vecinos, en forma análoga a la de la diputación de las ciudades para las Cortes españolas. En suma, un remanente del tipo de representación de la España del Antiguo Régimen y no, como podría interpretarse, una forma del voto calificado, rasgo de muchos procesos representativos liberales del siglo XIX. Por otra parte, esos diputados representaban a grupos humanos privilegiados, residentes en porciones territoriales delimitadas: los centros urbanos que poseían la calidad de ciudades con ayuntamiento, calidad derivada, como hemos comentado más arriba, de una concesión de privilegio por parte de la Corona. El mandato imperativo, recordemos por último, correspondía a las características de desigualdad jurídica propias de la sociedad colonial, que perdurarán bastante tiempo luego de la Revolución de Mayo.

Buenos Aires y el mandato imperativo

En la Asamblea del año 1813, los diputados porteños defendieron el principio de la representación nacional, mientras que al comienzo del Congreso de Tucumán, en coincidencia con un reflujo político que se caracterizó por la recuperación de poder por parte del cabildo de

Buenos Aires, habían adoptado la posición opuesta. En la sesión del 18 de mayo de 1816, al ponerse a consideración la renuncia del gobernador de Córdoba, los diputados por Buenos Aires se negaron a discutirla y pidieron el traslado inmediato de ese asunto al gobierno en razón de que sus instrucciones les impedían ocuparse de otras cuestiones que las constitucionales. El diputado Sáenz aclaró que, "por cláusula de su poder e instrucciones, común a todos los diputados de Buenos Aires", no podía participar en la discusión de tales asuntos, "sino únicamente en los que tuviesen inmediata tendencia a constituir y fijar la suerte del Estado".[35]

Meses más tarde, en enero de 1817, el mismo Sáenz recuerda, a raíz de un asunto particular, que "no había en la sala representación de Buenos Aires, cuya provincia negaba a sus diputados acción para discutir o promover asuntos particulares". La insistencia de los diputados por Buenos Aires en limitarse a las cuestiones fijadas por sus instrucciones fue objeto de dura crítica por diputados de otras provincias, algunos de los cuales alegaron que el resto de los pueblos había "facultado ampliamente a sus Diputados", afirmación que luego fue rebatida con ejemplos de otras diputaciones.[36]

Pero esta situación de 1816 no era la que había predominado al principio en Buenos Aires. En ocasión del primer intento constituyente, en 1813, se formuló de manera explícita, frente a la figura dominante del apoderado, el concepto propio del régimen representativo liberal, según el cual los diputados eran representantes de la nación y no apoderados de sus electores.[37] Este concepto de la representación llevaba consigo una idea muy distinta del sujeto de la soberanía que la que correspondía a la doctrina del 22 y 25 de mayo de 1810, según el cual la soberanía era indivisa y se imputaba a un único sujeto: la nación. Así para aquellos que intentaban organizar un Estado central con base en Buenos Aires, el escollo de una soberanía territorialmente escindida, con su correspondiente e insorteable atadura del voto de los

---

[35] E. Ravignani (comp.), *op. cit.*, t. I, p. 209.
[36] *Ibid*, pp. 286 y 300.
[37] Utilizamos aquí el concepto de nación no con referencia a algo realmente existente sino como convención jurídica de sujeto de imputación de la soberanía. La dificultad práctica que esto implicaba para quienes defendían este carácter de la representación sin un referente nacional real, que estuvo siempre en gestación pero sin éxito, se acentúa en el caso de las ciudades y luego las provincias pues, por ejemplo la representación libre que implicaba la Junta de Representantes de Buenos Aires a partir de 1821 daba a sus componentes un carácter similar al de diputados de la nación, aunque la fórmula empleada —"diputados del pueblo de Buenos Aires"— connotaba grandes diferencias en otros aspectos.

diputados a la voluntad autonomista de sus pueblos, era intolerable. Por el contrario, la doctrina propia del régimen representativo liberal ofrecía mejores perspectivas a sus aspiraciones, además de abrir un campo de negociación en el interior de las asambleas representativas, impracticable con el otro sistema. Esa postura la expresó Carlos María de Alvear en la Asamblea del año 1813 al proponer que se declarara que: "...los Diputados de los pueblos son Diputados de la Nación, y [...] una vez constituidos en la Asamblea General, su inmediato representado es el todo de las Provincias Unidas..." y no sus electores. Su propuesta fue aprobada y el decreto de la Asamblea resultó aún más explícito, al establecer que los diputados de las provincias eran "...Diputados de la Nación en general, sin perder por esto la denominación del pueblo a que deben su nombramiento, no pudiendo en ningún modo obrar en comisión".[38] El decreto corresponde a la interpretación del principio de la soberanía nacional en términos de la doctrina liberal no rousseauniana de la representación —en cuya significación doctrinaria se explaya el comentario de *El Redactor de la Asamblea*— y reproduce el criterio del abate Sieyès y de la Constitución francesa de 1791.[39]

Pero el procedimiento de convertir en diputados de la nación a quienes habían sido elegidos como apoderados de sus pueblos era incongruente con el concepto de la representación que predominaba y predominaría todavía durante mucho tiempo entre los pueblos rioplatenses. Así, en ocasión de la misma circunstancia, uno de los artículos de las Instrucciones del Congreso artiguista del 5 de abril de 1813 establecía que el diputado "no se presentará en la Asamblea Constituyente como Diputado de la Nación, sino como representante de este Pueblo..." Un artículo similar figura también en las instrucciones reservadas que el pueblo oriental de Maldonado dio en julio de 1813 a su nuevo diputado que remplazó al anterior, quien había renunciado.[40]

---

[38] Decreto núm. 428, del 8 de marzo de 1813, *Registro Oficial de la República Argentina*, t. I, 1810 a 1821, Buenos Aires, 187 [q?], p. 208. El decreto de la Asamblea corregía el criterio que había regido en la convocatoria a las elecciones de sus diputados: "...los poderes de los Diputados serán concebidos sin limitación alguna, y sus instrucciones [las de los diputados] no conocerán otro límite que la voluntad de los poderdantes...", (obsérvese que, pese al enfático uso de expresiones no limitativas, el artículo de hecho admitía toda aquella limitación que los poderdantes quisieran introducir en las instrucciones). Artículo 8 de la "Convocatoria a elecciones para Diputados a la Asamblea General", 24 de octubre de 1812, *Registro Nacional, op. cit.*, p. 186.

[39] *El Redactor de la Asamblea*, núm. 3, del sábado 13 de marzo de 1813, p. 9. Sobre las opiniones de Sieyès y la prohibición del mandato imperativo en la Constitución francesa de 1791, véase R. Carré de Malberg, *op. cit.*, pp. 963 y ss.

[40] "Copia de las instrucciones que dieron los Pueblos Orientales a sus representantes para la S.[oberana] A.[samblea] C.[onstituyente] el 5 de abril de 1813", Comisión Nacional Archivo Artigas,

La doctrina del citado decreto de la Asamblea de 1813 será reiterada posteriormente en el Congreso Constituyente de 1824-1827, en el que los diputados de Buenos Aires y sus aliados de otras provincias tenían predominio y tendían a constituir un Estado centralizado, llamado entonces unitario. En esta oportunidad, el problema surgió bastante tardíamente, en forma indirecta, a raíz de un proyecto de ley que establecía las condiciones para ser elegido diputado al Congreso.[41] Constaba de dos artículos y en el segundo se establecía que era privativa del Congreso la facultad de remover a un diputado. El miembro informante de la Comisión de Negocios Constitucionales, Manuel Antonio de Castro, defendió el criterio sosteniendo que los diputados eran representantes de la nación y no de sus provincias, que apenas aprobados sus poderes "ya no pertenecen inmediata y directamente a la provincia que los nombró, sino a la nación", y que las juntas provinciales no podían ejercer una soberanía igual o mayor que la del Congreso, porque además, la experiencia de la revolución y la enseñanza de "los sabios políticos" han mostrado que "la soberanía de un país es indivisible, y que no puede dividirse en fracciones". Y añadía: "Se ha dividido en el nuestro por desgracia en pequeños átomos y fracciones, de suerte que hay una lucha de soberanías provinciales con el orden y soberanía nacionales". Agregó también que se oponía al pernicioso criterio que había escuchado en esos días, según el cual los diputados del Congreso "son unos verdaderos mandatarios, que son unos apoderados, y que en esta virtud pueden ser removidos, porque pueden quitárseles los poderes..." como a cualquier apoderado.[42]

La oposición al proyecto, en minoría, tuvo varias voces de relieve, como la del diputado por Córdoba, deán Gregorio Funes, la del miembro del partido federal porteño, Manuel Moreno, y la del también diputado por Buenos Aires, Juan José Paso, quien en una breve intervención formuló la versión más descarnada de la tesis opuesta a la de la mayoría, recurriendo nuevamente al argumento de la no existencia de la nación por no estar aún constituida: "en el Congreso no hay Nación: lo

Archivo Artigas, t. 11, Montevideo, 1974, p. 88. El texto del artículo continuaba así: "... porque no aprobamos el decreto de ocho de marzo, que se halla inserto en *El Redactor* del sábado 13 del mismo". De las Instrucciones del año 1813 se conservan otras dos versiones, las cuales no contienen este artículo. Véase al respecto Alberto Demicheli, *op. cit.*, vol. 2, caps. IV y V. Respecto de las Instrucciones del Cabildo de Soriano, véase *Archivo Artigas, op. cit.*, p. 237.

[41] E. Ravignani (comp.), *op. cit.*, t. II, 1825-1826, sesión del 10 de abril de 1826 y siguientes, pp. 983 y ss.
[42] *Ibid*, pp. 991-992.

que hay es hombres que han enviado todas las Provincias con la idea y tendencia de marchar a establecer esa Nación..."[43]

Los defensores del proyecto se escudaron en el supuesto de que la nación ya existía. Castro insistió en que los diputados del Congreso "son representantes nacionales y no ya meros diputados de sus provincias"; entre otros argumentos, y citando a Benjamin Constant, apuntó al costado más espinoso del asunto advirtiendo que restarle a los diputados ese carácter "sería una especie de federación, la más peligrosa".[44] Finalmente, el artículo fue aprobado, generando de hecho un grave desconocimiento del carácter soberano que esgrimían las provincias reunidas en el Congreso y que contribuiría a su fracaso final. Frente a la tesis de la representación nacional, el principio de las soberanías de los pueblos y el gobierno autónomo de los mismos, sin perjuicio de su conciliación en un régimen confederal, sería el que se impondría, hasta que, como hemos observado, el Acuerdo de San Nicolás suprimiera definitivamente el mandato imperativo en 1852.

Consideraciones finales

Lo que muestra entonces el Río de la Plata en la primera mitad del siglo XIX es la afirmación de un conjunto de entidades soberanas que, al fracasar el cuarto intento de organización constitucional en 1828, se reconocen como Estados soberanos y reglan sus relaciones por el derecho internacional.[45] En ese momento, los que hasta entonces eran considerados apoderados de las provincias pasan a ser agentes diplomáticos, en concordancia con el también carácter diplomático que se asignaba a las reuniones y organismos interprovinciales, como la Comisión Representativa del Pacto Federal de 1831.[46]

Pero esta evolución de las formas de representación —que, lejos de mostrar el triunfo del diputado de la nación, había pasado del apode-

---

[43] *Ibid*, pp. 993 y 998 (Funes), 1019 (Moreno), y 1001 (Paso).
[44] *Ibid*, p. 1017.
[45] Sobre el carácter de Estados independientes y soberanos de las provincias argentinas, véase nuestros ya citados trabajos "El federalismo argentino..." y "Acerca del origen del Estado en el Río de la Plata".
[46] E. Ravignani (comp.), *op. cit.*, t. VI, segunda parte, pp. 15, 204, 207. E. Ravignani [comp.], *Relaciones interprovinciales..., La liga del litoral*, Documentos para la historia de Argentina, Buenos Aires, 1922, t. XVII, pp. 74 y ss; sobre el carácter diplomático de la Comisión Representativa, *ibid.*, t. XV, pp. 347-348. Sobre el particular, véase también nuestro trabajo "El federalismo argentino...", art. cit.

rado al agente diplomático como natural resultado de la asunción por parte de las provincias de su carácter de Estados independientes—, concernía al plano de las llamadas relaciones interprovinciales. Por lo tanto, cabe preguntarse qué sucedía dentro de cada uno de esos Estados. La información disponible no es mucha, pero nos permite inferir, según los textos constitucionales que se dieron la mayoría de las provincias a partir de 1819, que prevalecía la representación libre, aunque falta verificar si esto se correspondió siempre con las prácticas políticas del periodo. Por otra parte, la información que se ha podido recoger en el caso de Buenos Aires muestra que a partir de su organización estatal independiente, luego de la crisis de 1820, instaura un régimen representativo en el que el poder legislativo (la Junta de Representantes) es integrado por "diputados del pueblo de Buenos Aires", fórmula que, aunque no es del todo equivalente a la de diputado de la nación,[47] sí implica la desaparición de la práctica de las instrucciones, propia del mandato imperativo. Asimismo, los numerosos comicios para elegir diputados que se organizan a partir de la ley electoral de 1821 se efectúan mediante una división territorial no cuantitativa de la población,[48] la que al unir en un mismo distrito a varios pueblos comienza a alejarse de la práctica de elección de diputados por cada "pueblo" en calidad de "sujeto moral".

Pese a lo que parecía ser un notable avance en dirección a un régimen representativo moderno, que se refleja en otras prescripciones de la misma ley, como la del carácter directo de las elecciones de diputados o la reducción de la edad mínima para el voto a los 20 años, este ordenamiento no terminaba de definir una verdadera ciudadanía bonaerense en virtud de un remanente de la aún fuerte representación de ciudad. En lugar de organizar un sólo universo electoral, dividía a la población en ciudad y campaña, y subrayaba simbólicamente la primacía de la primera otorgándole 12 diputados contra 11 de la segunda. Así mismo, por varias disposiciones de la ley, las elecciones de la ciudad quedaban bajo el control del cabildo, de manera que tampoco se organizaba una elección de la ciudadanía bonaerense controlada por el gobierno de Buenos Aires, sino una elección de representantes corporativos. Sin embargo, la

---

[47] Sobre las diferencias de significación de ambas figuras, véase R. Carré de Malberg, *op. cit.*, pp. 872 y ss.
[48] Para una información detallada de las prácticas electorales del periodo, véase Marcela Ternavasio, "Reforma electoral y expansión de la frontera política en el estado de Buenos Aires 1820-1840", en Antonio Annino (comp.), *op. cit.*

inmediata extinción de los cabildos bonaerenses, en el mismo año de 1821, anuló el efecto de estas estipulaciones, aunque persistió la división del electorado en ciudad y campaña. Esta división, que era también una distinción simbólica, no se eliminó, pero adquirió connotaciones de otra naturaleza durante la etapa de predominio de Juan Manuel de Rosas. Ni la ciudadanía argentina ni la ciudadanía bonaerense hicieron su aparición en la primera mitad del siglo pasado.

SEGUNDA PARTE

FORMAS DE REPRESENTACIÓN
Y DE PARTICIPACIÓN PÚBLICA

HACIA UN RÉGIMEN DE UNANIMIDAD.
POLÍTICA Y ELECCIONES EN BUENOS AIRES, 1828-1850[1]

Marcela Ternavasio[*]

> Rosas era un republicano que ponía en juego todos los artificios del sistema popular representativo. Era la expresión de la voluntad del pueblo, y en verdad que las actas de elección así lo muestran. Esto será un misterio que aclararán mejores y más imparciales estudios que los que hasta hoy hemos hecho...
>
> Domingo Faustino Sarmiento[2]

EL FENÓMENO ROSISTA FUE ANALIZADO en gran parte de la historiografía argentina desde una perspectiva que destacó lo más obvio del régimen impuesto en 1835: la unanimidad basada en la coacción y el terror. Estas interpretaciones compartieron la imagen clásica, presente en toda la historiografía latinoamericana, que vio en el fenómeno del caudillismo la explicación natural de procesos caracterizados por el predominio de fuertes liderazgos, en general de base rural y militar, en el contexto de las guerras civiles posteriores a la Independencia. Los supuestos sobre los que se fundó dicha imagen condujeron a lecturas historiográficas que desestimaron el papel jugado por las instituciones en este tipo de regímenes y mucho más aún la función que desempeñaron los procesos electorales. Así, la típica visión de la militarización y ruralización de la política en toda la primera mitad del siglo XIX, tendió a minimizar el valor que tuvo la nueva legalidad liberal en el interior de cada espacio político.

---

[1] Este trabajo es parte de una investigación dirigida por el profesor José Carlos Chiaramonte, realizada en el Instituto de Historia Americana y Argentina "Dr. Emilio Ravignani" de la Facultad de Filosofía y Letras de la Universidad de Buenos Aires.
[*] Universidad Nacional de Rosario, Argentina.
[2] Citado en Adolfo Saldías, "El Gobierno de Rosas", en *Biblioteca Internacional de Obras Famosas*, s. f., pp. 9173-9174.

En los últimos años, la historia política ha renovado en parte esta vieja perspectiva. La revisión de los paradigmas que propusieron modelos de los procesos políticos del siglo XIX dejó al desnudo la insuficiencia de ciertas explicaciones que pretendían homogeneizar procesos muy diversos, y demostró la necesidad de avanzar en el estudio de casos particulares —locales, regionales, nacionales— a partir de nuevos interrogantes. En este sentido, la pregunta sobre el proceso de constitución de una ciudadanía política en América Latina ha abierto un vasto campo de análisis que, desde diferentes perspectivas, ha permitido reiniciar un debate en torno a problemas historiográficos clave. Los estudios que se están realizando actualmente sobre procesos electorales se inscriben en esta nueva tendencia.[3] Éstos, junto con otros que abordan el problema de la ciudadanía desde las vías informales de la participación o a partir de la noción de sociabilidad política, descubren nuevos itinerarios que permiten avanzar en el conocimiento de la dinámica sociopolítica del siglo XIX.[4]

El proceso de fragmentación que se produce con la crisis del mundo hispánico reconoce un problema común a todos los espacios en los que se divide el continente americano: ¿cómo reemplazar la legitimidad monárquica por una nueva legitimidad que garantice la obediencia política?, ¿cómo regular la nueva relación entre gobernantes y gobernados en el marco de ruptura de los lazos coloniales? Los intentos por resolver este problema —presente en todo el mundo occidental luego de las revoluciones estadunidense y francesa— coloca a la representación política en el centro de las preocupaciones de los actores decimonónicos. Las respuestas en cada región reflejan, en un horizonte cultural compartido, vías muy diversas de constitución de la ciudadanía política. De allí la importancia de seguir avanzando en el análisis de los

---

[3] Véase los trabajos incluidos en el volumen coordinado por Antonio Annino y Raffaelle Romanelli, *Quaderni Storici* 69/a.XXIII, núm. 3, diciembre de 1988, pp. 727-763, y los ensayos incluidos en el volumen coordinado por Antonio Annino, *Historia de las elecciones en Iberoamérica, siglo XIX*, FCE, Buenos Aires, 1995.

[4] Destacamos sólo algunos de estos trabajos: Hilda Sabato, "Citizenship, Political Participation and the Formation of the Public Sphere in Buenos Aires, 1850s-1880s", *Past and Present*, agosto de 1992, núm. 136 (publicado en español en *Entrepasados*, 1994, año IV, núm. 6); Hilda Sabato y Ema Cibotti, "Hacer política en Buenos Aires: los italianos en la escena pública porteña 1860-1880", *Boletín del Instituto de Historia Argentina y Americana "Dr. Emilio Ravignani"*, primer semestre de 1990, tercera serie, núm. 2; François-Xavier Guerra, "Las metamorfosis de la representación en el siglo XIX", en Georges Couffignal (comp.), *Democracias posibles. El desafío latinoamericano*, FCE, México, 1993; Pilar González Bernaldo, *La création d'une nation. Histoire politique des nouvelles appartenances culturelles dans la ville de Buenos Aires entre 1829 et 1862*, tesis doctoral, Université de Paris I, Panthéon-Sorbone, 1992.

casos regionales para poder recontextualizar las especificidades dentro de un debate más general. En este marco, el espacio rioplatense recorre un complejo y sinuoso camino en pos de una fórmula capaz de remplazar la vieja legitimidad monárquica. Desde los primeros ensayos representativos en la década revolucionaria se advierte la dificultad de erigir un régimen estable que regule la relación entre gobernantes y gobernados.[5] La imposibilidad de crear un espacio político unificado en los territorios del ex virreinato deriva luego de 1820 en la conformación de estados provinciales autónomos y, en consecuencia, en la constitución de regímenes representativos de alcance estrictamente provincial.[6]

El Estado de Buenos Aires institucionaliza en 1821 un nuevo régimen representativo cuyos rasgos más salientes fueron la incorporación política de la campaña y la vigencia del sufragio universal y directo. Lo destacable es que bajo este régimen se construyeron sucesivamente dos formas de ejercer el poder político y, por ende, dos modos de relación entre gobernantes y gobernados del todo diferentes. El primero —promovido por un heterogéneo grupo de la elite liderado por Bernardino Rivadavia— se constituyó a partir de una amplia participación electoral y de una dinámica notabiliar de tipo competitivo donde la lucha por las candidaturas ocupó un lugar clave. El segundo se basó también en la promoción de una amplia participación en el sufragio, pero suprimiendo la competencia y estableciendo un régimen de unanimidad. La primera modalidad, vigente entre 1821 y 1835, buscó fundar la estabilidad política en un sistema de notables que, legitimados a través del voto, pudieran renovarse con base en negociaciones *interpares*. La segunda, impuesta por Rosas luego de 1835, buscó la estabilidad política en un sistema basado en la negación de la competencia y en el predominio absoluto del Ejecutivo. No obstante, en ambas situaciones, el sufragio actuó como el principal elemento legitimador del poder político.

En esta perspectiva, el objetivo de este artículo es explicar cuál fue el cambio que se produjo con el advenimiento de Rosas al poder. Esto es, cuáles fueron los mecanismos formales e informales que, asociados al sufragio y fuera de los mecanismos típicos de coacción, hicieron posi-

[5] Respecto a la representación y las elecciones en Buenos Aires entre 1810 y 1820, véase José Carlos Chiaramonte, "Vieja y Nueva Representación. Las elecciones en Buenos Aires 1810-1820", en Antonio Annino (coord.), *Historia de las elecciones...*, *op. cit.* y su artículo en este volumen.
[6] Sobre la formación de estados provinciales, véase José Carlos Chiaramonte, "Formas de identidad en el Río de la Plata luego de 1810", *Boletín del Instituto de Historia Argentina y Americana "Dr. Emilio Ravignani"*, primer semestre de 1989, tercera serie, núm. 1, pp. 71-93.

ble el tránsito de un régimen de competencia notabiliar a uno de unanimidad en el Estado de Buenos Aires.

Por cierto, un análisis de las elecciones realizadas durante los 17 años de hegemonía rosista no puede prescindir de los destierros, asesinatos y amenazas que desde el gobierno se instrumentaron para acallar a la oposición. Sin embargo, estas acciones —ya por todos conocidas— no explican las causas que condujeron a la imposición de la unanimidad ni menos aún las formas que adoptó su organización. Para ello es preciso detenerse en el complejo y conflictivo proceso que precede al ascenso de Rosas con la suma del poder público en 1835 —ya que en su primer gobierno (1829-1832) no presenta aún los rasgos a los que hacemos referencia—, y estudiar específicamente la dinámica que adquirió la práctica electoral en esos años.

La pretensión, entonces, es reinstalar el viejo tema del caudillismo en un marco de reflexión diferente. No es posible entender fenómenos como el rosismo sin preguntarnos por el tipo de legitimidad en la que fundó la obediencia política. Es claro, en este sentido, que la legitimidad no fue el simple resultado de la imposición militar de un caudillo. A ella se debe agregar la fuerte dosis de consenso que, a través de distintos mecanismos, hizo posible la continuidad por casi dos décadas de un régimen unanimista.

Entre la legalidad electoral y la tradición pactista

La ley electoral dictada para el Estado de Buenos Aires en 1821 marcó una profunda transformación en la práctica política vigente. La imposición de un amplísimo derecho de sufragio —otorgado a "todo hombre libre" de ciudad y campaña— junto a un régimen de elección directa de diputados a la Sala de Representantes —poder legislativo provincial creado en 1820 y encargado a su vez de designar al gobernador— produjo una notable ampliación del universo representado y, como consecuencia, un significativo cambio en los mecanismos de movilización.[7] La supresión de los colegios electorales, encargados durante la década revolucionaria de negociar los candidatos electos para los diversos cargos disputados, dio lugar a una nueva práctica: la lucha por las candidaturas.

---

[7] Ley de Elecciones, Buenos Aires, agosto 14 de 1821, *Recopilación de las leyes y decretos promulgados en Buenos Aires desde el 25 de mayo de 1810 hasta fin de diciembre de 1835*, primera parte, Buenos Aires, 1836, p. 173.

La contienda por las candidaturas —que tuvo como escenario el espacio urbano, ya que en la campaña imperó el voto por unanimidad desde el momento mismo en que se impuso la nueva ley electoral— desempeñó un papel clave en el régimen político provincial instaurado en 1821. Este fenómeno, corolario del voto directo, desarrolló al máximo la competencia internotabiliar, en la que un elenco estable de personajes se alternaba en los cargos de representantes, según una frecuencia directamente proporcional a la capacidad de negociación de cada uno para imponerse en las listas de candidatos. La prensa —principal vehículo de propaganda de las listas— muestra el modo en que se cruzaban los nombres en combinatorias diversas, que no reconocían —al menos hasta 1827— clivajes facciosos marcados.[8]

Esta competencia parece alcanzar su máxima expresión en momentos en que se reúne el Congreso Nacional de 1824-1827, último intento en esta primera mitad de siglo de organizar y constituir bajo un gobierno central a los estados autónomos provinciales. La división que se manifiesta dentro del Congreso entre unitarios y federales se traslada al ámbito provincial, articulándose la creciente división facciosa a la ya consolidada competencia internotabiliar.

Las elecciones de 1827 muestran el nuevo clima que creó esta división facciosa; pero son las elecciones del 4 de mayo de 1828 las que llevan al paroxismo el ambiente de tensión entre los diversos grupos de la elite. Todas las descripciones coinciden en señalar la agitación que vive la ciudad días antes de la elección —cuando se negocian y se hace propaganda de las listas de candidatos— y la notable movilización producida durante el suceso. Ese día parecen estar todos presentes: desde los "grupos del pueblo bajo, con la chaqueta al hombro y el cuchillo al cinto" hasta las "personas notables como el general Alvear en la Catedral, el general Soler en San Nicolás o el general Lavalle en el Colegio..."[9] El periódico *El Tiempo* se encarga de destacar que el clima

---

[8] La ley electoral establecía mecanismos diferenciados en ciudad y campaña para la designación de diputados a la Sala. Mientras que en el espacio urbano los electores votaban en cada parroquia por una lista de 12 candidatos, en la campaña cada sección electoral votaba por un candidato —en algunos casos dos— dentro del distrito. Esta diferencia normativa contribuyó a que en la ciudad se diera la lucha por las candidaturas y que en el campo se impusiera rápidamente la unanimidad. Sobre este tema, véase Marcela Ternavasio, "Nuevo régimen representativo y expansión de la frontera política. Las elecciones en Buenos Aires: 1820-1840", en Antonio Annino (coord.), *Historia de las elecciones..., op. cit.*

[9] Citado en Ricardo Levene, *Historia de la Nación Argentina*, vol. VII, primera parte, Academia Nacional de la Historia, El Ateneo, Buenos Aires, 1950, p. 173. Extraído de Pedro Lacasa, *Lavalle*, Buenos Aires, 1924.

de violencia manifiesto en las distintas mesas electorales "es un atentado verdaderamente nuevo en estos actos".[10]

En realidad, lo novedoso es el enfrentamiento suscitado en las mesas electorales entre los grupos de votantes, quienes, acaudillados por líderes menores, manifestaban consignas y símbolos de identidad de las nacientes facciones en pugna. Entre ellos, la forma de ir vestido a una elección parecía ser un dato relevante: el frac y la levita de los unitarios se contraponía a la chaqueta —vestimenta más popular— de los federales. Con estos signos se identificaba a los electores, quienes no dejaban de proclamar el día de la elección consignas como "Vivan los federales! ¡Mueran los del frac y la levita!", en obvia alusión al sector unitario. No obstante, este enfrentamiento en el seno mismo de la contienda electoral no tiene aún su correlato en la presencia de dos listas claramente diferenciadas. La lógica notabiliar persiste a través de la práctica de las candidaturas: los personajes identificados con las facciones en pugna aparecen mezclados en las mismas listas de candidatos.

Lo que sí parece reducirse de manera notable luego de 1827 es el margen de negociación en el interior de la elite. Hasta esa fecha, la práctica de las candidaturas era sumamente agitada, pero no generaba actos de violencia destacables en los días de elección. Existían las típicas denuncias de manipulación del voto; pero aún se mantenía la convicción de que la competencia por imponer candidatos no resultaba perniciosa para la estabilidad gubernamental ni para sostener la legalidad electoral como fuente de legitimidad. Las elecciones de 1827 y 1828 parecen romper con esta convicción, quedando al desnudo la imagen de creciente amenaza, bajo la que comienza a ser percibida la elección de representantes.

La división facciosa entre unitarios y federales reduce el margen de negociación internotabiliar —posible en los primeros años de la década— hasta el punto de producir la primera y única ruptura de la legalidad electoral vigente. La revolución del 1° de diciembre de 1828, acaudillada por un líder militar de tendencia unitaria, el general Lavalle, destituye por la fuerza al gobernador Dorrego —federal— y a la Sala de Representantes con mayoría también federal. La revolución se hace en nombre de la ilegitimidad de origen del gobierno derrocado, dada la corrupción manifiesta en los comicios en que fueron electos los últimos representantes el 4 de mayo de 1828. Lavalle, en una pro-

---

[10] *El Tiempo*, núm. 5, martes 6 de mayo de 1828.

clama al pueblo de Buenos Aires en la que argumenta las causas del movimiento del 1º de diciembre, explica que "la libertad en las elecciones populares, esta base del sistema representativo, fue completamente aniquilada por el gobierno que ha fenecido..."[11] Inmediatamente pasa a describir los atropellos sucedidos en las últimas elecciones, para concluir:

> Desde aquel día, la provincia de Buenos Aires no estaba representada, no había cuerpo legislativo; porque la reunión de hombres que así se llamaba no tenía encargo del pueblo: la voluntad pública pronunciada en un sentido había sido desatendida, y sancionada la de una facción pronunciada en otro.[12]

Este movimiento, que desde los periódicos más afines intentaba justificarse a través de la tradicional teoría del tiranicidio y del derecho de resistencia a la opresión, promete en sus primeros días de gobierno un restablecimiento inmediato de la legalidad electoral y, a través de ella, de las instituciones republicanas establecidas en la provincia luego de 1821. La cuestión electoral no sólo figura entre las principales causas del movimiento sino que, además, se erige en el argumento predominante del debate y en la promesa ineludible del futuro próximo. La apelación a la legalidad electoral —aun en un momento en que parece negársela— refleja la importancia que había adquirido el sufragio en la sociedad porteña como fuente insustituible de legitimidad. Pero al mismo tiempo se observa la reducción de los márgenes de negociación existentes en el interior de la elite y la imposibilidad de seguir con una práctica como la de las candidaturas sin que ella amenace la estabilidad del sistema.

La imagen amenazante con la que se percibe la dinámica electoral conduce a poner en práctica un tipo de acuerdo que hunde sus raíces en el antiguo régimen colonial, pero que no se ensayaba desde 1820: el pacto entre las cabezas visibles de grupos enfrentados. Los pactos de Cañuelas y de Barracas, concertados respectivamente en junio y agosto de 1829, se realizan entre el general Lavalle, representante del sector unitario, y el comandante general de campaña Juan Manuel de Rosas, que representa al sector federal. El pacto de Cañuelas intenta concertar la paz a través del restablecimiento de la legalidad electoral. Pero se

---

[11] Proclama reproducida en *El Tiempo*, núm. 321, lunes 6 de julio de 1829.
[12] *El Tiempo*, núm. 321, *op. cit.*

trata de un restablecimiento diferente al de años anteriores, ya que busca remplazar la competencia de listas —y suprimir así la ya tradicional práctica de las candidaturas— por un compromiso basado en una lista única concertada entre Lavalle y Rosas. El pacto establecía en su artículo segundo que "se procedería a la mayor brevedad posible a la elección de los representantes de la provincia con arreglo a las leyes",[13] pero entre sus cláusulas secretas estipulaba:

> En el estado de encarnizamiento a que habían llegado los ánimos, se aumentaría la discordia si se dejaba sólo a los partidos. De ahí el haberse puesto de acuerdo en una lista única, en que ambos contratantes emplearían todas las medidas legales derivadas de su posición o influencia para que la elección recayera en los nombres de esa lista en que figuraban los representantes...[14]

Naturalmente, este primer intento por suprimir la competencia y establecer una unanimidad a través del mecanismo de la lista única no resultó fácil de poner en práctica, sobre todo en el espacio urbano, donde aún prevalecía la lógica notabiliar y la presencia de grupos en el interior de la elite que se negaban a aceptar que se les excluyera por una negociación concertada sólo entre dos personas. Por otro lado, si estas últimas pretendían representar respectivamente a las dos facciones en pugna, queda claro —luego de realizado el pacto— que el grupo unitario no es homogéneo ni monolítico, como tampoco lo es el federal. La carta enviada por el general Lavalle a Juan Manuel de Rosas, luego de la Convención de Cañuelas y antes de realizarse las elecciones, ilustra esta dificultad por imponer la lista acordada:

> A los pocos días de mi regreso de las Cañuelas, ya era vulgar en Buenos Aires nuestro convenio, de hacer los esfuerzos posibles para componer el Ministerio y la Sala con los señores en que nos fijamos [...] Desde luego se notó en el partido unitario un disgusto mortal por nuestra elección, disgusto que se extendió a muchos federales respecto de la persona del gobernador, y se previó que una gran mayoría resistiría la lista del gobierno y haría triunfar otra [...] No se engañe Ud., mi amigo, la mayoría de este pueblo resistirá la lista convenida...[15]

[13] Emilio Ravignani, *Documentos para la historia argentina*, t. xv, Facultad de Filosofía y Letras, Buenos Aires, 1922.
[14] *Ibid.*
[15] Carta de Lavalle a Rosas fechada en Buenos Aires el 16 de julio de 1829, reproducida en Gregorio Rodríguez, *Contribución histórica y documental*, t. 2, Peuser, Buenos Aires, 1921, pp. 418-423.

En este estado de la negociación se llega a las elecciones del 26 de julio de 1829. Varios días antes diversos grupos de la elite manifiestan su desconocimiento de lo pactado entre Lavalle y Rosas. El diario *El Tiempo*, por ejemplo, "ofrece especialmente sus columnas a los que quieran discutir este negocio, e indicar los nombres de los candidatos".[16] De hecho, las listas se publicaron siguiendo la lógica de años anteriores hasta el punto de recomendar, como era habitual, que:

> los sres. que se han asociado en diversas partes para formar listas de candidatos, deben reunirse en un sólo punto, confrontar todas las que se han formado, y entresacando de las unas y las otras, convenir en una que se haga imprimir, que circule, y que sea por la que con generalidad se trabaje.[17]

La reinstauración explícita de la práctica de las candidaturas en esta coyuntura puso en juego dos concepciones divergentes en torno a la política y la representación. Frente a la tendencia que intentaba remplazar la competencia por un régimen de lista unificada, buscando con ello una unanimidad que la realidad urbana parecía desmentir, estaba aquella que pretendía seguir con un tipo de competencia internotabiliar, en la que los más representativos tuvieron acceso a la Sala. Lo destacable es que estas dos percepciones divergentes de la representación no estaban sustentadas, respectivamente, por unitarios y federales. En cada posición se hallaban mezclados miembros de ambos grupos. De hecho, el enfrentamiento entre quienes defendían la competencia electoral a través de la libertad en la designación de listas de candidatos y quienes pretendían suprimirla causó divisiones en el interior de ambos grupos, especialmente el federal. Esto significa que la oposición que llevó a los enfrentamientos más encarnizados —cuyo principal escenario fueron las elecciones— no era entre las facciones de unitarios y federales, sino entre quienes defendían una u otra concepción de la representación. Tanto es así que el grupo unitario desaparece prácticamente del escenario público y la escisión se traslada al grupo federal: aquellos que comienzan a denominarse federales doctrinarios defienden la práctica vigente de competencia de listas y los llamados federales netos —liderados por Rosas— pretenden suprimirla.

El fracaso y la suspensión de las elecciones del 26 de julio, por no responder sus resultados a lo convenido en Cañuelas, desembocó en un

---

[16] *El Tiempo*, núm. 317, miércoles 1º de julio de 1829.
[17] *El Tiempo*, núm. 320, sábado 4 de julio de 1829.

nuevo pacto: el de Barracas, en el que se reconoció que el resultado "incompleto, alarmante y equívoco" de las últimas elecciones de representantes no había permitido la reunión de la legislatura. En este caso, se diagnostica no ser posible comprometer por segunda vez "la dignidad de aquel gran acto, que el estado actual de agitación y ansiedad no permite celebrar por ahora",[18] acordándose designar un gobernador provisorio que restablezca la paz para la convocatoria inmediata a nuevas elecciones.

La rápida sucesión de estos acontecimientos culmina —luego de un largo debate en el interior de los grupos federales— con la restitución de la legislatura derrocada por la revolución del 1° de diciembre de 1828 y la designación del nuevo gobernador, el comandante general de campaña don Juan Manuel de Rosas.

¿Qué tipo de representación? El gran debate (1829-1835)

Las concepciones divergentes en torno a la representación y el funcionamiento del régimen político, lejos de quedar resueltas, se recrudecen apenas asciende Rosas como gobernador de Buenos Aires a fines de 1829. El debate suscitado en la Sala de Representantes sobre la pertinencia o no de otorgar al poder ejecutivo facultades extraordinarias —debate que se extiende durante los tres años del primer gobierno de Rosas—, consolida las posiciones ya perfiladas dentro del propio grupo federal. Los federales doctrinarios comienzan a proclamar el lema "Constitución, libertad, instituciones" tanto para el orden interno provincial como para el nacional, erigiéndose en los más férreos defensores de las libertades individuales, la división e independencia de poderes —principal punto de fricción que se pone en juego con las facultades extraordinarias— y la representatividad otorgada a la Sala a través de un sistema de libre competencia electoral. Los federales netos reivindican —frente a la posibilidad de dictar una constitución— la práctica pactista tradicional entre las diversas fuerzas en pugna por encima de los congresos y constituciones. Pretendían convertir al Ejecutivo en un poder omnímodo —desestimando de este modo las atribuciones de la Sala— y a las elecciones en una ratificación plebiscitaria de dicho poder.[19]

---

[18] Emilio Ravignani, *op. cit.*
[19] No es posible detenernos en el debate —tan relevante a los fines de nuestra temática—

El triunfo, muchas veces ajustado, que obtuvo anualmente en la Sala el grupo de representantes promotores de la renovación de las facultades extraordinarias se revirtió a fines de 1832, cuando culminaba el primer gobierno de Rosas. La votación final, luego de un prolongado debate, dio el triunfo a aquellos que se oponían a refrendar dichas facultades al poder ejecutivo: 19 diputados se enfrentaron a sólo siete representantes que apoyaron la moción del gobernador.[20] En este contexto, Rosas se negó a aceptar nuevamente la gobernación.

De esta manera, luego de 1832, quedó abierto el terreno de disputa entre los grupos enfrentados, y el electoral será el escenario en el que van a desarrollar la principal pulseada. Ganar las elecciones de representantes a la Sala constituía, a esa altura, un hecho de primordial importancia no sólo porque de ese modo se garantizaba la elección del gobernador, sino porque se aseguraba la imposición de alguno de los dos proyectos ya dibujados: o se seguía adelante con la sanción de la Constitución provincial —y con ella se transitaba el camino de un régimen parlamentario y competitivo, seguramente de rasgos notabiliares— o se desembocaba en un régimen de predominio del Ejecutivo de tipo unanimista.[21]

Las elecciones para renovar los miembros de la Sala de Representantes, convocadas para el 26 de abril de 1833, ofrecieron a los grupos de la elite la oportunidad de medir fuerzas. Los preparativos de estos comicios reprodujeron en su máxima expresión los mecanismos implantados en la década de 1820: disputa por las candidaturas a través de la confección y negociación de nombres en las diversas listas, circulación y propaganda de las listas resultantes, agitación en la actividad proselitista. La prensa, más que nunca, se hizo eco de esta disputa publicando innumerables listas con combinaciones diversas de personajes conocidos, cuya cantidad sorprende a los propios porteños. En un artículo remitido a *La Gaceta Mercantil*, titulado "Fiebre de listas", el autor afirmaba:

> Hay quienes caractericen contagiosas las fiebres; y debe ser así; porque en la ocasión, la multitud de listas publicadas es un síntoma de la fiebre, y el

---

sobre facultades extraordinarias desarrollado en la Sala de Representantes en este periodo. Remitimos a los *Diarios de Sesiones* de la H. Junta de Representantes de la Provincia de Buenos Aires entre 1829 y 1832.

[20] *Diario de Sesiones...*, t. 14, sesión núm. 287, del 15 de noviembre de 1832.

[21] En 1833, el mismo grupo federal que rechazó en la Sala la renovación de las facultades extraordinarias presentó un proyecto de Constitución provincial que limitaba drásticamente las atribuciones del poder ejecutivo.

que yo pida a Ud. sr. editor un lugarcito para la que he formado es una prueba del contagio, del que ruego a Ud. me curen publicándola.[22]

Hasta tal punto llegaba el afán por participar en la confección y presentación de listas —citándose al respecto reuniones muy diversas en salones, sociedades y casas particulares para elaborar la lista de ocasión—, que un grupo de mujeres autodenominado Las Porteñas Federales propuso una lista de candidatos. En un sorprendente alegato, este grupo aprovechó la oportunidad para defender sus derechos al sufragio activo y pasivo:

> Compatriotas. Si vuestra injusticia nos privó del derecho que el pacto social nos concedía de tener voto activo y aun pasivo en la elección de los ciudadanos que deben representarnos, no podrá impedirnos el que manifestemos por medio de la prensa nuestra opinión sobre un asunto que nos interesa tanto como a vosotros [...] Nosotras, pues, hemos formado después de una madura reflexión lista de candidatos para representantes de la provincia que recomiendan a nuestros compatriotas...[23]

El debate previo a las elecciones —expresado a través de la prensa— refleja las dos tendencias divergentes a las que hacíamos referencia antes. Se destaca, en este sentido, la importancia que se le presta al debate sobre facultades extraordinarias culminado en 1832. La presencia de candidatos que hubiesen participado en dicho debate y la posición asumida al respecto resultaba un dato de primordial importancia a la hora de incluir o excluir nombres de una lista:

> antes de cerrar sus sesiones [se refiere a la Sala de Representantes] es ya un deber sagrado y hasta un compromiso señores el elegir para Representantes de la undécima Legislatura a aquellos recomendables patriotas cuyos dignos nombres se registran hoy con tanto aplauso y admiración de este gran pueblo, y de todas las sectas políticas que lo componen, en las filas de los que votaron porque se desechase el proyecto de las facultades extraordinarias.[24]

Denominaciones como liberales y antiliberales se utilizaban para diferenciar a aquellos que, respectivamente, habían rechazado o apoyado la renovación de las facultades extraordinarias en 1832. Sin duda, estas

---

[22] *La Gaceta Mercantil*, 26 de abril de 1833.
[23] *La Gaceta Mercantil*, 27 de abril de 1833.
[24] *La Gaceta Mercantil*, 22 de abril de 1833.

elecciones estuvieron muy influidas por el debate que durante todo el primer gobierno de Rosas fue delineando las posiciones enfrentadas; por ello, la discusión por las candidaturas asumió, en esta oportunidad, la forma de una disputa argumentativa mucho más densa y sustancial que en años anteriores. En estas elecciones parecían jugarse opciones que iban más allá de una competencia entre notables.

Los comicios finalmente se realizaron en un ambiente de suma agitación. La crítica a "la costumbre que se ha introducido en las elecciones de celebrar con música, cohetes y vivas a los nuevos diputados"[25] muestra el clima vivido. El triunfo obtenido por los llamados oficialistas o federales liberales[26] provocó de inmediato la crítica de los autodenominados federales netos, leales a Rosas. La prensa, nuevamente, se hizo eco de las típicas denuncias de manipulación y coacción adjudicadas a agentes gubernamentales —militares, policías, jueces de paz, alcaldes...—, críticas que, si bien no cambiaban demasiado la modalidad de elecciones anteriores —ya que siempre se ejercía presión y siempre se denunciaba al gobierno de turno—, reflejaban un clima de creciente tensión.

El resultado de estas elecciones fue la consolidación de una imagen ya prefigurada entre los sectores leales a Rosas: la amenaza que representaba la dinámica competitiva adquirida por los procesos electorales. Competencia de notables, competencia de facciones... una combinación que es leída bajo el signo de la inestabilidad permanente. Rosas advierte, luego de este ensayo electoral, que para asumir de nuevo el poder con las facultades otorgadas en su primer gobierno era necesario invertir esta dinámica representativa. Se requería una Sala de Representantes adicta y leal que otorgara legalmente los poderes requeridos; para ello era necesario, previamente, garantizar la elección a través de una lista única que eliminara la competencia.

El clima de tensión y agitación creció desde finales de 1833. El gobernador Balcarce —que había sido nombrado al rechazar Rosas la designación— fue destituido por la fuerza, nombrándose en su remplazo al general Viamonte. Los llamados restauradores, leales a Rosas, no cesaron de cometer actos terroristas que obligaron a varios federales doctrinarios a optar por el camino ya transitado por muchos unitarios: el destierro. En junio de 1834 el gobernador fue presionado a renunciar, designando la Sala nuevamente a Rosas como titular del poder

---

[25] *La Gaceta Mercantil*, 29 de abril de 1833.
[26] El escrutinio en la ciudad arroja una cifra de casi 4 000 votantes, según los datos de *La Gaceta Mercantil* del 29 de abril de 1833.

ejecutivo. Se repite, como en ocasiones anteriores, el rito de la renuncia: cuatro veces consecutivas el ex gobernador se niega a aceptar el cargo. Es pertinente señalar que, en las cuatro oportunidades, la Sala lo designa sin otorgarle las facultades extraordinarias.

Finalmente, luego del interinato ejercido por el doctor Maza y envueltos en un clima de violencia y agitación —provocado y fomentado por los autodenominados federales netos—, en marzo de 1835 se designó a Rosas como gobernador por cinco años, con la suma del poder público "sin más restricciones que conservar, defender y proteger la religión católica y defender y sostener la causa de la federación".[27] No obstante, antes de aceptar, Rosas decide someter el asunto a un plebiscito en la ciudad para que ésta se exprese a favor o en contra del otorgamiento de la suma del poder público y del aumento del periodo del gobernador de tres a cinco años. El plebiscito se realizó entre el 26 y el 28 de marzo de 1835 y su resultado fue 9316 votos a favor de la nueva ley, registrándose sólo cuatro votos en contra.

Se inició así una nueva etapa que se caracterizó por la unanimidad basada en la lista única que elaboraba el propio gobernador y cruzada, muchas veces, con convocatorias de tipo plebiscitario como la que acabamos de citar, así como por el ejercicio de un tipo de régimen que otorga al Ejecutivo poderes casi ilimitados. En este punto, sin embargo, es importante recordar algo que el diputado Iriarte señaló al referirse al primer gobierno de Rosas:

> Nada, pues, conseguía en un pueblo tan celoso de su libertad como el de Buenos Aires; pues aunque lo hemos visto sumiso en el tiempo de la Dictadura, en esto mismo ha dado pruebas de su respeto y amor al orden, porque la Dictadura bajo cualquier aspecto que se considere, era un poder legal, desde que había sido creada por la Sala de Representantes.[28]

La unanimidad rosista

Es ya conocido que Rosas no deja nunca de celebrar las elecciones anuales para renovar los miembros de la Sala de Representantes, tal como indicaba la ley de 1821. ¿Pero de qué manera organizaba la maquinaria electoral? ¿A través de qué mecanismos impuso la unanimi-

---

[27] En Ricardo Levene, *op. cit*, p. 321.
[28] Reproducido en *El Constitucional*, núm. 18, lunes 29 de julio de 1833.

dad, más allá de las ya conocidas estrategias de coacción aplicadas durante el régimen?

El primer paso consistía en elaborar la lista única. El encargado naturalmente de hacerlo era el mismo gobernador. En su mensaje a la XIV legislatura explica las razones que avalan dicho procedimiento:

> A todos los gobiernos anteriores se ha reprochado como un crimen, y a sus amigos como un signo de servilidad, mezclarse en las elecciones de representantes dentro de los términos de la ley. Esto ha dado lugar a mil refugios y a la misma corrupción. El Gobernador actual, deseando alejar de entre nosotros esas teorías engañosas que ha inventado la hipocresía, y dejar establecida una garantía legal permanente para la autoridad, ha dirigido, por toda la extensión de la provincia, a muchos vecinos y magistrados respetables, listas que contenían los nombres de los ciudadanos, que en su concepto merecían representar los derechos de su Patria, con el objeto de que propendiesen a su elección, si tal era su voluntad.[29]

Este mensaje, brindado a comienzos de 1837, señala el inicio de una práctica que se irá consolidando en los años siguientes. En las elecciones de 1838, si bien la lista elaborada por el gobierno para los representantes de ciudad fue votada casi unánimemente, se advierten aún pequeñísimas disidencias en algunas parroquias.[30]

En general, las listas de representantes para ciudad y campaña elaboradas por el poder ejecutivo repetían sistemáticamente los mismos nombres. Como la renovación era por mitades, los diputados salientes eran reelectos, constituyendo así un elenco estable de representantes. En los casos de fallecimiento o renuncia —que fueron pocos—, el gobernador, antes de cubrir las vacantes en la lista de candidatos, solicitaba a su edecán los antecedentes y calificaciones de un grupo no mayor de cinco o seis personas, y luego que le eran remitidos decidía cuál de ellos cubriría el cargo. Los criterios utilizados para realizar estas calificaciones eran similares a los que se aplicaban para la designación de otros cargos, como el juez de paz.

---

[29] Mensaje del gobernador a la decimocuarta legislatura, 1º de enero de 1837, reproducido en Benito Díaz, *Juzgados de paz de campaña de la provincia de Buenos Aires (1821-1854)*, Universidad Nacional de La Plata, Facultad de Humanidades y Ciencias de la Educación, La Plata, 1952, pp. 173-174.

[30] En la parroquia del Socorro, por ejemplo, votan todos unánimemente por los dos primeros candidatos de la lista "oficial", obteniendo éstos 498 votos. Luego, 446 personas votan por los 10 candidatos restantes de dicha lista, mientras que 52 personas lo hacen por una lista en la que se encuentran ex diputados de la Sala. Véase AGN División Gobierno Nacional, Elecciones, Padrones, Actas, Antecedentes: 1825-1838, Sala X, legajo núm. 43-10-3.

Una vez confeccionada la lista se procedía a organizar el acto electoral, sin dejar ningún detalle de lado. ¿En qué consistía dicha organización? Seguiremos aquí una descripción pormenorizada de los hechos que preceden a las elecciones de 1842 y 1843 —las cuales repiten la misma secuencia—, porque de ellas nos han quedado las cartas manuscritas que intercambió Rosas con sus subordinados días antes de cada elección.[31] Estos documentos, de un inestimable valor, muestran la importancia que el gobernador otorgaba al ritual electoral.

Quince días antes de la fecha estipulada para celebrar las elecciones —convocadas para el 27 de noviembre de 1842—, Rosas ordenó a Pedro de Angelis, director de la Imprenta del Estado, la composición tipográfica de las boletas donde debían figurar los candidatos de ciudad y campaña designados por el gobernador. Le indica que "esto es ya muy urgente", aconsejándole que "debe conservar el modelo de las del año pasado y también el número que se imprimió tanto para la ciudad como para cada una de las secciones de campaña", solicitándole le remita "las pruebas enunciadas".[32] La cantidad de boletas que manda imprimir para la ciudad es de 20 000, y para la campaña, de 2 000 para cada sección, excepto para la sexta, donde la reduce a 1 500 y para la decimosegunda, donde la aumenta a 6 000.[33] Tres días antes de la elección, Rosas ordenó a su edecán que, en la ciudad,

> de las 20.000 listas que ha entregado a Ud. el Oficial Mayor del Ministerio de Gobierno entregue Ud. las siguientes mañana: al Jefe de Policía 12.500, al General Don Mariano Benito Rolón 1.800,... [sigue una larga descripción de los encargados de distribuir las boletas].[34]

La distribución de las listas en la campaña se hacía por conducto del juez de paz de cada sección, al que se le enviaba la siguiente nota:

> El infrascripto ha recibido orden del Exmo. Sr. Gobernador de la provincia, Brigadier Dn. Juan Manuel de Rosas, para decir a Ud. que las adjuntas listas son las que corresponden a la opinión del Gobierno en la próxima elección para un representante por ese partido en la vigésima Legislatura, para que Ud. proceda a repartirlas entre los Alcaldes, Tenientes Alcaldes y demás

---

[31] Esta documentación ya fue utilizada en parte por Emilio Ravignani, "Rosas y sus parodias electorales", en *Rosas. Interpretación real y moderna*, Pleamar, Buenos Aires, 1970.

[32] *Secretaría de Rosas*, Archivo del Instituto Ravignani, 1842-1843, carpeta 20, núm. 47, legajos 264-265.

[33] *Secretaría de Rosas, op. cit.*, legajo 268.

[34] *Secretaría de Rosas, op. cit.*, legajos 272-274.

individuos de ese partido a efecto de que sea más numerosa la votación según corresponde a un asunto de tan elevada importancia.[35]

La maquinaria así organizada alcanzó, indudablemente, un alto grado de perfección y de creciente mecanización, lo que permitió que se agilizaran los tiempos que debían utilizarse en la preparación de los comicios. La elección celebrada en 1843 demuestra, justamente, cómo ya estaban tendidos todos los resortes para echar a andar la maquinaria electoral. El gobernador se ocupaba en persona de cuidar hasta los detalles más ínfimos: desde revisar las pruebas de impresión de las boletas hasta controlar el modo y los tiempos de distribución de las mismas. Una semana antes de celebrarse la elección de 1843, Rosas escribía a su edecán:

> Remito a Ud. la carpeta del año pasado con todo lo relativo a las elecciones para que luego de recibir la presente se ocupe solo y puramente de este asunto; y que en su virtud mañana lunes por la mañana muy temprano haga dar principio a la impresión de las listas y me las vaya mandando sin un solo momento de demora, procediendo Ud. en todo de conformidad a las órdenes que se registran en la misma Carpeta para las listas del año anterior indicado de 1842 [...].[36]

El punto principal parecía residir en una eficiente distribución en tiempo y forma de las boletas que contenían la lista de elegibles —en el caso de la ciudad— y el nombre del candidato —para cada sección de campaña— confeccionada por el titular del poder ejecutivo. La repartición quedaba en manos de funcionarios de gobierno, soportando en la ciudad el mayor peso la policía y el ejército y, en menor medida, los ministerios y la Iglesia. En la campaña, todo se centralizaba en la figura del juez de paz.

La explícita voluntad del gobierno por movilizar a un número significativo de sufragantes queda de manifiesto en estos documentos, corroborándose luego en los índices que arrojan los registros electorales. Para una mejor evaluación de los datos que ofrece la documentación citada —en la que sólo se relata la organización previa al acto electoral—, veremos los resultados de las elecciones de 1838, 1839 y 1842, de las que nos han quedado registros más o menos completos. En el cuadro siguiente presentamos la información, distinguiendo las

---

[35] *Secretaría de Rosas*, op. cit., legajos 266-267.
[36] *Secretaría de Rosas*, op. cit., legajos 279-280.

Elecciones para la Sala de Representantes realizadas en la provincia de Buenos Aires, ciudad (totales y por parroquia) y campaña (totales y por sección), 1838, 1839 y 1842

Ciudad Parroquias	Elección 1838	Elección 1839	Elección 1842	Cantidad de habitantes
Catedral (N)	409	—	462	7 692
Catedral (S)	197	169	—	8 612
San Nicolás	249	—	33	5 976
San Miguel	179	212	333	6 724
Monserrat	932	924	337	7 035
Socorro	344	303	481	5 337
Piedad	936	431	461	4 591
Concepción	393	156	618	8 190
San Telmo	177	296	—	5 126
Pilar	209	357	293	1 208
Balvanera	410	—	—	3 635
TOTALES CIUDAD	4 435	2 848	3 018	64 126

Campaña Secciones	Elección 1838	Elección 1839	Elección 1842	Cantidad de habitantes
1ª Sección				
San José de Flores	302	—	358	4 237
Morón	—	—	—	2 548
Matanza	—	—	373	1 834
2ª Sección				
San Isidro	244	281	Mesa	4 733
Conchas	173	157	Central	953
San Fernando	341	119	786	2 246
3ª Sección				
Quilmes	392	514	Mesa	4 579
Cañuelas	412	511	Central	1 625
San Vicente	228	243	1292	2 843
4ª Sección				
Ensenada	226	238	172	832
Magdalena	314	213	362	2 596

Elecciones para la Sala de Representantes realizadas en la provincia de Buenos Aires, ciudad (totales y por parroquia) y campaña (totales y por sección), 1838, 1839 y 1842 (continuación)

Campaña Secciones	Elección 1838	1839	1842	Cantidad de habitantes
5ª Sección				
Villa del Luján	293	—	—	3 293
Guardia del Luján	481	—	186	3 908
6ª Sección				
Pilar	393	—	Mesa Central	—
Capilla del Señor	—	—	635	1 933
7ª Sección				
San Antonio Areco	359	347	—	1 496
Fortín de Areco	433	218	—	1 937
San Andrés Giles	266	213	—	1 101
8ª Sección				
Chascomús	346	369	Mesa Central	3 586
Ranchos	135	154	557	—
9ª Sección				
Navarro	421	Mesa Central	457	3 941
Lobos	—		504	530
Monte	742	1 655	408	3 068
10ª Sección				
San Pedro	—	151	207	2 653
Baradero	—	320	—	1 731
San Nicolás	—	320	—	4 620
11ª Sección				
Salto	370	304	—	1 227
Pergamino	148	229	336	2 873
Arrecifes	419	283	—	1 454
Rojas	203	187	148	717
12ª Sección				
Monsalvo	605	—	—	3 451
Dolores	492	—	—	2 957

Elecciones para la Sala de Representantes realizadas en la provincia de Buenos Aires, ciudad (totales y por parroquia) y campaña (totales y por sección), 1838, 1839 y 1842 (conclusión)

Campaña	Elección			Cantidad de
Secciones	1838	1839	1842	habitantes
12ª Sección				
Fuerte Independencia (Tandil)	417	—	—	834
Fuerte Azul	1 189	—	568	2 007
Se agregan en 1840:				
Tordillo				31
Chapaleufú			505	
Partido de Ajó			332	
Flores			274	
Tuyú			318	
Mar Chiquita			359	
Lobería			Mesa Central	
Pila			sección 12ª: 4 156	
13ª Sección				
Patagones				1 239
14ª Sección				
Bahía Blanca				1 461
Totales campaña	(10 344)	(7 026)	(10 937)	(81 074)

Fuente: Véase nota 37 de este capítulo.

diferentes secciones en las que se divide ciudad y campaña, con las respectivas cifras de población que arroja el censo de 1836.[37]

La natural precaución con que deben tomarse las cifras aquí expuestas no impide reflexionar sobre algunas de las cuestiones a las que conduce su análisis. En la ciudad, los resultados electorales no difieren

[37] AGN *Empadronamiento de la provincia de Buenos Aires de 1836*, División Gobierno Nacional (en adelante DGN), Sala X, Legajo núm. 25-2-4. AGN *Censo de habitantes: capital y provincia de Buenos Aires*, DGN, 1838, Sala X, legajo núm. 25-6-2. AGN, DGN Elecciones: Padrones, Actas, Antecedentes, Sala X, legajo núm. 43-10-3, legajo núm. 30-7-7, legajo núm. 43-10-4, legajo núm. 30-7-8, legajo núm. 43-1-6, legajo núm. 43-1-4, legajo núm. 43-1-8. Véase también de Emilio Ravignani, "Un censo de la provincia de Buenos Aires de la época de Rosas, 1836", *Boletín del Instituto de Investigaciones Históricas*, t. 1, año 1, núm. 1-10, 1922-1923, pp. 4-6.

demasiado —desde la perspectiva de la cantidad de sufragantes— de los observados en etapas anteriores. El piso de electores se crea luego de que se dicta la ley de 1821; por tanto, esa fecha representa un cambio notable en la cantidad de votantes movilizados,[38] y no parece modificarse luego de 1835.

En la campaña, en cambio, el número de votantes crece de manera significativa en relación con la etapa precedente. Sin embargo, es necesario destacar que dicho crecimiento es mucho más vertiginoso en aquellas secciones electorales en las que se ubica la nueva línea de frontera ganada al indígena luego de 1833, sobre todo en la sección decimosegunda, que se expande notablemente entre 1836 y 1842. El aumento de sufragantes en esta sección es producto del voto masivo de las milicias que se encuentran en los fuertes y fortines allí asentados. Pero no es en la participación del sector miliciano donde nos queremos detener, sino en el problema —ya clásico en la historiografía latinoamericana— de la ruralización de la política. Estos datos muestran el alto grado de institucionalización bajo el que se desarrolló dicho proceso en el Río de la Plata. La expansión de la frontera electoral en un territorio recién incorporado bajo la tutela estatal, junto a la movilización producida a través del sufragio en poblados débilmente asentados, reflejan la estrecha articulación que se entabla en la época de Rosas entre el voto y la consolidación del poder provincial en el campo.[39]

Por otro lado, la precaución a la que obliga el tratamiento de los datos expuestos conduce a interrogarnos sobre el problema de la producción del sufragio en la época de Rosas. La idea de producir el sufragio no es una novedad del rosismo; está presente desde el momento mismo en que se impone la nueva representación en 1821. El papel desarrollado por la elite en este sentido fue clave desde la década de 1820. El llamado —y tan criticado— "oficialismo electoral" fue el que se encargó de movilizar a un nuevo universo de electores y de consolidar la práctica del sufragio durante todos esos años. En el caso de Rosas la gran diferencia radica en el cambio de las reglas de juego informalmente estatuidas: suprimió la competencia y estableció la unanimidad como forma de régimen. Ahora bien, ¿esta unanimidad suponía movilización? ¿Los electores que figuran en los registros eran "votantes

---

[38] Se pasa de un promedio que no supera el centenar de sufragantes en la década revolucionaria a cifras que oscilan entre 2 000 y 3 000 votantes en la década de 1820.

[39] Sobre la expansión de la frontera electoral y el proceso de ruralización de la política, véase Marcela Ternavasio, "Nuevo régimen...", *op. cit.*

reales" o "votantes inventados"? Si bien no podemos dar una respuesta definitiva al respecto, el ritual que expresan los documentos a través de los cuales se organiza el acto electoral parece responder en parte a esos interrogantes. A la voluntad por producir el sufragio se le unía la voluntad por movilizar. La exhortación a los jueces de paz "de que sea más numerosa la votación según corresponde a un asunto de tan elevada importancia..." no era un simple formulismo utilizado por el gobernador. Todos los detalles de los preparativos de las elecciones indican una fuerte voluntad por movilizar a votantes reales: las prevenciones a suspender la elección en caso de lluvia, la preocupación por distribuir en tiempo y forma las boletas con los candidatos, el control ejercido por el gobernador en las pruebas de impresión de dichas boletas, la selección de los encargados de redistribuirlas entre los sufragantes, apuntan todos en el mismo sentido. Incluso la cantidad de boletas que el gobernador mandó imprimir nos habla de esta fuerte voluntad por producir el sufragio y al mismo tiempo movilizar a los votantes. Las 20 000 boletas para la ciudad, que Rosas seguramente esperaba que se utilizaran para demostrar el apoyo de que gozaba, resultaron una suma exagerada para un espacio que parece mantener cierta reticencia hacia el régimen. Sólo se logra mantener la base de sufragantes alcanzada en la etapa rivadaviana. En la campaña parecen colmarse mejor las expectativas, sobre todo en la sección decimosegunda, donde se mandan distribuir 6 000 boletas (contra 2 000 en el resto de los partidos), superando los 4 000 sufragantes en la elección de 1842.

De esta manera, el alto grado de formalización que alcanza el proceso electoral —reflejado, entre otras cosas, en el modo en que están confeccionadas las actas, los registros y escrutinios— demuestra que el sufragio sigue siendo el principal elemento de legitimación del poder político. Al mismo tiempo, el apego a las formas legales estatuidas en la etapa precedente desnuda la profunda ambigüedad que encierra el régimen rosista. Esta vocación por movilizar y legitimar por vía electoral[40] un poder que había roto con las dos premisas más importantes del régimen instaurado en 1821 —la competencia internotabiliar y la centralidad de la Sala de Representantes— se basa, por un lado, en la legalidad

---

[40] Muchas veces apelando también a formas de tipo plebiscitario. Además del plebiscito de 1835 ya citado, en 1840 se utiliza una forma hasta ese momento inédita de dicho acto político: un plebiscito que adquiere el carácter de "petición", con firmas recogidas en la ciudad y la campaña solicitando la reelección de Rosas. Se informó en la Sala que había 6 201 firmas en la ciudad y 9 526 en la campaña. Citado por John Lynch en *Juan Manuel de Rosas. 1829-1852*, Emecé, Buenos Aires, 1989, pp. 162-163.

liberal heredada de la etapa rivadaviana, y por otro, en una concepción de la representación profundamente antiliberal.

La noción de unanimidad, lejos de asociarse a los valores del universo liberal, se vincula con una concepción organicista y jerárquica de la sociedad y con el predominio del ideal de unidad por encima de la diversidad de funciones.[41] En este marco, la división de poderes es reemplazada por la absorción en manos del poder ejecutivo de las atribuciones de los otros dos poderes, y la aspiración a un orden legal estable basado en la noción de constitución es sustituida por una antigua práctica de tipo pactista.

El punto clave para Rosas fue imponer este ideal de representación en el espacio urbano porque en la campaña ya estaba presente desde el momento mismo en que se instrumentó la nueva representación; el voto por unanimidad, casi generalizado en el campo desde 1821, es una muestra de ello. Por lo tanto, el problema fue siempre la ciudad: escenario de disputas que mostraban la diversidad y pluralidad de una opinión pública en ciernes.

En este contexto, el fenómeno del caudillismo en el Río de la Plata —estigmatizado en la persona de Rosas— y su corolario inmediato, el proceso de ruralización y militarización de la política, lejos de asimilarse al modelo clásico, que supone la ausencia de legalidad, muestra una tendencia a absorber la legalidad liberal heredada del espacio urbano, para institucionalizarse con el signo inverso: una representación invertida que prefigura la noción de un gobierno elector —tal como dejó señalado Natalio Botana—[42] en vez de la noción de un pueblo elector. Este tránsito fue indudablemente complejo y deja al desnudo la distancia que separa a Rosas de la más moderna experiencia competitiva de la etapa precedente como, asimismo, de la más lejana representación estamental del Antiguo Régimen.

---

[41] Sobre la noción de unanimidad como resabio del Antiguo Régimen, véase el trabajo ya citado de François-Xavier Guerra, pp. 64-65.

[42] Natalio Botana, *El orden conservador. La política argentina entre 1880 y 1916*, nueva edición con un estudio preliminar, Sudamericana, Buenos Aires, 1994.

LOS CLUBES ELECTORALES DURANTE LA SECESIÓN DEL ESTADO DE BUENOS AIRES (1852-1861): LA ARTICULACIÓN DE DOS LÓGICAS DE REPRESENTACIÓN POLÍTICA EN EL SENO DE LA ESFERA PÚBLICA PORTEÑA

Pilar González Bernaldo*

EL SIGLO XIX ES EL SIGLO de las grandes transformaciones políticas, al cabo de las cuales surgirán los nuevos Estados nacionales en América Latina. El problema clave de la construcción de los nuevos Estados es el de la representación política; problema doble, pues no sólo se trata de establecer un sistema representativo moderno destinado a legitimar los nuevos poderes, sino también de crear la nación como sujeto de soberanía.

En este sentido, el caso rioplatense es paradigmático, pues la provincia de Buenos Aires será la primera en toda Hispanoamérica en instaurar, en una fecha tan temprana como 1821, el principio de la democracia electoral: un hombre, un voto. Este avance del sistema representativo debe ponerse en relación con la particular dificultad que plantea en la región la definición del sujeto de representación. En todo caso, desde entonces las elecciones parecen jugar un papel considerable en la legitimidad del régimen y ya nadie podrá prescindir de ellas. Este aparente adelanto democrático de la joven república no se traduce, sin embargo, en una democratización del poder. Debe plantearse, entonces, para qué sirven las elecciones. El caso del régimen de Rosas muestra que éstas servían menos como técnica de selección o medio de expresión política que como forma de plebiscitar la selección de candidatos efectuada por el gobierno.[1]

La situación parece cambiar con la caída de Rosas. Entonces asistimos a una verdadera "explosión asociativa" y un desarrollo sin precedentes del debate público. Las elecciones municipales y provinciales son ahora precedidas por una campaña electoral que parece modificar sustancial-

---

* Université de Paris VII-Jussieu, Francia.
[1] Para las elecciones durante el régimen de Rosas, véase en este mismo volumen la contribución de Marcela Ternavasio.

mente la naturaleza de las instituciones representativas. Vemos surgir nuevas formas organizativas: los clubes electorales, destinados a movilizar la opinión en torno a las candidaturas. A pesar de la importancia que esto puede tener en la vida política, pocos trabajos le han dedicado hasta hoy atención particular. En general, éstos lo confunden con el relato de la política facciosa que predomina aún en la historiografía del periodo, o lo identifican como antecedentes o manifestación de los partidos políticos. Recientemente Hilda Sabato ha inscrito los clubes electorales en la problemática, a mi entender mucho más pertinente, de la representación política.[2] Parece útil preguntarse qué función cumplen los clubes en el proceso electoral, lo que nos permitirá saber un poco más sobre la función de las elecciones en el sistema representativo. ¿Hasta qué punto la organización de los clubes electorales supone una ampliación de la ciudadanía política real, a través de una mayor participación de la sociedad civil en la contienda electoral? ¿Cómo explicar entonces que estas organizaciones, que instituyen el debate sobre asuntos públicos en el seno de la sociedad civil, asocien el voto a prácticas coercitivas destinadas a imponer por la fuerza la voluntad general el día de los comicios? He aquí algunas de las preguntas a que este trabajo busca dar respuesta.

He destinado este estudio a un momento particular de la vida político-institucional porteña que corresponde a la secesión del Estado de Buenos Aires de la Confederación Argentina. He roto así deliberadamente con una tradición historiográfica que parte del principio de continuidad del periodo 1852-1880 en lo que a asociaciones políticas se refiere. La primera hipótesis de este ensayo es la de la especificidad de este periodo no sólo desde el punto de vista de la historia política nacional, sino también en lo que hace a los clubes electorales y su función en el marco de las instituciones representativas. La segunda hipótesis es que los clubes porteños de 1852-1862 juegan un papel de primera importancia en el proceso de delegación de soberanía. Desde esta perspectiva los clubes son mucho menos un instrumento de fraude de los partidos políticos que un instrumento de mediación entre las instituciones representativas y una sociedad en buena medida negada por esas instituciones.

[2] Hilda Sabato, "Citizenship, Political Participation and the Formation of the Public Sphere in Buenos Aires, 1850-1880", *Past and Present*, agosto de 1992; "Elecciones y prácticas electorales en Buenos Aires, 1860-1880. ¿Sufragio universal sin ciudadanía política?", en Antonio Annino (coord.), *Historia de las elecciones en Iberoamérica, siglo XIX. De la formación del espacio político nacional*, FCE, Buenos Aires, 1995.

Los clubes electorales:
de la comunidad de culto a la esfera pública

Dos meses después de la caída de Rosas y cinco días antes de las elecciones de representantes, el diario *El Progreso* anuncia que los diversos "clubes electorales" se han reunido, complaciéndose "en ver esta solemne rehabilitación del espíritu público en nuestro país", pues, recuerda el periódico, "durante la dictadura y aun antes no había más candidatos que los del gobierno".[3] Llama particularmente la atención la rapidez con que se monta esta forma organizativa en una ciudad que durante más de tres lustros había padecido un estricto control de la vida asociativa, que había llevado a la esfera pública a su mínima expresión,[4] y más aún si tenemos en cuenta que hasta 1857 estas asociaciones funcionaron sin reglamento evidente, como si una estructura de este tipo pudiese actuar de manera espontánea. Si bien ya en 1852 se evoca la existencia de un reglamento para la parroquia de San Miguel, debemos esperar un lustro para que la prensa haga público un reglamento que debía regir a todos los clubes parroquiales. Hasta entonces existe una cierta indeterminación alrededor del funcionamiento de estas asociaciones.[5]

El reglamento de 1857, que lleva la firma de individuos de la sociedad civil y política, pretende acabar con esta confusión estableciendo para la ciudad de Buenos Aires "una asociación compuesta de sus Parroquias, bajo la denominación de Clubes Parroquiales".[6] El objetivo de estos clubes, reza el documento, es el de "convocar a los vecinos de la Parroquia y recabar su voto respecto de los ciudadanos que hayan de ser elegidos para Senadores, Representantes y Municipales" y "ejercitar su influencia en los Pueblos de Campaña a fin de procurar allí el mejor acierto en la elección". Para ello, en representación de cada parroquia sus habitantes elegirán anualmente una comisión compuesta de cinco miembros: un presidente, un vicepresidente, un secretario y dos vocales, que deberán hacerse cargo de establecer una "lista acordada" de los candidatos propuestos por cada una de las parroquias, a partir de la

---

[3] *Cf. El Progreso* (en adelante *EP*) 6 de abril de 1852, p. 3, col. 4.
[4] Para estas cuestiones, véase nuestro trabajo *La création d'une nation. Histoire politique des nouvelles appartenances culturelles*, tesis de doctorado, Université de Paris I, 1992.
[5] *Cf. El Orden* (en adelante *EO*), 22 de febrero de 1857, p. 2, col. 1.
[6] *Cf.* artículo 1º del Reglamento de los Clubs Parroquiales. Éste fue publicado por el diario *La Tribuna* (en adelante *LT*) el 28 de febrero de 1857.

cual una comisión central establecería la lista de candidatos para la ciudad. Esto comprometía a los vecinos "a emplear sus esfuerzos por el triunfo de la lista acordada" el día de las elecciones.[7]

Dejemos por el momento de lado la dimensión representativa de esta institución para detenernos en la asociación parroquial. ¿Por qué se optó por ella para la movilización política de la población? La respuesta que surge inmediatamente es que los límites parroquiales correspondían a la división electoral establecida por la ley de elecciones de 1821.[8] De esta manera, como las mesas se establecen en cada una de las parroquias, se organizan los clubes por parroquias a fin de garantizar el triunfo en cada mesa. Ello explicaría la división territorial de los clubes —aunque quedaría por explicar por qué la ley de elecciones opta por el marco parroquial—, pero no resuelve aún el problema de la rápida implantación de esta forma asociativa.

La primera respuesta plausible a esta improvisada estructura organizativa parroquial que el diario *El Progreso* inscribe en el marco de la esfera pública, es que ésta se haya creado a partir de una estructura de sociabilidad parroquial pre existente que ahora se utiliza para fines políticos, lo cual explicaría la rápida y efectiva organización de los clubes parroquiales. La vitalidad de esta estructura comunitaria tradicional durante toda la primera mitad del siglo XIX hace pensar que la asociación política se construye efectivamente a partir de vínculos comunitarios antiguos.[9] La elección del marco parroquial como división electoral tampoco parece ser ajena a la voluntad de introducir en la vida política moderna una representación comunitaria. Así, por ejemplo, durante el debate del proyecto de ley electoral para el Estado de Buenos Aires en 1856, tanto los que apoyan como los que se oponen a la creación de distritos electorales parroquiales evocan la existencia de fuertes vínculos comunitarios y de autoridades parroquiales que intervienen en un voto teóricamente individual. El diputado Carlos Tejedor apoya el proyecto haciendo alusión al aspecto positivo que pueden jugar los vínculos comunitarios: "Entre vecinos de una misma parroquia todos se respetan, porque todos se conocen; y aunque entre ellos hubiese díscolos, yo creo que se mirarían mucho para cometer en su parroquia los

---

[7] *Ibid.*, artículo 6.
[8] Sin embargo, no se trataba de distritos electorales, pues se votaba en la parroquia de residencia por los representantes de toda la ciudad.
[9] Por desgracia, no podemos introducir aquí el análisis de la estructura comunitaria de la ciudad de Buenos Aires. Hemos tratado este aspecto en nuestra tesis doctoral *La création d'une nation...*, *op. cit.*

desórdenes que generalmente se cometen por los que no pertenecen a ella..."[10] Un año más tarde el senador Vélez Sársfield se opone utilizando un argumento similar: "El nombre de Parroquia entre nosotros significa tener un juez de paz, significa tener un Cura, personas muy influyentes en las elecciones, autoridades que son de mucho peso u obstáculo en las elecciones. No hagamos pues una división territorial que cause esta traba para el libre ejercicio de los ciudadanos de ese derecho". Para evitarlo propone entonces una nueva división que rompa con la unidad comunitaria.[11]

Son justamente estos vínculos y autoridades evocados por los representantes los que encontramos en la organización de las asociaciones parroquiales, especialmente en el proceso de elección de las comisiones parroquiales. Para elegir una comisión, el reglamento estipulaba que debía convocarse una "asamblea parroquial", es decir, al conjunto de habitantes de la parroquia. Según algunas referencias parece ser que la comisión cesante estaba encargada de convocar a esta "asamblea parroquial",[12] aunque también podía hacerlo el juez de paz.[13] Los parroquianos eran informados de estas reuniones a través de la prensa periódica, que reservaba un lugar importante a los acontecimientos asociativos en general, y uno de primera importancia a los de la vida política. Es posible suponer que existieran relevos a este medio de comunicación destinados a la población que accedía con menos regularidad a la prensa periódica, sobre todo en un sistema en que los analfabetos gozaban de derecho electoral. Y estos relevos se encuentran en una estructura de sociabilidad que es aún básicamente parroquial.

Para que la elección de los miembros de las comisiones fuese legítima debía contar, según el reglamento, con un mínimo de 30 individuos. Sin embargo, las múltiples protestas que figuran en la prensa sugieren que no siempre la convocatoria a la elección de las comisiones era pública, e incluso que la norma era la de convertir a estas asambleas en reuniones de amigos y miembros de la misma facción. Así lo reconoce

---

[10] *Cf.* Cámara de Diputados de la Provincia de Buenos Aires, *Diario de sesiones de la Cámara de Diputados de la Provincia de Buenos Aires 1854-1862*, Buenos Aires, 9 tomos, sesión del 8 de octubre de 1856, p. 483.

[11] Cámara de Senadores del Estado de Buenos Aires, *Diario de sesiones de la Cámara de Senadores del Estado de Buenos Aires*, Imprenta El Orden, Buenos Aires, 1858, sesión del 26 de septiembre de 1857, p. 415.

[12] *Cf.* "Publicación Solicitada", *LT*, 16 de marzo de 1856, p. 3, cols. 2-3.

[13] Así lo deja entender un aviso del presidente del Club Central a los presidentes de las comisiones de los clubes parroquiales, publicado en el mes de febrero antes de las elecciones del 30 de marzo de 1856. *Cf.* "Hechos locales", *LT*, 16 de febrero de 1856, p. 3, col. 1.

el propio Varela, quien, ante la denuncia de reuniones secretas en donde se decide sobre la composición de las listas, responde que para que los clubes cumplan su función, con anterioridad se debe "uniformar la opinión de los vecinos de las parroquias sobre los nombres de los candidatos".[14]

Veamos algunos casos de existencia de redes anteriores a las asambleas parroquiales. En la popular parroquia de la Concepción, en el sudoeste de la ciudad, los habitantes se quejan del cura parroquial y ex diputado de la ciudad Mariano Marín por haber excluido al vecindario en la elección de la comisión parroquial de 1856. En San Miguel un notable de la parroquia, Manuel Trelles, figura como miembro de la primera comisión electoral en 1852, quien es acusado por Varela "de haber hecho secretamente las elecciones de las personas que deben componer la comisión electoral de 1856".[15] En la parroquia Catedral al Sur, el grupo de excluidos publica un manifiesto en el diario *El Orden* para protestar "de no haber sido invitado por el juez de paz para elegir la comisión parroquial". Según éstos, la asamblea estaba constituida por 50 personas, todos amigos políticos del juez de paz. El mismo diario acusa a Carlos Casares, presidente de la comisión de la parroquia Catedral al Sur, de haber sido elegido por una asamblea que no juntaba el número de habitantes estipulados por el reglamento de 1857.[16]

Podemos seguir multiplicando las citas que nos hablan de una red de relaciones anterior a la constitución de la asociación, la cual prevalece visiblemente en la elección de las comisiones electorales. Si hay competencia y conflicto, como estos ejemplos testimonian, éstos se dan en el marco de las autoridades de la parroquia. Ello deja suponer que en el momento de las elecciones no es la jerarquía asociativa la que está determinando la elección, sino otro tipo de autoridades parroquiales, como las evocadas por el senador Vélez Sársfield: el cura, el juez de paz y los "notables" o "vecinos" de la parroquia.[17] Creados para organizar la representación política de la ciudadanía, los clubes parroquiales confirman el papel de las autoridades comunitarias tradicionales

---

[14] Héctor Varela reconoce que incluso cuando las asambleas llegaban al número de 30 personas, esto era poco representativo de la voluntad general de la parroquia. *Cf. LT*, 28 de mayo de 1855, pp. 1, 6-7, y 2 de marzo de 1856, p. 2, cols. 2-3.

[15] Trelles responde que se convocó públicamente a los vecinos, pero que "sólo asistieron 3 por falta de espíritu público". *Cf.* "Publicación solicitada", *LT*, 3 y 4 de marzo de 1856, p. 1, cols. 1-3.

[16] *Cf. EO*, 22 de febrero de 1857, p. 3, col. 1; *idem*, 1° de marzo de 1857; "Reglamento de los clubes electorales", *LT*, 28 de febrero de 1857.

[17] "Notable" y "vecino" parecen ser entonces términos equivalentes. *Cf. Diario de la Sala de Senadores..., op. cit.*, sesión del 29 de septiembre de 1857.

en el sistema representativo. Ello deja suponer que el espacio público en el que se inscribe la campaña tiene menos que ver con la esfera pública moderna que con un espacio público antiguo ocupado por autoridades tradicionales. Desde este punto de vista, los clubes electorales representarían un caso típico de organización moderna que se encaja en una estructura comunitaria tradicional.

El lugar de reunión de las "asambleas parroquiales" también da testimonio de ello. En efecto, de un total de 23 referencias sobre sitios de reunión, 17 convocan a hacerlo en la iglesia parroquial, de las cuales la mitad en las habitaciones del cura y la otra en la sacristía; las seis restantes convocan la reunión en casa de un notable de la parroquia o del juez de paz.[18] Ello no quiere decir necesariamente que los curas intervengan de manera directa en la lucha facciosa, aunque el caso de Marín sugiere que no debemos descartar esta posibilidad; pero confirma el papel que juegan aún las autoridades tradicionales y los vínculos comunitarios de creencia y de lugar en la creación de los clubes electorales.

No obstante, la introducción de estas nuevas formas asociativas producirá una importante innovación en la organización de la vida política pues, aunque los primeros clubes fueron reuniones de notables de la parroquia que tienden a imponer las listas gubernamentales, a medida que se abre el juego político, en gran parte a través de la sistematización de las formas de coacción electoral, los clubes modifican su naturaleza y su función. Ya en 1853 vemos aparecer nuevos clubes que se organizan fuera del marco de la parroquia, siguiendo la misma dinámica que los había originado en 1852, pero ahora creados por la oposición, que se veía excluida de las comisiones parroquiales. Ello va a hacer de los clubes organizaciones más claramente partidistas o facciosas.

El primer caso registrado data de las elecciones de 1853, cuando una "reunión popular" tiene lugar en la sala del Coliseo con el objeto de "uniformar las opiniones" para la elección de representantes. Pero si estas primeras manifestaciones son significativas de una evolución de la estructura de la sociabilidad política en la ciudad de Buenos Aires, es

[18] La rúbrica destinada a la vida asociativa se encuentra en la sección "Hechos locales" y aparece generalmente en la segunda página, tercera columna del periódico. *Cf. LT*, 17 de marzo de 1855, "Avisos", p. 4, col. 2; *LT*, 4 de mayo de 55, "Hechos locales" p. 2, col. 4; *LT*, 19 de febrero de 1856, "Hechos locales", p. 3, col. 1; *EO*, 19 de febrero de 1856, p. 3, col. 3; *EO*, 22 de febrero de 1856, p. 2, col. 5; *EO*, 29 de febrero de 1856, p. 3, col. 1; *LT*, 14 de febrero de 1857, sección avisos, p. 3, col. 4; *LT*, 16 de marzo de 1856, p. 2, col. 3-4; *LT*, 28 de marzo de 1856, p. 3, col. 2; *El Nacional*, 18 de febrero de 1857; *LT*, 18 de febrero de 1857, p. 2, col. 5; *El Orden*, 21 de febrero de 1857, p. 2, col. 1; *LT*, 6 de marzo de 1858, p. 3, col. 1; *LT*, 19 de marzo de 1862.

sobre todo durante las elecciones de 1856 cuando vemos implantarse definitivamente los "clubes de opinión" como formas organizativas extraparroquiales.

Los nuevos clubes se definen en relación con los grandes principios que exponen en sus programas. Por supuesto, la declaración de principios esconde en la mayoría de los casos un combate personalista. Sin embargo, el hecho de que elijan la opinión como fundamento de la asociación ya es un elemento más de ruptura respecto a los clubes parroquiales. Mientras que estos últimos se inscriben en el espacio de la comunidad de lugar, con sus vínculos y autoridades, los clubes de opinión se ubican en otro espacio que no remite a una comunidad de lugar, ni tampoco a una comunidad histórica, sino al de la esfera pública que supone el individuo-ciudadano moderno. Varela describe los beneficios de los "clubes de opinión" en términos que merecen ser citados:

> La educación de la opinión pública, que es la esencia de la democracia tiene sus liceos especiales que son los clubes [...]. Un club quiere decir una reunión seria de hombres que comprenden individualmente toda su dignidad de ciudadanos y procuran hacerlo efectivo por el apoyo que prestan a las iniciativas patrióticas por la unión y el conjunto que llevan en los trabajos preparatorios a fin de hacer práctica la democracia.[19]

De más está decir que a pesar de esta convincente declaración de civismo, estos clubes se asemejan más a redes de clientela que a organizaciones políticas modernas, y ello en buena medida porque el "individuo-ciudadano" al que se dirigen sólo existe en ciertos círculos de la sociedad, mientras que la ley de elecciones de 1821 había extendido la ciudadanía al conjunto de los hombres mayores de edad. Sin embargo, contribuyen a definir esta nueva esfera del poder público y tienden incluso, como veremos, a imponerse como primera instancia de representación.

De la parroquia a la esfera pública, el camino no es ni unívoco ni irreversible. Los mismos hombres pueden actuar simultáneamente en un marco u otro. Se trata, como lo dijimos ya, de dos formas organizativas que se "encajan", articulando dos estructuras de poder que son para nosotros, y para los liberales de entonces, teóricamente contradictorias, pero que coexisten en la historia. Es más, todo me lleva a pensar

---

[19] *Cf.* "Educación de la democracia", *LT*, 19 de marzo de 1858, p. 2, col. 3.

que la vida política se instala en ese espacio en que es posible confundir los dos registros: el comunitario y el individual.

La dirigencia de los clubes electorales

He contabilizado un total de 359 individuos que participan en las comisiones de los clubes electorales entre 1852 y 1862, según la información que pude extraer de los principales diarios de la época comprometidos en la lucha facciosa. Dadas las características de las fuentes, estas listas seguramente son incompletas; pero las cifras obtenidas son suficientemente importantes para autorizar un análisis cuantitativo sobre las características de la dirigencia de los clubes durante el decenio de secesión.

La primera observación general que podemos hacer es que la extracción socioprofesional de los miembros de las comisiones directivas no difiere mucho de la del conjunto de la clase dirigente, con algunas pequeñas variaciones, como una presencia más destacada aquí de grandes comerciantes, que representan 15% del total.[20] En su conjunto nos encontramos siempre frente a miembros de la "clase decente", y dentro de ésta frente a aquellos que están más próximos al poder: altos funcionarios, hombres de pluma y profesiones liberales. Casi la mitad de entre ellos, exactamente 41.5%, ejerce un cargo en la administración de la provincia de Buenos Aires durante el decenio estudiado, lo cual hace pensar que la actividad del club no era ajena a la carrera política de los dirigentes y, por otro lado, que el gobierno ejerce, a través de sus funcionarios y fundamentalmente de los jueces de paz, un poder que reduce la autonomía de la esfera pública. La presencia de individuos que cumplen una función dentro de la estructura del Estado —tanto cargos electivos como nominativos— es más importante entre los clubes parroquiales que entre los clubes de opinión, dado que éstos son más fácilmente controlables por el gobierno. Así, de 149 miembros de las comisiones que tienen un cargo en la administración del Estado, 70 son miembros de clubes de parroquia, 41 pertenecen a clubes de opinión y 38 participan en las dos formas de organización electoral.

No todos los individuos que ejercen un cargo público participan por

---

[20] Estas cifras, así como los criterios de selección de la clase dirigente y del estatuto socioprofesional, están desarrollados en *La création d'une nation...*, *op. cit.*, t. III.

igual en la dirigencia de los clubes, y aquí podemos constatar que aquellos que otorgan más importancia a la actividad de los clubes son los que están más o menos directamente ligados al acto electoral: los cargos electivos (senadores, diputados y municipales), que representan más de la mitad de los dirigentes de los clubes que ocupan un cargo público entre 1852 y 1862. Nos encontramos aquí con ciertos rasgos que caracterizan a los protopartidos del siglo XIX que nacen como fuerzas políticas de creación electoral vinculadas con la institución parlamentaria. En ese sentido, los clubes cumplen una función básica de la esfera pública moderna: la de dar al público un reconocimiento institucional a través del parlamento.[21]

Ello parece confirmarse por la otra mitad de la dirigencia que no tiene cargos durante este periodo, integrada por hombres que podemos calificar como provenientes de la sociedad civil. Cierto, algunos son jóvenes que se inician entonces en la vida política y que luego de 1862 tendrán un lugar destacado en ella, como Luis Elordi, Carlos D'Amico, Dardo Rocha. Otros son hombres de pluma —periodistas y literatos— que no ejercen entonces cargos públicos pero que cumplen una función importante dentro de la esfera pública. El caso ejemplar es el de Mariano Varela; pero podemos agregar otras figuras, como José M. Estrada, Dardo y Manuel Rocha y Carlos Terrada, o el joven Adolfo Saldías, quienes aún no han adquirido el renombre que les conoceremos luego.

Otro aspecto que parece caracterizar al conjunto de la dirigencia de los clubes es su pertenencia asociativa. En efecto, de los 359 dirigentes, 158 (44%) van a tener por lo menos una pertenencia asociativa en clubes de recreo, logias masónicas o asociaciones culturales, todas ellas en buena medida de ingreso restrictivo. Aunque se trata de un aspecto que caracteriza culturalmente a las elites porteñas de entonces, la relación con la política no parece estar ausente y explicaría el alto porcentaje de pertenencia asociativa entre los miembros de las comisiones. Así, de los 106 dirigentes de los clubes que ocuparán un cargo electivo, 72 (o sea más de las dos terceras partes del total) son miembros de una de estas asociaciones. Entre los dirigentes de los clubes que participan en las redes asociativas de las elites porteñas vamos a encontrar a los personajes clave de la vida política de entonces: B. Mitre, A. Alsina, C. Tejedor, N. Calvo, C. Casares, R. Elizalde, José M. Gutiérrez, J. Mármol,

[21] *Cf.* Jürgen Habermas, *L'espace public. Archéologie de la publicité comme dimension constitutive de la société bourgeoise*, Payot, París, 1978.

P. Obligado, N. de la Riestra, H. Varela, etc. Si bien las asociaciones de entonces rara vez se lanzan abiertamente a la lucha política facciosa, pueden ejercer presión sobre el gobierno e incluso obtener reconocimiento institucional a través del acceso a ciertos cargos representativos entre los que debemos incluir la dirección de los clubes electorales. Por otro lado, para los hombres que se han orientado a la vida política, la inserción en estas redes de la sociedad civil se hace indispensable para asegurar una carrera política ascendente. El caso más claro —gracias a la existencia de archivos, que lamentablemente no se encuentran para todas las asociaciones— nos lo ofrece la masonería. Durante los 10 años de secesión hemos encontrado en los archivos masónicos un solo caso en que la dirigencia masónica da consignas electorales a los miembros de las logias.[22] En cambio, son numerosos los ejemplos de logias que ejercen presión sobre el gobierno, sobre todo en las áreas sensibles para la masonería: sanidad, educación y cultura, aunque también vamos a encontrar una escisión masónica que reproduce las diferencias de política económica que entonces enfrentaban a Buenos Aires con la Confederación.[23] Y no es puro azar que en los cargos ligados a estas áreas encontremos activos masones, como Sarmiento en educación o Rawson y Durán en sanidad.

La presencia en la dirección de los clubes de los hombres ligados al mundo de la edición y particularmente al de la prensa escrita también resulta significativa. Entre ellos encontramos a las principales personalidades políticas de la época como Adolfo Alsina, Nicolás Calvo, Juan A. García, José M. Gutiérrez, José Mármol, Bartolomé Mitre y Héctor Varela. Aun si desde un punto de vista cuantitativo la participación de esos hombres de prensa en la dirección de los clubes parece minoritaria —de 359 individuos solamente 31 participan en la redacción de un periódico—, la mitad de ellos va a acceder a un cargo electivo antes de 1862. Obviamente se trata de hombres que van a jugar un papel esencial en la vida política, entre los que se hallan los jefes de las dos principales facciones: A. Alsina y B. Mitre. Debemos destacar la importancia que los jefes de facción van a atribuir a la campaña en la esfera pública, a pesar de saber que aquélla no desemboca en los comicios, ya que va dirigida a un sector de la población aparentemente abstencionista.

Un último aspecto que me parece importante subrayar de los resulta-

---

[22] *Cf. La création d'une nation...*, op. cit.
[23] Es el caso de la formación de dos Grandes Orientes, el de la Confederación Argentina y el de la República Argentina.

dos obtenidos de este estudio es el de la relativa alternancia de la dirigencia de los clubes, lo cual difiere de la idea que hasta ahora nos hacíamos de ella. Aún no nos encontramos con un elenco estable de dirigentes de clubes. En 10 años, del conjunto de 359 miembros, solamente cinco individuos logran formar parte tres veces de la comisión del mismo club. La alternancia es mayor en los clubes de opinión que en los clubes de parroquia, lo cual confirma la diferencia señalada entre estas dos formas de organización política. Ello obliga a pensar en el club en otros términos que en los de una simple máquina de organizar el fraude, aunque éste sea un aspecto esencial de la vida del club. En todo caso, aún no hallamos una estructura "copada" por los caudillos electorales, lo cual sugiere que los clubes suponen cierta representación de la sociedad civil en el proceso electoral.

Los clubes como instancia representativa

Debemos distinguir dos momentos dentro del proceso de transferencia de soberanía, en que el club juega un papel importante: el periodo de creación de los clubes y de elección de las comisiones, que se acompaña de un debate a través de la prensa periódica, y el que concierne al día de la elección, cuando el resultado depende de la capacidad de movilización de que disponen los clubes. Dos lógicas representativas se articulan aquí, jugando el club un lugar central.

Hagamos por el momento el análisis del papel de las comisiones de los clubes. Éstas debían constituir la lista en representación de población, que luego la confirmaba el día de la elección. De esta manera, la constitución de las comisiones es un momento fundamental del proceso representativo, por el cual la población debe elegir a aquellos que designarán a los candidatos a la elección. Ello otorga a las comisiones una dimensión representativa que reconocen explícitamente los actores.[24] ¿Qué función cumplen éstas en el proceso electoral? La primera respuesta que surge es que las comisiones de los clubes remplazan a las asambleas primarias que el Estatuto Provisional de 1815 había instituido como forma de elección indirecta y que la ley de elecciones de 1821 había dejado sin vigor.[25] A diferencia de los grandes electores votados

---

[24] Es el sentido de las denuncias que se hacen de los vicios en la convocatoria de las asambleas parroquiales.
[25] Véase un análisis de las distintas formas de elección en Saturnino Salcedo, *Las primeras for-*

en las asambleas primarias, en este caso las comisiones parroquiales sólo designan a los "candidatos" a la representación. Esta lista debe ser ratificada el día de la elección, para lo cual, paradójicamente, se movilizaban aquellos que el principio de elección indirecta buscaba alejar de los comicios, mientras que la "clase decente" tendía en cambio a imponerse en la elección de "grandes electores".

La comparación es sugestiva, pero no tiene en cuenta una diferencia fundamental: en el caso de los clubes nos encontramos con una estructura relativamente informal de la esfera pública y no con una instancia representativa instituida, como en el caso de las asambleas primarias. Sin embargo, dadas las características que tendrá el voto en la región —violencia y fraude—, no es descabellado pensar que esta primera delegación de la soberanía en los clubes puede constituir un medio de representación política que no pasa por los comicios, y que da a las elites el poder de concertación de los candidatos a la representación y de designación de aquellos que deben hacerse cargo de hacer coincidir la lista de candidatos con los resultados de la elección. Ello puede contribuir a explicar la contradicción aparente de la vida política porteña: la fuerte politización de la vida pública y la baja participación e indiferencia hacia el escrutinio. Quizá la indiferencia de las elites y de aquellos que se identifican con la nueva cultura política liberal-republicana viene de que la segunda instancia representativa el día de los comicios no les está particularmente destinada. Lo esencial para ellos ya ha tenido lugar: la concertación de candidatos que se hace a través de los "representantes" de las parroquias y los dirigentes de los clubes de opinión. Así, la estructura del club parece regular la competencia por las listas y resolver el problema de la difícil concertación notabiliaria que se ha manifestado desde la instauración de la ley de elecciones. Pero para ello se confiere ahora a estas elites una dimensión representativa que antes no tenían y que proviene del voto de las asambleas parroquiales.

Un ejemplo de la potencialidad representativa de esas asociaciones nos lo da el Club de Extranjeros, creado en Buenos Aires para apoyar el programa del Club de los Artesanos en las elecciones de 1859. La iniciativa es criticada vivamente por la oposición, alegando que los extranjeros no deben entrometerse en cuestiones electorales que incumben exclusivamente a los ciudadanos, a lo cual su presidente, el empresario

---

mas de elegir y los actuales sistemas electorales. Régimen político de las provincias argentinas, Editorial Talleres Gráficos La Aurora, Buenos Aires, 1948, 469 pp.

francés St. Guilly, responde que "el programa del club es el de discutir sobre nuestros intereses y de expresar nuestra opinión, aunque en tanto que extranjeros nosotros no tengamos derecho de votar".[26] Es decir, se constituye una comisión en representación de la opinión de los extranjeros que sostiene la lista propuesta por el Club de los Artesanos, que es obviamente la lista de Calvo. Las "simpatías" pueden traducirse tanto en fuerza de opinión como en fuerza combativa, pues de ella también depende el triunfo en las elecciones. Pero está claro que los extranjeros están delegando en Calvo el poder de concertar la lista de candidatos a la representación. Y el apoyo que éstos manifiestan públicamente aumenta el poder de concertación de Calvo, que proviene justamente de la dimensión representativa que le otorga esta delegación.

Luego viene el día de la elección, y aquí se ponen en funcionamiento otro tipo de prácticas que poco tienen que ver con lo que hoy se entiende por comicios; parcialidad de las mesas, coacción electoral y falsificación de registros eran prácticas corrientes que, aunque eran denunciadas con regularidad por los partidarios de la lista perdedora, no ponían en juego la legitimidad de los resultados. Los clubes van a servir a los liberales porteños de los años cincuenta del siglo XIX para organizar este tipo de prácticas, hasta entonces más o menos improvisadas. Así, Héctor Varela, un liberal cuyas profundas convicciones republicanas no dejan lugar a dudas, va a reconocer entre los beneficios que supone el club para el funcionamiento de las instituciones representativas la ventaja de disponer de una fuerza de choque, "pues en nuestro sistema electoral imperfecto, de ella depende casi siempre el resultado de las elecciones".[27] Y en cierto sentido Varela no está totalmente equivocado, ya que el club permite romper con el monopolio de la coacción electoral que hasta entonces ejercía el gobierno, convirtiendo esta última en una práctica de dominio público; lo que supone, en el mejor de los casos, una cierta "democratización" del sistema electoral y, en el peor, una sistematización del fraude que puede llevar a la anarquía total, pero que en todos los casos convierte a los sectores más marginales de la sociedad en los principales actores políticos del día.

Veamos ahora concretamente cómo organiza el club las clientelas que constituirán la fuerza de choque en los comicios. Habría que hacer

[26] *Cf.* "Club de los estrangeros", *La Reforma Pacífica*, 1° de marzo de 1859.
[27] *Cf.* "Elecciones", *LT*, 11 de marzo de 1855, p. 2, cols. 2-3.

previamente una distinción entre las redes que se construyen sobre la estructura parroquial y aquellas que son organizadas por los clubes de opinión. Si en ambos casos son los vínculos y no "la voluntad racional del individuo" lo que determina la decisión del voto, en las primeras puede persistir una noción tradicional de representación comunitaria que las segundas tienden a eliminar, ya que para organizarse han debido romper con el fundamento cultural de los vínculos tradicionales. Veamos esto a través del caso del club de ciudadanos de color.

En la campaña electoral de 1857 el Club Libertad crea una filial destinada a "los ciudadanos de color" dirigida por los señores Mendizábal, Thompson y Morales.[28] Este club logra movilizar alrededor de 300 "ciudadanos de color" para la primera reunión, lo cual podría asombrarnos si no tuviésemos presente que la población de origen africano había sido ampliamente movilizada durante la última década del gobierno de Rosas. La decisión de organizar un "club" con el conjunto de "los ciudadanos de color" parece responder a la misma voluntad de ganarse el apoyo de este importante sector de la población porteña. Para ello ponen al frente de esta sección del Club Libertad a Rosendo Mendizábal, un mulato de 37 años, músico de profesión. Como mulato, Mendizábal necesariamente debe tener contactos con este sector de la población urbana, y es probable que como músico participe de las tradicionales danzas de tambor e incluso que forme parte de una de ellas. Pero en vez de establecer contactos "bilaterales" con la nación conga, benguela o mondongo, Mendizábal crea una organización que reagrupa al conjunto de individuos "de color". Y para ganar su fidelidad tendrá que establecer otro tipo de vínculo que se adapte al tipo de representación requerida por el constitucionalismo liberal.

Un año antes ya se había planteado el problema de la representación de los "ciudadanos de color", evocándose entonces el peligro que suponía un voto comunitario. Varela trae a colación el caso de Rosendo Mendizábal, admitido entonces en el Club de la Guardia Nacional —pero no en la comisión directiva—: "que Mendizábal no iba a representar sino una casta, lo cual era sumamente perjudicial, por cuanto era un inconveniente que un asiento en la legislatura fuese ocupado por un hombre que podía constituirse en órgano de las pretensiones exageradas de una casta..." Un año después, aquellos que habían puesto el grito en el cielo llaman a Mendizábal para crear una filial del

---

[28] *Cf.* "Un nuevo club patriótico", *LT*, 15 de marzo de 1857, p. 2, cols. 3-4.

Club Libertad. Pero desde su primer discurso, Mendizábal afirma los fundamentos culturales de la asociación: "La causa en torno de la cual nos hemos afiliado, bien sabéis que es la de los principios, la de las leyes y del progreso general..."[29] Obviamente, ello no quiere decir que el club haya convertido a este sector de la población en individuos-ciudadanos modernos que ejercen un derecho político. Lo que parece hacer el club es modificar el voto comunitario por el que está garantizado por vínculos de clientela, evacuando así el problema que planteaba la representación de "castas".

La carrera política de Mendizábal podría ser una prueba de la naturaleza clientelar de la nueva asociación. A pesar de los fuertes prejuicios raciales, Mendizábal logra participar de la red asociativa de la elite; fue miembro dos veces de comisiones de clubes electorales en 1858 y 1859, logra ingresar en 1858 a uno de los "clubes" más selectos de la elite porteña: la masonería, lo que no deja de provocar más de una reticencia.[30] En 1859 forma parte de la comisión central de clubes parroquiales y el mismo año obtiene un puesto en la administración del Estado como miembro de la Oficina de Tierras Públicas, cargo que no es de estricta competencia de un músico. La única explicación que podemos dar a ello es que Mendizábal se ha convertido en un intermediario político indispensable en la contienda electoral.

Otro ejemplo de constitución de un club a partir de vínculos ya existentes lo encontramos en la creación del Club de la Guardia Nacional en 1855.[31] Éste fue organizado a partir de los vínculos de la comunidad de armas, lo que indudablemente era una garantía suplementaria de disciplina electoral. Sin embargo no está ausente en él la figura del ciudadano-soldado que era uno de los criterios evocados para definir la ciudadanía. Así, por ejemplo, en una reunión del club que tuvo lugar en 1856 en el teatro de La Victoria, con una asistencia de 800 personas según el periódico, Nicasio Biedma, miembro del club, pide la palabra para ofrecer públicamente "400 brazos para apoyar la lista". La proposición fue aplaudida de inmediato por José Barros Pazos, miembro del club y candidato a la diputación, y Nicolás Calvo, redactor del diario *La Reforma Pacífica*, que entonces apoyaba la misma lista.[32]

[29] *Cf. idem.*
[30] *Cf.* Archivo Gran Logia Argentina, Libro de actas, Logia "Unión del Plata", caja núm. 21, tenida del 25 de agosto de 1860.
[31] La Guardia Nacional había sido creada en marzo de 1852. *Cf.* Comando en Jefe del Ejército, *Reseña histórica y orgánica del Ejército Argentino*, Círculo Militar, Buenos Aires, 1971, t. 1.
[32] *Cf. LT,* 18 de marzo de 1856, p. 2, col. 6, p. 3, col. 1.

Los clubes combinan entonces viejas redes de una estructura comunitaria que conserva aún cierta vitalidad con nuevas redes que se construyen a partir de la estructura organizativa que lega el movimiento asociativo moderno, pero que sirve también para articular redes clientelares. Ello explicaría la capacidad movilizadora de las elites porteñas. Sin embargo, la cuestión que merece plantearse es la de saber qué sentido dar a la participación de los sectores populares el día de los comicios. Es cierto que para trabajar sobre esta cuestión necesitaríamos otro tipo de fuentes; pero podemos de alguna manera plantearla desde la perspectiva de las elites que escriben en los diarios, hablan en los mítines y dirigen los clubes. No deja de ser paradójico que se recurra en última instancia a un comicio en que los resultados dependen de la movilización de una clientela que deja un amplio margen librado al "azar", aunque los riesgos no son comparables con los que se podía correr en las mismas circunstancias hacia fines de siglo, pues se trata de contiendas entre facciones de la elite que han manejado la primera instancia de concertación de listas.

¿Cómo justifican las facciones el fraude? En 1854, cuando se constituye la lista del Club de San Miguel, *La Tribuna* anuncia su descontento con los candidatos electos: "si por desgracia no arribamos a ninguna transacción con el Club de San Miguel tendremos que descender al terreno de la lucha a ver si se declara vencedor del campo".[33] Como dice Varela en la frase ya citada, dado el imperfecto sistema electoral, la fuerza se transforma en una garantía de representación.[34] Y por ello los ciudadanos deben movilizarse para imponer su voluntad el día de las elecciones. Calvo está diciendo lo mismo, en otros términos, cuando incita a los artesanos a movilizarse y organizarse en clubes para que cambie su suerte.[35]

Se trata de una estrategia discursiva para justificar la alevosa contradicción entre las instituciones que dicen venerar y las prácticas que supuestamente conllevan la aplicación de las mismas. Pero... ¿por qué no creerles? Es decir, si ello funcionó —pues a pesar de todo no podemos negar la estabilidad institucional que conoció entonces la vida política local— ¿por qué no pensar que este discurso, que escondía una flagrante contradicción, traducía una realidad política? Es cierto que estamos lejos de la figura del "individuo-ciudadano" del que tanto se

---

[33] *LT*, 26 de abril de 1854.
[34] *Cf.* "Elecciones", *LT*, 11 de marzo de 1855, p. 2, cols. 2-3.
[35] *Cf. LRP*, 17 de febrero de 1859, p. 2, cols. 1-2.

llenaban la boca los liberales, y que esta convocatoria a la participación activa tiene más similitudes con la dinámica guerrera que existió durante todo el periodo de crisis del Antiguo Régimen local. Pero también es verdad que ella marcó el nacimiento de la vida política y tuvo una importante función en el establecimiento de las nuevas bases de legitimidad política.[36]

Para los sectores populares, su participación en una dinámica de guerra muchas veces fue su único contacto con la política en una sociedad que vivió medio siglo de guerra civil. Rosas se sirvió varias veces de esta "fuerza de opinión" que se escribe con las armas y se traduce en acción guerrera, con la que creyó finalmente poder prescindir de las elites políticas que se asociaban al funcionamiento de las instituciones representativas. Ello le costó el poder.[37] Los clubes que se organizan inmediatamente después de su caída para hacer funcionar las instituciones representativas, parecen querer articular este tipo de relación con la política que proponen las instituciones representativas republicanas. Claro que el club supone una modificación respecto a la movilización rosista; pero podríamos leer con esta clave declaraciones como la que hace *La Tribuna* en 1854, cuando anuncia el triunfo de su lista: "nosotros tenemos el principal de los elementos, la fuerza. Tenemos el apoyo de la opinión pública".[38]

Hay en esta movilización facciosa no sólo una lógica clientelar sino también una lógica representativa: la de la voluntad que se manifiesta a través de la acción guerrera. Cierto, la ley de elecciones de 1821 proponía un modelo de ciudadanía política que debía poner coto a una sociedad militarizada. Pero el largo periodo de gobierno de Rosas con la suma de poder público y de guerra civil que mantuvo la dinámica guerrera, hizo de esta ley letra muerta. A decir verdad, este tipo de manifestaciones plebiscitarias se hicieron durante el rosismo al margen de los comicios pero, como éstos, eran uno de los mecanismos más recurrentes de legitimación. Las elites liberales porteñas parecen encontrar en la organización de los "ejércitos electorales" a través de los clubes una solución al problema de la representación política de ciertos sectores de la sociedad. En todo caso, es el principal reproche que

[36] Este problema ha sido abordado en "Producción de una nueva legitimidad: ejército y sociedades patrióticas en Buenos Aires entre 1810 y 1813", *Cuadernos Americanos,* nueva época, núm. 17, vol. 5, México, septiembre-octubre de 1989, pp. 134-156.
[37] Esta afirmación forma parte de las conclusiones de mi trabajo *La création d'une nation...,* *op. cit.*
[38] *Cf. LT,* 30 de abril de 1854.

D'Amico hará a Mitre cuando dice: "Fue Mitre el que para oponerse al voto de los soldados de Urquiza en 1852, en vez de recurrir a las armas, porque el abuso de la fuerza no tiene más remedio honrado que la fuerza, inventó el fraude..."[39] En otros términos, en vez de llevar los soldados al campo de batalla, Mitre los llevó a las urnas. Pero ello no fue un hecho circunstancial, ya que desde 1852, y luego sin la presencia de Urquiza, los hombres se organizaron y armaron para la contienda electoral. Así, en la reunión del Club de la Guardia Nacional en 1856, Biedma propone "400 brazos" y no "400 votos", como si unos y otros fueran equivalentes.

Para concluir, destacaría los aspectos que, según mi parecer, indican una nueva relación entre la sociedad civil y el Estado, instaurada por los clubes electorales. El primero de ellos reside en la constitución de las comisiones de los clubes, en las que se delega el poder de concertación de las listas. Si, como hemos visto, la extracción de los miembros de éstas remite al universo de las elites urbanas, la dimensión representativa de las comisiones ubica a los clubes en ese espacio intermedio entre sociedad civil y Estado. Hemos mostrado cómo, en el caso del Club de los Extranjeros, éstas pueden representar intereses de ciertos sectores de la sociedad civil que no gozan de derechos políticos, suponiendo de esta manera una ampliación de la ciudadanía política, ampliación que se constata igualmente en otro sentido con la aparición de los clubes de opinión. La dinámica misma de los clubes los lleva a introducir, junto a la representación de una opinión comunitaria, la representación de una opinión pública que remite a otro tipo de ciudadanía, la cual se define a través de la figura del individuo. El segundo aspecto reside en la participación de los clubes en la segunda instancia representativa, que tiene lugar el día de los comicios. La multiplicación de organizaciones facciosas destinadas a movilizar secuaces para imponer una lista el día de las elecciones rompe con una suerte de monopolio que hasta entonces tenía el Estado —sobre todo durante la última década de poder absoluto de Rosas— para asegurar los mecanismos de designación de autoridades representativas. El fraude se convierte en un terreno en el que la sociedad civil ejerce cierto control y en una segunda instancia de competencia de las elites por el poder. Y es significativo comprobar que el gobierno no hace uso sistemático del poder

[39] *Cf.* Carlos D'Amico, *Buenos Aires, sus hombres, su política (1860-1890)*. Ed. Americana, Buenos Aires, 1952, pp. 103-104. [México, 1890.]

de que dispone para declarar nulas las elecciones. La tendencia es más bien a combatir en el campo del fraude. Ello se hace aún más evidente si lo comparamos con el caso chileno, en el cual la estabilidad del régimen conservador está vinculado con el monopolio del Estado de los mecanismos de designación de representantes, y con el significativo consenso de las elites en torno a dichos mecanismos.[40]

La movilización introduce otro aspecto de la representación ligada a la función específica que cumple aquélla el día de los comicios. La movilización popular supone una fuente de legitimidad de la que los liberales no parecen poder, o querer, prescindir. La "fuerza de la opinión" es un elemento importante en la negociación de las candidaturas. Quien maneja la fuerza posee también la clave del orden, como bien lo había hecho entender Rosas. Sin embargo, los liberales se distinguen de su predecesor en un punto importante: la movilización forma parte ahora del proceso electoral. Según las justificaciones que entonces se hacen de esta "anomalía", la movilización es un mecanismo que permite integrar a un importante sector de la población para el que la representación no pasa por la concertación de listas, sino por la manifestación de una fuerza de combate. Es a través de este particular apoyo de las candidaturas como podrían reconocer en sus dirigentes un poder representativo.

---

[40] *Cf.* Diego Barros Arana, *Un decenio de la historia de Chile (1841-1851)*, 2 tomos, Imprenta y Encuadernación Universitaria de S. A. García Valenzuela, Santiago, 1905; Diego Barros Arana, *Historia General de Chile*, tt. xv y xvi.

ALTERNANCIA Y REPÚBLICA:
ELECCIONES EN LA NUEVA GRANADA Y VENEZUELA, 1835-1837[1]

Eduardo Posada Carbó*

EN 1835 LOS VENEZOLANOS eligieron como presidente al doctor José María Vargas en oposición al candidato preferido por los militares, el general Santiago Mariño, e inclusive en contra del favorito del entonces presidente José A. Páez, el general Carlos Soublette. Un año más tarde, sus vecinos de la Nueva Granada seguían el ejemplo. José I. de Márquez, representante del partido que comenzó a identificarse con las "casacas negras", derrotaba al general José María Obando, el candidato del gobierno. En ambos países el poder estaba entonces en manos de figuras que, desde la independencia, habían jugado un papel fundamental en el manejo del Estado: Francisco de Paula Santander en la Nueva Granada y Páez en Venezuela. Y en ambos países éstas fueron las primeras elecciones competitivas desde la desintegración de la Gran Colombia en 1830.

Los paralelos de estas elecciones van más allá de su temprana ocurrencia: en ambos casos la campaña reveló un conflicto entre civiles y militares, perdieron los candidatos favorecidos por los gobiernos, y los presidentes entregaron el poder a los victoriosos en las urnas. Un análisis comparativo de estos comicios muestra también muchos contrastes. Quizá el más significativo sea el curso posterior que tomaron ambos procesos. Seis meses después de su elección, Vargas se vio forzado a abandonar el cargo tras una revuelta militar. Y aunque Páez movilizó sus tropas victoriosamente en defensa del orden constitucional, el regreso de Vargas a la presidencia fue apenas simbólico y efímero. Páez siguió siendo el poder efectivo en Venezuela durante la siguiente década. Márquez tuvo también que enfrentar una seria rebelión —la guerra de los Supremos—, pero de naturaleza muy distinta al golpe de cuartel

---

[1] El autor agradece a Malcolm Deas y Gustavo Bell por el acceso que le dieron a valiosos documentos, así como a Diego Urbaneja, quien le obsequió material sobre la historia electoral venezolana. Gustavo Bell leyó el manuscrito e hizo comentarios muy útiles.
* Institute of Latin American Studies, Universidad de Londres, Inglaterra.

contra Vargas. Y cuando el poder volvió a cambiar de manos tras nuevas elecciones, ya entonces Santander había muerto.

Este ensayo se propone, por lo tanto, examinar las primeras elecciones competitivas de Venezuela y la Nueva Granada, acontecimientos formativos en la historia constitucional de estas repúblicas.[2] Había pasado escasamente una década desde la independencia de estas repúblicas de España. Consolidada la emancipación tras la derrota del ejército realista en el Perú en 1824, la llamada Gran Colombia comenzó a desintegrarse. La muerte de Simón Bolívar seis años más tarde puso fin a cualquier esperanza de reanimar el proyecto bolivariano. Proclamada la secesión, los liderazgos de Páez y Santander se impusieron casi naturalmente, sin grandes resistencias, en la dirección de los nuevos órdenes constitucionales. Pero a mediados de la década de 1830 se cumplía el fin del periodo presidencial en ambos países. Las campañas de 1835 en Venezuela y 1836 en Colombia pusieron a prueba la estabilidad de las novedosas instituciones adoptadas en ambas repúblicas. Ante todo, estuvo a prueba el sistema electoral: si se aceptaban o no las elecciones como mecanismo para dirimir las disputas del poder.

Por ello, es fundamental el estudio de estas elecciones para apreciar cómo se fueron constituyendo políticamente Venezuela y la Nueva Granada. Este ensayo también permitirá revalorar el significado de las elecciones en la historia de ambas naciones y, de paso, el de la historia electoral latinoamericana.[3] Por la naturaleza de las fuentes disponibles,

[2] La historia electoral de ambos países ha sido un tema relativamente abandonado por los historiadores modernos. Dos libros recientes destacan el significado de las elecciones venezolanas durante este periodo: E. Gabaldón, *Las elecciones presidenciales de 1835 (La elección del Dr. José María Vargas)*, Caracas, 1986, y A. Navas Blanco, *Las elecciones presidenciales del siglo XIX, 1830-1854*, Caracas, 1993. El trabajo de Gabaldón incluye en sus apéndices más de 50 documentos de la época. Ambos libros han sido muy útiles en la preparación de este ensayo. Para el caso colombiano, véase Contraloría, *Historia electoral de Colombia*, Bogotá, 1992; D. Bushnell, "Voter Participation in the Colombian Election of 1956", *Hispanic American Historical Review*, vol. 51, mayo de 1971; "Las elecciones en Colombia: siglo XIX", *Credencial Historia*, febrero de 1994; "El sufragio en la Argentina y en Colombia hasta 1853", *Revista del Instituto de Historia del Derecho* [Buenos Aires], núm. 19, 1968; M. Deas, *Del poder y la gramática*, Bogotá, 1993, en particular pp. 207-232. Un texto general de historia colombiana que le dedica atención a su historia electoral es el de D. Bushnell, *The Making of Modern Colombia. A Nation in Spite of Itself*, Berkeley, Los Ángeles y Oxford, 1993.

[3] En general, las elecciones latinoamericanas han atraído poca atención entre los historiadores modernos. Un trabajo lleno de sugerencias, que revalora el significado del proceso electoral, es el de J. S. Valenzuela, *Democratización vía reforma. La expansión del sufragio en Chile*, Buenos Aires, 1985. El tema ha comenzado a ser percibido con creciente interés. Entre otros, además de los ya citados en la nota 2, se destacan los siguientes trabajos: R. Graham, *Patronage and Politics in Nineteenth-Century Brazil*, Stanford, 1990; G. Urzúa Valenzuela, *Historia política de Chile y su evolución electoral (desde 1810 a 1992)*, Santiago, 1992; H. Sabato, "Citizenship, Political Participation and the Formation of the Public Sphere", *Past and Present*, vol. 136, 1992; y los si-

este trabajo hace hincapié en la Nueva Granada aunque, al incorporar a Venezuela en la discusión, se quiere también destacar la necesidad del ejercicio comparativo en la historia electoral.

Sufragantes y electores

Los regímenes constitucionales de Venezuela y la Nueva Granada adoptaron el sistema de elecciones indirectas, de segundo grado, para la selección de presidentes. En circular del 14 de abril de 1836, el jefe político del cantón de Bogotá les recordaba las regulaciones electorales a los alcaldes, quienes debían formar, en cooperación con las juntas parroquiales, las listas de sufragantes y de electores. Tenían derecho a sufragar los vecinos que hubiesen cumplido 21 años o los menores de esta edad siempre que estuviesen casados y tuvieran, unos y otros, la subsistencia asegurada sin depender de alguien en calidad de sirviente doméstico o jornalero. Los sufragantes votaban por los electores, quienes, adicionalmente a los requisitos de aquéllos, debían ser mayores de 25 años y saber leer y escribir.[4] Las votaciones para sufragantes se abrirían el 19 de junio y se extenderían durante ocho días. Entre el 1º y el 3 de agosto deliberarían las asambleas de electores en los diversos cantones. Si ninguno de los candidatos obtenía la mayoría requerida, la decisión la tomaría el Congreso.

Similarmente, Venezuela también había adoptado un sistema indirecto para la elección de presidentes, así como un sufragio restringido basado en criterios de ingreso económico.[5] A diferencia de la Nueva Granada,

guientes ensayos publicados en *Journal of Latin American Studies:* P. Alonso, "Politics and Elections in Buenos Aires, 1890-1898", vol. 25, 1993; F.-X. Guerra, "The Spanish American Tradition of Representation, and its European Roots", vol. 26, 1994; y E. Posada Carbó, "Elections and Civil Wars in Nineteenth-Century Colombia: the 1875 Presidential Campaign", vol. 6, 1994. Véase también la colección de ensayos editada por E. Posada Carbó, *Elections before Democracy. The History of Elections in Europe and Latin America,* Macmillan/ILAS, Houndmills y Londres, 1996, que incluye trabajos de F.-X. Guerra, P. Alonso, A. Annino, M. Deas, J. Maiguashca y M. Demelas-Bohy, entre otros. Un trabajo extraordinario, que reinterpreta el significado de las elecciones en Inglaterra y que he encontrado de mucha utilidad es F. O'Gorman, *Voters, Patrons and Parties. The Unreformed Electorate of Hanoverian England, 1734-1832,* Oxford, 1989. Véase también K. Theodore Hoppen, *Elections, Politics and Society in Ireland, 1832-1885,* Oxford, 1984.

[4] *Constitucional de Cundinamarca,* 22 de marzo de 1836, colección de microfilmes de la biblioteca Luis Ángel Arango, Bogotá (citado en adelante CBLAA).

[5] A. Navas Blanco, *Las elecciones presidenciales en Venezuela, op. cit.,* pp. 29-91; J. Gil Fortoul, *Historia constitucional de Venezuela,* Berlín, 1909, vol. 2, pp. 5-14. Los antecedentes de las condiciones para votar en Venezuela se discuten en V. Hebrard, "Ciudadanía y participación política. Venezuela, 1810-1830", ponencia sin publicar presentada en el Instituto de Estudios Latinoamericanos, Londres, mayo de 1995. Véase también D. Bushnell, "La evolución del derecho de sufragio en Venezuela", *Boletín Histórico,* núm. 29, mayo de 1972.

los concejos municipales y no los alcaldes estaban al frente de la formación de las listas de sufragantes primarios. Pero a semejanza de ella, el Congreso era la última instancia de la elección si ésta no podía verificarse por falta de las mayorías requeridas en las asambleas electorales.

La ausencia de estadísticas impide saber con certeza el tamaño del electorado primario, aunque según Alberto Navas Blanco el venezolano no habría superado 10% de la población total, es decir, un potencial máximo aproximado de 90 000 sufragantes.[6] En cambio, sí se conoce el número de electores: 210 en Venezuela en 1834-1835 y unos 1 600 en la Nueva Granada en 1836 —un número significativamente mayor que el venezolano, incluso en términos relativos—.

Sería anacrónico pensar que Venezuela o la Nueva Granada hubiesen podido tener electorados más amplios que los que tuvieron en la década de 1830. Más aún, en el caso venezolano, como bien lo han sugerido David Bushnell y Alberto Navas Blanco, la legislación electoral durante la llamada "oligarquía conservadora" estaba a la avanzada del mundo occidental.[7] Por lo demás, la existencia del sufragio restringido no excluyó completamente la participación de los sectores populares. Los artesanos de Cartagena publicaron hojas volantes, reproducidas en la prensa bogotana, donde anunciaban su voto por el general Obando "porque siempre estaban en pugna con el partido aristócrata".[8] El sistema electoral, tal como se concibió en ambos países, tendía a la inclusión y no a la exclusión social. El mismo proceso competitivo que se desató en estas elecciones condicionó el cambio de actitudes en círculos hasta entonces exclusivistas. "¿Con qué ahora, tiempo de elecciones, se nos quiere alucinar con la incorporación en la *Sociedad Médica?*", así se acusaba desde la prensa caraqueña la sorpresiva apertura de este cuerpo profesional que, tras casi una década de existencia, había mantenido hasta ese año criterios muy selectivos para aceptar nuevos miembros.[9]

El conocimiento que tenemos de los sufragantes es muy limitado. Las relaciones entre sufragantes y electores también están aún por estudiarse. El 22 de mayo de 1836, varios sufragantes de Las Nieves en la Nueva Granada exigían conocer el punto de vista de los candidatos a electores antes de depositar su voto. José R. Márquez (no confundir

---

[6] A. Navas Blanco, *op. cit.*, p. 63.
[7] *Ibid.*, pp. 42-43, y D. Bushnell, "La evolución del derecho de sufragio en Venezuela", art. cit., pp. 201-202.
[8] *El Imperio de los Principios*, 11 de septiembre de 1836, CBLAA.
[9] *El Republicano*, Caracas, núm. 2, 1834, citado en E. Gabaldón, *op. cit.*, p. 171.

con el candidato a la presidencia) parece haber respondido a esta exigencia. Semanas más tarde, Márquez publicaba una hoja volante dirigida a los sufragantes, en la que se comprometía a emitir su voto, en caso de ser elector, "en favor del Jeneral José María Obando".[10]

De cualquier manera, existía un público en formación interesado en el proceso electoral, no necesariamente limitado a sufragantes y electores. Los esfuerzos de quienes se molestaban en imprimir periódicos y hojas volantes sugieren la existencia de sectores de opinión a los que era necesario persuadir y convencer durante el proceso electoral. Más allá de las preocupaciones sobre el electorado, quienes se dedicaban a los menesteres políticos sabían muy bien que no podían actuar despreciando a la "opinión pública", así se tratase de un concepto vago y difícil de cuantificar.[11]

República y alternancia

Ni en Venezuela ni en la Nueva Granada faltaron candidatos en las elecciones de 1835 y 1836, respectivamente. Por lo menos cuatro candidatos merecieron la atención de la opinión pública en Venezuela: José María Vargas, Santiago Mariño, Carlos Soublette y Diego Bautista Urbaneja. En la Nueva Granada, además de las candidaturas de Márquez y Obando, se debatieron los nombres de Domingo Caicedo y José H. López, así como el de Vicente Azuero, un liberal radical, muy cercano también a los santanderistas. En ambos países, este abanico de candidatos fue dando gradualmente paso a dos opciones: Vargas o Mariño en Venezuela; Márquez u Obando en la Nueva Granada.

Una lectura ligera de las publicaciones de la época podría sugerir que durante las campañas sólo se discutía sobre las cualidades personales de los candidatos. Las referencias a sus personalidades son copiosas. Desde el bando contrario, abundan hasta los insultos. *El Republicano* de Caracas acusaba a Soublette de "orgulloso y soberbio, cobarde, intratable, vengativo y maléfico".[12] Por supuesto, no faltaban elogios para los candidatos preferidos. En la Nueva Granada a Márquez se le llama-

---

[10] Véase *A los sufragantes parroquiales del distrito de Las Nieves,* Bogotá, 5 de junio de 1836, fotocopia, Colección Malcolm Deas, Oxford (citado en adelante CMD); y *Constitucional de Cundinamarca,* 22 de mayo de 1836, CBLAA.

[11] *El Imperio de los Principios,* 17 de julio de 1836, CBLAA. Sobre la importancia de la "opinión" en las primeras décadas de ambas repúblicas, véase M. Deas, "Venezuela, Colombia and Ecuador", en L. Bethell (comp.), *Spanish America after Independence, c.1820-c.1870,* Cambridge, 1989, pp. 221-224.

[12] *El Republicano,* Caracas, 1834, núm. 3, citado en E. Gabaldón, *op. cit.,* p. 126.

ba "patriota" que "ha desempeñado con honor los destinos que se le han confiado, vigorizado la riqueza pública, contribuído a la paz [...] tiene un juicio creador i la mayor ilustración". Al anunciar su voto por Obando, el *Constitucional de Cundinamarca* destacaba, entre otras, que éste tenía "resolución, energía, talento, esperiencia, concepto público, sagacidad, vijilancia i muchos amigos personales". Algunos periódicos, como *La Friolera*, en Cartagena, publicaban comparaciones a doble columna del desempeño público de los candidatos.[13]

Sin embargo, no se hacían descripciones gratuitas. Los adjetivos que se utilizaban eran seleccionados muy cuidadosamente por sus simpatizantes. Cuando se describía a Obando se hablaba siempre de "energía" para aludir a su capacidad militar para sostener el orden. El término "patriota" representaba un compromiso con el régimen republicano y con las luchas de la independencia. Los enemigos de Vargas, por ejemplo, lo presentaban, una y otra vez, como extranjero.[14] Este lenguaje lleno de referencias personales encerraba así un profundo significado político.

Más aún, el debate electoral no se limitó a la discusión de las cualidades personales de los candidatos. Eleonora Gabaldón ha mostrado cómo en la prensa venezolana se dio una intensa discusión ideológica alrededor del patriotismo, el principio alternativo, la legitimidad del poder y los principios liberales de la Ilustración. En el fondo, se encontraban en disputa dos modelos políticos irreconciliables.[15] Al final de un año de agitación política, en la Nueva Granada se habían discutido los más variados temas: deuda estatal, relaciones internacionales, orden público, fanatismo religioso, Bentham... Para la oposición, las elecciones se convirtieron en una oportunidad para enjuiciar la administración de Santander, frente a la cual "de día en día se ha ido aumentando el descontento popular".[16] En las provincias este descontento, reflejado en un Congreso donde se hacía sentir la oposición, se había originado en la política fiscal restrictiva de la administración de Santander.[17] Ninguna medida del gobierno estaba libre de crítica.

---

[13] Véase *Opinión sobre los candidatos dignos para la presidencia del año de 1837*, Bogotá, 1836, CMD; *Constitucional de Cundinamarca*, 20 de marzo de 1836, y *La Friolera*, 3 de febrero de 1837, en CBLAA. Para elogios de Márquez, véase *Campana eleccionaria* (hoja volante), Santa Marta, 4 de mayo de 1836, Secretaría de Guerra y Marina, t. 529, fotocopia de la Colección Gustavo Bell Lemus (CGBL).
[14] *El Republicano*, Caracas, 1834, núm. 6, citado en E. Gabaldón, *op. cit.*, pp. 117-118.
[15] E. Gabaldón, *op. cit*, pp. 93-192.
[16] *El Imperio de los Principios*, 17 de julio de 1836, CBLAA.
[17] L. Helguera y R. Davis, "Ensayo sobre el general Mosquera y los años 1827 a 1842 en la historia neogranadina", en L. Helguera y R. Davis (comps.), *Archivo epistolar del general Mosquera*, Bogotá, 1972, vol. 1, p. 35.

Hasta los actos de Santander en administraciones pasadas se traían nuevamente a cuento.[18]

El tema educativo, íntimamente ligado a la cuestión religiosa, desataba las más fuertes pasiones. El 30 de mayo de 1835, el gobierno había restablecido el plan de estudios de 1826, con el que se adoptaban como textos de enseñanza los trabajos de Destut de Tracy y de Jeremías Bentham. La medida produjo desavenencias entre Santander y el arzobispo de Bogotá.[19] La reacción más violenta contra las políticas educativas de Santander se produjo meses más tarde en Medellín, donde el presbítero José María Botero "se puso a predicar por escrito i de palabra la rebelión para destruir al gobierno á nombre de la relijión". Acusado de sedicioso, Botero fue puesto en prisión. Pero el 18 de enero de 1836, una multitud estimada en 400 u 800 personas, "la mayor parte armadas de machetes, garrotes, lanzas i algunas pocas armas de fuego", se reunió en la plaza pública, donde prorrumpió en "gritos de *vivas a la relijión, vivas al doctor Botero*". Los manifestantes fueron descritos como una combinación de "jentes sencillas que habían sido traídas de los campos engañadas", y de "unos pocos fanáticos ignorantes i estúpidos i otros tantos desertores, criminales o bribones, que esperaban aprovechar la ocasión para robar o asesinar".[20]

El debate sobre Bentham no adquirió caracteres tan dramáticos en el resto del país durante el año electoral. Pero así como el diario *La Estrella Nacional*, opositor a Santander, publicaba artículos contra el pensador inglés, *La Gaceta de la Nueva Granada*, vocero del gobierno, elogiaba a Bentham.[21] Al apoyar la candidatura de Obando, y en defensa del régimen santanderista, el *Constitucional de Cundinamarca* advertía que entre sus opositores la religión era el "arma favorita para seducir a la jente piadosa", al tiempo que prevenía contra el "fanatismo" y su "monstruosa cabeza" que predicaba la "intolerancia".[22] Algunos amigos del gobierno tampoco aprobaban a Bentham. El 5 de junio un sufragante que reconocía haber progresado materialmente durante la administración de Santander anunciaba su voto por Obando,

---

[18] *El Imperio de los Principios*, 24 de julio de 1836, CBLAA. Ya en 1833 la oposición había atacado a Santander por negarse a conmutar la pena de muerte a José M. Serna; Ángel y Rufino J. Cuervo, *Vida de Rufino Cuervo y noticias de su época*, Bogotá, 1946, vol. 1, p. 213.

[19] C. Cuervo Márquez, *Vida del doctor José Ignacio de Márquez*, Bogotá, 1917, pp. 22-23.

[20] *El Constitucional de Antioquia*, 9 de febrero de 1836, CBLAA. Este motín también está descrito en las cartas de F. Obregón a Santander, Medellín, 17 y 24 de febrero de 1836, en D. Mendoza *et al* (comps.), *Archivo Santander*, Bogotá, 1925, vol. XXII, pp. 59-62.

[21] *La Estrella Nacional*, 13 de marzo de 1836, CBLAA, y C. Cuervo Márquez, *op. cit.*, p. 24.

[22] *Constitucional de Cundinamarca*, 20 de marzo y 22 de mayo de 1836, CBLAA.

aunque "ojalá hubieran quitado también a Bentham para no tener escrúpulos por la educación de dos de mis hijos".[23]

Según los simpatizantes de Obando, el fanatismo religioso hacía "la guerra a las instituciones i al gobierno constitucional". Destacaban la preservación del orden como la tarea fundamental del próximo presidente: "Las primeras, las únicas necesidades de la Nueva Granada *son la paz i quietud interior;* de ella nacen todos los bienes".[24] La asonada de Medellín sirvió de alerta sobre las posibilidades de nuevos conflictos. Pero lo que más se tuvo presente durante la campaña en relación con el tema del orden fue la reciente experiencia electoral en Venezuela: "quisieron algunos patriotas, zelosos del poder civil, hacer un ensayo colocando al recomendable Dr. Vargas en la Presidencia, i a los seis meses estalló la revolución".[25] El 8 de julio de 1835, una rebelión militar forzó al presidente Vargas a salir del país y provocó una guerra que sólo pudo apaciguar la intervención de Páez. "El ejemplo de Venezuela no debemos olvidarlo", se expresaba en un remitido en el *Constitucional de Cartagena,* donde también se manifestaba que sólo Obando podía ser garantía del orden. Una y otra vez los obandistas insistían en que "la reciente revolución de Venezuela debe abrirnos los ojos para ser cautos i previsivos". Algunos electores, como José de Obaldía, reconocían que "si Venezuela hubiera salido bien de su peligroso i fatal ensayo", otros serían sus candidatos.[26] El tema del orden lo cubría todo.[27] A los problemas de orden interno se sumaban las amenazas exteriores a la paz. El Ecuador reclamaba tres caseríos de la región de Pasto. Venezuela "desea quedarse con San Faustino, i a todo el territorio de la Goajira pretende también tener derecho". El proyecto de confederación de Bolivia y el Perú se veía con similar preocupación.[28]

Frente a este panorama ensombrecedor, los obandistas defendían la necesidad de un presidente enérgico: un militar. El enfrentamiento entre "civiles" y "militares" se había producido de manera más abierta en Venezuela, donde quienes habían participado en las guerras contra España reclamaban ciertos privilegios en los manejos de la república.

---

[23] *Constitucional de Cundinamarca,* 5 de junio de 1836, CBLAA.
[24] *Constitucional de Cundinamarca,* 19 de junio de 1836, CBLAA.
[25] *Constitucional de Cundinamarca,* 19 de junio de 1836, CBLAA. Véase también Herrán a Mosquera, Bogotá, 19 de agosto de 1835, en L. Helguera y R. Davis (comps.), *op. cit.,* vol. 1, p. 203.
[26] *El Constitucional de Cartagena,* 28 de junio de 1836; *El Imperio de los Principios,* 9 de octubre de 1836; *Constitucional de Cundinamarca,* 20 de marzo, 22 de mayo, 19 y 26 de junio de 1836, CBLAA.
[27] Véase, por ejemplo, *Constitucional de Cundinamarca,* 20 de marzo de 1836, CBLAA.
[28] *Constitucional de Cundinamarca,* 19 de junio de 1836, CBLAA.

"La cuestión de elecciones —se quejaba un impreso en Caracas— ha sido el pretexto ostensible para preparar un sepulcro a los *héroes* de la independencia".[29] En la Nueva Granada, donde además el patriotismo de Obando y no el de Márquez fue puesto en duda, la polarización entre "civiles" y "militares" no alcanzó a ser extrema. Sin embargo, los partidarios de Márquez levantaron la bandera civilista.[30]

Aunque con matices diferentes, las candidaturas civiles en la Nueva Granada y en Venezuela reivindicaron el derecho a la alternancia, una idea claramente republicana. Como lo expresaba Tomás Lander sobre la candidatura de Vargas, "el principio alternativo observado de buena fe y sin escandalosas excepciones, le granjea a la patria una gran mayoría de los corazones de sus hijos".[31] Sin embargo, el apoyo de Páez al general Soublette parece haber sido más discreto que el respaldo de Santander al general Obando. Este último incluso declaró que no perdería de vista la gestión de la administración de Santander, a la que calificó de "modelo".[32] La candidatura de Obando adoptó características francas de ser una candidatura "oficial". Santander explicaba a sus amigos en su correspondencia por qué apoyaba a Obando: "porque los perturbadores de oficio le tienen miedo, y porque los patriotas tenemos confianza en él".[33] Este respaldo se hizo abierto cuando el 31 de agosto de 1836 Santander publica un folleto donde explica los motivos que lo llevaron "para opinar en favor de la elección del Gral. José María Obando".[34]

Para la oposición, el "oficialismo" de la candidatura de Obando pasó a ser un tema central del debate electoral. A pesar de su condición de vicepresidente, Márquez atrajo a los enemigos del gobierno y comenzó

---

[29] "Los héroes de Venezuela y sus detractores", en E. Gabaldón, *op. cit.*, p. 229.

[30] *El Imperio de los Principios,* 17 de julio de 1836, CBLAA. C. Cuervo Márquez, *op. cit.*, p. 31. Sin embargo, no es muy claro el alineamiento de los militares con Obando, y de los civilistas con Márquez. Antiguos bolivarianos apoyaron a Márquez. Las divisiones de la época distinguían entre liberales progresistas (partidarios de la continuidad del régimen santanderista) y serviles, godos y bolivianos (opositores de Santander y simpatizantes de Márquez). Para apreciar mejor el desarrollo de estas divisiones, hay que profundizar más en los estudios de historia regional. Véase Gustavo Bell, "Conflicts with the Central Government, 1831-1840: An Ambiguous Regionalism", ensayo sin publicar, pp. 29 y ss.

[31] Citado en E. Gabaldón, *op. cit.*, p. 188. Véase también los artículos de Lander sobre las elecciones de 1835 en T. Lander, *La sátira política*, Caracas, 1962.

[32] *El Constitucional de Cartagena,* 18 de mayo de 1836, CBLAA.

[33] Santander a V. Azuero, 4 de julio de 1836, en V. Lecuna (comp.), *Cartas de Santander,* Caracas, 1942, p. 183.

[34] "El ciudadano que suscribe informa a la Nueva Granada de los motivos que ha tenido para opinar en favor de la elección del General José María Obando para Presidente futuro", en D. Mendoza *et al., op. cit.*, vol. XXIII, pp. 135-148.

a simbolizar la alternancia. Los ataques de sus simpatizantes contra Obando se dirigían a la misma administración de Santander con el fin de cerrarle el paso al continuismo. La falta de confianza en Santander se traducía en falta de confianza en Obando. Tal sucedió con el problema de la deuda pública de la Gran Colombia, y la división de su peso entre Venezuela, la Nueva Granada y Ecuador.[35]

"Noticiosos libres" y "espectadores eleccionarios"

Todos estos temas, y muchos otros, se discutieron ampliamente durante las respectivas campañas electorales, sobre todo a través de periódicos, hojas volantes y folletines que circulaban más allá de los municipios donde se imprimían.[36] Con sus miras en la campaña electoral que se avecinaba, los generales Mosquera y Herrán discutieron sobre la posibilidad de fundar un nuevo periódico a mediados de 1835.[37] Periódicos ya establecidos se convirtieron en voceros activos de uno u otro candidato, como el *Constitucional de Cundinamarca,* el órgano oficial del gobierno del departamento de dicho nombre que apoyó a Obando. De manera similar, la prensa jugó un papel significativo en las elecciones venezolanas. Mientras *El Republicano* y *El Demócrata* respaldaban la candidatura del general Mariño, *El Nacional* y *El Constitucional* defendían la alternativa civilista.[38]

Con la intensificación de las tensiones electorales aparecieron nuevas publicaciones periódicas en la Nueva Granada. *El Imperio de los Principios,* que circuló por primera vez el 10 de julio de 1836, anunció que sólo existiría hasta que tomase posesión el nuevo presidente. Dos semanas más tarde, este semanario se adheriría públicamente a Márquez. Como para esa fecha ya los sufragantes habían votado, *El Imperio de los Principios* se dirigía básicamente a los electores, pero buscaba también reforzar en la opinión la candidatura de Márquez frente al partido

---

[35] *El Imperio de los Principios*, 14 de agosto de 1836, CBLAA, y Ángel y Rufino J. Cuervo, *op. cit.,* vol. 1, p. 215.

[36] *El Imperio de los Principios,* por ejemplo, se publicaba en Bogotá y contaba con suscriptores en Cartagena, Ambalema, Santa Marta, Tunja, Neiva y Girón. Era costumbre además el que se reprodujesen artículos publicados en periódicos de otras localidades. Véase *El Imperio de los Principios,* 9 de octubre de 1836.

[37] Herrán a Mosquera, Bogotá, 7 de julio de 1835; Mosquera a Herrán, Popayán, 26 de julio de 1835, y Herrán a Mosquera, Bogotá, 5 de agosto de 1835, en L. Helguera y R. Davies (comps.), *op. cit.,* pp. 193, 197 y 201.

[38] E. Gabaldón, *op. cit.,* p. 90.

obandista. Incluso después de reunidas las asambleas electorales aparecieron nuevas publicaciones. El 18 de agosto de 1836 se imprimía *El Noticioso Libre* en Cartagena, partidario asimismo de Márquez. El 30 de septiembre se publicaba otro periódico en Cartagena, *La Friolera*, con la intención explícita de salir a la calle sólo "cuando haya méritos que provoque el gobierno". Al gobierno no le faltaron tampoco nuevas publicaciones que salieran en su apoyo.[39]

Como ninguno de los candidatos logró las mayorías requeridas en las asambleas electorales, y como el nombre de Márquez comenzó a ser calificado de "inconstitucional" por los obandistas, el debate periodístico electoral se prolongó hasta la misma instalación del Congreso en abril de 1837. Además de las publicaciones periódicas, por lo general de aparición semanal, se imprimían también con frecuencia hojas volantes con el fin expreso de polemizar con los mismos periódicos,[40] o para reproducir artículos de interés ya aparecidos en la prensa, o simplemente para servir de propaganda a las cualidades de los candidatos o para ridiculizarlos.[41]

Aunque tomar partido fue tal vez la norma, algunas publicaciones neogranadinas dieron muestra de pluralismo, abriendo sus páginas a defensores de diversas candidaturas. *El Constitucional de Antioquia* dio en principio su apoyo a Vicente Azuero. Ello no le impidió publicar un remitido que enumeraba las distintas cualidades de cuatro candidatos sin mostrar preferencias por ninguno de ellos, sólo para que en el siguiente número un molesto lector exigiera orientaciones más precisas: presentar una lista sin tomar partido "lejos de fijar una opinión se divide i hace divagar". Pero cuando el 10 de julio parecía claro que la decisión se había polarizado entre Márquez y Obando, *El Constitucional de Antioquia* anunció que no propondría candidato, mientras reconocía que ambos gozaban de "mucha popularidad". Meses más tarde, cuando se discutía la constitucionalidad de la candidatura de Márquez, este periódico publicó en un mismo número dos artículos que tomaban posturas contrarias frente a la controversia.[42] Es muy posible

---

[39] *El Liberal*, 24 de octubre de 1836, CBLAA.
[40] Por ejemplo, *El Telescopio Eleccionario. Elección de presidente para la república de la Nueva Granada*, Bogotá, 1836, CMD, y *Alcance al Constitucional de Cartagena número 32*, Cartagena, 1836, CBLAA.
[41] Una hoja volante titulada *Presidente futuro de la Nueva Granada* (Imprenta de N. Lora, 1836) reprodujo un artículo del *Constitucional de Cundinamarca*, CMD. Otras hojas volantes, *Pastelería Eleccionaria. Se descubrió el pastel*, y *El espectador eleccionario*, Bogotá, 1837 (CMD), tenían un contenido satírico en sus alusiones al proceso y a sus protagonistas.
[42] *El Constitucional de Antioquia*, diciembre de 1836, CBLAA.

que *El Constitucional de Antioquia* reflejara la opinión de quienes, como Juan de Dios Aranzazu, veían con escepticismo ambas candidaturas: "Si Obando manda, el país retrocede; si Márquez gobierna, la república no marcha".[43]

Es, por supuesto, imposible apreciar el verdadero impacto de los periódicos y hojas volantes. Quienes se molestaban en redactarlos creían ciertamente en la existencia de la "opinión pública".[44] Quienes gobernaban sabían del poder movilizador de la imprenta, aunque fuese para lamentar el que se le convirtiese en "conductor abominable de superstición i fanatismo".[45] Lo que los contemporáneos valoraban tanto no puede ser despreciado fácilmente por los historiadores. Era verdad que una gran mayoría era analfabeta, pero quienes leían comunicaban de muchas formas sus lecturas: en las conversaciones callejeras, en las tiendas, desde el púlpito. Algunos, como lo reconocería el líder popular Ezequiel Zamora tras la rebelión venezolana de 1846, leían en alta voz los periódicos a sus seguidores.[46]

La función electoral de la imprenta en estos tempranos años de la república fue así muy significativa, sobre todo si se tiene en cuenta que no era todavía costumbre el que los candidatos saliesen en campañas abiertas a persuadir con discursos al electorado. Los partidarios de Márquez acusaron a Santander de enviar a las provincias agentes del gobierno con propósitos electoreros. Pero no existen evidencias de que los candidatos en persona hubiesen emprendido recorridos electorales en plazas públicas, ni en Venezuela en 1835, ni en la Nueva Granada en 1836.[47]

---

[43] J. D. Aranzazu a Santander, Rionegro, 15 de junio de 1836, en D. Mendoza *et al.*, *op. cit.*, vol. XXII, pp. 153-154. Y Aranzazu continuaba: "Obando repugna bastante a una multitud de gentes; no le tienen confianza. Márquez me parece muy popular, pero no es muy factible que pueda sostenerse; no hay un tercero a quien favorezca la opinión, y ésta es la crítica situación en que nos encontramos. Dios nos saque con bien", *ibid.*, p.154.

[44] *El Imperio de los Principios*, 17 de julio de 1836, CBLAA.

[45] *El Constitucional de Antioquia*, 18 de septiembre de 1836, CBLAA.

[46] F. Brito Figueroa, *Ezequiel Zamora. Un capítulo de la historia nacional*, Caracas, 1951, p. 84. Para un interesante análisis del impacto de la prensa en el mundo hispanoamericano a comienzos del siglo XIX, véase F.-X. Guerra, *Modernidad e independencias*, Mapfre, Madrid, 1992, pp. 227-318. Para el caso chileno a mediados de siglo, consúltese I. Jaksic, "Sarmiento and the Chilean Press, 1841-1851", en T. Halperin, et al., *Sarmiento. Author of a Nation*, Berkeley, Los Ángeles, Londres, 1994. Las sugerencias de F. O'Gorman sobre las formas de lectura de los periódicos ingleses en el siglo XVIII son particularmente relevantes; véase su *Voters, Patrons and Parties, op. cit.*, pp. 286-288.

[47] No obstante, sí existen evidencias de que en épocas electorales Santander se vestía de ruana y brindaba en las tabernas populares; M. Deas, "Venezuela, Colombia...", *art. cit.*, p. 220; y *Del poder..., op. cit.*, p. 228, nota 2. También existen evidencias de intenso proselitismo: "... no me he desocupado de visitas y mensajes para tratar de elecciones"; Herrán a Mosquera, Bogotá, 20 de junio de 1836, en L. Helguera y R. Davies (comps.), *op. cit.*, vol. 1, p. 226. Véase también Bell, "Conflicts with the Central Government", art. cit., p. 31.

Más aún, en el caso de Venezuela, Vargas no sólo "no buscaba prosélitos, sino que los rehuía".[48]

En lo que se consideró entonces en la Nueva Granada como una atrevida novedad, que emulaba las prácticas de los Estados Unidos, el general Obando decidió emitir una manifestación "a sus conciudadanos", una declaración de los principios que orientarían su gobierno. La prensa obandista, que alababa su actitud, se vio también obligada a justificarla, advirtiendo que algunos podrían calificar "este paso [...] de malo atribuyéndolo a ambición".[49] Obando proclamaba allí su apego a la Constitución y a las leyes, su voluntad de defender la independencia, su oposición a revivir una unión con Venezuela, sus deseos de impulsar la educación popular y las vías de comunicación. Adicionalmente, tuvo la cautela de incluir unas frases en defensa de la "religión de Jesucristo", aunque advirtió que reprimiría cualquier usurpación que se pretendiese "contra el poder temporal". También tuvo frases elogiosas para el ejército granadino, al que calificó de "esencialmente obediente y nunca deliberante". Por último, alabó los logros de la administración de Santander, la cual era "modelo de libertad y zelo para las libertades públicas", y la que prometía no perder "de vista". Fue esta última declaración la que le costó más problemas. Pronunciarse en favor de la continuidad era "estrellarse" contra el sentir dominante que favorecía la alternancia. Incluso muchos amigos de Santander, después de publicada la manifestación de Obando, decidieron adherirse a Márquez.[50] Desde Rosario de Cúcuta, Pedro Fortoul le decía a Santander que la "manifestación" de Obando había "caído mal", al tiempo que le advertía que podría perderse "una multitud de votos que quien sabe si nos van a hacer falta".[51] Como lo expresó Eleonora Gabaldón, en pleno fervor republicano, el principio alternativo era parte central del discurso electoral, la "meta y guía" que orientaba entonces la política venezolana.[52] Y también, como se ha visto, la neogranadina.

La oposición emplazaba a sufragantes y electores a que defendiesen su condición de "pueblo libre", no sujeto a las manipulaciones oficialistas

---

[48] E. Gabaldón, *op. cit.*, p. 115. Véase también L. Villanueva, *Biografía del doctor José Vargas*, Caracas, 1986, pp. 282 y ss.

[49] "Manifestación del general José María Obando a sus conciudadanos", *Constitucional de Cartagena*, 18 de mayo de 1836, CBLAA.

[50] J. Posada Gutiérrez, *Memorias histórico-políticas*, Medellín, 1971, vol. II, p. 470, y Ángel y Rufino J. Cuervo, *op. cit.*, vol. 1, p. 214.

[51] P. Fortoul a Santander, Rosario de Cúcuta, 12 de julio de 1836, en D. Mendoza *et al.*, *op. cit.*, vol. XXII, pp. 275-277.

[52] E. Gabaldón, *op. cit.*, p. 181.

ni a los trabajos de sus agentes electorales. El 10 de julio de 1836, *El Imperio de los Principios* criticaba la posibilidad de que Santander "transmitiese el gobierno del pueblo como su patrimonio", como si estuviese legando, "a manera de heredad [...] su régimen como la conducción de un rebaño". Un mes más tarde se censuraba el que los gobernadores "por un movimiento unánime" hubiesen "promovido las visitas de las provincias en la época de elecciones [...] seduciendo a unos e intimidando a otros".[53] Las elecciones se planteaban así como una lucha entre "dominación" y "libertad" en términos absolutos: "sin una verdadera i positiva libertad en las elecciones no hay soberanía nacional, no hay instituciones, no hay libertad, no hay patria".[54]

Pero pocos aceptaban públicamente que se les negase su condición de ciudadanos independientes. "No he nacido para ser instrumento vil de la voluntad de nadie", protestaba Rafael M. Vásquez, a quien se había señalado en la prensa como "emisario" de Santander para trabajar por la candidatura de Obando en Funza y en Vélez. Los artesanos de Cartagena reaccionaron de manera similar ante las sugerencias "de los señores de la oposición", quienes habían

> tenido el arrojo de hacernos la injuria de decir [...] que los artesanos de Cartagena, en cuanto a opiniones políticas son movidos como unas máquinas, seducidos i alucinados por los ciudadanos que llevan la voz en el partido liberal [...] como si en verdad fuesemos animales de carga.

Los artesanos reclamaban públicamente su independencia política, el conocimiento de sus derechos y su apoyo a las causas populares:

> Nacidos libres por la naturaleza i por nuestras instituciones, siempre estaremos de parte de la causa popular i en pugna contra el partido Aristócrata que pretende sucumbirla. Esta decisión es obra esclusiva de nuestras opiniones, porque habiendo por fortuna desaparecido el odioso sistema español, el curso de las cosas i el progreso de la civilización nos ha hecho conocer nuestros derechos i nuestros deberes, que somos iguales delante de la lei, sin distinguir la clase ni condición.[55]

Tanto en Venezuela como en la Nueva Granada estas elecciones fueron extraordinariamente competitivas y reñidas. En la Nueva Granada

---

[53] *El Imperio de los Principios,* 14 de agosto de 1836, CBLAA.
[54] *El Imperio de los Principios,* 17 de julio de 1836.
[55] Lorenzo Mendoza, Toribio Baquezel y otros, "Al pueblo granadino", Cartagena, 8 de agosto de 1836; este documento, publicado en Cartagena, fue transcrito por el *Constitucional de Cundinamarca* en Bogotá el 4 de septiembre de 1836, CBLAA.

se destacaba ese "interés jeneral en las elecciones [...], desconocido en los veintiseis años que llevamos de independencia". No habían faltado "amenazas de algunos, insultos de otros, epítetos groseros e injuriosos".[56] A su regreso del exterior, R. Cuervo se sorprendió por la polarización que observó en Cartagena.[57] En efecto, allí el proceso electoral había sido objeto de serias disputas por la abierta intervención del gobernador en contra de los obandistas, quienes acusaron de corruptos a sus contrincantes.[58] Pero, en general, las elecciones neogranadinas transcurrieron con relativa tranquilidad. Sin embargo, en Venezuela el proceso desembocó en choques violentos en Maracaibo, aunque parece que el conflicto tenía allí profundas raíces locales.[59]

En ambos casos los procesos y resultados de las elecciones dejaron al descubierto altos grados de polarización política, aunque ésta se manifiestó de manera diferente en cada uno de ellos. Si se toma como indicativo el comportamiento de los electores, los venezolanos aparecen divididos en Caracas, Carabobo y Barcelona. En algunos de estos cantones, la escisión trascendió la dicotomía Vargas-Mariño. El general Soublette, como se ha dicho, el preferido de Páez, recibió una votación significativa en Caracas, y triunfó en Carabobo, Coro y Maracaibo. Pero en Barquisimeto, Trujillo, Barinas y Guayana, Vargas triunfó sin oposición alguna, mientras Mariño dominó las asambleas de Cumaná, Apure y Margarita.[60]

El comportamiento de las asambleas electorales neogranadinas mostró mayores grados de división en el seno de los diversos cantones. En algunos casos, Márquez triunfó cómodamente sobre sus contrincantes, como en Antioquia, donde sus 105 votos superaban con creces los 19 votos en favor de Obando. En otros casos, como en Barranquilla, sucedió lo contrario. Sin embargo, estas preferencias en bloque fueron la excepción. Lo que se destaca de los resultados en la Nueva Granada es la votación dispersa entre los candidatos en muchas provincias. En Cartagena, Bogotá, Soledad, Mompós, Tocaima, Vélez, Pamplona, Coro-

[56] *El Imperio de los Principios*, 10 de julio de 1836, CBLAA.
[57] R. Cuervo a Santander, Cartagena, 9 de diciembre de 1836, en D. Mendoza *et al.*, *op. cit.*, vol. XXIII, p. 62.
[58] Véase G. Bell, art. cit., p 31. Hay una extensa documentación sobre los litigios electorales de Cartagena en 1836: véase D. Mendoza *et al.*, *op. cit.*, vol. XXII. Véase también *Representación que hacen a la honorable Cámara de Representantes los miembros de la Junta escrutadora del cantón de Cartagena sobre los atentados que contra ella cometió el gobernador de la provincia*, Cartagena, 1837, CGBL.
[59] M. V. Magallanes, *Los partidos políticos en la evolución histórica venezolana*, Caracas, 1983, p. 155; y *Autobiografía del General José Antonio Páez*, *op. cit.*, vol. 2, p. 205.
[60] A. Navas Blanco, *op. cit.*, apéndice, resultados electorales.

zal, Mahates, Ibagué, los electores se divideron, y a veces casi de manera pareja.[61] Por lo demás, la votación no se dividió exclusivamente entre Obando y Márquez. Muchos santanderistas, simpatizantes de un candidato civil y no militar, prefirieron votar por Azuero en vez de Obando. Con todo, tanto en la Nueva Granada como en Venezuela ninguno de los candidatos logró las mayorías absolutas requeridas en las asambleas electorales, por lo que las respectivas decisiones finales recayeron en los Congresos.

Joaquín Posada Gutiérrez recordaría más tarde cómo a medida que se acercaban las elecciones del Congreso neogranadino la política se cargaba "de electricidad". Tras conocerse los resultados, los amigos de la alternancia celebraron la victoria como un triunfo de la opinión pública, la que sería además útil "a los futuros gobernantes de la Nueva Granada para que no pretendan ganar elecciones contra la opinión de los pueblos".[62]

Conclusiones

El 1° de abril de 1837 prestaba juramento el nuevo presidente neogranadino José I. de Márquez frente a una gran concurrencia en el templo de San Carlos. A la semana de haber entregado el poder, Santander publicó "un papel de despedida" en el que realzaba los méritos de haber dejado el gobierno el día fijado por la Constitución.[63] El *Constitucional de Cundinamarca,* que había apoyado de manera abierta a Obando, reconocía el 9 de abril que quedaba "confirmada prácticamente la bondad del gobierno representativo alternativo". El mismo Obando publicó una declaración en la que se sometía a la autoridad del presidente Márquez e invitaba a sus amigos y "compañeros de armas" a defender la Constitución.[64]

---

[61] *El Constitucional de Cundinamarca,* 8 de agosto de 1836; *El Imperio de los Principios,* 14 y 21 de agosto y 4 de septiembre de 1836; *El Constitucional de Antioquia,* 7 de agosto de 1836.

[62] José Manuel Restrepo, *Diario político y militar,* Bogotá, 1954, p. 93; y J. Posada Gutiérrez, *Memorias histórico políticas, op. cit.,* vol. 2, p. 473.

[63] J. M. Restrepo, *op. cit.,* p. 93. Restrepo criticó la actitud de Santander pues algunos de los pasajes de dicha declaración podrían, en su sentir, "servir en lo pretexto en lo venidero a los revoltosos para hacer una revolución", *ibid.,* p. 94. Santander, sin embargo, había dado muestras de respetar el resultado electoral: "Obedeceré al que nombre el Congreso, lo sostendré contra toda revolución y le ayudaré si lo necesita", Santander a Cuervo, 30 de diciembre de 1836, en R. Cortázar (ed.), *Cartas y mensajes del general Francisco de Paula Santander,* Bogotá, 1955, vol. IX, p. 465.

[64] *Constitucional de Popayán,* 15 de abril de 1837, CBLAA. Para las opiniones de Obando sobre Márquez, véase Obando a Santander, Frisoles, 28 de mayo y 8 de junio de 1836 y Popayán, 10 de enero de 1837, en D. Mendoza *et al., op. cit.,* vol. XXII, pp. 130, 148, y vol. XXIII, p. 185.

La "cuestión eleccionaria, [...] que había irritado los ánimos por tantos meses", llegaba así a su fin, como lo informaba la prensa con cierto alivio.[65] Pero la experiencia no había sido vana. En primer lugar, durante esos meses se desarrolló una retórica elogiosa del sufragio, como reflejo del compromiso que algunos sectores sociales habían ya adoptado frente a las formas de gobierno representativo. La prensa invitaba a "todos nuestros conciudadanos a [...] que no omitan el ejercicio de tan precioso derecho, ni dejen la elección a unos pocos".[66] El espíritu republicano sobresalía en la oratoria de quienes al instalar las asambleas electorales, como Miguel Restrepo en Antioquia, resaltaban el significado de ese "espectáculo tan grandioso, tan sublime i tan digno de fijar la atención": los comicios.[67] Las elecciones inspiraban también a los poetas:

> Hoy la patria convoca a sus hijos:
> todos van a elegir al primero
> que por ella en amor verdadero
> se distinga y exeda a una voz.
> Vuestros ojos tened siempre fijos
> en la suerte que debe esperaros;
> el ejemplo se place en llamaros,
> acudid que os aguarda el honor.[68]

En segundo lugar, en estas tempranas elecciones comienza a desarrollarse asimismo una pedagogía del sufragio. Tanto las autoridades como la prensa y las partes en conflicto difundían la legislación electoral. "La consideración de que no todos los hombres son versados en las leyes" motivó a *El Constitucional de Antioquia* a publicar las regulaciones pertinentes, y a explicar a los electores cómo debían depositar su voto para que no cometieran equivocaciones.[69] A las advertencias jurídicas se añadían sugerencias más prácticas. "Haced esfuerzos; que no influyan las intrigas y que vuestro voto espontáneo dé el poder al más digno", expresaba el *Constitucional de Cartagena,* mientras reconocía el significado de la ocasión: "la primera vez que vuestro jefe constitucional se variará".[70]

Finalmente esta pedagogía del sufragio se desarrollaba a través de

[65] *Constitucional de Cundinamarca,* 5 de marzo de 1837, CBLAA.
[66] *El Constitucional de Antioquia,* 12 de junio de 1836, CBLAA.
[67] *Idem,* 7 de agosto de 1836.
[68] "Himno eleccionario", en *El Imperio de los Principios,* 17 de julio de 1836, CBLAA.
[69] *El Constitucional de Antioquia,* 17 de julio de 1836, CBLAA.
[70] *Constitucional de Cartagena,* 20 de febrero de 1836, CBLAA.

prácticas electorales que comenzaron a adquirir características rituales y solemnes. Quedaban, por lo demás, algunos precedentes: los compromisos públicos de los electores, la necesidad de llegar a la opinión, las manifestaciones de principios de los candidatos, el rechazo a las candidaturas "oficiales", la aceptación de la derrota en las urnas. Sobre estos precedentes, no libres de conflictos ni contradicciones, se consolidaba la nación política. En 1838, el secretario del Interior de la Nueva Granada reconocía "el mayor interés que en cada época van tomando las masas en el ejercicio de sus derechos políticos". Según este funcionario, "ya se cree que un solo voto [...] tiene influjo en los negocios públicos". De allí que las leyes de elecciones estuviesen "sujetas a las diferentes capacidades de miles de individuos, que las estudian i examinan cada año con más empeño".[71]

La experiencia en todo caso era aún temprana, y quizá prematura, para que no experimentase contratiempos y hasta frustraciones. Más aún, el proceso electoral tuvo que haberse manifestado de manera diferente en las diversas localidades, afectando de alguna forma el curso político tanto en Venezuela como en la Nueva Granada. Por lo pronto, este ensayo ha querido llamar la atención sobre algunas características sobresalientes en las primeras elecciones competitivas en ambos países: la lucha entre civiles y militares, el debate sobre la alternancia, los temas que se discutieron durante las campañas, el papel preponderante de la prensa. Es evidente que hubo muchas similitudes en ambos procesos, en el tono de la lucha y hasta en los resultados iniciales. Pero falta ahondar más en las diferencias, en los niveles de intensidad del conflicto, en los grados y medios de movilización del electorado, en el papel de los gobiernos, o en los mismos perfiles de los candidatos. El curso posterior a la sucesión presidencial merece, en particular, un análisis más detenido. La corta estadía de Vargas en el poder y la permanencia de la figura de Páez como garante de la estabilidad constitucional contrastan con el panorama neogranadino.

Las comparaciones podrían extenderse a otros regímenes de la época en Latinoamérica. Por ejemplo, las características competitivas de las campañas de Venezuela y Nueva Granada aquí estudiadas se diferencian sustancialmente de las prácticas de unanimidad electoral en la Argentina rosista, tal como han sido analizadas por Marcela Ternavasio.

---

[71] *Esposición del Secretario de Estado, en el despacho del Interior i Relaciones Esteriores del gobierno de la Nueva Granada, al Congreso Constitucional del año de 1839, sobre el curso i estado de los negocios del departamento a su cargo*, Bogotá, 1839, pp. 2-3.

Por su parte, el tardío proyecto civilista peruano, como se desprende de los trabajos de Carmen McEvoy y Víctor Peralta, contrasta con las tempranas experiencias de Venezuela y la Nueva Granada.[72]

Por encima de todo, este ensayo ha querido rescatar el significado de estas primeras elecciones competitivas y resaltar la necesidad de apreciar estos sucesos formativos en Venezuela y la Nueva Granada, dos naciones que, a pesar de experiencias comunes, siguieron cursos diferentes durante el siglo XIX.

---

[72] Véase los artículos de Marcela Ternavasio, Víctor Peralta Ruiz y Carmen McEvoy en este mismo volumen.

LA LITERATURA PLEBEYA
Y EL DEBATE ALREDEDOR DE LA PROPIEDAD
(NUEVA GRANADA, 1849-1854)

Francisco Gutiérrez Sanín*

Introducción

EL PERIODO 1849-1854, conocido en la historiografía colombiana como el de las transformaciones de mitad de siglo, conoció reformas institucionales significativas, así como una intensa movilización de los estratos más profundos de la sociedad neogranadina. Entre las reformas baste destacar la abolición de la esclavitud y la eliminación de multitud de impuestos indirectos en favor de tributos directos o proporcionales. La movilización popular estuvo liderada por la presencia de Sociedades Democráticas, en muchas de las cuales los trabajadores manuales jugaban, de una u otra manera, un papel protagónico, y dramatizada por múltiples confrontaciones callejeras, el ejercicio de la fuerza sobre propietarios de tierras y personas identificadas como "enemigos del pueblo", y la desafiante vocación de autonomía declarada explícitamente de cara a las fuerzas adversarias, así como en relación con los partidos políticos, las instituciones y los intelectuales.[1]

No obstante el rico contenido que ofrece un periodo semejante, por diversas razones se lo ha pensado casi exclusivamente a la luz de un conjunto muy limitado de asuntos contenciosos, los que además han sido considerados en general desde una óptica bastante estrecha, suponiendo una relación lineal entre grupos sociales, tendencias políticas o ideológicas y propuestas sobre temas específicos. El derrumbe, así sea parcial, de una suposición semejante nos coloca ante una pregunta muy

---

* Instituto de Estudios Políticos y Relaciones Internacionales de la Universidad Nacional de Colombia.

[1] Véase, por ejemplo, el "Programa" de la Sociedad Democrática publicado en *La Democracia*, núm. 63, Cartagena, 13 de febrero de 1851, punto 10: "En la época actual, los partidos políticos de la Nueva Granada i sus prohombres espresan el respeto por los derechos del pueblo i se engalanan con el magnífico ropaje de liberales, demócratas i patriotas, pero el pueblo debe ser mui prudente y observador i no dejarse engañar con palabras i apariencias".

sencilla pero intelectualmente poderosa: ¿cómo y por qué se agregaron los intereses en el periodo? En este texto, proponemos que esa agregación no se relacionaba solamente con intereses económicos "objetivos" y estables, sino con juegos de lenguaje (la relación argumental con contradictores y adversarios) y experiencias históricas concretas resueltas en el corto tiempo. Para ilustrar esta hipótesis, revisaremos el debate alrededor de la propiedad y su relación con las concepciones de república y ciudadanía en la Nueva Granada entre 1849 y 1854.[2]

El sistema de propiedad constituye un arreglo institucional de suma importancia en cualquier sociedad y en cualquier definición de ciudadanía. Sobre todo en situaciones de conflicto social de alta intensidad se convierte en foco de intensos debates. Entonces, las propuestas institucionales alrededor de la propiedad y el poder no sólo otorgan un ancla material a los procesos de agrupación política, sino que a su vez abren un menú de preguntas fundamentales: ¿cuál es el contenido social del sistema político deseado? y, por tanto, ¿quién es el verdadero titular de la soberanía y cómo se puede fundamentar analíticamente esa titularidad? Análogamente: ¿quién y cómo posee? en relación con ¿quién, cómo y para qué decide?

Buscaremos captar las opiniones sobre estos temas en la literatura plebeya,[3] definiendo como tal un *corpus* integrado por textos que cumplen alguna de las siguientes condiciones: ser documento oficial o acta de sesiones de alguna Sociedad Democrática en la que hubieran tenido una presencia clara y activa trabajadores manuales autónomos y radicalizados e intelectuales asociados a ellos;[4] ser declaración de algún artesano o trabajador manual organizado en alguna de tales sociedades; ser un artículo o texto de un intelectual o personalidad prominente que hubiera participado de manera directa durante un periodo largo en las Sociedades Democráticas;[5] ser un artículo de un periódico directa y

[2] Un *debate*, como unidad de análisis, consta de dos aspectos: un consenso intersubjetivo alrededor de problemas concebidos y formulados de manera similar que se consideran muy significativos, y un disenso argumentado sobre las posibles respuestas.

[3] Una discusión sobre los alcances de la categoría de lo plebeyo aplicada a la Nueva Granada se encuentra en Francisco Gutiérrez Sanín, *Curso y discurso del movimiento plebeyo*, Ancora Editores, Bogotá, 1995.

[4] En lo fundamental, se usaron documentos de las Sociedades Democráticas de Bogotá (luego dividida según criterios territoriales) y Cali, y ocasionalmente de las de Popayán, Santa Marta, Cartagena y San Gil.

[5] Nos referiremos sobre todo a textos de Ramón Mercado, Joaquín Pablo Posada y el general José María Mantilla. Mercado fue gobernador de la provincia de Buenaventura durante el clímax de la insurgencia popular. De ideas muy radicales, era apreciadísimo por las Sociedades Democráticas. Joaquín Pablo Posada creó en 1849 un periódico que se autoproclamaba comunista *(El Alacrán)* y por esta actividad dio con sus huesos en la cárcel. Miembro de la Sociedad Demo-

públicamente vinculado con el movimiento plebeyo y con sus líderes, leído con regularidad en alguna de las Sociedades Democráticas.

El *corpus* de textos así definido no carece de heterogeneidades internas, pero muestra un *ethos* común y es claramente diferenciable de otras vertientes de la literatura política. Veremos, pues, cómo la literatura plebeya construyó sus puntos de vista en el curso de los agitados debates del periodo, con ayuda de destrezas tales como la [re]definición de los objetos centrales del paisaje social, la contextualización, la jerarquización, y un conjunto de herramientas de carácter [pre]sociológico. Contra lo que se podría esperar, no hubo estabilidad en las opiniones sobre el tema de la propiedad sino un significativo deslizamiento. Si al comienzo del periodo se emitieron enunciados que genéricamente podrían calificarse de extremos, en respuesta a imágenes compartidas por buena parte de la notabilidad granadina, después se basculó hacia posiciones diferentes, en algunas ocasiones totalmente opuestas, sin que se abandonaran los vínculos con la base social artesanal-plebeya.

El debate sobre la propiedad tuvo un carácter central en la agenda de las Sociedades Democráticas. En efecto, la organización de los artesanos coincidió con una agitación intelectual, que en muchas partes de Latinoamérica ensanchó el horizonte de las ideas posibles; furierismo, proudhonismo y comunismo se convirtieron en un punto de referencia obligado, de manera directa o indirecta, para publicistas y escritores. Muchos periódicos, no sólo los conservadores *La Civilización, El Día* y *El Ariete,* caracterizaron a las Sociedades Democráticas y al movimiento plebeyo como "comunistas", "rojos", "ladrones" (por enemigos de la propiedad). Los líderes del movimiento plebeyo contestaban estos cargos dividiendo su atención entre la explicitación y defensa de sus posiciones ideológicas y la referencia a propuestas específicas de reforma.

Este debate sobre la propiedad estaba vinculado directamente con uno de los grandes temas del siglo XIX: ¿cuáles son los contornos de una configuración republicana ideal? Las respuestas más comunes —y en esto la Nueva Granada no era una excepción— relacionaban el ejercicio de la ciudadanía y el gobierno con la posesión de ciertas características materiales y morales, la mayoría de las cuales dimanaban del

---

crática, dirigió importantes periódicos gubernamentales del periodo. Acompañó a los artesanos más radicalizados hasta el amargo final: la derrota de Melo en diciembre de 1854. Mantilla fue funcionario civil y militar entre 1849 y 1854, siempre idolatrado por los artesanos y la Sociedad Democrática. Los tres estaban influidos por la literatura socializante francesa.

hecho de ser propietario y cabeza de familia. El derecho a elegir y ser elegido constituía una atribución específica de un sector de la sociedad. A la vez, las libertades democráticas tenían que servir ante todo para reforzar el derecho de propiedad; por tanto, la ampliación de las libertades (como la del voto) podría violar esta exigencia, introduciendo peligrosas tendencias desestabilizadoras. Hubo, naturalmente, intentos de respuesta a esta visión patrimonial,[6] pero todos ellos percibían una intensa relación de doble vía entre propiedad, democracia y régimen republicano.

Los bandos en pugna no constituían compartimientos estancos; por el contrario, había entre ellos amplios espacios de intersección. Compartían un archivo de fechas, personajes, instrumentos, símbolos de adscripción y acontecimientos memorables, lo que les permitía evaluar, falsificar y refutar las aseveraciones del adversario. Por ejemplo, el 7 de marzo de 1849, cuando el Congreso perfeccionó la elección popular en favor de José Hilario López bajo la mirada amenazante de los artesanos, fue para los líderes plebeyos "el día en que comenzaron a ser ciudadanos"[7] y, por tanto, una fecha fundacional. Por su parte, para *La Civilización* también fue un punto de inflexión que significó "la destrucción del gobierno representativo [...] la sustitución del poder del bandido en lugar del poder de la democracia".[8] El archivo común se extendía a personas (el caso más conocido era el del general José María Obando, cuya biografía era discutida y reinterpretada hasta la saciedad por amigos y enemigos), símbolos de adscripción (casacas *vs.* ruanas, alpargatas *vs.* zapatos), sucesos (como el llamado "régimen del perrero")[9] e instrumentos (herramientas y armas).[10]

Compartían asimismo un patrimonio de referencias históricas, tanto neogranadinas como francesas y romanas, lo cual no debe extrañar pues muchos de los líderes y publicistas del periodo habían sido antes protagonistas del quehacer político desde diferentes barricadas. Finalmente, también compartían un conjunto de preguntas e inquietudes

[6] El término lo hemos tomado de Hobbes en un sentido bastante literal: para lo que llamamos concepción patrimonial, la idea del ciudadano era prácticamente indistinguible de la de propietario y cabeza de familia.

[7] "Aniversario del 7 de marzo", *El Baluarte*, núm. 9, Cali, 10 de marzo de 1850.

[8] "El 7 de marzo de 1849/Preparativos", *La Civilización*, núm. 22, Bogotá, 3 de enero de 1850.

[9] El perrero era un látigo utilizado en el sudoccidente neogranadino para infligir flagelamientos a propietarios de tierras y dueños de esclavos.

[10] El puñal representaba todo lo que de democracia tumultuaria contenía el 7 de marzo y la modalidad democrática que con él se instauró. Pero sirve también para estigmatizar a los partidarios del *Ancien Régime:* usan los puñales quienes no combaten a campo traviesa, como los intrigantes jesuitas o el parricida Ospina (participante de la conspiración septembrina contra Bolívar).

urgentes: ¿qué es la democracia?, ¿en cabeza de quién está la soberanía?, ¿cómo adaptar la democracia, y la interpretación de la democracia, a las condiciones específicas de la Nueva Granada? y ¿cómo explicar las luchas intestinas de la Nueva Granada a la luz de la experiencia universal contemporánea?

El patrimonialismo y sus contradictores

Florentino González, liberal percibido por el movimiento plebeyo como uno de sus peores enemigos,[11] formuló lo que probablemente sea el enunciado más compacto y económico del patrimonialismo republicano:

> Queremos, pues, una democracia ilustrada, una democracia en que la inteligencia y la propiedad dirijan los destinos del pueblo; no queremos una democracia bárbara, en que el proletarismo y la ignorancia ahoguen los gérmenes de felicidad y traigan la sociedad en confusión y desorden. No queremos, no, esta democracia, que no puede consultar el bien de una nación, que traerá consigo la pobreza, la degradación y el envilecimiento de la especie humana. Levántese la clase pobre e ignorante al nivel de la clase ilustrada y rica; pero no se destruyan la inteligencia y la riqueza para igualarlas con aquélla. No, mil veces no; porque esto es marchar a la degradación en lugar de marchar a la perfección. Seremos, pues, adversos a las doctrinas de los niveladores, que pretendiendo la libertad y la igualdad, quieren que se anule la inteligencia, el saber y la riqueza para que la única igualdad que haya sea la igualdad que pretende que se corte la cabeza al que la tiene más alta que los demás, que la inteligencia renuncie a indicar cosas útiles para rendirse a los caprichos y malas inclinaciones del hombre ignorante y grosero.[12]

Hay cientos de declaraciones de este tenor en la prensa de la época. Todas ellas definían una sociología que imputaba ciertos rasgos morales y de comportamiento a características de índole socioeconómica. Los "hombres groseros" tenían caprichos y malas inclinaciones, estaban degradados y envilecidos, mientras los ilustrados tenían conocimientos, saber, inteligencia. Del predominio de uno u otro tipo sociomoral resultaría una u otra clase de sociedad, disyuntiva encarnada y encapsula-

---

[11] La historia de los desencuentros entre Florentino González y las Sociedades Democráticas daría para un libro aparte. Su punto culminante fue la paliza que le propinaron unos artesanos enardecidos poco antes del golpe del 17 de abril de 1854 (González, a la sazón, era senador).

[12] Florentino González, *Escritos políticos, jurídicos y económicos*, Instituto Colombiano de Cultura, Bogotá, 1981.

da en la oposición civilización-barbarie. De ella se derivaban consecuencias para el régimen democrático y se llegaba a conclusiones acerca de la conveniencia de una u otra decisión sobre problemas específicos.

Un ejemplo bastante puro de este esquema deductivo es el razonamiento de Julio Arboleda sobre el sufragio universal. Después de evaluar la repercusión de la propiedad, la religiosidad y la vida en familia sobre la conciencia pública, Arboleda concluía:

> De modo que es cosa tan cierta, cuanto puede serlo una verdad política, que un hombre de honor, instruido, relijioso, que tenga familia i una propiedad raíz, ama a su patria necesariamente; que estas cualidades juntas son la mejor garantía que puede dar el hombre de su conducta política, de su amor a la patria común; que la ausencia de cualquiera de estas cualidades disminuye considerablemente el valor de la garantía, que la carencia de todas ellas la anula enteramente.[13]

La irrupción de nuevas ideas y fuerzas políticas garantizaba la aparición de contradictores radicalizados de la concepción patrimonialista. Artesanos e intelectuales vinculados a las Sociedades Democráticas o empapados de la literatura socializante francesa saltaron a la palestra pública para presentar una interpretación rival, aunque apoyada aproximadamente en el mismo esquema deductivo. La sociología moral de los contradictores del patrimonialismo se componía de dos partes. La primera se refería a "los hombres de ruana" (pueblo bajo), sobre los que se daba un panorama complejo compuesto de tres atributos. Se los consideraba víctimas ignorantes a quienes un sistema social injusto y arbitrario había despojado de riquezas y conocimientos, sumiéndolos en la degradación (de la cual, sin embargo, no eran causantes ni cómplices). Para Ramón Mercado, la "constitución social" había puesto en un lado "monopolistas esclusivos i despóticos de la ciencia, del capital, del suelo, de la industria, de los honores, de las comodidades" y en otro "una casta asimilada a las bestias i convertida en propiedad".[14] La Sociedad de Artesanos de San Gil compartía esta caracterización dicotómica, afirmando que la "segunda clase"

> componíase de todos los hombres de distintos colores [...] el bajo pueblo. Esta clase no es afortunada, no es libre, no adelanta, ni sale de aquel estado

---

[13] Julio Arboleda, "Parte oficial/Congreso/Mensaje del Presidente del Senado", *Gaceta Oficial*, núm. 1693, año XXIII, Bogotá, 3 de marzo de 1854.

[14] Ramón Mercado, *Memorias sobre los acontecimientos del sur de la Nueva Granada durante la administración del 7 de marzo de 1849*, Bogotá, 1855 [Biblioteca Nacional/Fondo Pineda], p. IV.

en que la dejaron los peninsulares: artesanos y labriegos pertenecen a ella consagrados cada uno a su oficio, pero con la misma torpeza, imperfección i dispendio de tiempo i de trabajo que lo hicieron sus abuelos: casi todos ignoran sus derechos i carecen de estímulos personales para defenderlos: su mismo abatimiento los hace pusilánimes e incapaces de aspirar a mejor suerte: aplauden la libertad i no saben definirla: la voz del rico i del noble, aunque vana i caprichosa, es para ellos todo costumbre, justicia i lei; si alguna vez los llaman a nombrar electores sufragan ciegamente por la lista que les presenta la clase elevada [...]: contribuyen a elejir, pero jamás son elejidos: su propia voluntad no es conocida i representada [...]

Pese a ello, eran moralmente superiores. Tenían virtudes importantes para quienes se encontraban en los escalones inferiores de la sociedad (humildad, modestia, resignación), que se consideraban típicamente "cristianas". Eran sinceros y religiosos practicantes, en contraste con los ricos disipados. Además, eran más republicanos que "los ricos" por muchas razones. No defendían intereses egoístas ni iban detrás de prebendas o empleos, sino que defendían una causa pública.[15] Más aún, en el pacto social eran ellos quienes llevaban las cargas mientras a otros correspondía el disfrute de los beneficios. La carga por antonomasia, que servía para explicar el papel del artesano como "ciudadano modelo", era el servicio militar, sobre todo como guardias nacionales.

La segunda parte de la sociología moral plebeya consistía en una caracterización de los ricos. Como usufructuarios de la arbitrariedad, eran ante todo egoístas que humillaban y vejaban al pueblo tratando de subrayar la distancia social que los separaba de él. La propiedad, pues, devenía en catástrofe moral: el ejemplo-metáfora de los propietarios era el tenedor de esclavos. El esclavista era un "hipócrita sin caridad, sin corazon i sin alma", y entre los tipos más frecuentes de la teratología plebeya del propietario nos encontramos con el "avaro", la "sanguijuela", los "ajiotistas protervos" y la "ridícula aristocracia". Para conocer el resultado del predominio de estas gentes ociosas e inmorales bastaba con mirar hacia el pasado inmediato, el funesto "régimen de los doce años":[16] ésos eran sus frutos.

De todo lo anterior se colegían consecuencias muy claras para el ré-

[15] Ver la hoja volante del herrero Miguel León "Satisfaccion que dá el que suscribe al Sr. Dr. M. Murillo Secretario de Hacienda", Bogotá, 19 de enero de 1852 [Biblioteca Nacional/Fondo Pineda]. León fue conspicuo líder de la Sociedad Democrática bogotana. Murió en la defensa de la Bogotá melista en 1854.
[16] Así bautizaron los liberales el periodo en que las fuerzas protoconservadoras ejercieron el poder de manera ininterrumpida, después de vencer en una guerra civil.

gimen político: el único fundamento real y seguro de la verdadera democracia era la incorporación consciente de un nuevo actor que hasta el momento había estado totalmente subordinado; dicho de otra manera, democracia y ampliación de la esfera de expresión autónoma de los sectores plebeyos (y por tanto de los derechos ciudadanos) estaban en relación directamente proporcional:

> La espresión de los artesanos. Los artesanos, la clase mas numerosa i mas productiva de la sociedad, la que presta casi siempre la contribución de sangre [...] hemos estado hasta ahora privados de los derechos políticos, i aun ignorábamos las facultades i preciosas garantías que las leyes de Colombia i una Constitución liberal, concedían indistintamente a todo ciudadano [...] Pero ya, gracias a Dios, luzió el día de emancipación i de progreso: triunfó en las elecciones el partido liberal, i nosotros empezamos a tomar parte en las discusiones públicas [...] Hoi no somos el brazo que ejecuta ciegamente la voluntad ajena sino un cuerpo compacto, homojéneo que siente i juzga por sí mismo i que obra en virtud de voluntades propias. La completa libertad de que hoi gozamos para ejercer los preciosos derechos de representación, asociacion i libre uso de prensa, junto con un Gobierno democrático, han obrado este cambio de prodijio. Ya conocemos algo nuestras instituciones i sabemos nuestros derechos i obligaciones, como granadinos i como ciudadanos: las cuestiones más trascendentales se ventilan i discuten en nuestra Sociedad antes que en el Consejo de Gobierno.[17]

Una cosa, sin embargo, era ofrecer una fisiología, en el sentido balzaciano, de los tipos sociales, y otra proponer guías ideológicas y programas específicos que sirvieran de orientación a las fuerzas sociales plebeyas. En este sentido, pueden distinguirse tres periodos, que se analizan a continuación.

La irrupción democratizante (1849-1852)

El punto de partida de la publicística plebeya para evaluar las relaciones entre propiedad y democracia lo constituyó el concepto de igualdad. Ante todo, J. H. López —seguro de agradar a sus auditorios de artesanos y labriegos—, al ser ungido presidente había hecho afirmaciones comprometedoras, que pronto circularon con gran éxito: "Sostendré la libertad de la industria; pero trabajaré porque esta misma libertad no se

---

[17] "La expresión de los artesanos", *El Demócrata*, núm. 4, Bogotá, 2 de junio de 1850.

convierta en la desigualdad opresiva i destructora que apareja la escesiva acumulación de riquezas".[18]

La idea era que igualdad y democracia se retroalimentaban mutuamente, algo que chocaba de manera bastante directa con las concepciones patrimonialistas. El valor democrático de la igualdad se sustentaba desde varios puntos de vista. Constituía, por una parte, un bien en sí: un "principio divino" o "santo", que se podía calificar o no de socialista o incluso "comunista", pero que se leía en clave ecuménica como uno de los polos de una lucha universal entre el bien y el mal. Por otra parte, significaba una reparación histórica. Instaurar la igualdad equivalía a "devolver" y a "expiar". "Todo lo que aspira a equilibrar gradualmente esas desigualdades, que por lo común son injusticias, i a repartir con mas equidad la herencia común entre los hombres, es Divino. Por este signo puede juzgarse de cualquier política..."[19] En fin, la igualdad se articulaba fácilmente con las líneas principales de argumentación de la sociología moral plebeya. El ocio, el gasto suntuario, el egoísmo, virtudes profundamente contrarias al *ethos* del trabajo manual, se resolvían en la desvinculación de la comunidad solidaria. El régimen de la desigualdad era el del egoísmo y, por tanto, de seres moralmente degradados: los "ajiotistas protervos", la "mugrosa" o "ridícula" aristocracia; a menudo su degradación los rebajaba a formas animales (sanguijuelas, zánganos, serpientes, etc.), con lo que quedaba subrayada con más énfasis su no pertenencia a la comunidad.

Cuando el discurso se presentaba en su forma más radical, se extraían consecuencias del ejercicio mismo de la propiedad, independientemente de la fisiología moral de los propietarios. Ciertas formas de la propiedad disolvían la moral social.

> La propiedad creada no mantiene al que nada posee; la libertad de trabajo no presta los mismos elementos de trabajo al que no tiene mas que sus brazos i al que posee millares de fanegadas de tierra; la concurrencia es el código del egoísmo, i la guerra a muerte entre el que trabaja i hace trabajar, entre el que compra i el que vende, entre el que nada en la abundancia i el que está hambriento.[20]

El contencioso más importante y, a la vez, la metáfora más poderosa para materializar lo que querían decir los líderes y publicistas plebeyos

---
[18] Citado en Ramón Mercado, *Memorias...*, *op. cit.*, p. XVII.
[19] "Justicia", *El Pensamiento Popular*, núm. 9, Cali, 15 de mayo de 1852.
[20] *Ibid.*

con su defensa de la igualdad lo encontraron en la abolición de la esclavitud. Los adversarios plenos o parciales[21] de la medida se habían adelantado a proponer dos objeciones de importancia. Las leyes vigentes, afirmaban, suponían que la esclavitud era legal; manumitir a los negros sin un amplio periodo de transición y sin compensaciones económicas adecuadas sería introducir la arbitrariedad y destruir el estado de derecho. Éste se caracterizaba precisamente por el respeto a la propiedad y a las reglas de juego de amplio consenso, las cuales no se podían anular unilateralmente; esta cuestión tenía mayor importancia que cualquier reparación histórica, por justa que pareciese. Una medida que no se atuviera a tales parámetros sólo podría considerarse "rojísima", como reiteradamente predicaron periódicos conservadores de primera línea. A la vez, se sugería que los esclavos, por su mismo modo de vida, estaban muy cercanos a la barbarie. Una súbita liberación de las cadenas conduciría a la ruptura del orden social y a la interrupción de las condiciones de la vida civilizada. El "régimen del perrero" dio a quienes así pensaban decenas de ocasiones de ilustrar su pensamiento.

La publicística plebeya adoptó un punto de vista antagónico. Para comenzar, en caso de conflictos entre derechos fundamentales —como en el caso de emancipación *vs.* propiedad— debía optarse por aquél que concordara con la justicia, de acuerdo con los parámetros del derecho natural. Se consideraba que las consecuencias morales de ciertas formas de propiedad eran devastadoras y la esclavitud constituía el caso más ilustrativo.

> Repetidos eran los ejemplos de sevicia i ferocidad que quedaban impunes; pero entre los escesos de algunos propietarios contra la raza negra esclavizada, sobresalía el escándalo de entender la propiedad a costa de la moral, transformando en *harenes* los mismos establecimientos de trabajo.[22]

Además, la clave ecuménica de su lectura de los conflictos sociales les permitía considerar el esclavismo como un episodio más en la lucha universal entre el bien y el mal. La guerra de 1851, protagonizada por los defensores de la esclavitud, y el ulterior comportamiento de los insurrectos proporcionaron más argumentos para su expulsión simbólica de la comunidad solidaria.

El aspecto más interesante del debate quizás radique en la concep-

---

[21] Pocos escritores arriesgaron una defensa abierta de la esclavitud. La mayoría de los opositores de la manumisión eran partidarios de su aplazamiento, de darle una forma muy gradual, etcétera.
[22] Ramón Mercado, *Memorias..., op. cit.*, p. IX.

tualización del conflicto entre reparación histórica y estado de derecho. Si el derecho positivo violentaba de manera abierta el derecho natural en el sentido de legitimar actos y relaciones que *prima facie* indignarían a una "conciencia justa", la ley debía ser violada; la puerta quedaba abierta para acciones de hecho, tanto en el sentido global (derrumbe del Estado) como en el local (desobediencia puntual a normas injustas). El punto de vista de los conservadores, en contraste, parece haber sido estrictamente formalista: había que obedecer a las autoridades mientras ellas a su vez se sometieran a los dictámenes del derecho positivo. La rebelión y la desobediencia sólo se justificaban contra un gobierno, nunca contra el estado de derecho (defensor de la propiedad). El sustancialismo plebeyo permitía hacer llamados abiertos a la violación de la norma y a la desobediencia, como en efecto sucedió en el caso de la esclavitud,[23] pese a su apoyo al gobierno. El discurso de los plebeyos les permitía incluir en su repertorio de acciones desobediencias parciales a gobiernos aliados, lo que explica en parte sus éxitos.

La manumisión decretada finalmente por López (1851) no solucionó el problema ni lo planteó en otros términos. Entre las muchas ambigüedades que tenían las disposiciones sobre manumisión, se destaca la de los negros menores de 18 años: según una ley anterior, serían libres al cumplir esa edad; mientras que, según lo ordenado por López, lo serían desde el 1° de enero de 1852. Las comisiones de manumisión, cuya función en estricto consistía en evaluar las indemnizaciones que se les debían a los propietarios, en algunas partes no sólo trataron de utilizar la norma más antigua para retardar la liberación de los negros, sino que siguieron aplicándoles sobre ellos tratamientos incompatibles con su nuevo *status* ciudadano (valuar su precio o exigirles, para poder circular libremente, un papel donde constara que eran manumisos). La publicística plebeya respondió según las líneas que ya hemos trazado:

> De lamentar es que el deseo de intervenir en todos los actos de la vida las fórmulas i los papeles, hubiese obligado a los lejisladores a someter a los negros a esta última humillación [...] La esclavitud quedará abolida; i todo negro, tenga o no papel, será hombre libre. Nada importa por tanto que la junta se deniegue a dar a los manumisos su papel. Ellos son libres el 1° de enero sin necesidad de papel; i la justicia debe proteger al negro que re-

---

[23] Por ejemplo, la Sociedad Democrática de Santa Marta decidió acoger en su seno a los negros para hacerlos ciudadanos, independientemente de que hubieran obtenido su libertad por medio de la manumisión o "de cualquier otro modo". "Interior", *El Neogranadino*, núm. 174, año IV, Bogotá, 19 de septiembre de 1851.

clame a su hijo, injustamente detenido en las cadenas. Creemos, sin embargo, que no llegará ese caso; porque los negros tendrán bastante enerjía para arrancar a sus hijos del poder de sus amos i hacer valer por sí sus derechos.[24]

Pero este no fue el único debate suscitado por el tema de la propiedad. Entre las muchas reivindicaciones relacionadas con la propiedad, vale la pena destacar las luchas por las tierras y la reforma al sistema impositivo. Las primeras nos dan un atisbo sobre la riqueza del menú utilizado para articular el discurso igualitarista de la defensa de medidas y actos específicos. Por ejemplo, en el caso de la lucha por los ejidos en Cali,[25] se partía de dos aseveraciones fundamentales. Primera, el origen del conflicto lo constituía la "expropiación desde arriba". La "oligarquía" había comenzado las expropiaciones de las tierras de los pobres y los propietarios liberales. Ello era, en palabras de Mercado, "comunismo".[26] Iniciada la dinámica de un comunismo "desde arriba", era natural que se produjese una respuesta equivalente "desde abajo". Segunda, el "feudalismo" y la propiedad latifundiaria sobre la tierra constituían los fundamentos universales de la injusticia. Para solucionar esta situación era menester reinstaurar la comunidad. "¡Iniquidad en todas partes! —clamaba *El Pensamiento Popular*—. ¡Desigualdades incorregibles de la sociedad i de la lei!... La verdad es evidentemente la comunidad cristiana i filosófica de los bienes de la tierra".[27] Vemos aquí la misma capacidad de desobediencia, con base en invocaciones al derecho natural y a la superioridad de ciertos derechos sobre otros (en el caso de que aquellos estuvieran más cercanos a la noción de justicia y reparación histórica), que notamos ya en el ejemplo de la esclavitud.

El impuesto directo y proporcional —en su triple dimensión de reforma de la propiedad, reformulación del pacto social y necesidad sentida capaz de suscitar "estados de defensa alarmada"— estuvo en la agenda de las Sociedades Democráticas más significativas. Había consenso en el sentido en que las diversas contribuciones existentes al comienzo del periodo —diezmos, estolas, primicias, etc.— "sólo gravaban a los proletarios",[28] creando una situación en la que un sector de

[24] "Libertad de esclavos", *El Republicano*, núm. 2, Popayán, 22 de diciembre de 1851.
[25] Un recuento detallado de este conflicto puede encontrarse en Margarita Pacheco, *La fiesta liberal en Cali*, Ediciones Universidad del Valle, Cali, 1992.
[26] Ramón Mercado, *Memorias...*, *op. cit.*, p. xv.
[27] "Justicia", *El Pensamiento Popular*, núm. 9, Cali, 15 de mayo de 1852.
[28] Patrocinio Cuéllar, "Parte oficial/Secretaría de Gobierno: Ofrecimiento patriótico de la Sociedad Democrática de Las Nieves", en *Gaceta Oficial*, núm. 1307, año XXII, Bogotá, 21 de enero de 1852.

la sociedad tenía las cargas sociales y otro los beneficios. Era un pacto social injusto que debía reformularse. Por eso, la idea de que "dar una nueva forma al sistema tributario de la Nación"[29] constituía parte esencial de la nueva época fue planteada con especial urgencia por parte de la publicística plebeya, pero era compartida por muchos otros sectores. Estos últimos, empero, hacían hincapié en la necesidad de que el nuevo sistema impositivo no desestimulara a la industria ni al capital[30] y por eso defendían la contribución directa, mientras que en el ambiente intelectual plebeyo circulaba la contribución directa y proporcional. Con todo, los democráticos se manifestaron dispuestos a defender con las armas en la mano la contribución directa simple que había sido adoptada en algunas partes. Su entusiasmo colocó al gobierno en una situación embarazosa.[31]

Retroceso triunfal (1852 y 1853)

Durante la irrupción democratizante se gestaron o produjeron acontecimientos y procesos de la mayor importancia, que constituirían un punto de inflexión en el discurso y las representaciones de la publicística plebeya. La riqueza del repertorio de argumentos de los contradictores de la movilización popular obligó a sus defensores a readaptar el discurso en varios sentidos. Los símbolos de la "clase descamisada" habían sido asociados por periódicos conservadores y liberales moderados a una violación de la democracia: el "régimen de la camiseta i el perrero" formaban "una oligarquía provincial, la peor de las oligarquías";[32] el 7 de marzo, las asonadas callejeras llenas de "crapuloso entusiasmo" eran una forma de intimidación esencialmente antidemocrática. Así, la columna vertebral de la argumentación plebeya —la pureza de intenciones de los desposeídos y la retroalimentación entre su integración a la vida ciudadana y el fortalecimiento de la democracia— quedó en entredicho. A esto se vino a sumar una crítica de los liberales moderados:[33]

---

[29] "Prospecto", *El Republicano,* núm. 1, Popayán, 8 de diciembre de 1851.
[30] Véase, por ejemplo, "Remitidos/Impuesto único", *El Neogranadino,* núm. 178, Bogotá, 17 de octubre de 1851.
[31] Patrocinio Cuéllar, "Parte oficial...", *op. cit.* La Cámara Provincial remplazó los diezmos, primicias y peajes, que no gravaban a "los ricos propietarios de potreros de ceba, de casas y a la mayor parte de los comerciantes", por un impuesto simple.
[32] "Única lista", *La Unión,* núm. 4, Popayán, 20 de junio de 1852.
[33] Muchos de ellos eran obandistas, clasificables en el mote genérico de "draconianos" por la interpretación convencional. Sus choques con los obandistas plebeyos no eran menos ásperos

proponer una división de la vida pública con base en la clase o pertenencia social era un atentado a la igualdad, violaba los principios mismos que se decía defender: "La verdadera democracia no admite distinciones, ni ménos clasifica a los hombres en hombres de ruana i hombres de casaca. Una distinción semejante traería consigo el establecimiento de clases sociales, i entonces desaparecería la IGUALDAD".[34]

Al mismo tiempo, el socialismo de vertiente "gólgota"[35] obligó a las Sociedades Democráticas y sus aliados a diferenciarse y, por tanto, a tomar distancia respecto del socialismo en general. Finalmente, la desacralización del movimiento plebeyo adquirió un nuevo cariz con el asunto Russi. La oleada de criminalidad que se suscitó en Bogotá en 1851 fue leída como una consecuencia directa de la propagación de ideas desmoralizadoras, que minaban la conciencia social sobre el derecho a la propiedad. El clímax en esta campaña se vivió con el apresamiento de José Raimundo Russi, un jurista de convicciones muy radicales y amplios contactos entre los sectores más pobres de la sociedad, a quien adjudicaron el asesinato de un artesano y el haber sido jefe de una banda de ladrones.

La acusación galvanizó a todos los sectores acomodados de la ciudad, y una hoja volante artesanal afirmaba que el juicio a Russi era un "meeting de poderosos".[36] Sin embargo, el asunto presentaba más facetas. Russi había tenido muchos problemas con los democráticos, y antes de su apresamiento había sido expulsado de la Sociedad. Más aún, en el jurado de conciencia que finalmente lo condenó a muerte había varios dirigentes de la Sociedad Democrática.[37] La participación en una intriga que culminaba en la muerte de un hombre completamente cercado, reputado además como intransigente "defensor de los pobres", significó una especie de pérdida de la virginidad pública.

A esto hay que sumarle el creciente desencanto de los intelectuales con las Sociedades Democráticas. No nos referimos sólo a los "gólgotas", cuya ruptura con el movimiento popular ya se cocinaba desde

que contra otros adversarios políticos del periodo. Véase, por ejemplo, Aniceto Córdovez: "La Regeneración", *Los Principios,* núm. 16, Bogotá, 18 de agosto de 1852.

[34] "De todo", *La Unión,* núm. 2, Popayán, 20 de mayo de 1852.

[35] Los "gólgotas", seguidores de una corriente literaria y de pensamiento con clara influencia francesa, estuvieron asociados a la juventud bogotana y a las Sociedades Democráticas. Propugnaban un reformismo (socialismo) de corte cristiano y modernizante. Alrededor de 1852, su ruptura total con los artesanos era evidente.

[36] Citado en Carmen Escobar Rodríguez, *La revolución liberal y la protesta del artesanado,* Fondo Editorial Suramérica, Bogotá, 1990.

[37] El juicio se realizó bajo una enorme presión y hay muchísimos indicios de que se violó flagrantemente el derecho a la defensa. Al parecer, se trató de un auténtico "asesinato judicial".

1850, sino a personas que durante todo el periodo mantuvieron una tormentosa relación con dichas sociedades y la fidelidad a la causa popular pero que eran periódicamente atacadas, criticadas, vigiladas, expulsadas (y readmitidas). Para Mercado, por ejemplo, "las sociedades democráticas con sus discursos i peroratas" no pertenecían a "las fuentes permanentes de la ilustracion de las masas"; eran apenas una necesidad en cierta etapa, dado el grado de civilización del país.[38] Si hemos de creer a los pocos testimonios de que disponemos, el desencanto era mutuo.[39]

La guerra civil de 1851 y la adopción por parte de López —o al menos de algunas cámaras provinciales— de medidas fundamentales de reforma social agotaron parcialmente la agenda del cambio. Una de las características de los movimientos populares del periodo es el contraste entre la riqueza de la imaginación distópica y la delgadez de la imaginación utópica; por eso, no extraña que la derrota de los conservadores, la abolición de la esclavitud y la creciente importancia del pueblo organizado en la vida pública llevaran a la Sociedad Democrática de Cali a exclamar con entusiasmo que la República de Platón no era una utopía en la Nueva Granada.[40] Si bien durante la campaña electoral de Obando abundaban las advertencias sobre la necesidad de nuevos desarrollos, no se avanzó demasiado en términos concretos.

Finalmente, la candidatura de Obando obligó a sus partidarios a tener en cuenta las realidades electorales y la heterogeneidad de los auditorios a los que hablaban. El propósito de vencer en la contienda electoral deslizó al obandismo hacia el centro del espectro político y dio predominio a las voces moderadas dentro de la gama de opiniones que lo componía. El propio Obando encabezó la migración hacia temas moderados, por cálculo electoral, por deseo de impedir que su elección fuera el pretexto para una nueva guerra civil, y por su convicción de la importancia que tenían los propietarios en el proyecto histórico de un país fuerte.

Por lo anterior, el triunfo, incluso armado, del movimiento popular[41] y la promoción de una candidatura que genética y políticamente se

---

[38] Ramón Mercado, *Memorias...*, op. cit., p. XVIII.
[39] Se encuentran ásperas críticas a los intelectuales en, por ejemplo, "Prospecto", *El Republicano*, núm. 1, Popayán, 8 de diciembre de 1851, y en hojas volantes citadas en Carmen Escobar, *La revolución...*, op. cit.
[40] "Circular", *La Tribuna Popular,* núm. 5, Bogotá, 4 de abril de 1852.
[41] Las Sociedades Democráticas y los esclavos jugaron un papel de primerísima línea en la guerra civil de 1851.

consideraba suya indujo una nueva dinámica en la que el tema dominante fue la defensa de la propiedad y del estado de derecho (en lugar de la comunidad y la desobediencia igualitaria). Las voces socializantes fueron esporádicas. El obandismo se preocupó por marcar su distancia con el socialismo —lo que lo iba acercando a los escritores patrimonialistas—, manifestando que la desigualdad era un resultado social inevitable y que el gobernante apenas podía encauzarla. No obstante, aún se dirigían gestos a los democráticos: el programa obandista proponía en su punto quinto la "contribución directa", pero ya en el poder Obando forzó su punto de vista, defendiendo "el impuesto proporcional a la fortuna del contribuyente, con escepcion de lo físico necesario".[42]

Aunque el propio Obando trató de mostrarse durante su campaña como un paladín de los propietarios, la propaganda plebeya siguió considerando a éstos sus adversarios, ahora con nuevos matices. La sociología moral ya no se fundamentaba sobre una ontología de la propiedad, sino en las características concretas de los propietarios neogranadinos, egoístas y autistas sociales. El mensaje subterráneo era una exhortación al cambio de comportamiento, no a la comunidad de propiedades, la expropiación, la reforma o la expiación moral.

La inflexión pretoriana (abril-diciembre 1854)

Durante el gobierno de Obando, el debate sobre asuntos atinentes a la propiedad quedó sumergido parcialmente. Sin embargo, con el pronunciamiento melista del 17 de abril de 1854, readquirió prominencia. Para que se capte claramente lo paradójico de la narración que sigue, precísase insistir en la obvia relación entre el 17 de abril y un movimiento popular cada vez más fuerte y exasperado. Con toda probabilidad, Melo llegó al poder en buena parte gracias a una trama conspiratoria urdida por los democráticos de Bogotá.[43] Dicha trama coincidió con la intensificación hasta el rojo vivo de las contradicciones de clase entre los sectores acomodados (casacas) y los plebeyos (ruanas), lo que alineó en dos bandos opuestos a la sociedad. Melo fue apoyado por el ejército, las guardias nacionales, las Sociedades Democráticas y los in-

---

[42] "Posesión del Ciudadano Presidente de la República", *Gaceta Oficial,* núm. 1496, Bogotá, 2 de abril de 1853.

[43] Véase, por ejemplo, Venancio Ortiz, *Historia de la revolución del 17 de abril de 1854,* Banco Popular, Bogotá, 1972.

telectuales radicales; sacó de esas canteras el personal de su gobierno.[44] Tirios y troyanos saludaron el advenimiento de Melo como el comienzo de un nuevo régimen, el de las ruanas. Aunque pocos se sorprendieron,[45] muchos se alarmaron.

Para los melistas, el contenido social de su pronunciamiento era claramente popular; sin embargo, el susto de los propietarios no se justificaba, precisamente por la moralidad superior del pueblo. Con el pronunciamiento del 17 de abril, "el espanto se difundió entre las clases altas de la sociedad que, no sabiendo estimar la moralidad de nuestras clases pobres, creyeron que el momento del saqueo i de todos los excesos había llegado".[46]

La gran pregunta era: ¿qué actitud iría a tomar el nuevo gobierno frente a los propietarios? Las preocupaciones del nuevo jefe de Estado eran financiar y ganar la guerra civil, que inmediatamente le había montado un frente nacional de liberales y conservadores, ampliar su dominio territorial y hacerse de una base social más amplia. Para su supervivencia necesitaba del apoyo de los propietarios, pero también, y cada vez más, de su dinero, sus tierras, sus recursos humanos y materiales. Por ello, los melistas se presentaron como los defensores armados, y alarmados, de la propiedad. Al mismo tiempo, querían convertir a los propietarios en rehenes.

Durante los primeros días de la revolución, los melistas hablaron con entusiasmo de "los recursos ofrecidos espléndidamente por los capitalistas más fuertes del país".[47] Muy pronto, sin embargo, vinieron las resistencias y, por consiguiente, las admoniciones malhumoradas de la revolución triunfante. Los reproches a los propietarios se apoyaban sobre la probada artillería de la sociología moral plebeya. La negativa de los ricos a contribuir con la revolución —y el correspondiente

[44] Véase José María Melo: "El Jefe Supremo del Gobierno Provisorio, Jeneral Comandante en Jefe de los Ejércitos de la República de la Nueva Granada/Decreto del 3 de junio de 1854" [Biblioteca Nacional/Fondo Pineda]. Los dos principales funcionarios del gobierno, según el decreto, eran Ramón Mercado, secretario del Interior y de Relaciones Exteriores, y Francisco Obregón, secretario de Hacienda, quien era uno de los cerebros de la Sociedad Democrática de Bogotá y del *coup* melista. Los funcionarios que completaban el gabinete eran notorios por sus simpatías con las ruanas.

[45] La publicística de la época había anticipado parcialmente el acontecimiento. En fecha tan temprana como 1850, un inteligentísimo y paranoico artículo de *La Civilización* había sostenido ya la tesis de la inevitabilidad del comunismo, debido a que la dinámica histórica siempre premiaba a los partidos más extremos y violentos de cada tendencia política. "Desenlace del complot", *La Civilización*, núm. 56, Bogotá, 19 de diciembre de 1850.

[46] "Editorial/La Situación", *Gaceta Oficial* [melista], núm. 1730, año XXIII, Bogotá, 1° de mayo de 1854.

[47] "Editorial/El 17 de abril", *Gaceta Oficial* [melista], año XXIII, Bogotá, 24 de abril de 1854.

empecinamiento conspiratorio— era una consecuencia de su egoísmo y de su falta de vocación republicana. Los ofrecimientos, decía *El 17 de Abril* y repetía la *Gaceta Oficial*,

> de los hombres pudientes de la capital [...] fueron tan insignificantes, i algunos no cumplidos, que no era posible atender ni a los gastos más urjentes, comprobando los ricos con esto el egoísmo que tantas veces se les ha enrostrado; i no era de esperarse más [...] En tal situacion el Gobierno se vio en la necesidad de distribuir un empréstito forzoso entre los ricos, porque de los pobres no podía sacarse; bastante da el que espone su vida.[48]

Pero el mejor análisis, desde la barricada melista, de la relación entre el gobierno y los propietarios se la debemos al general José María Mantilla. Para éste, los propietarios eran básicamente oportunistas que atendían sólo a sus propios intereses y cuya política consistía en apoyar al más fuerte. La idea no tiene nada de trivial, pues de hecho describe con bastante exactitud la situación de los propietarios, que entre dos autodenominados defensores suyos (melistas y adversarios) tenían que escoger quién los representaba mejor.[49] Como fuere, Mantilla parece querer decir que el desencuentro básico entre propietarios y democracia consistía en que aquéllos no podían, o no querían, articular intereses y motivaciones propiamente públicos ("opinión"). Al describir en esos términos el comportamiento de los "capitalistas", Mantilla hacía un llamado a la desconfianza:

> Al principio de la revolucion la mayor parte de los capitalistas se apresuraron a aceptar el movimiento del 17 de abril i le ofrecieron decididamente su apoyo no vacilando en dar al Gobierno provisorio las muestras más inequívocas de su adhesión; pero cuando vieron la revolución atacada en distintas direcciones i por fuerzas cuyo número ofrecía probabilidades de triunfo, cambiaron prontamente de opinión, si es que así puede llamarse este favor interesado con que se halaga la fuerza, i retiraron su cooperación [...] los recursos [...] fueron puestos de repente a la disposicion de un alto personaje que encabeza el movimiento contrarrevolucionario [...] Después de que las armas de la revolución han conseguido algunos triunfos, es de esperarse que vuelva en su favor la opinión de los capitalistas amigos del triunfo. Esta leccion es hoi, i será en adelante, mui provechosa.[50]

[48] "Los hechos i los rumores", *Gaceta Oficial* [melista], núm. 1734, año XXIII, 29 de mayo de 1854.
[49] La perplejidad de los dueños de tierras aledañas a Bogotá en 1854 está bien descrita en una obrita menor de don Eugenio Díaz, *El rejo de enlazar*.
[50] José María Mantilla, "SECRETARÍA DE GUERRA/PARTE que dirije el Jeneral Comandante de la 1era

Parcialmente de acuerdo con las prescripciones de Mantilla, el gobierno de Melo actuó frente a los propietarios como una guardia pretoriana: defensores armados del derecho de propiedad que encerraban, subordinaban y amenazaban a los titulares de ese mismo derecho. A medida que se hacía más y más difícil la situación de los revolucionarios, y por consiguiente más urgente e improbable el apoyo de los propietarios, los decretos[51] y frases amenazantes se combinaron con loas encendidas a la propiedad y al propietario; a la vez, se emprendía a bastonazos con creciente énfasis contra el "proletarismo", la "ignorancia" y "el comunismo". Con este giro, no solamente los objetos cognitivos que habían caracterizado a las concepciones patrimonialistas, sino el tejido de argumentos que permitió entrelazar tales objetos, estructurar relaciones entre ellos y sacar de allí consecuencias políticas, migró hacia las representaciones públicas del melismo y ejerció una influencia decisiva sobre ellas. El mejor ejemplo de este fenómeno es Ramón Mercado, quien sólo unos meses antes se manifestaba partidario de la igualdad, se explayaba ante las perspectivas de una comunidad fraternal de ciudadanos y denunciaba a los "bagavundos privilejiados". Ahora, como secretario del Interior, tomaría múltiples medidas en favor de los propietarios, tratando de impedir al máximo las expropiaciones más o menos espontáneas a que había dado origen el pronunciamiento del 17 de abril.[52] Su argumento era que el gobierno provisorio "no puede aprobar la continuación del desorden i el escándalo, de la inseguridad i la espoliación".[53] Y como ideólogo del régimen agregará que el egoísmo de los ricos les había impedido asumir la lucha contra el comunismo, una aseveración congruente con la sociología moral plebeya pero también con la defensa alarmada conservadora, como la que ya había utilizado el líder ultramontano Mariano Ospina Rodríguez un par de años antes. Es significativo que esta nueva perspectiva se haya tenido que apoyar en

División del Ejército, al Ciudadano Jeneral en Jefe, Encargado del Supremo Gobierno Provisorio", *Gaceta Oficial* [melista], núm. 1736, año XXIII, 9 de junio de 1854.

[51] Por ejemplo, José María Melo, "Comandante en jefe de los Ejércitos de la República, encargado del Supremo Gobierno Provisorio, sobre empréstito forzoso a los capitalistas", *Gaceta Oficial* [melista], núm. 1730, año XXIII, Bogotá, 1° de mayo de 1854.

[52] Véase, por ejemplo, "SECRETARÍA DE GOBIERNO/Espropiación de bienes", *Gaceta Oficial* [melista], núm. 1737, año XXIII, Bogotá, 20 de junio de 1854; en el mismo número "Oficial/Sobre espropiaciones"; "SECRETARÍA DEL INTERIOR I DEL CULTO/Circular aclaratoria de la de 13 de junio último, sobre espropiación", *Gaceta Oficial* [melista], núm. 1742, año XXIII, Bogotá, 31 de julio de 1854. Algunos de los argumentos originales del Mercado "igualitarista" sobreviven en las ideas del Mercado "pretoriano".

[53] Ramón Mercado, "Oficial/Sobre espropiaciones", *Gaceta Oficial* [melista], núm. 1737, año XXIII, Bogotá, 20 de junio de 1854.

un relajamiento del ecumenismo plebeyo. En lugar de la lucha universal entre el bien y el mal, nos encontramos con la idea de la especificidad de la Nueva Granada respecto de Europa, en el sentido de que aquí, con mucha tierra y poca población, "nadie se muere de hambre" y el problema de la propiedad no está directamente ligado con el de la pobreza.[54]

Bajo el peso de la migración de los argumentos patrimonialistas, la sociología moral plebeya comenzó a hacer agua en la propaganda melista, aunque sin desaparecer totalmente. El siguiente texto, debido probablemente a la pluma de Joaquín Pablo Posada y su aire de familia con ciertos artículos de *La Civilización,* no constituye una rareza:

> se predicó de tal manera el comunismo, que los hombres sin industria, sin patrimonio ni porvenir, creyeron que la sociedad autorizaba tácitamente el robo [...] En todas partes se veían salteadores, bandidos i asesinos, que con puñal en mano le decían al honrado propietario: "Vos no teneis derecho para llevar en vuestra volsa esas monedas: si no la dais para que yo sea tan rico como vos os asesino" [...] el proletario holgazan debía poseer las riquezas, el hombre trabajador i honrado debía morir de hambre en premio a su virtud.[55]

Es difícil hallar testimonio más elocuente del largo recorrido intelectual transitado por las Sociedades Democráticas y sus aliados en el corto y agitado periodo en que se definió su suerte.

Conclusiones

El notable deslizamiento de la literatura plebeya desde discursos "extremos" hasta temas conservadores tuvo su correlato en una paulatina reformulación de la visión sobre los prerrequisitos para acceder a la ciudadanía plena. En un primer periodo, se consideraba que democracia era sinónimo de ampliación de la ciudadanía a nuevas capas de la población, de disminución de las barreras de acceso a la ciudadanía. De hecho, se argumentaba que el epítome del espíritu cívico se encon-

---

[54] Ramón Mercado, "secretaría de gobierno/Circular/25 de mayo de 1854", *Gaceta Oficial* [melista], núm. 1734, año xxiii, 29 de mayo de 1854. Argumentos casi idénticos se pueden encontrar en varios artículos de Manuel Ancízar [liberal moderado] y en Mariano Ospina Rodríguez [conservador]: "¿Qué es la civilización?, *La Civilización,* núm. 1, Bogotá, 1° de agosto de 1849.

[55] "Editorial/Lo que hemos sido", *Gaceta Oficial* [melista], núm. 1732, año xxiii, Bogotá, 15 de mayo de 1854.

traba entre los trabajadores manuales, quienes, al contrario de los ricos cínicos y disipados, asumían las cargas de la sociedad y eran capaces de interiorizar el espíritu de lo público, ejerciendo, por ejemplo, el derecho electoral desde la perspectiva del bien común.

En un segundo periodo, las simbologías de la diferenciación social (ruanas contra casacas, entre otras) sirvieron para galvanizar a las Sociedades Democráticas alrededor de su candidato, José María Obando, a quien se insistía en ver y representar como el redentor de las víctimas y los desheredados. Pero los motivos igualitarios servían entonces también para enfrentar vida republicana y conflicto social como dos dinámicas incompatibles: todos, casacas y ruanas, eran ciudadanos; por tanto, presentarlos como dos categorías contrapuestas resultaba violatorio de la igualdad. El hiato entre la reivindicación desde abajo y la ecuanimidad cívica estaba cubierto con el nombre del candidato legendario que se suponía encarnaba con éxito una y otra.

El creciente desencanto con Obando, una derrota electoral inesperada en 1853 (que sugirió a los publicistas la idea de artesanos-ciudadanos con alta conciencia cívica enfrentados a campesinos-chusma y manejados por curas y terratenientes) y una nueva oleada de conflictos sociales crearon las condiciones para un tercer periodo, que inició con el golpe de Melo. Muchos de los ideólogos melistas mantuvieron viva la llama del resentimiento contra "los de arriba", adoptando sin embargo múltiples argumentaciones de sus adversarios patrimonialistas como instrumento de amenazante seducción. El gobierno de Melo adquirió un giro pretoriano: el contenido de su revolución resultó ser una suerte de chantaje colectivo. La lógica del chantaje —una relación compulsiva entre un actor con armas y otro con recursos económicos— implicaba la oscilación permanente entre la adulación y la amenaza: en este caso, entre la recuperación, así fuera fragmentada y reconfigurada, de los discursos patrimonialistas, que reivindicaban al propietario como principal actor de la vida cívica, y la sociología moral plebeya, que veía en los ricos a un sector inhabilitado para la vida pública por su egoísmo ontológico y su proclividad a incumplir los pactos.

LA SOCIEDAD CIVIL EN EL PERÚ DEL SIGLO XIX: DEMOCRÁTICA O DISCIPLINARIA

Carlos A. Forment[*]

A PARTIR DEL DECENIO DE 1830, los peruanos de todas clases y de todo el país se unieron por primera vez en su historia a fin de organizarse en centenares de asociaciones cívicas y políticas de todos tipos, en forma deliberada y sostenida. Esta oleada de actividad asociativa aumentaba la permanencia y la estabilidad de los lazos sociales, hacía más frecuentes y generalizadas las formas cívicas del compromiso y, con el tiempo, condujo a la institucionalización de una sociedad civil. En consecuencia, el escenario público de Perú se transformó para siempre, de modo que la sociedad civil desempeñó un papel prominente, al lado del Estado y el mercado, en la democratización del país y en la determinación de las vidas de todos los ciudadanos. En su mayoría, los investigadores de este periodo raras veces han advertido estos desarrollos, y mucho menos los han estudiado, concentrando su atención por completo en cuestiones relacionadas con la "dependencia económica" y la "construcción del Estado".[1]

Incluso una descripción breve e incompleta de la vida asociativa peruana entre 1830 y 1879 aconsejará una reconsideración de tal postura. Los hechos básicos pueden resumirse fácilmente.[2] Durante el periodo citado, la vida pública presenció la creación de no menos de 600 asociaciones nuevas; de este total, cerca de la mitad de las asociaciones realizaba algún tipo de actividad cívica; la otra mitad perseguía metas políticas relacionadas con las campañas electorales (presidenciales). Las formas asociativas de la vida aumentaron sostenidamente de un decenio a otro: entre 1830 y 1845 surgieron diez asociaciones; entre

---

[*] Departamento de Ciencias Políticas de la Universidad de Princeton, Princeton; Programa de Desarrollo Social y Sociedad Civil de la Universidad Torcuato di Tella, Buenos Aires, Argentina.
[1] La interpretación economicista se identifica con ciertos investigadores del Instituto de Estudios Peruanos: Heraclio Bonilla, Julio Cotler y Ernesto Yépez del Castillo; la estatista, con Nelson Manrique, Florencia Mallon y Carmen McEvoy, entre otros.
[2] Véase Carlos A. Forment, "Civic Associations and Political Clubs in Peru: 1830-1879; A Numerical Analysis, with Tables and Graphs", Documento de Trabajo, Princeton, 1994, Apéndice I.

1846 y 1855 aparecieron otras 55; entre 1856 y 1865, otras 164; las restantes 371 surgieron entre 1866 y 1879. En términos regionales, la mayoría de las asociaciones sobre las que tengo información confiable surgió en Lima, la capital del país, o en el cercano puerto de El Callao, en la costa del Pacífico; sin embargo, las prácticas cívicas ya formaban parte del escenario provincial en los últimos decenios: surgieron cerca de 200 grupos por todo el país.[3] Junto con este crecimiento numérico y esta dispersión geográfica de las formas asociativas de la vida se diversificó el tipo de actividad cívica de los peruanos. Al principio, la mayor parte de la vida asociativa se ligaba a la caridad y la beneficencia, pero con el paso del tiempo surgían nuevas y diferentes formas de vida cívica: a mediados del decenio de 1860, la sociedad civil estaba integrada por gran variedad de grupos, con inclusión de un grupo de derechos humanos (la Sociedad de Amigos de los Indígenas); movimientos populares de amplia base; logias masónicas; compañías de bomberos; grupos en favor de la Iglesia y la religión; organizaciones educativas; gremios artesanales; sociedades de ayuda mutua; clubes sociales, recreativos y atléticos; grupos patrióticos y de veteranos de guerra; organismos profesionales; sociedades literarias, científicas y académicas; compañías de seguros de vida, de ahorro y préstamo; agencias de desarrollo rural y otras semejantes, así como los clubes electorales que se formaban durante las campañas presidenciales. Esta diversificación de los lazos sociales volvía cada vez más unidas y complejas las formas cívicas de la vida; y como subproducto de estos cambios, la sociedad civil se volvía cada vez más autónoma y diferenciada, desempeñando un papel importante en la redefinición de la vida pública al lado del aparato estatal y de los mercados económicos.

Este ensayo sobre la vida pública en el Perú de fines del siglo XIX se basa en una muestra pequeña —35 grupos cívicos tomados de un banco de datos que contiene información sobre más de 600 asociaciones— y es, desde luego, de alcance muy limitado y restringido, centrado exclusivamente en la sociabilidad de la elite socio-cultural del país, sin ninguna referencia a alguno de los otros grupos, tales como los negros, los indígenas y los artesanos, que figuran prominentemente en mi estudio más amplio de la sociedad civil peruana.[4] La elite estudiada en este

---

[3] He encontrado información sobre la ubicación geográfica de 554 del total de asociaciones.
[4] Este ensayo forma parte de mi libro en manuscrito *Democracy in Spanish America: Civil Society and the Invention of Politics* (próxima publicación, Cambridge University Press), un estudio comparado de México, Perú, Argentina y Cuba, entre las décadas de 1780 y de 1890.

ensayo incluía sólo a una porción pequeña de la población del país, pero su influencia no se puede estimar simplemente en términos numéricos, ya que desempeñaba un papel prominente al determinar las prácticas comunicativas y sociales del Perú. El ensayo se divide en varias partes. La primera comenta la interpretación dada por Habermas y Foucault a la importancia de la sociedad civil en el surgimiento de regímenes democráticos en la Europa Occidental durante el siglo XIX, que es el marco de mi propio estudio. La segunda analiza la vida pública del Perú entre 1830 y 1845, durante el periodo de la guerra civil, cuando la violencia militar, la radicalización política y la polarización social socavaron los salones familiares, la forma más común y generalizada de la sociabilidad elitista durante estos años. La tercera sección examina el resurgimiento de la sociabilidad elitista entre 1845 y 1879, con el aumento de sociedades académicas y de estudios; grupos profesionales, y clubes sociales, patrióticos y recreativos. A fin de evaluar el papel de la elite en la democratización de la vida pública peruana, me concentraré en sus prácticas comunicativas y sociales, en su capacidad para producir un "imaginario democrático" y unas "relaciones sociales igualitarias". La última sección plantea cuestiones más amplias que rebasan este estudio de un caso particular y que podrían permitirnos reflexionar sobre la manera como estudiamos las transiciones democráticas del pasado y del presente.

La sociedad civil, la ciudadanía y los regímenes democráticos

¿Habermas o Foucault?

En su conocida obra *The Structural Transformation of the Public Sphere*, Jürgen Habermas estudia la forma en que la sociedad civil y la esfera pública remodelaron la vida pública de toda la Europa Occidental a partir del siglo XVIII.[5] Según Habermas, las prácticas democráticas arraigadas en las nociones de igualdad social y libertad política surgieron del interior de la sociedad civil, dentro de las asociaciones cívicas, antes, durante y después del surgimiento y la consolidación de los regímenes democráticos. No hay duda de que la democracia se forjó también por otros factores tales como la revolución industrial (inglesa)

---

[5] Jürgen Habermas, *The Structural Transformation of the Public Sphere*, Cambridge, 1989. [Hay versión en español.]

y la revolución política (francesa) que ya habían barrido al continente, pero Habermas sostiene que la formación de una sociedad civil burguesa y una esfera pública fue decisiva por cuanto transformó los principios normativos y las prácticas comunicativas tanto de la elite como de las clases populares. Las asociaciones se convirtieron en las "escuelas" más importantes de la democracia, lugares donde se reunía la gente para aprender y practicar el arte del "interés propio bien entendido", en el sentido que a la frase da Tocqueville. Las asociaciones eran importantes también por otra razón: ofrecían un lugar donde los ciudadanos podían deliberar con espíritu crítico sobre cuestiones de interés común. Razonando colectivamente, la práctica del empleo de normas críticas y universales para zanjar disputas, condujo a la formación de una "opinión pública" y a la institucionalización de una "esfera pública".[6] La cronología, la calidad y el tipo de la vida democrática que se estableció en Francia, Inglaterra y Alemania dependían de la relación existente entre los procesos cívicos y los comunicativos.

En *Vigilar y castigar*, Michel Foucault relaciona las formas asociativas de la vida con el surgimiento de una sociedad "disciplinaria", "carcelaria", basada en formas indirectas, "microfascistas", de control y vigilancia.[7] Según esta tesis, el triunfo de la democracia trajo consigo la incorporación rápida y masiva de grupos hasta ahora excluidos (los asalariados, las mujeres, los indios, etc.) de la vida pública, haciendo caduco e ineficaz al más tradicional modelo de dominación "centrado en el Estado", basado en tecnologías legales, jurídicas y militares arraigadas en formas del control directo, intenso y centralizado. La democratización minaba este modelo estatista, allanando el camino a un nuevo "modelo cívico" basado en formas asociativas y cívicas de control, arraigadas en estrategias indirectas, extensivas y descentralizadas, más adecuadas y adaptables para la construcción de la "sociedad de masas" moderna. Una de las características peculiares, distintivas de la democracia moderna, es su utilización de formas cívicas del autoritarismo. Las asociaciones cívicas también desempeñaron un papel importante en la desorganización de las identidades colectivas de los grupos que recién recibían el derecho del voto, especialmente en el caso de quienes hasta entonces habían sido marginados y excluidos de la vida

---

[6] Al revés de Tocqueville, a quien sigue en muchos sentidos, Habermas se ocupa primordialmente de las prácticas "comunicativas", antes que de las formas asociativas de la vida.

[7] Michel Foucault, *Discipline and Punish*, Nueva York, 1979, pp. 27-30, 222, especialmente 298-309.

pública. La participación en asociaciones privaba a los individuos de sus experiencias "reales", vividas, sustituyéndolas por fantasiosas concepciones imaginarias, basadas en la noción de ciudadanía, lo que inducía a muchos de ellos a malinterpretar y desconocer a los demás, y aun a sí mismos. Los dirigentes cívicos, con inclusión de médicos, abogados, académicos, feministas establecidas, líderes indígenas, entre otros, utilizaban su autoridad cultural para generar "regímenes de verdad", y en esta forma establecían una "tiranía de la mayoría", según la célebre frase de Tocqueville. En la visión de Foucault, estas mismas verdades definían finalmente la estructura y el contenido de la categoría llamada "ciudadanos". La incorporación a la vida pública contribuía a la supresión de la heterodoxia, al ocultamiento de las diferencias y al surgimiento de ciudadanos dóciles, normalizados.

A pesar de estas y de otras diferencias básicas, Habermas y Foucault convienen en ciertos puntos básicos que deben ser subrayados y que sirven para distinguirlos de otros autores igualmente interesados en el surgimiento de los regímenes democráticos. Ambos autores otorgan primacía y centralidad al papel de la sociedad civil —en lugar de los factores económicos y relacionados con el Estado, por ejemplo— en la promoción de los regímenes democráticos, y consideran que la primera mediaba y transformaba la influencia de los últimos en formas complejas que no se han estudiado lo suficiente. Ambos autores subrayan las prácticas consuetudinarias, las formas de la vida cívica relativamente durables, estables y continuas, por encima de los momentos episódicos y dramáticos de ruptura radical en que la vida pública se agita y moviliza. Ambos se niegan a otorgar centralidad a un solo grupo, ya sea el de los obreros, los campesinos, la clase media o la elite corporativa que controla las "instituciones en la cúpula". Sostienen que las prácticas asociativas aparecen en diversas formas y tamaños, y que cada cual tiene importancia incomparable para la vida pública. Convienen con Alexis de Tocqueville en que la "política" no sólo se ocupa de la acumulación de poder "económico" o la monopolización de la "violencia estatal", sino que se relaciona sobre todo con la producción de poder social, el poder que generan los individuos cuando forjan lazos estables y solidarios entre sí.[8] Por último, tanto Habermas como

---

[8] Existe la impresión generalizada, pero errónea, de que Foucault se opone a todas las formas de solidaridad, aunque dice otra cosa en su ensayo "The Subject and Power", Hubert Dreyfus y Paul Rabinow, (comps.), *Beyond Structuralism and Hermeneutics,* Chicago, 1983, pp. 211-212. Dice Foucault: "Mi obra ataca todo lo que separe al individuo, rompa sus conexiones con otros,

Foucault definen la democracia primordialmente en términos de comunicación (Habermas: actos de discurso; Foucault: estrategias discursivas). Las prácticas culturales permiten que los ciudadanos interpreten y conciban la vida pública en formas rivales; el cuestionar las representaciones de la democracia del otro es lo que permite a los grupos rivales dar una forma reconocible y un contorno a sus propias nociones vagas de lo que significa vivir en condiciones de "igualdad social" y "libertad política".[9]

La guerra civil y la vida pública en Perú: 1830-1845

Entre 1830 y 1845, Perú se vio asolado por episodios recurrentes y prolongados de guerra civil. Con cada nueva oleada de violencia, la elite se polarizaba socialmente y se radicalizaba políticamente en mayor medida, socavando así la capacidad organizacional y la legitimidad moral de las instituciones públicas que ya no eran capaces de estabilizar la vida pública. Décadas de guerra civil dejaron su huella en los salones familiares, una de las formas más comunes de sociabilidad entre la elite cultural del país.[10]

Los salones familiares: Lima, Cuzco y Arequipa

Los salones de Lima eran socialmente homogéneos y excluyentes, sólo accesibles a los miembros más influyentes de la elite, y muchos de los que a ellos asistían estaban conectados entre sí por lazos de parenteco, comerciales y crediticios densos, múltiples y yuxtapuestos. En parte por esas mismas razones, lograr entrada a un salón era cuestión relativamente sencilla por comparación con la situación similar en la Europa Occidental.[11] El vicecónsul de Francia en Lima, A. de Botmiliau, hombre familiarizado con el funcionamiento interno de la sociedad pa-

---

divida la vida comunitaria, obligue al individuo a encerrarse en sí mismo y lo limite al atarlo a su propia identidad [...] éstas son luchas contra 'el gobierno de la individualización' [...]".

[9] Por ejemplo, los grupos que definan el poder en términos puramente económicos entrarán al mercado para adquirir tierra, mano de obra, capital y crédito; en cambio, los grupos que definan el poder en términos sociales adoptarán formas de vida solidarias, asociativas.

[10] Forment, *op. cit.* Dos de las tres asociaciones existentes en el periodo de 1830 a 1845 se crearon a fines del periodo colonial y eran simplemente supervivientes; la tercera, una asociación profesional de farmacéuticos, era la única nueva; finalmente se fusionó con la Sociedad Médica.

[11] Dominic Lieven, *The Aristocracy in Europe, 1815-1914*, Nueva York, 1993, pp. 134-160.

risiense, se sorprendió ante la ausencia de protocolo entre la elite de Lima:

> Los salones de Lima están abiertos a todos [...] [Cuando] una lámpara [...] se coloca en medio del salón directamente frente a la puerta y [se deja allí] iluminando el salón [...] [esta es una señal de que] los visitantes [son bienvenidos]. Para la segunda o tercera visita, se recibe a una persona como si fuese un viejo conocido.[12]

Las *salonnières* se turnaban visitándose mutuamente, lo que generaba un tráfico continuo entre la elite de la ciudad, que aprovechaba estos encuentros semanales para renovar antiguas amistades, crear nuevas relaciones y reparar los lazos sociales dañados.

Dentro de los salones, las relaciones sociales eran rituales coreográficos destinados a reflejar las mismas gradaciones sutiles de la posición ocupada en la vida pública.[13] Los salones se iniciaban en una forma rígida, jerárquica, con los anfitriones escoltando a sus invitados hasta sus sillas, dispuestas siguiendo una pauta estricta, casi de panal, a fin de reflejar las diferencias sociales existentes en el interior de este grupo aparentemente homogéneo. En preparación de una ronda de baile, los invitados avanzaban hacia el medio del salón, mientras que las potenciales parejas se hacían señas para aceptar o rechazar la invitación de acuerdo con su rango social respectivo; los que rechazaban repetidamente las invitaciones se consideraban ignorantes del rango social, falla que en sí misma denotaba un rango inferior. Después del baile, los invitados se mezclaban más libremente, reuniéndose en pequeños grupos voluntarios, lo que aprovechaban las personas para redefinir su lugar en la vida pública, y para cuestionar y desafiar la interpretación de la vida social, convencional y "canónica" del anfitrión.[14]

Pero los salones de Lima no eran típicos ni representativos de los de otras partes del país, sobre todo los de las ciudades provinciales de Cuzco y Arequipa. A mediados del decenio de 1830, el embajador de Francia en el Perú visitó Cuzco y se sorprendió al advertir que la gran mayoría de

---

[12] Eugène de Sartiège y Adolfo de Botmiliau, *Dos viajeros franceses en el Perú republicano*, Lima, 1947, p. 185.

[13] Se evaluaba a las anfitrionas por su capacidad para apreciar correctamente la posición ocupada en la vida pública y traducirla en las relaciones sociales dentro del salón. La incapacidad de actuar así no se interpretaba en términos personales, sino sociales, como indicación de carencia de las conexiones necesarias para obtener acceso a varias redes a la vez, lo que a su vez indicaba una posición baja.

[14] Sartiège y Botmiliau, *op. cit.*, p. 15.

las familias se visitan raras veces, y cuando lo hacen se vuelve un acontecimiento muy solemne y ceremonioso. Aquí no se conocen los bailes [...] Las reuniones que se realizan durante las festividades raras veces atraen a más de veinte o treinta personas.[15]

La sociabilidad existente entre la elite cuzqueña estaba ligada a un pasado "imaginado", según la afortunada frase de Benedict Anderson, arraigado a las tradiciones incas andinas asociadas con la grandeza de su nobleza aristocrática, que alguna vez había residido en esta ciudad. La elite provincial se apropió esta tradición indígena, proclamándose heredera única y descendiente directa de la aristocracia inca y, como tal, gobernante legítima del país. El indigenismo andino rechazaba el modelo democrático planteado por la elite de Lima, considerada por ellos como sólo un grupo de arribistas criollos.[16]

La elite de Cuzco refutaba la genealogía aristocrática de las demás, acusando a sus rivales más cercanos de linaje fraudulento, al tiempo que custodiaba celosamente su propia genealogía. Estas luchas feroces por la posición desalentaban a la mayoría de las familias de toda participación en la vida pública, pues temían que se mancharan su honor y su reputación, lo que haría disminuir su capital sociocultural. La elite de Cuzco disfrutaba sus pretensiones aristocráticas en la relativa intimidad de sus salas, rodeada de sus pares de mentalidad semejante que reafirmaban su propio rango social. En el decenio de 1840, Paul Marcoy, un viajero inglés, visitó Cuzco y nos dejó sus impresiones:

> Las baratijas peruanas, consistentes en estatuillas de incas y coyas [...] y las cajas de barro pintadas [...] de fecha anterior a la Conquista. Las pinturas al óleo de artistas de Cuzco y de Quito adornaron en alguna época los salones de la vieja aristocracia, pero las revoluciones políticas han desfigurado, quemado o vendido estos cuadros a menudo notables. Privadas de la galería de pinturas que alguna vez fueron su orgullo, algunas familias nobles de la ciudad [...] han tratado de obtener un sustituto pintando la pared de sus escaleras con [...] honores heráldicos o con sus árboles genealógicos [...] Las familias de nobleza dudosa, o que sólo pueden presumir de un pequeño número de antepasados [...] se consuelan con la posesión de un piano de manufactura inglesa o chilena [...][17]

---

[15] Sartiège y Botmiliau, *op. cit.*, p. 67.
[16] David Brading, *The First America*, Cambridge, 1991, pp. 128-154, 202-268, 340-342.
[17] Paul Marcoy, *Travels in South America from the Pacific Ocean to the Atlantic Ocean*, vol. I, 1875, Londres, p. 86.

En Cuzco, el pasado imaginado pesaba mucho en las mentes de los supervivientes, lo que encerraba a la elite y empobrecía la vida pública.

Los salones arequipeños no eran tan públicos ni tan activos como los de Lima, ni estaban tan privatizados como los del Cuzco. En Arequipa, "las mujeres [...] hacen pocas visitas pero se conforman con mantener una comunicación verbal por medio de sus sirvientas y con el intercambio perpetuo de flores, frutas y dulces [...]"[18] La sociabilidad arequipeña estaba organizada por mujeres que, desde la intimidad de sus hogares, participaban en la vida pública, recurriendo a sus sirvientas para tender un puente entre estos dos mundos. Cada día, la señora de la casa enviaba a sus sirvientas a una ronda de visitas, transmitiendo y recibiendo información sobre los hechos del día de otras señoras que participaban de la red de parloteo, recurriendo a formas elaboradas de donativos de flores, pasteles y jabones, expresando una confianza social en las demás. Las señoras utilizaban sus salas de estar para romper el monopolio que los hombres (sacerdotes y periodistas) ejercían sobre las homilías eclesiásticas y los periódicos, dos formas influyentes de la comunicación pública durante este periodo.

La radicalización de la vida privada y la militarización de la vida pública

Entre 1830 y 1845, muchos de los salones de Lima cayeron en el mismo tipo de extremismo político que había afectado ya al resto de la vida pública. Durante el gobierno liberal de Luis José Orbegoso, algunos miembros de la oposición conservadora (gamarrista) fueron perseguidos hasta el interior de sus casas, donde resistieron, transformando sus salones familiares en fortalezas políticas, centros de adoctrinamiento ideológico y de sociabilización. La prensa liberal vigilaba estos salones, publicaba la ubicación de cada uno de ellos, e invitaba y alentaba a los funcionarios públicos y a sus simpatizantes a que los atacaran. *El Genio del Rimac*, el diario más influyente del país, publicó una de estas listas, con el seudónimo de "El Vigilante":

> Los gamarristas se reúnen regularmente en [los lugares siguientes:] una casa grande en la esquina de Zárate; frente al antiguo café San Agustín; en la casa adyacente a la iglesia del Espíritu Santo; frente al Tribunal de Minería;

[18] Marcoy, *ibid.*, p. 39.

en la casa adyacente a la del Presidente de la Suprema Corte; en las oficinas administrativas de uno de los ministerios; y debajo del puente.[19]

Los conservadores respondieron retirándose a sus hogares y convirtiendo sus salones en centros de conformismo político y uniformidad ideológica, en lugar de la anterior tolerancia aristocrática. En 1839, bajo la presidencia de Gamarra, el distinguido poeta Felipe Pardo y los miembros de su salón transformaron sus reuniones en sesiones de discusión política, ganándose el dudoso honor de convertirse en "la cuna" del partido conservador, como dijera el propio Pardo.[20] Liberales y conservadores lanzaban reiteradas cacerías de brujas y purgas políticas, lo que minaba el escaso espíritu cívico existente en el panorama público ya devastado del país; los militantes de cada bando reflejaban el extremismo radical del bando contrario, imprimiendo su propio radicalismo al resto de la vida pública.

A principios del decenio de 1840, mientras el Perú se encontraba todavía bajo un gobierno autoritario, la elite se ligó cada vez más al Estado. Bajo la presidencia de La Fuente, su gobierno, conocido como el "Directorio", se convirtió en "prodigioso en fiestas", según la frase de Jorge Basadre, decano de la historia peruana. Los ministros del Poder Ejecutivo y los oficiales del ejército utilizaban estas reuniones para establecer lazos clientelistas con la elite social y cultural del país; los salones partidistas fueron sustituidos por bailes, banquetes y fiestas patrocinados por el Estado, lo que produjo un aflojamiento de los lazos sociales y la difusión de lazos oficiales.[21] Estas festividades patrocinadas por el Estado eran bien vistas por todos, porque a menudo eran la única señal de vida pública en un terreno cada vez más estéril y hostil. Incluso los editores de *El Comercio,* periódico conocido por su actitud crítica hacia el gobierno, reconocía esto, elogiando a los miembros del Directorio de La Fuente. Según el editor, las festividades se iniciaron

en [...] nuestras casas, entre los miembros de nuestra familia [...] pero dejemos esto para concentrar nuestra atención en el baile celebrado esa noche [en la casa del Presidente] [...] en honor de su esposa [quienes] mostraron un gusto impecable en todos los detalles, en su lista de invitados y en la

---

[19] Un Vigilante, "Aviso al Prefecto y Ministro de Gobierno", *El Genio de Rimac,* 15 de abril de 1834; Un Vigilante, "Aviso al Prefecto y Ministro de Gobierno", *El Genio de Rimac,* 16 de abril de 1834.
[20] *Poesías y escritos en prosa de don Felipe Pardo y Aliaza,* París, 1869, p. XVII.
[21] Jorge Basadre, *Historia de la República del Perú,* vol. 2, Lima, 1979, p. 707.

cortesía brindada a todos los invitados [...] Para las 9:00 p. m., todos los salones del palacio estaban atestados de personas elegantemente vestidas [...] Entre los [...] invitados estaban todos los miembros del alto mando y todos los jefes de división de su ejército [...] Finalmente se puede decir que la calma se ha restablecido en nuestro país, y con ello ha resurgido un tipo de entretenimiento que nuestra sociedad en otro tiempo conoció muy bien.[22]

Fue efímero el esfuerzo del Directorio por revivir la cultura cortesana, pero hizo mucho para desorganizar aún más los lazos sociales horizontales subsistentes entre las elites, sustituyéndolos por lazos verticales basados en el patronazgo y arraigados en las prácticas autoritarias y oportunistas vinculadas al Estado. La cultura cortesana había resurgido con todas sus insignias, en una forma similar a la que había existido a fines del periodo colonial cuando se utilizaban con frecuencia los lazos familiares para sostener aquellos centrados en el Estado, de manera semejante a lo ocurrido en Francia durante el segundo Imperio de Napoleón.

Entre 1835 y 1845, Lima se vio asolada por bandas de salteadores (montoneros) que a su paso por la ciudad aterrorizaban a los residentes, robaban a los transeúntes y saqueaban las tiendas elegantes, haciendo que la elite se encerrara en sus casas, y contribuyendo así a una nueva reducción de la vida pública. Las bandas de montoneros mejor organizadas tenían redes de espías por toda la ciudad, las que informaban a sus jefes, acampados fuera de los muros de la ciudad, sobre el movimiento de mercancías en las áreas comerciales.[23] La llegada de una banda de montoneros producía un pandemónium; un viajero alemán nos dejó este testimonio ocular de 1838: " [...] el terror y el pánico se han apoderado de toda la ciudad ante la aparición del grupo montonero [...] En todas las calles se oyen gritos de alarma [...] Todas las personas corren a la casa más cercana en busca de refugio, y cierran las puertas con llave".[24] La inseguridad extrema pasó a formar parte de la vida diaria, pero los momentos más terribles eran cuando la ciudad misma se convertía en objetivo militar o trofeo político que las fuerzas rivales trataban de defender o capturar. Estas campañas prolongadas causaban gran angustia entre los residentes locales. Como relatara Archibald Smith, un observador inglés: "durante varios meses [...]

---

[22] "El baile público del 29 de septiembre de 1839", *El Comercio*, 2 de octubre de 1839.
[23] Jacobo von Tschudi, *Testimonio del Perú, 1838-1842*, Lima, 1966, p. 173.
[24] Jacobo von Tschudi, *op. cit.*, p. 179.

[hemos sido presa de] el pánico general y el desaliento [...] [La] capital [ha] sido escenario de diarios combates; bandidos y soldados se enzarzan en luchas incesantes, aunque irregulares, dentro y fuera de los muros".[25] Debido al pillaje y el saqueo reinantes, la elite se refugiaba en la intimidad de sus casas, dejando de visitar los salones por temor a ser asaltados por una banda de montoneros o muertos por balas perdidas. Ya a fines del decenio de 1830 era palpable la decadencia de la vida pública entre la elite, aun antes de que ésta sufriese los efectos de la guerra civil. Como dijera un visitante inglés: "No hay sociedad, no hay diversión de ninguna clase, y la mitad de las tiendas están cerradas por temor al pillaje. Nada puede igualarse a la confusión y la alarma prevalecientes".[26] El caos público destruyó los pocos lazos cívicos que se habían conservado hasta entonces.

La estabilidad cívica y la redefinición de la sociabilidad de la elite: 1845-1875

En el decenio de 1850 se produjo una disminución notable de la lucha civil, aunque no su final. Ocasionales brotes de violencia siguieron asolando al país, pero ello no impidió que la elite apartara su atención de las actividades puramente privadas, relacionadas con la seguridad personal y la supervivencia económica, para ocuparse de actividades relacionadas con la vida sociocultural y literaria. En 1876 llegaron a la capital rumores de una reanudación de la lucha, pero esto no impidió las reuniones de los miembros de la Velada Literaria (1876), un salón feminista. Contamos con el testimonio de uno de sus miembros: "sentíamos temor, y estábamos seguros de que nuestros peores presagios estaban a punto de hacerse realidad [...] aquella noche, pero eso no nos impidió reunirnos [...]"[27] En lugar de desbandarse y refugiarse en sus casas, los miembros de la Velada se reunieron y procedieron a discutir la "cuestión femenina" en el Perú. Algo había cambiado ciertamente en la vida pública.

Entre 1846 y 1876 la vida asociativa resurgió por todo Perú. La elite del país organizó no menos de 45 asociaciones: cinco de ellas se formaron entre 1846 y 1855; otras nueve entre 1856 y 1865; pero la mayor

---
[25] Archibald Smith, *Peru as it is, 1839*, vol. I, Londres, p. 185.
[26] P. Campbell Scarlett, *South America and the Pacific*, Londres, 1838, p. 111.
[27] "Velada Literaria", *La Opinión Nacional*, 3 de agosto de 1876.

parte surgió entre 1866 y 1879. Esta difusión de las formas asociativas de la vida entre la elite se vio impulsada por el surgimiento de grupos urbanos profesionales, como los de abogados, profesores y médicos, aunque es importante advertir que estos grupos probablemente no habrían sobrevivido sin la existencia de tales asociaciones. Los profesionales urbanos dependían de estos grupos cívicos para protegerse de los esporádicos episodios de violencia y las recurrentes recesiones económicas que amenazaban su supervivencia. Dicho de otro modo, la vida asociativa conformaba a estos grupos profesionales y a su vez se veía conformada por ellos.[28]

Organizada alrededor de clubes sociales, patrióticos y recreativos, y de sociedades profesionales, de estudios y académicas, la elite peruana transformaba estas arenas cívicas en arenas autónomas donde podía experimentar con nuevos tipos de lazos sociales y ensayar nuevas interpretaciones críticas de la vida pública.

Narración de la vida pública: el catolicismo cívico

La elite cultural del país que actuaba dentro de estas asociaciones cívicas forjó una "contra narrativa" crítica del *statu quo* y arraigada en las nociones de civilidad, en una época en que sus compatriotas aún sostenían una visión autoritaria o liberal de la vida pública. El discurso cívico emanado de estas asociaciones cívicas cuestionaba el discurso dominante, autoritario, el cual continuaba sosteniendo que los peruanos no estaban preparados para gobernarse por sí mismos, de modo que necesitaban la tutela de un Estado fuerte; y cuestionaba también el discurso liberal, todavía influyente, para el cual el libre comercio constituía la solución de la mayor parte de los males del país, fuesen de carácter social, político o económico.

La narrativa cívica que ahora circulaba entre el público era claramente nueva, pero tenía raíces profundas en la cultura política peruana, ya que contenía fuertes elementos del neoescolasticismo católico, que había sido el lenguaje de la vida pública desde fines del periodo colonial. Como ocurre con todas las tradiciones, el neoescolasticismo católico era complejo y estaba integrado por variadas vertientes; en el caso que nos ocupa, conservadores e igualitarios habían discutido el significado

---

[28] Forment, *op. cit.*

y la importancia de esta tradición.[29] La elite limeña reformuló y estructuró estas vertientes en una forma novedosa, produciendo una visión alternativa de la vida pública, la que definió como "catolicismo cívico".[30] Tomó de los conservadores la noción de la "comunidad", destacando la importancia del orden social, la cohesión moral y la autoridad política; de los "igualitarios" tomó las nociones de participación popular y la necesidad de una sociedad fuerte y autónoma, capaz de frenar al soberano.[31] Hasta ese momento, los neoescolásticos habían considerado estas dos tradiciones como meras antinomias, como opuestos; pero la nueva elite limeña las interpretó como elementos complementarios. Lo que le permitió conciliar y unir estas vertientes antagónicas en una pauta coherente fue la idea de las "formas asociativas de la vida", tema que hasta entonces no había figurado prominentemente en los debates públicos.[32] A partir del decenio de 1850, el catolicismo cívico del Perú —sobre todo en Lima, la capital— se difundió y ganó partidarios, incluso entre los artesanos urbanos y provinciales y entre los habitantes de las zonas rurales, hasta alcanzar el triunfo del "civilismo" en el decenio de 1870, bajo la dirección de un club electoral, la Sociedad Independencia Electoral, que habría de ganar la presidencia nacional para Manuel Pardo.[33]

Puede afirmarse que uno de los expositores más elocuentes de esta nueva versión del catolicismo cívico fue Francisco de Paula González Vigil, eclesiástico, masón, congresista y director de la biblioteca na-

[29] Véase un resumen del neoescolasticismo católico en Tulio Halperín Donghi, *Tradición política española e ideología revolucionaria de mayo,* Buenos Aires, 1985, y en Berenice Hamilton, *Political Thought in Sixteenth Century Spain,* Oxford, 1963.

[30] Los investigadores que se ocupan del ascenso de las normas democráticas lo han atribuido con frecuencia al protestantismo, al que contrastan con el catolicismo, haciendo hincapié en su autoritarismo a fin de exagerar los logros culturales de los países europeos septentrionales. Véase David Little, *Religion, Order and Law,* Oxford, 1970, pp. 132, 222-223, 309-313; Benjamin Nelson, *The Idea of Usury,* Chicago, 1969, pp. 73-87; Michel Walzer, *The Revolution of the Saints,* Cambridge, 1965, 301-303; y Talcott Parsons, *The Evolution of Societies,* Englewood Cliffs, 1977, pp. 199-204.

[31] También algunos investigadores identificados con el debate "antihispánico" de la posguerra y la difusión de la teología de la liberación después de la Revolución cubana han adoptado una concepción parcial, concentrándose en los aspectos igualitarios y participativos del catolicismo. Manuel Giménez Fernández, "Las ideas populistas de la independencia de Hispanoamérica", *Anuario de estudios americanos,* Sevilla, 1943; Enrique Dussel, *Historia general de la Iglesia en América Latina,* México, 1990; y O. Carlos Stoetzer, *The Scholastic Roots of the Spanish American Revolution,* Nueva York, 1979.

[32] Paul Gootenberg presenta una historia intelectual del liberalismo peruano en *Imagining Development,* Berkeley, 1993.

[33] Carmen McEvoy hace una relación detallada de este club electoral en *Un proyecto nacional en el siglo XIX,* Lima, 1994.

cional.[34] En 1858, en su ensayo titulado "Importancia y utilidad de las asociaciones", dio forma y contenido a esta nueva visión de la vida pública, de la que era expresión.[35] Publicado originalmente en *El Constitucional,* un diario limeño, el ensayo acabó por entusiasmar a los miembros del cabildo de El Callao, quienes pidieron a Vigil que escribiera un "catecismo cívico" para las escuelas primarias, con base en tal ensayo. Entre 1859 y 1875, este catecismo fue reimpreso no menos de 10 veces.[36] El ensayo de Vigil trataba de inculcar a todos los peruanos la importancia del poder social, el poder generado por los ciudadanos cuando se unen en una causa común. Lamentaba Vigil que en el Perú "la sociedad depende demasiado del Gobierno [...]"[37] En su opinión, las asociaciones constituyen el mejor instrumento para romper este círculo de dependencia: "Todo individuo es débil [...] sólo en las asociaciones se puede decir que el pueblo es fuerte".[38] La visión asociativa de la vida pública que tenía Vigil estaba arraigada en la doctrina católica, pero no era antiindividualista ni colectivista; más bien se basaba en un equilibrio móvil similar al que propusiera Tocqueville. Según Vigil, "debe haber un equilibrio entre [...] los individuos y sus asociaciones";[39] los hombres florecen en las asociaciones, pero estas últimas sólo pueden prosperar si contribuyen a la formación de personas autónomas. Como en el republicanismo clásico, en el catolicismo cívico la tensión no se establecía entre el individuo y la sociedad, sino que surgía de la necesidad de conservar la virtud cívica de los efectos corrosivos de los vicios anticívicos.[40] El ensayo de Vigil discute en gran

[34] Quien trate de entender las dimensiones narrativas de la vida pública peruana en el siglo XIX tendrá que conciliar los aspectos autoritarios y los aspectos populistas del catolicismo. Desde luego, las nociones de la comunidad y la libertad en la tradición católica se habían presentado hasta entonces, por los miembros de ambos bandos, como formas de la vida pública divergentes y alternativas. Lo que luego hizo parecer compatibles a tales formas fue la difusión del "republicanismo cívico" a través de la Cuenca del Atlántico Occidental. Paradójicamente, el republicanismo permitió que los peruanos conciliaran el comunitarismo con el igualitarismo, transformando así estas antinomias simples en suplementos complementarios.

[35] Francisco de Paula González Vigil, "Importancia de las asociaciones", en *Importancia de la educación popular,* Alberto Tauro (comp.), Lima, 1858, reproducido en 1948.

[36] Francisco de Paula González Vigil, *Catecismo Patriótico* (Callao, 1859).

[37] *Ibid.,* p. 27.

[38] Francisco de Paula González Vigil, "Importancia de la asociaciones", en *Importancia..., op. cit.,* p. 20. Todas mis referencias han sido tomadas de esta edición. Parte Vigil del supuesto católico de que los seres humanos son sociables por naturaleza, al revés de lo que sostenían los protestantes, y de que los hombres sólo se realizan si participan en los asuntos de su comunidad, en lugar de refugiarse en su propia conciencia para vivir aislados, como seres autónomos, libres de restricciones, de acuerdo con la visión frecuente de los liberales.

[39] *Ibid.,* p. 22.

[40] Vigil distinguía entre las asociaciones "facciosas" y las "cívicas", afirmando que las primeras

detalle las diferencias existentes entre las asociaciones "virtuosas" y las "viciosas", pero no los problemas que también existen entre los "individuos" y su "sociedad", una problemática central en la doctrina autoritaria y la liberal, pero que es un tema secundario en la doctrina republicana.

Los escritos de Vigil son importantes para entender el desarrollo del catolicismo cívico en el Perú, pero también debemos considerar las obras de algunos ideólogos menos doctrinarios. La Asociación de Ingenieros y Arquitectos, integrada primordialmente por profesionales, nos ofrece en su informe anual de 1872 —un documento técnico, árido, con centenares de páginas de cuadros estadísticos y gráficas que describen proyectos de obras públicas de una u otra clase— una idea de la forma como la elite técnica entendía las conexiones existentes entre la vida asociativa y los lazos cívicos. Se afirma aquí que la participación en asociaciones produce "un fortalecimiento de los lazos fraternales entre los miembros de la misma comunidad política [...] [En resumen, debemos empezar] por distanciarnos de nuestras pasiones y nuestras opiniones partidistas".[41] Los lazos solidarios, prepolíticos, formados en las asociaciones constituían el único instrumento existente para proteger la sociedad civil contra la polarización ideológica que en el pasado había destruido el tejido social del país. Una feminista analizó también este tema en una de sus reuniones en la Velada Literaria, afirmando que las asociaciones eran el único camino para generar "simpatía mutua entre sus miembros, a fin de transformarlas en pactos duraderos [...] generando así la confianza pública [...] y acallando nuestras pasiones".[42] Poco importa ahora saber si esta feminista asistente a los salones estaba o no familiarizada con la *Teoría de los sentimientos morales,* de Adam Smith, como lo sugieren la terminología (la "simpatía mutua") y el argumento general (de la confianza individual a la confianza social) que se presentan aquí; lo que debe destacarse es la importancia que atribuye a los lazos cívicos.

En los dos pasajes que acabamos de citar ocupa el término "pasión" un lugar central en el argumento: tanto los miembros de la Asociación de Ingenieros como los de la Velada Literaria sostienen que ésa es la

---

minan a la "nación", de modo que debieran ser reprimidas, mientras que las últimas promueven su desarrollo al contribuir a la difusión de la "tolerancia", "la imparcialidad y la justicia", y la "ilustración".

[41] *La Asociación de Ingenieros del Perú,* Lima, 1871, p. 11.
[42] *Ibid.,* Lima, 1871, pp. 8-9.

razón fundamental de la decadencia de la vida pública peruana. ¿Cómo deberemos entender esta afirmación? ¿Están los peruanos empleando el mismo vocabulario y el mismo diagnóstico que los liberales de la Ilustración escocesa, o recurren a una tradición diferente para darles sentido a sus propias prácticas públicas? El catolicismo cívico era el idioma de la vida pública en el Perú de mediados del siglo XIX, y en mi opinión este lenguaje desempeñó un papel importante en la formación del imaginario colectivo de las elites que trataban de democratizar la vida pública. La psicología moral asociada al catolicismo cívico no consideraba posible que las "pasiones" se transformaran en "intereses", como se afirma en el argumento memorable y sugerente de Albert Hirschman.[43] En el pensamiento social católico, la búsqueda del poder es la *libido dominandi;* como ocurre con la fuerza impulsora de todas las demás pasiones, éste es el motor que genera todas las demás acciones sociales, de modo que no se le puede controlar fácilmente. En esta concepción, el "vicio privado" concurre raras veces a la "virtud pública", y ésta es una de las razones principales de que el catolicismo cívico —por oposición a la doctrina liberal, por ejemplo— nunca haya elogiado la división del trabajo ni el comercio como agentes de la civilización. El pensamiento social católico suponía que la pasión es una parte constante, resistente e inextricable de la "naturaleza humana", mientras que el comercio, los mercados y el beneficio económico, al igual que la posición social, son simplemente "construcciones artificiales" y por ende incapaces de domar nuestras pasiones más profundas. Sólo mediante la práctica de la sociabilidad, considerada como una parte de la naturaleza humana, podrían ser nuestras pasiones vigiladas y canalizadas hacia fines civilizados. Las pasiones humanas sólo podrían ser disciplinadas por otro impulso "natural": el de la sociabilidad.

Entre otros, los clubes sociales y recreativos empleaban esta misma historia cívica, aunque sin duda la inflexión contenida en sus relatos era ligeramente diferente, no contradictoria, de la que presentamos antes. Se utilizaba un registro católico pero con un tono casi puritano que acentuaba la importancia de la autocensura, la autodisciplina y el autocontrol, antes que la sociabilidad espontánea. De acuerdo con los miembros de estos clubes, antes de que la sociabilidad pudiera producir sus prodigios, tendría que reprimirse la pasión dominante, en forma

[43] La lectura de Yves Saint-Geours y Marie Danielle Demelas, *Jerusalén y Babilonia: Religión y política en el Ecuador, 1780-1880,* Quito, 1988, p. 48.

institucional y pública. Para tal efecto, la mayoría de los clubes sociales y recreativos imponían una "regla contra los debates" que prohibía a sus miembros la discusión de cuestiones públicas (como la Constitución de 1851) que pudiera dar margen a controversias, y fuera capaz de provocar sentimientos extremos. Por ejemplo, todos los miembros del Club de Ajedrez (1876) juraban solemnemente que respetarían los estatutos de su carta constitutiva, uno de los cuales establecía: "queda prohibido discutir en nuestro club cualquier cuestión política o religiosa".[44] De igual modo, los miembros del Club de Armas (1874) tenían prohibida la discusión de temas polémicos.[45] Al igual que en el caso de la Asociación de Ingenieros y Arquitectos, los clubes sociales y recreativos hacían hincapié en las relaciones prepolíticas, solidarias, pero diferían en un sentido importante: mientras que la primera alentaba a sus miembros a formar espontáneamente lazos de simpatía mutua, los últimos aconsejaban a sus miembros que desconfiaran de sus instintos naturales. El hincapié que se hacía en las formas puritanas del autocontrol trataba de generar una descompresión política de la vida pública y reducir el extremismo ideológico y social que había destruido la vida pública durante los decenios precedentes.

Otro tema recurrente en el catolicismo cívico se centraba en la relación existente entre la sociedad civil y la política. La elite cultural de Perú culpaba a los políticos del país de atraer y desviar hacia el Estado el poder social de la sociedad civil, mientras que las prácticas ineficientes y corrompidas del Estado le impedían controlar tal poder y ponerlo al servicio de cualquier causa meritoria. En 1876, José Manuel Osores pronunció su famoso discurso sobre los efectos nocivos de la intervención estatal en la sociedad civil, ante los miembros del Club Literario en Lima. Sostenía Osores que el otorgamiento de empleos públicos a los ciudadanos estaba minando su autonomía y transformándolos en servidores pasivos. Decía Osores: "en todas las asociaciones políticas, los ciudadanos hacen contribuciones que permiten la subsistencia del Estado, pero en nuestro caso la sociedad vive del Estado, de modo que el número de quienes reciben una pensión del tesoro público supera grandemente al número de los productores".[46]

En consecuencia, el poder social se estaba transfiriendo de la socie-

---

[44] *Estatutos del Club de Ajedrez,* Lima, 1876, p. 4.
[45] "El Club de Armas" en *El Comercio,* 20 de enero de 1875.
[46] José Manuel Osores, *Conferencias sobre asuntos financieros dadas en el Club Literario,* Lima, 1876, p. 4.

dad al Estado, y una vez depositado allí se desperdiciaba sin beneficio de nadie, aparte de los inversionistas extranjeros que obtenían pingües ganancias de sus negocios privados con funcionarios estatales; "todos los gobiernos generan empresarios incompetentes [...] ,mientras que los burócratas oficiales echan mano de los fondos estatales para hacer [...] negocios ruinosos [...]"[47] Los empresarios extranjeros, no los "hijos del país", como solía suponerse, eran los mayores beneficiarios de estos negocios.[48]

El tema del poder social se discutía de otras maneras. En 1852, cuando la Academia Lauretana (1821), sociedad literaria ubicada en la ciudad sureña de Arequipa, se encontraba en su apogeo, José Tejeda pronunció el que habría de ser más tarde uno de los discursos más polémicos e importantes de este periodo, con el título de "La emancipación de la industria", en el que se acusaba al Estado de socavar la autonomía social de los artesanos urbanos y los industriales por igual. Según Tejeda, los "gremios" patrocinados por el Estado generaban "monopolios y egoísmo", lo que tenía un efecto corrosivo sobre los lazos sociales y cívicos de los ciudadanos que se quedaban atrapados en las redes de patronazgo dominadas por los funcionarios gubernamentales. El Estado minaba también la independencia social de los industriales, interviniendo en sus asuntos y elaborando políticas que trataban de subordinarlos a los funcionarios. Osores terminó su discurso con una severa advertencia para estos funcionarios: "la industria es un tipo de poder social que debe temerse cuando es atacado, aunque es benévolo cuando se le trata con respeto [...]"[49] Las preocupaciones de Tejeda eran eminentemente sociales, no sólo económicas, con raíces profundas en la sociedad civil, no sólo en el mercado.[50]

A mediados del decenio de 1870, durante el gobierno "civilista" del presidente Manuel Pardo, el más liberal que ha tenido el Perú hasta la fecha, se discutía con frecuencia el tema del poder social, aunque en forma ligeramente nueva, a fin de proteger a la sociedad civil frente al partido liberal gobernante. La Sociedad Jurídica, integrada por abogados y juristas, organizó un foro en el que José A. Torres Paz pronunció su célebre e influyente discurso sobre "La oligarquía y la crisis", en el

[47] *Ibid.*, p. 14.
[48] Osores desconfiaba del Estado que se oponía a la creación de un banco central; sin embargo, al revés de los liberales ortodoxos, estaba a favor de la tributación, sosteniendo que los fondos recaudados podrían usarse para dar bienes públicos a los ciudadanos.
[49] José Tejeda, *Emancipación de la industria*, Lima, 1852, p. 19.
[50] Véase una discusión de Tejeda en Jorge Basadre, *Historia de la...*, *op. cit.*, Lima, 1969, p. 61.

que acusaba al partido liberal en el poder de actuar como "oligarcas". Al igual que los aristócratas militares de antaño, los civilistas liberales mantenían ahora un "monopolio" sobre todas las "fuerzas sociales" del país, socavando así la sociedad civil. El poder social se estaba transfiriendo de la sociedad civil a la sociedad política, con consecuencias devastadoras para la vida pública.[51] Según esta concepción, el civilismo liberal había privado a la sociedad civil de su poder social a fin de promover los estrechos intereses particulares del partido gobernante, el de los nuevos oligarcas. Era necesario defender al poder social frente al Estado y el partido liberal gobernante. Sólo podría conservarse y protegerse a la sociedad civil dando la espalda al Estado y rompiendo todos los lazos con la "sociedad política".

Los temas de la autoridad cultural, el escepticismo moral y la opinión pública figuraban prominentemente en el catolicismo cívico. En contraste con el autoritarismo dogmático del pasado, quienes proponían esta nueva narrativa abogaban por la diferenciación del campo cultural y simbólico. En su opinión, las publicaciones profesionales desempeñarían un papel central en la refutación de las afirmaciones totalizantes y autoritarias hechas por los especialistas religiosos y los políticos. Un ingeniero opinaba que las revistas profesionales "someten (nuestro conocimiento) a la crítica racional de personas competentes, basada en el conocimiento técnico experto".[52] Los debates públicos debieran basarse en "lo razonable", utilizando un conocimiento especializado, limitado, y no en aseveraciones universales, absolutas, basadas en juicios totalizantes. En 1871, Mariano Amézaga, abogado y librepensador, pedía que el Colegio de Abogados derogara su centenaria exclusión de los candidatos nacidos fuera de matrimonio, porque en su opinión "los méritos y deméritos morales" de cualquier candidato no tenían ninguna relación con los de sus padres.[53] Los abogados proclericales que invocaban la doctrina del "pecado original" para resolver cuestiones profesionales estaban aplicando normas improcedentes para evaluar la competencia legal.[54] Muchas de las sociedades profesionales y literarias de este periodo ofrecían una interpretación alternativa de la autoridad cultural, permitiendo que los ciudadanos generaran normas rivales

---

[51] José Andrés Torres Paz, *La oligarquía y la crisis,* Lima, 1877, pp. 1, 15.
[52] *Anales del Cuerpo de Ingenieros,* vol. I, Lima, 1879, p. IX.
[53] Mariano Amézaga, *Refutación de una doctrina,* Lima, 1871, pp. 2, 9.
[54] Pedro Gual, *El abogado del señor Barrenechea y el doctor Tovaro o sea el racionalismo liberal y el catolicismo,* Lima, 1871.

para formular juicios. La desestabilización de las "verdades" epistemológicas y ontológicas contribuyó a aumentar la deliberación y la argumentación, requisitos de la cultura democrática moderna, lo cual olvidan con frecuencia los habermasianos, quienes suponen que la democracia necesita "fundamentos sólidos". El caso peruano plantea también algunos interrogantes al modelo de Foucault: la elite utilizaba "verdades disciplinarias" basadas en el conocimiento profesional a fin de minar el monopolio de los eclesiásticos y los políticos, creando así una "opinión pública" y una "esfera pública".

En el contexto cultural del Perú de fines del siglo XIX, el catolicismo cívico representaba una ruptura radical con el pasado, una novedad cultural de primera magnitud.

La experiencia de la vida pública:
inclusión y exclusión

Una discusión de la vida asociativa dentro de los grupos profesionales; las sociedades académicas y literarias; los clubes sociales, patrióticos y recreativos, podría iluminar cómo las prácticas de inclusión y exclusión dieron forma a la sociedad civil peruana durante la segunda mitad del siglo XIX.

Las sociedades profesionales contribuyeron en formas inesperadas a la inclusión y la exclusión cívicas. En el área de la atención médica resulta instructivo el caso de la Sociedad Médica (1854).[55] Integrada por médicos, dentistas, farmacéuticos, parteras y flebotomianos, la Sociedad tenía en 1860 más de 220 miembros; de este total, 135 ejercían en la capital, mientras que los 85 restantes se encontraban en alguna de las provincias, siendo las ciudades de Arequipa (20) y Cuzco (14) las que registraban el mayor número.[56] Eran profundas las diferencias socioeconómicas y culturales existentes entre la capital y las provincias, pero la Sociedad trataba de unir los dos mundos incorporando a

---

[55] José María Córdova y Urrutia, *Estadística histórica, geográfica, industrial y comercial de los pueblos que componen las provincias del departamento de Lima*, Lima, 1839, p. 45; Eduardo Carrasco, *Calendario y guía de forasteros de la república del Perú*, Lima, 1850, p. 95; y Alfredo G. Leubel, *Anuario nacional*, Lima, 1860, pp. 262-265. La Sociedad de Farmacia (1831) fue la primera asociación en el campo de la salud que surgiera en Perú después de la Independencia, pero en 1856 la absorbió la Sociedad Médica como parte de su campaña de monopolización del conocimiento médico.

[56] Alfredo G. Leubel, *El Perú en 1860*, Lima, 1861, p. 263.

sus colegas del campo: el 38 por ciento del total de miembros de esta asociación residía fuera del área de Lima-Callao. Aparte de los lazos profesionales, los miembros de la Sociedad estaban unidos por su participación común en la misma sociedad de ayuda mutua. Los profesionales de la salud se conectaban por lazos de mutualidad: el bienestar social, económico, educativo y físico de cada uno dependía del bienestar de todos. Los miembros que se encontraban en dificultades financieras y/o médicas, así como sus esposas, viudas, hijos y huérfanos, recibían asistencia durante periodos prolongados. Los lazos sociales forjados en esta asociación se extendían a los miembros del grupo, así como a los muertos y a quienes aún no nacían, creando una comunidad imaginaria que trascendía el tiempo y el lugar, y que se arraigaba firmemente en nociones generalizadas de reciprocidad inter-generacional. La inclusión social y la mutualidad forjaban la vida asociativa dentro de la Sociedad, pero ésta es desde luego sólo una parte de la historia.

Densos lazos de civilidad coexistían con su opuesto. En 1858, algunos miembros de la Sociedad Médica renunciaron en protesta por los reiterados esfuerzos de una facción dentro del grupo por lograr que la asociación se afiliara a un partido político. La renuncia era la única manera en que estos miembros podían manifestar su oposición a "las ideas caprichosas de [...] algunos de sus miembros".[57] La facción que había maniobrado a trasmano lo había hecho en parte porque creía que debieran tolerarse y alentarse las discusiones políticas entre los miembros de la Sociedad, en lugar de suprimirlas. Aparentemente, la vida asociativa seguía siendo demasiado frágil y subdesarrollada para tolerar discusiones francas y abiertas sin poner en peligro la cohesión social del grupo. Durante los dos años siguientes, la vida asociativa de la Sociedad quedó moribunda: "las reuniones y los proyectos (tenían) escaso interés, y la *Gaceta* [su revista] se publicaba irregularmente, con menos suscriptores que en el momento de su iniciación [...]"[58] Siempre que la vida pública se agitaba y la opinión pública se polarizaba, las asociaciones se dividían en facciones, lo que reducía más aún la capacidad de la sociedad civil para generar poder social.

La Sociedad Médica estigmatizaba y marginaba a todos los grupos que ponían en peligro su proyecto profesional y su posición cívica. Tradicionalmente, los mulatos habían desempeñado un papel impor-

[57] "Sociedad Médica de Lima", en *El Comercio,* 12 de mayo de 1858.
[58] Manuel Atanasio Fuentes, *Estadística General de Lima,* Lima, 1866, p. 185.

tante en la atención médica, como médicos y barberos, y ésa era una de las razones básicas de que los miembros de la profesión hubiesen carecido hasta entonces del mismo reconocimiento y posición concedidos a otras profesiones. La Sociedad trataba de cambiar esta situación. Empezó por exigir certificación a todos los médicos, quienes deberían probar que habían terminado la instrucción médica. Pero como los miembros de la Sociedad controlaban la escuela de medicina, se desalentaba a los mulatos para que no se inscribieran; quienes se inscribían recibían raras veces su licencia, y a quienes obtenían la certificación se les asignaba de ordinario los empleos menos prestigiosos o codiciables. Habían tenido que transcurrir muchos decenios para que los mulatos obtuvieran un lugar estable en la sociedad civil, pero las reformas implantadas por la Sociedad los privaban ahora de un lugar en la vida pública y los volvían invisibles, obligándolos a vivir en los márgenes de la sociedad, en condiciones de precariedad económica y de privatización social.

La Sociedad emprendió también varias campañas en contra de los herbolarios chinos. En 1867, la Sociedad estableció los Jardines Botánicos de Lima, llenándolos de plantas que supuestamente tenían cualidades medicinales.[59] Y al año siguiente, la Sociedad utilizó su publicación, la *Gaceta Médica,* para desacreditar a los doctores chinos, afirmando que carecían de conocimientos técnicos, de modo que eran incompetentes para prescribir remedios y medicinas a sus pacientes. El conflicto se agudizó, hasta llegar a las páginas de *El Comercio,* el gran diario nacional, el cual publicó un artículo de Felipe Santiago Cabrera que defendía a los herbolarios y acusaba a la Sociedad de realizar prácticas monopólicas, como los gremios de la época colonial.[60] Los chinos ganaron varias batallas durante los primeros años de la campaña, pero los médicos de la Sociedad triunfaron finalmente, de modo que los chinos, como antes los negros, debieron ocupar un lugar marginal en la sociedad civil.

También las parteras fueron estigmatizadas y empujadas a las fronteras de la sociedad. Los médicos permitieron que las parteras ingresaran a la Sociedad, pero sólo para someterlas. Irónicamente, estos médicos habían aprendido de las parteras lo referente a la atención de

[59] Véase una historia de los Jardines Botánicos en Jorge Basadre, *Historia de la República del Perú, op. cit.,* vol. VI, p. 262.

[60] Véase un resumen del debate librado entre *La Gaceta* y el herbolario en el ensayo de Felipe Santiago Cabrera publicado en *El Comercio,* 21 de noviembre de 1868, citado en Humberto Rodríguez Pastor, *Hijos del Celeste Imperio en el Perú, 1850-1900,* Lima, 1994, pp. 221-225.

partos y a muchos problemas médicos comunes entre las mujeres, pero luego codificaron tal conocimiento y organizaron en su escuela de medicina un programa obstétrico; el otorgamiento de licencias se utilizaría de nuevo como un instrumento de control social. Las mujeres se tornaron invisibles y quedaron relegadas a los márgenes de la sociedad civil.

Con grados variables de éxito, la Sociedad utilizaba el conocimiento profesional para romper los lazos sociales que hasta entonces habían existido entre los mulatos y sus pacientes, los herbolarios y sus clientes, las parteras y las mujeres embarazadas. Sin estos lazos, los miembros de estos tres grupos que se encontraban ya en los márgenes de la sociedad se vieron más relegados aún, perdiendo gradualmente su lugar en la vida pública. Una vez eliminados, la Sociedad asignó a sus propios miembros a los lugares que quedaban vacantes, adquiriendo un control adicional sobre la vida pública, lo que contribuyó a la difusión de la uniformidad social y la homogeneización cultural. Por una parte, la Sociedad reducía el grado de heterodoxia social de la sociedad civil, pero por otra parte fortalecía la vida pública al incorporar a los profesionales de la salud que practicaban en las provincias. A pesar de su historia desigual, la Sociedad resultó ser perdurable y estable y un refuerzo para la sociedad civil.

También interesa revisar el caso de la Asociación de Ingenieros y Arquitectos (1872). Esta Asociación se organizó, no por casualidad, cuando el Estado inició una serie de grandes proyectos de obras públicas para modernizar el sistema de carreteras, ferrocarriles y vías de navegación del país. Muchos de estos proyectos eran parcial o totalmente subsidiados con fondos públicos, en asociación con empresas comerciales privadas o subcontratados a ellas. El auge tuvo una influencia corruptora sobre los miembros de la Asociación, muchos de los cuales se inscribían a causa de "la influencia [y] el favoritismo, antes que por la inteligencia y el trabajo arduo, [con el objetivo primordial] de vivir de los fondos estatales".[61] La corrupción proliferó en la Asociación, lo que minaba los lazos sociales y las normas profesionales entre los miembros, quienes empezaron a recurrir a las conexiones privadas, de patronazgo con funcionarios públicos para obtener contratos estatales. En la lucha por el dinero, los miembros más ambiciosos de la Asociación presentaban proyectos mal concebidos, defectuosos. Como dijera un ingeniero:

[61] *Anales del Cuerpo de Ingenieros,* vol. I, Lima, 1874, pp. 6-7.

Estos individuos [incompetentes] siempre presentan proyectos defectuosos [...] Por ejemplo, cuando una empresa privada vende al Estado un proyecto ferroviario o de irrigación, digamos, deberá hacer un estudio cuidadoso, serio y completo, pero [en virtud de que raras veces lo hace], el Ministerio [de Obras Públicas] debe encarar siempre un segundo proyecto, lo que infla sustancialmente los costos del presupuesto proyectado.[62]

Los recursos públicos se despilfarraban, la confianza social merecida por esta asociación disminuía, las normas profesionales se erosionaban, y los lazos existentes entre los miembros se corrompían, de modo que cada uno alentaba al otro para que sucumbiera a su propia avaricia.

Los miembros de la Asociación que tenían competencia técnica y una mentalidad cívica tomaron medidas radicales para reformar su grupo. En 1874 sometieron a todos sus miembros a un examen para verificar sus conocimientos técnicos; los resultados de esta prueba sirvieron para identificar a quienes no estaban calificados para practicar. Pero en virtud de que estos reformadores carecían de fuerza dentro de la asociación, invitaron al ministro de Obras Públicas para que interviniera, lo que aceptó. Por su parte, la Asociación aceptó convertirse en una agencia del Estado bajo el control directo del ministro. La purga tuvo éxito; la Asociación expulsó a 29 de sus miembros, o sea a quienes "carecían de las credenciales apropiadas [...] y no tienen ningún derecho a ser miembros, como lo han demostrado con su propia ineptitud y el daño que han hecho al grupo".[63] Los cincuenta y tantos miembros que permanecieron en la Asociación se convirtieron en empleados del Ministerio de Obras Públicas. En este caso, el profesionalismo había mejorado la calidad de la vida pública, pero a costa de privar a la sociedad civil de una de sus asociaciones más importantes. La elite cultural perdió así otra fuente de poder social.

La mayoría de las sociedades literarias y científicas surgió entre 1866 y 1875; entre ellas se encontraba la Sociedad Arqueológica (1869), integrada por arqueólogos aficionados, que merece una mención especial.[64] La elite de Cuzco estaba muy ocupada "inventando" tradiciones incas, según la frase evocativa de Hobsbawm, a fin de legitimar su pretensión de gobernar frente a sus rivales criollos de Lima. Irónicamente,

[62] Junta Central del Cuerpo de Ingenieros y Arquitectos del Estado, *Memoria sobre las obras públicas del Perú,* Lima, 1874, p. 8.
[63] *Anales,* Lima, 1874, p. VII.
[64] Manuel González La Rosa, *Informe que el inspector especial de todos los establecimientos de Instrucción y Beneficencia... presenta al señor ministro del ramo,* Lima, 1869, p. 42.

estos esfuerzos contribuyeron a una revaluación de las tradiciones indígenas por todo el país. La Sociedad organizaba expediciones arqueológicas, recolectaba y estudiaba artefactos incas a fin de ofrecer una "prueba objetiva" de sus reclamos políticos.[65] Junto con varias otras asociaciones cuzqueñas, la Sociedad promovía el incremento del reconocimiento y la tolerancia a la heterodoxia en la vida pública, pero irónicamente lo lograba empleando instrumentos de exclusión basados en la uniformidad cultural. La interpretación cuzqueña del pasado era parcial e incompleta, centrada en la grandeza del Estado inca y en sus políticas autoritarias, sin ninguna apreciación del igualitarismo que caracterizaba a su sociedad, ni de las gentes comunes que la componían.

La mayoría de los clubes sociales, políticos, étnicos y recreativos surgió entre 1866 y 1876, con el objetivo de fortalecer la urdimbre social del país, delgada y raída. El Club Unión (1868), con 53 miembros, incluía entre sus filas a algunos de los civiles y militares más distinguidos del país, y contribuyó a la desmilitarización de la vida pública. Las asociaciones patrióticas, tales como la Sociedad de los Fundadores de la Independencia del Perú (1876), la Sociedad de Defensores de la Independencia Americana (1862) y la Unión Americana (1862), también suavizaban las tensiones existentes entre los veteranos de guerra y los civiles. Los extranjeros y los peruanos se afiliaban a los mismos clubes, como en el caso del Club Nacional, el más importante de este periodo; el número de sus miembros aumentó a más del triple entre 1855 y 1858, al pasar de 50 a 170. El Club Piurano, en la ciudad septentrional de Piura, también recibía en sus filas a extranjeros y peruanos por igual; contando con 150 miembros en el decenio de 1860, podía decirse que era el más importante de su clase en la provincia. Los extranjeros también organizaban sus propios clubes sociales, pero no eran asociaciones puramente étnicas; los peruanos estaban bien representados en ellos. El Club Inglés (1848), uno de los clubes extranjeros mejor establecidos, tenía 1.4 peruanos por cada inglés en sus filas.[66]

Todos estos clubes y asociaciones realizaban sus reuniones de negocios, sociales e informales en sus propias instalaciones, las que habían comprado y mantenían con las cuotas mensuales de los miembros. La responsabilidad financiera y la propiedad eran colectivas antes que individuales, lo que daba a los miembros una oportunidad de compar-

---

[65] Alberto Flores Galindo, *Buscando un hinca,* La Habana, 1986; Luis Enrique Tord, *El indio,* Lima, 1978.

[66] Felipe de Osma, *Reseña histórica del Club Nacional,* Lima, 1965, p. 128.

tir las obligaciones, las responsabilidades y los placeres cívicos que así se generaban. El gobierno del club se basaba en un acta constitutiva, reglas formales, elecciones regulares y consenso, antes que en la autoridad cultural y social de alguna familia, como ocurriera en los salones privados del pasado reciente. Las cuotas mensuales y los derechos de votación eran, entre otras cosas, expresiones simbólicas de la lealtad de un miembro a los principios fundadores de la asociación. Estos clubes reunían a quienes habían sido rivales, lo que contribuía al fortalecimiento de la civilidad entre ellos; al mismo tiempo, en virtud de que prohibían la afiliación de las mujeres, contribuían de ese modo a su expulsión de la vida pública. Los clubes sociales y recreativos enriquecían la vida pública pero también socavaban la posición cívica de las mujeres, relegándolas a una posición secundaria.

Estos centros nuevos de la sociabilidad de la elite alteraron el escenario público peruano por lo menos en cuatro sentidos: primero, permitieron que los profesionales asalariados se distanciaran socialmente de sus patronos: los funcionarios estatales y los aristócratas terratenientes; segundo, alteraron la organización espacial de la vida pública, desplazando el centro de la sociabilidad de los salones familiares a los sitios de reunión y los clubes de estas asociaciones nuevas; tercero, restructuraron la autoridad cultural, pues se pasó de las nociones aristocráticas de posición social y honor a las de la clase media con base en los conocimientos técnicos y disciplinarios y en la competencia profesional; por último, produjeron una narrativa cívica contraria a las interpretaciones de la vida pública centradas en el Estado o en el mercado que hasta entonces no habían sido cuestionadas.

Observaciones finales

El estudio del escenario público peruano durante la segunda mitad del siglo XIX me ha persuadido de que la democracia, entendida en los términos de Tocqueville, como forma de vida arraigada en la igualdad y la libertad, estaba ya generalizada en este periodo, contra lo que sostiene la mayoría de las interpretaciones. Las formas democráticas de vida continuaron desarrollándose luego, pero de un modo desigual, como consecuencia de los numerosos reductos autoritarios subsistentes en el escenario público, lo que produjo retrocesos momentáneos y estancamientos perdurables en ese desarrollo, algunas de cuyas consecuencias aún son palpables. Por supuesto, muchas de las prácticas democráticas reseñadas aquí no corresponden a ninguna definición rigurosa, estricta, de la "poliarquía", de acuerdo con las normas de los politólogos que en todo caso parecen existir sólo en los libros de texto académicos. A pesar de las numerosas imperfecciones y deformaciones que caracterizan la democracia peruana, no debemos pasar por alto algunas de sus realizaciones. Debemos ser más cautelosos, equilibrados y juiciosos al evaluar el proceso seguido por los peruanos para democratizar su vida pública. En este ensayo me he concentrado en la elite, evaluando sus contribuciones a la democratización del país; todavía debemos estudiar el papel de otros grupos —negros, artesanos, indígenas y otros grupos no elitistas—, pero ello no es razón válida para olvidar las contribuciones de la elite examinadas en este estudio. Sólo después de hacer un inventario sistemático tendremos la posibilidad de evaluar los triunfos y los fracasos de cada grupo social por lo que toca a la causa de la democracia. Mientras no tengamos ese inventario, será preferible que procedamos de manera modesta y gradual, analizando un grupo cada vez, como lo he intentado aquí.

Un procedimiento para evaluar el papel de la elite cultural en la democratización de la vida pública del Perú consiste en examinar este proceso, embrollado y complejo, concentrándonos en dos de sus partes constitutivas: las prácticas de la comunicación y las relaciones asociativas. La elite desempeñó un papel importante en la creación de una ideología crítica y emancipadora; el catolicismo cívico desempeñó un papel decisivo al cuestionar las interpretaciones autoritarias y liberales de la vida pública. Esta narrativa era original en Perú y en el contexto cultural de toda la Cuenca del Atlántico, donde las posiciones liberales y republicanas seguían siendo influyentes y dominantes. El catolicismo cívico en el Perú sugiere que esta vertiente particular de la ideología religiosa podía utilizarse para promover la causa de la democracia. En cambio, la elite cultural del país tuvo relativamente poco éxito en la creación de asociaciones perdurables, resistentes, capaces de incorporar a grupos nuevos y de ensanchar las fronteras de la vida cívica. Para el decenio de 1860, la elite estaba ocupada en la organización de diversos clubes profesionales, académicos, literarios, sociales, patrióticos y recreativos, pero la mayoría de ellos resultaron de escasa duración, fueron incapaces de generar y sostener las prácticas cívicas, y a menudo se basaron en principios de exclusión. En resumen, la elite cultural no desempeñó un papel importante en la creación de poder social, pero sí en imaginar la democracia. Y el hecho de que las elites peruanas fuesen incapaces de democratizar la vida pública en ambos frentes, el social y el de la comunicación, no es razón válida para olvidar su éxito limitado en la preparación de la cultura democrática del país.

A lo largo de este ensayo he separado las prácticas comunicativas de las prácticas sociales, lo que no ha hecho la mayoría de los autores, incluidos Habermas y Foucault, pues suponen que sólo puede evaluarse la importancia de una clase de prácticas por su capacidad para conformar la otra. En mi opinión, no puede juzgarse de ese modo la importancia de cada práctica. Las formas democráticas de la vida arraigan en una constelación de elementos culturales y sociales, y a su vez requieren de tales elementos para desarrollarse: los dos factores desempeñan un papel insustituible.[67] Mi trabajo me ha persuadido, por lo menos hasta ahora, de que la vida pública surge en algún punto situado en los límites de las narrativas y las experiencias, y que siempre se encuentra ligeramente más allá y fuera del alcance de unas y otras, las que dejan a su paso residuos que a veces están latentes y que se reactivarán en algún momento futuro, o resurgirán en fecha más lejana aún. Todo esto hace que la vida pública esté integrada por un conjunto de capas de sedimentos sociales y culturales, a la manera de los estratos geológicos.[68] La democratización de la vida pública peruana en el siglo XIX fue generada en parte por las prácticas comunicativas y sociales estudiadas aquí; sin embargo, la relación existente entre ellas se basaba primordialmente en dislocaciones, discordancias y discontinuidades, no en coherencia, congruencia o linealidad alguna.

---

[67] Joan W. Scott hace una introducción lúcida y profunda para este debate en "The Evidence of Experience", *Questions of Evidence,* Chicago, 1991, pp. 363-387.
[68] Michel de Certeau, *The Practice of Everyday Life,* Berkeley, 1984.

EL MITO DEL CIUDADANO ARMADO.
LA "SEMANA MAGNA" Y LAS ELECCIONES DE 1844 EN LIMA

Víctor Peralta Ruiz*

El proceso de incorporación de la sociedad civil peruana en las esferas pública y política del siglo XIX es poco menos que desconocido. Las recientes aproximaciones al estudio de los poderes estatal, militar y económico han aportado algunas evidencias al respecto, en especial para la comprensión de las primeras tres décadas de la República.[1] En este tipo de análisis, sin embargo, sigue casi ausente el protagonismo civil, subestimándose el significado de las coyunturas electorales y de las movilizaciones civiles para la remodelación del orden social y político limeño. El análisis del levantamiento civil de julio de 1844, conocido en la historiografía como la Semana Magna, resulta relevante no sólo porque conllevó la proclamación de la primera candidatura civil a la presidencia, sino debido a que introdujo una noción de sociabilidad política ligada a la idea de un civil armado concebido como ciudadano activo.

Tanto la Semana Magna como el proceso electoral de 1844 constituyen momentos importantes del proceso de conformación del mito del ciudadano activo, un mito que, a pesar de hacer un uso del lenguaje asociacionista moderno apelando a la fraternidad ciudadana, al mismo tiempo apuntó a la preservación de una concepción corporativa del espacio social. En otras palabras, fue un discurso que encajó dentro de los parámetros de una "modernización tradicionalista";[2] es decir, de ese proceso político que, pese a valerse de un lenguaje moderno, no con-

---

* Universidad Antonio de Nebrija, España.
[1] Pueden encontrarse importantes aproximaciones a los poderes estatal, económico y militar, respectivamente, en Peter Guardino y Charles Walker, "The State, Society and Politics in Peru and Mexico in the Late Colonial and Early Republican Periods", *Latin American Perspectives*, vol. 19, núm. 2, 1992; Paul Gootenberg, *Between Silver and Guano. Commercial Policy and the State in Post-Independence Peru*, Princeton University Press, Princeton, 1989; Paul Gootenberg, "North-South: Trade Policy, Regionalism and Caudillismo in Post-Independence Peru", *Journal of Latin American Studies*, vol. 23, núm. 2, 1991.
[2] Fernando de Tragzenies, *La idea de derecho en el Perú republicano del siglo XIX*, PUC, Lima, 1992, pp. 30-32.

cebía esta transformación como un cambio en las condiciones sociales dominantes.

Los laberintos del orden corporativo limeño

Como en la Colonia, los habitantes de la capital seguían adscritos a una comunidad social de tipo antiguo; por un lado estaba la aristocracia, o "gente decente"; por el otro lado, la plebe. La primera era un sector minoritario, formado por criollos de ascendencia blanca, propietarios de fundos y haciendas, comerciantes, la alta burocracia y el clero. La segunda, en cambio, constituía no sólo el sector mayoritario, sino que era étnicamente heterogéneo, integrado por la población negra, libre o esclava, los mestizos, los indígenas urbanos e incluso los españoles empobrecidos. La plebe era identificable asimismo por el tipo de oficios que ejercía, entre los que se hallaba desde el de sirviente doméstico hasta el de artesano. La relación entre la aristocracia y la plebe estuvo regida por tensiones que solían desembocar en la sevicia.[3]

Las elites y las clases populares se vieron enfrascadas en graves conflictos que no se derivaban del choque entre dos tipos de sociabilidades, la una tradicional y la otra moderna, sino más bien de la fractura en el interior de la única representación cultural existente reproducida del orden colonial español, un orden en donde, además, ni la plebe ni la gente decente se caracterizaban por promover identidades internas. La mutua aversión y la violencia marcaron la convivencia entre mestizos, indios urbanos, esclavos y negros libres. Algo similar ocurría entre la gente decente, y algunos de sus pleitos, como los ocurridos entre la Iglesia y los dueños de esclavos, fueron manipulados hábilmente por los sectores de la plebe (en este caso los esclavos) para preservar su identidad cultural.[4] Las incontrolables acciones de los bandoleros y montoneros añadieron también sus dosis de inseguridad. Ambas bandas armadas —integradas por negros libres, cimarrones y mestizos— practicaron el bandidaje, aunque ello no significó que sus actos carecieran de contenido político. Los bandoleros pactaban con los liberales en la época de las guerras civiles contra los gobiernos conservadores.[5]

---

[3] Alberto Flores Galindo, *Aristocracia y plebe, Lima 1760-1830*, Mosca Azul Editores, Lima, 1984, pp. 168-174.

[4] Christine Hunefeldt, *Paying the Price of Freedom. Family and Labor among Lima's Slaves, 1800-1854*, University of California Press, Berkeley, 1994, pp. 200-201.

[5] Charles Walker, "Montoneros, bandoleros, malhechores: criminalidad y política en las pri-

Al comenzar la década de 1840, la población limeña experimentó una sacudida social motivada por el desorden político promovido por los caudillos militares, la cual se conoce en la historiografía como la fase de la anarquía. Esta coyuntura se caracterizó por continuos golpes de Estado que conllevaron la formación de gobiernos conservadores efímeros, fraccionados y violentos.[6] La aristocracia consideró a la fase de la anarquía como la causante de la demolición del orden corporativo que la distinguía de la plebe, lo que se evidenció especialmente en el tono contestatario que adquirieron algunos actos de los plebeyos como, por ejemplo, su resistencia a acatar los requerimientos de orden y disciplina cotidianos que hacía el gobierno conservador gamarrista, coludido con los intereses económicos de la gente decente. La aplicación de las sanciones incorporadas al reglamento de policía de 1839 en contra de los negros no pudo contener la caída en el rendimiento laboral ni la intensificación de los bailes públicos de parte de este sector de la plebe.[7]

El disgusto de la gente decente con la plebe fue en continuo aumento. A principios de 1840, los diarios limeños se colmaron de cartas remitidas por lectores que atribuían la pérdida del prestigio del teatro a la presencia de una plebe poco exigente, comparándose su comportamiento con el "mal gusto" campesino.[8] Otros remitidos vincularon las reuniones en las chinganas, pulperías y casas de juego con la intensificación de la criminalidad e inseguridad nocturna en las calles. Hasta la guardia nocturna local fue criticada por perseguir a la plebe en horas en que se suponía que la gente decente estaba en posesión de las calles.[9] En todas estas denuncias la aristocracia dejó constancia de la invasión de espacios públicos que consideraba propios por parte de una plebe insolentada.

La necesidad de preservar las viejas fronteras del espacio público

meras décadas republicanas", en Carlos Aguirre y Charles Walker (comps.), *Bandoleros, abigeos y montoneros: Criminalidad y violencia en el Perú, siglos XVIII-XIX*, IAA, Lima, 1990, pp. 107-108.

[6] Jorge Basadre, *Historia de la República del Perú*, Ediciones Historia, Lima, 1961, t. II, pp. 671-673.

[7] Según el reciente estudio de Carlos Aguirre sobre la población negra en Lima, el incremento del ocio y las fiestas fueron mecanismos ideados por este grupo social para preservar sus prácticas culturales amenazadas por el inestable clima político. Carlos Aguirre, *Agentes de su propia libertad. Los esclavos de Lima y la desintegración de la esclavitud, 1821-1854*, PUC, Lima, 1993, pp. 168-169.

[8] *El Comercio*, 2 de agosto de 1842. En un remitido se comenta que: "siempre se ha observado en el teatro de esta capital que los concurrentes se presenten con el aseo y decencia que el lugar exige; más hoy en día se ve con bastante sorpresa que algunos de los espectadores se presentan como aldeanos tanto por su traje como por sus modales, y lo que es peor se atreven a dar su opinión en asuntos que presencian. De aquí la razón que los hace estar con la boca abierta admirando cosas que a nosotros nos parecen chavacanas..."

[9] "Horrible atentado contra la seguridad pública", *El Comercio*, 13 de julio de 1842.

colonial motivó que algunos civiles comenzaran a cambiar su actitud frente al espacio político. En las tres primeras décadas de la República, la gente decente limeña se había mostrado reacia a fomentar asociaciones cívicas con connotaciones políticas. Este desafecto por participar en la esfera política se ampliaba en épocas de elecciones al escaso interés por ejercer el derecho al voto. Sin embargo, las elecciones presidenciales y legislativas, convocadas en junio de 1842 por el presidente Menéndez, fueron vistas de otro modo. Por vez primera un sector de la aristocracia vio este acto como un medio para recuperar los antiguos órdenes político y social. La certeza de que las luchas entre los caudillos militares era la causa del aumento de las tensiones sociales contribuyó a moldear el nuevo comportamiento de la elite civil. El 13 de julio de 1842, un selecto grupo de limeños se reunió en el local de la Bolsa del Comercio de Lima. Entre los congregados destacaban Isidro Aramburú y Francisco Quiroz, dos importantes representantes del poder económico de la época.[10] Como todos los asistentes a esta reunión, Quiroz y Aramburú decidieron trascender la actividad económica, en la que tenían gran influencia desde 1830, para incursionar por vez primera en la actividad política.[11] A dicha reunión también asistieron magistrados, jueces y abogados limeños. Todos coincidieron en que la indiferencia de la gente decente por la contienda electoral había sido un error que urgía corregir. Isidro Aramburú, al asumir el liderazgo del grupo, resumió los efectos negativos que tenía, entre otras cosas, no evaluar la calidad moral de los sufragantes:

> manifestó cuán conveniente era no dejar sólo a la muchedumbre menos ilustrada, menos pensadora, menos capaz y menos interesada en los negocios públicos la regalía de elegir, y cuán preciso al mismo tiempo moralizar el sistema electivo; y alcanzar el resultado de buenas leyes, nombrando buenos legisladores.[12]

[10] Quiroz y Aramburú fueron dos poderosos comerciantes, importadores y exportadores, pero sobre todo, también, dos de los más importantes acreedores del Estado. Alfonso Quiroz, *La deuda defraudada. Consolidación de 1850 y dominio económico en el Perú*, INC, Lima, 1987, pp. 41-42.

[11] Estos comerciantes y agiotistas limeños, según Paul Gootenberg, formaron durante los años treinta del siglo XIX un poderoso grupo nativo proteccionista, caracterizado por su oposición al liberalismo económico y a la competencia extranjera. Sus campañas en favor del nacionalismo económico a través del Consulado de Comercio les hizo ganar el apoyo de sectores de la plebe, como los artesanos, tenderos y vendedores de baratijas. Paul Gootenberg, "The Social Origins of Protectionism and Free Trade in Nineteenth-Century Lima", *Journal of Latin American Studies*, vol. 14, núm. 2, 1982, p. 331.

[12] *El Comercio*, 14 de julio de 1842.

La plataforma electoral de los hombres de la Bolsa del Comercio se puso en marcha sin mencionar la candidatura que apoyaría. Se especificó que por el momento la tarea más importante era acceder al control de las mesas momentáneas y permanentes de las distintas parroquias limeñas para evitar el voto no ilustrado. La estrategia generó protestas entre los artesanos, quienes se sintieron aludidos con la propuesta del grupo civil de limitar el voto. Un artesano les hizo llegar la siguiente advertencia:

> no quieran de ningún modo disputarle sus derechos al zapatero, al herrero y a otros individuos de la clase industriosa que están como ellos en el pleno goce de la ciudadanía, y cuyos brazos siempre dispuestos a servir a su patria, no permitirán tampoco que se les arrebate lo que han logrado a fuerza de sacrificios.[13]

La amenaza, rápidamente comprendida por el bando civil, motivó que se incorporara a un sector del gremio artesanal dentro de la plataforma electoral.[14]

La asociación electoral liderada por Isidro Aramburú puso en marcha una campaña marcada por una tendencia profundamente antiliberal. Sus simpatizantes se dedicaron a descalificar a los partidarios del ex presidente liberal Orbegoso, llamándoles *sans culottes* y traidores a la patria.[15] Al mismo tiempo, se lanzaron mensajes contra el faccionalismo militar, fenómeno al que atribuían el estado de anarquía política y social en que vivía el país.[16] Mas esta primera intervención civil en una elección fue interrumpida abruptamente a principios de agosto de 1842 por un nuevo golpe militar.

Los gobiernos militares que se establecieron a partir de entonces impusieron su propia idea de orden político y social, que quedó sujeto a la arbitrariedad del mandatario en turno. Un ejemplo fue el Directorio del general Manuel Vivanco, quien creó el Tribunal de Seguridad Pública, usado exclusivamente para juzgar a sus enemigos políticos. En su afán de conservarse en el poder, Vivanco instauró, el 9 de abril de 1843, un vínculo de servidumbre entre el gobierno y la población a través del "juramento de obediencia".[17] Se amenazó a los empleados

---

[13] *El Comercio*, 15 de julio de 1842.
[14] *El Comercio*, 16 de julio de 1842.
[15] "Contra traidores ¡¡Alerta!!", *El Comercio*, 17 de julio de 1842.
[16] Jorge Basadre, *op. cit.*, t. II, pp. 673-676.
[17] José Rufino Echenique, *Memorias para la historia del Perú, 1808-1878*, Antártica, Lima, 1952, t. II, p. 124.

públicos y los oficiales del ejército con ser despedidos si no juraban fidelidad al régimen. Las exacciones económicas a la población y los fusilamientos de los enemigos políticos, convertidos en macabras diversiones públicas, intensificaron el descontento de los civiles con Vivanco. Un político de la época, Santiago Tavara, añadió que la rápida pérdida de popularidad de Vivanco en la capital se explicaba también por el incumplimiento de su promesa de reconocer la legitimidad de los representantes limeños electos en las elecciones de 1842. Tavara afirmó que Vivanco, lejos de dar muestras de desear restablecer el orden republicano,

> disolvió la junta preparatoria que se había instalado con los diputados existentes en la capital. Desde ese punto, puede decirse que principió a declinar la gran popularidad que había merecido su rebelión. Ni podía ser de otra suerte, había proclamado la independencia de un Congreso, que expelía como primer acto de su autoridad. La sociedad no se conforma con estas versatilidades.[18]

Este clamor de la gente decente se enlazó muy pronto con el movimiento dirigido por el hacendado Domingo Elías.

Domingo Elías y la Semana Magna de 1844

Jorge Basadre definió a la Semana Magna como un modesto episodio de la historia limeña, ya que fue el estallido de un ánimo colectivo beligerante que en sus momentos más críticos no fue sino una inocua reacción de cansancio frente al militarismo.[19] Analizada como un hecho aislado, la movilización civil fue ciertamente poco significativa, pues fue desactivada por sus propios dirigentes. Pero los hechos de julio de 1844, debidamente contextualizados, pueden verse como la sacralización del proceso de inserción civil en la esfera política, apelando al mito europeo del ciudadano armado.[20] Este mito apareció

---

[18] Santiago Tavara, *Historia de los partidos*, Huascarán, Lima, 1951, p. 177.

[19] Jorge Basadre, *Chile, Perú y Bolivia independientes*, Salvat Editores, Barcelona, 1948, pp. 247-248. Jorge Basadre, *La multitud, la ciudad y el campo en la historia del Perú*, Huascarán, Lima, 1947, p. 193. Jorge Basadre, *Historia de la República, op. cit.*, t. II, pp. 719-720. Salvo las opiniones de Basadre y un breve artículo de Pablo Macera, "Domingo Elías y Ramón Castilla", *Turismo*, núm. 175, Lima, 1955, no existe ningún otro estudio sobre el levantamiento civil de 1844.

[20] Los movimientos radicales europeos gestados entre 1830 y 1848 coincidieron en que la nueva fase revolucionaria provendría de una crisis en los asuntos políticos del Estado. La insurrección se caracterizaría por alzar barricadas en las capitales y luego de tomar el poder "se organizaría una

rodeado del lenguaje de la fraternidad y del asociacionismo, retórica que desarrollaron los artesanos franceses después de la revolución parisina de julio de 1830.[21] El mito del ciudadano armado fue concebido y puesto en práctica por Domingo Elías, un rico hacendado y comerciante reconocido por su ideología liberal. Pero los objetivos del mensaje eliísta fueron muy distintos a los del caso europeo. Elías apuntó a consolidar una fuerza pública de contención del militarismo, alentando el asociacionismo y la fraternidad exclusivamente entre la gente decente y evitando su ampliación a los sectores plebeyos. Según este plan, la fraternidad fomentada entre el sector civil más selecto de la población facilitaría la conversión de los ciudadanos armados en árbitros del proceso de retorno al sistema representativo, mediante un congreso constituyente o por elecciones presidenciales.

El único modo concebido por Elías para alentar el espíritu de fraternidad entre la "gente decente" fue auspiciando el asociacionismo civil desde la esfera gubernamental. Siguiendo la estrategia trazada por los radicales europeos, la institución más idónea para lograr que el ciudadano se tornara en activo defensor de las virtudes cívicas era la Guardia Nacional. En su plan, Elías mantuvo en secreto una aspiración personal que no develó sino cuando terminó la Semana Magna: la Guardia Nacional también debía convertirse en el soporte electoral de su candidatura presidencial.

Una alianza política pactada con el general Vivanco otorgó a Elías la autonomía política suficiente en Ica, su tierra natal, para ensayar la reconversión de la Guardia Nacional en milicia civil. A cambio de ello, Vivanco obtuvo la colaboración financiera de Elías para el sostenimiento de su régimen, con la única condición de "no dar grados ni ascensos militares y de condonar el pago de la deuda interna hasta que no retornara el orden republicano".[22] El plan fue puesto en marcha apenas Elías asumió el cargo prefectural de Ica en agosto de 1843. Vivanco había dado la autorización a sus prefectos de reorganizar las guardias

---

guardia nacional, constituida por ciudadanos armados, se convocarían elecciones democráticas para una Asamblea Constituyente, el gobierno provisional se convertiría en definitivo cuando la nueva Constitución entrara en vigor". Eric Hobsbawn, *Las revoluciones burguesas,* Guadarrama, Barcelona, 1985, pp. 234-235.

[21] La construcción de la retórica de la fraternidad y del asociacionismo entre los artesanos franceses ha sido estudiada por William H. Sewell, Jr., *Work and Revolution in France: The Language of Labor from the Old Regime to 1848,* Cambridge University Press, Cambridge, 1980.

[22] Domingo Elías, *Manifestación que hace el ciudadano Domingo Elías acerca de algunos hechos relacionados con el desempeño de sus deberes como Jefe Superior de los Departamentos del Sur,* Imprenta del Comercio por J. M. Monterola, Lima, 1855, pp. 6-7.

nacionales en sus respectivas jurisdicciones. Amparándose en ese decreto, Elías fomentó la creación de milicias conformadas exclusivamente por civiles de su confianza. Cuando el comerciante iqueño fue nombrado prefecto de Lima por Vivanco, en diciembre de 1843, la Guardia Nacional de Ica era ya una fuerza pública compuesta en su mayoría por hacendados.[23] Con el poder que le otorgaba el mando político de la capital, Elías prosiguió con su experimento de fomentar el asociacionismo entre la población civil más selecta. A los pocos días de salir Vivanco de Lima para combatir al Ejército Constitucionalista del sur, comandado por el general Castilla, los diarios publicaron un bando antivivanquista elaborado por simpatizantes de Elías:

> Limeños. Hasta cuando queréis ser el escarnio ridículo de los demás pueblos del Perú, vuestros compatriotas, la sola idea de que vuestra Capital es la primera de la república era sobrado estímulo para que seais tambien los primeros en sostener ilesas las leyes y las instituciones que 22 años ha os han regido. Estas y la constitución todo ha desaparecido como el humo. Nuestro Gobierno Popular representativo se ha convertido en farsa dictatorial, en farsa directorial basada sobre vuestras garantías sociales de toda especie. Qué esperáis pues para salir de esta transformación violenta...[24]

Este comunicado se publicó a modo de ensayo para medir su recepción entre la población civil limeña. Al no producirse oposición alguna, el plan eliísta pudo proseguir. El 24 de diciembre de 1843, la Guardia Nacional de Ica hizo su entrada en Lima con la finalidad de contagiar a los ciudadanos el "espíritu cívico", del que, según los propagandistas, carecían los regimientos militares de Vivanco y Castilla. Los Nacionales de Ica fueron presentados en los diarios limeños como ejemplo de virtud cívica republicana, por ser sus integrantes capaces de sacrificar pasiones, trabajo y vida privada cuando se trataba de acudir en defensa de la patria.

La construcción del imaginario colectivo del asociacionismo como eje de la formación de la comunidad nacional republicana quedó reforzada al describir un cronista que, a diferencia del faccionalismo militar, las milicias civiles de Lima e Ica se destacaron por fraternizar en todo momento. Elías fue definido, por el cronista, como el genio y artífice de la futura "república majestuosa" que fomentaría el asociacionis-

---

[23] Evaristo San Cristóbal, *Apéndice al Diccionario histórico biográfico del Perú,* Librería e Imprenta Gil, S. A., Lima, 1935, t. II, p. 83.
[24] *El Comercio,* 3 de diciembre de 1843.

mo, siempre y cuando los ciudadanos del resto del país imitaran el ejemplo

> de los valientes iqueños y de la entusiasmada Lima armándose para la guerra [pues] gozarán la paz suspirada; mostrando ánimos varoniles harán caer las armas de la traición siempre cobarde y alistándose en la Guardia Nacional habrán asegurado el porvenir, porque desde el momento en que la nación tenga las armas en su mano, serán impotentes todas las tentativas de la ambición, para contrariar los intereses nacionales.[25]

Otro comentarista añadió que la Guardia Nacional, al ser "el corolario del sistema representativo y la felicidad de cualquier espíritu republicano", requería de la participación de la población limeña porque sólo como ciudadano armado se asumía a plenitud las virtudes cívicas. El buen ciudadano fue definido como el "centinela de su hogar pero también de sus situaciones"; es decir, aquel que sacrifica su entorno privado y laboral participando en las milicias en favor de la patria.[26] Aprovechando de los dos meses que la Guardia Nacional de Ica permaneció en Lima, los partidarios de Elías no cesaron en su empeño de probar que sólo con el refuerzo continuo de las milicias se garantizaría el triunfo del civismo en el país.[27]

Aunque el mensaje político del ciudadano armado tuvo eco en la población, muchos ciudadanos también expresaron su desconfianza hacia el proyecto. El diario *El Constitucional* solía publicar denuncias en contra del enrolamiento forzado de civiles que realizaba el Batallón Comercio por los alrededores de la capital.[28] Pese a estos inconvenientes, la transformación de la Guardia Nacional en una milicia civil prosiguió esta vez en el puerto del Callao.[29] El proyecto del ciudadano armado se trasladó a las provincias sureñas de Pisco y Chincha; en este último lugar las milicias se crearon en medio de serios incidentes con las autoridades civiles opuestas a tal idea.[30]

---

[25] "La entrada de los Nacionales de Ica a Lima", *El Comercio*, 24 de diciembre de 1843.
[26] "Honor y gloria a los Nacionales de Ica", *El Comercio*, 25 de diciembre de 1843.
[27] "Triunfo del civismo", *El Comercio*, 26 de diciembre de 1844; "Despedida de los milicianos de la Provincia de Ica", *El Comercio*, 8 de febrero de 1844.
[28] "Las levas del Batallón Primero de Comercio", *El Constitucional*, 7 de febrero de 1844.
[29] Según unos vecinos del Callao, sus ciudadanos armados se organizaron "el día 16 del presente (en que se suponía debía estallar una revolución contra el Gobierno Directorial)"; *El Comercio*, 25 de diciembre de 1843.
[30] "Escándalo en Chincha Alta", *El Comercio*, 28 de febrero de 1844; "Respuesta a un vecino de Chincha Alta", *El Comercio*, 1° de marzo de 1844.

Cuando Elías hizo público su pronunciamiento del 17 de junio de 1844, desconociendo la autoridad del general Vivanco y autoproclamándose jefe accidental de gobierno, su soporte institucional basado en el fomento de una Guardia Nacional integrada por civiles estaba consolidándose apenas en cuatro provincias. Elías precipitó su decisión de hacer públicos los objetivos que estaban detrás de la movilización armada de los civiles porque, de manera circunstancial, el general Vivanco había comprometido la estrategia política secretamente montada en Lima. En efecto, a principios de junio Vivanco exigió a Elías que le aprovisionara con armas y dinero; esto afectaba el discurso de la ciudadanía armada como fuerza no partidizada y árbitro del conflicto entre los caudillos militares. Elías no sólo rechazó la petición sino que denunció el mal gobierno de Vivanco como la razón del descontento civil y, adicionalmente, adujo el desengaño como su motivación personal para acaudillar el rencor ciudadano.[31] El pronunciamiento fue un paso fundamental en el proceso de invención de la esfera política promovida por el lenguaje asociacionista. La definición de la rebelión como un acto propio de la opinión pública soberana, avalada por la comunidad nacional de ciudadanos armados, quedó expresada en el requerimiento con que concluyó el pronunciamiento:

> Ya que los dos bandos han llegado a hacerse tan poderosos, para que sus pretensiones se decidan en una sangrienta y prolongada contienda, si ambos alegan sostener los intereses nacionales, sea la Nación misma la que falle su causa, y un Congreso sea el árbitro de la fuerza pública, proclamando aquellos principios que deben regirnos...[32]

El diplomático francés Max Radiguet fue testigo de las circunstancias que rodearon el pronunciamiento, y nos brinda una idea del orden social al que Elías aspiraba. Según Radiguet, en la calle la plebe se desenvolvía ignorante del pronunciamiento político:

> Nadie parecía ocuparse del asunto, la ciudad continuó en medio de una tranquilidad perfecta, las tapadas se paseaban, como de costumbre, por los portales, los gallinazos inmóviles sobre las azoteas miraban impasibles desfilar a los guerreros, el pueblo continuaba con indiferencia su ruda labor.[33]

---

[31] Domingo Elías, *Manifestación que hace el ciudadano...*, op. cit, pp. 7-8.
[32] Domingo Elías, *Manifiesto a la Nación*, s.p.d.i., Lima, 1844, p. 3.
[33] Max Radiguet, *Souvenirs de l'Amerique Espagnole*, citado en Jorge Basadre, *Historia de la República...*, op. cit, t. II, p. 718.

El marco oficial del pronunciamiento retratado por Radiguet indicaba un mensaje dirigido exclusivamente a la población selecta, ávida de recobrar la sociabilidad tradicional erosionada, y que alentaba a la gente decente a confiar en que su intervención en la esfera política no conllevaría ningún tipo de desarreglo social.

Otro aspecto resaltado por la prensa como novedad del levantamiento fue la forma en que Elías proyectó una nueva imagen de caudillo. Según un cronista, Elías era completamente distinto a todos los caudillos militares que se manifestaron en circunstancias similares. El prefecto mostró ingenuidad, sencillez; en su discurso intervenía más la pasión espontánea del civil que la maquinación fría del militar. Sólo la modestia igualaba a su ingenuidad; el cronista afirma que "es tan modesto que aún duda y suplica que le digan si ha hecho bien o mal".[34] La construcción de la imagen de Elías como un caudillo que resumía la virtud republicana de la sencillez fue tan importante como propalar la idea de que el levantamiento era una muestra del asociacionismo civil. Los cronistas dieron por hecho irrefutable que Elías iba a ser una pieza clave en la futura coyuntura política,[35] y el inesperado estallido de la Semana Magna contribuyó a darle el marco de gesta epopéyica a su proyecto.

La Semana Magna se originó de un pleito entre el prefecto de Lima y el coronel José Rufino Echenique, quien tenía a su mando un regimiento vivanquista en Huancayo, una importante región de la Sierra Central, cercana a Lima. Echenique, luego de pedir a Elías que rectificara su postura y siguiera apoyando a Vivanco, le exigió el envío de armamento, vestuario y municiones que su regimiento requería. Como ninguna de las misivas reconocía a Elías como jefe de gobierno, éste contestó a Echenique que si no se unía a su empresa no le proporcionaría recursos.[36] Echenique consideró dicha respuesta como un acto de hostigamiento personal, por lo que amenazó con emprender una marcha a Lima con todas sus fuerzas si Elías no lo aprovisionaba.[37]

---

[34] "Mi opinión sobre el acontecimiento de Lima de 17 de junio de 1844", *El Comercio*, 4 de julio de 1844.

[35] Pedro Dávalos y Lisson, *Historia republicana del Perú*, Librería e Imprenta Gil, Lima, 1930, t. VI, pp. 62-63.

[36] Jorge Basadre, *Historia de la República...*, *op. cit.*, t. II, p. 719.

[37] "Carta de la Comandancia General del Ejército de reserva al Señor Domingo Elías. Huancayo, 29 de junio de 1844", *El Peruano*, 4 de julio de 1844. No obstante esa afirmación, en sus memorias Echenique reconoce que su intención real era acabar con el movimiento de Elías: "miré yo tal revolución como un golpe de muerte para el Directorio y que mi deber era sofocarla y dominarla, por lo cual verifiqué la marcha"; José Rufino Echenique, *op. cit.*, vol. II, p. 132.

Elías convocó a una Junta de Guerra donde se resolvió comunicar oficialmente a Echenique que sus problemas de aprovisionamiento sólo podía resolverlos él mismo licenciando a la fuerza que no pudiera mantener con los recursos que se le proporcionaban. El gobierno de Lima, a su vez, lanzó a Echenique la advertencia de que si se persistía en avanzar sobre la ciudad se pondrían en movimiento "todos los recursos que ésta encierra para resistirlo".[38] Sin esperar la respuesta de Echenique, el 5 de julio de 1844 Elías procedió a declarar el "estado de asamblea" en Lima. La fórmula, no usada antes en levantamiento alguno, implicó la suspensión indefinida de los trabajos en las oficinas públicas y particulares, almacenes, tiendas y talleres. Hábilmente, Elías describió la actitud de Echenique como la reacción propia del caudillo militar, seguro de la pasividad civil y dispuesto a "castigar en nosotros como un crimen nuestra noble resolución de restablecer el sistema legal".[39]

La oportunidad de alzar barricadas en la capital, el gran acto soñado por todos los proyectos radicales de la primera mitad del siglo XIX, se presentaba inmejorable en el caso limeño. Pero el componente civil de los batallones Comercio núm. 1, Comercio núm. 2 y Artillería de la Guardia Nacional se consideró insuficiente. Para fomentar una captación más amplia de civiles, se ordenó el reforzamiento de la Guardia Nacional con cuatro compañías integradas por los empleados públicos de Lima y el Callao, que fueron puestas al mando del fiscal de la Corte Suprema, Francisco Javier Mariátegui.[40] En seguida, se ordenó a toda la población masculina hábil en el manejo de las armas organizarse en sus respectivos barrios y reconocer un capitán. La defensa de Lima no se limitó a la materialización del asociacionismo entre civiles, sino también entre éstos y algunos militares. En el convento de San Francisco se organizó un batallón compuesto por cerca de 300 oficiales sueltos en plaza, al que se denominó Sostenedores del Orden y de las Leyes. Por último, los oficiales y soldados que participaron en las guerras de independencia también formaron un batallón al que se dio el nombre de Milicia Cívica.

Los batallones mejor equipados de la Guardia Nacional fueron desplazados a las siete entradas que tenía la muralla de la capital, en tanto

---

[38] *El Comercio*, 4 de julio de 1844.
[39] "Bando de Domingo Elías, prefecto del departamento de Lima y encargado accidentalmente del poder ejecutivo", *El Comercio*, 6 de julio de 1844.
[40] *Posta del Comercio*, 8 de julio de 1844.

que los recién constituidos fueron enviados a custodiar las plazas públicas. La participación de los artesanos en el proyecto eliísta fue reducida en contraste con el papel de vanguardia que le atribuyeron los asociacionismos radicales europeos.[41] Sólo se permitió al líder de los panaderos, Juan Bautista de Malamoco, armar un batallón con miembros de su gremio, mientras que los herreros y talabarteros formaron una tropa a la que se encomendó proteger la plazuela de San Sebastián. El gobierno de Lima calculó en 2 500 el número de ciudadanos armados dispuestos a combatir a los 1 500 soldados del regimiento del coronel Echenique.[42]

La propaganda política montada en los diarios durante el estado de asamblea buscó asimismo apuntalar la novedad de la fraternidad estrecha existente entre el gobierno y la sociedad. Según palabras publicadas en el diario oficial, el sistema de publicidad del gobierno de Lima se caracterizaba por fomentar la absoluta transparencia informativa.[43] Con base en esa prédica, el gobierno permitió a los diarios dar a conocer desde la estrategia militar hasta la correspondencia cursada entre Elías y Echenique.[44]

Durante el estado de asamblea, la capital se llenó de una parafernalia sobre la civilidad inédita en la república. La propaganda destacó el sacrificio que estaban dispuestos a hacer los civiles por salvaguardar la soberanía popular. El propósito de esta retórica era desmentir la medrosidad y la pasividad atribuidas por Echenique a los ciudadanos limeños:

> Ayer se presentó la madre del voluntario D. N. Mancilla de la 1ra. Compañía del Batallón Comercio, le colgó un escapulario al cuello al frente de sus compañeros de armas, y en seguida le dijo: "compórtate con honor. No corras, perece primero, y haz cuenta que ya no tienes madre, hasta que no vuelvas victorioso"...[45]

---

[41] Sobre la participación artesana en la revolución de julio de 1830, véase William H. Sewell, Jr., *op. cit,* pp. 272-280.

[42] "Recomendable patriotismo", *El Comercio,* 11 de julio de 1844.

[43] *El Peruano,* 7 de julio de 1844.

[44] Un ejemplo de un asunto de gobierno convertido en tema de interés público fue el siguiente: "a las seis de la mañana de hoy llegó el Sr. D. Leonardo Figuerola, en circunstancias que SE (Elías) acababa de llegar del punto en que había pasado la noche con un crecido número de paisanos respetables que le acompañaban. El señor Figuerola entregó una comunicación corta que no es sino el preludio de una larguísima que se espera; la que leída por SE la fue también por casi todos los presentes, porque el Gobierno no tiene secretos para el pueblo". [*El Comercio,* 10 de julio de 1844.]

[45] *El Comercio,* 10 de julio de 1844.

Las publicaciones de himnos y composiciones alusivas a los actos de heroicidad de los ciudadanos armados, los poemas dedicados a destacar el valor de la civilidad y la presentación de la contienda armada como una lucha entre la divinidad civil y el demonio militarista, dieron el marco festivo con el que se buscó sacralizar la contienda. Por último, dentro de este nuevo vocabulario político, se encomió como ejemplo de patriotismo que altos representantes de la sociedad desempeñaran "la grosera tarea del soldado encallesido".[46] Todo apuntó a convertir a la Semana Magna en una contienda verbal donde la retórica civil se propuso convencer que "el espíritu público puesto en acción, era el principio regulador de la autoridad".[47]

Frente a las medidas de emergencia tomadas por Elías en Lima, existen evidencias de que parte de la población apoyó a Echenique, mientras que otra parte prefirió adoptar una actitud neutral. El primer caso está documentado por los rumores que aseguraban la existencia de un bando vivanquista cuyo objetivo era tomar uno de los accesos a la muralla para facilitar la entrada del ejército de Echenique.[48] La actitud neutral fue protagonizada por el rector del Colegio de San Carlos, el sacerdote Bartolomé Herrera, quien desconoció el estado de asamblea y ordenó la continuación de las actividades en su institución. Herrera se vio obligado a suspender clases cuando un grupo de estudiantes, liderados por el vicerrector, se presentaron ante Elías ofreciendo formar la tropa del Convictorio de San Carlos.[49] Otro sector de la población, aunque apoyaba a Elías, no estaba de acuerdo en que el conflicto culminara en un enfrentamiento armado.[50]

En cambio, no hubo oposición ni desacuerdo respecto al lugar que se otorgó a la población negra durante la movilización política. La gente decente fue partidaria de que la ayuda brindada a los batallones por los negros se limitara a las mujeres. Tal opinión fue vertida en la prensa en forma de un diálogo satírico entre un negro y una zamba:

> Juancho: Onde va uté ña Catita, con toro ese arremuesco.
>
> Catita: Gua! Qué te importa Juancho. Pues bien, voy al cuartel 2do. a ver a mis amigos, a los defensores de la capital, a los valientes, a los que no son como tú, negro, viejo, flojo.

[46] "Sublime ejemplo de patriotismo", *El Comercio*, 9 de julio de 1844.
[47] "Dios o diablo", *El Comercio*, 9 de julio de 1844; "¿Con que es diablo? Pues al diablo lo queremos", *El Comercio*, 12 de julio de 1844.
[48] *El Comercio*, 7 de julio de 1844.
[49] *El Comercio*, 12 de julio de 1844.
[50] *El Comercio*, 7 de julio de 1844.

Juancho: Calla uté Jesú! Nadie ro pregunta uté tanto... yo so negro viejo pero no cobarde...

Catita: No seas palangana Juancho, tu y todos tus conocidos no servian para nada, ojo eso poco, porque con los dos Comercios, la Artillería, el Callao y la Iqueña ayudados de los demás no hay hombre que pare, y otra cosa más hijo, que como vamos todas las madres, las hermanas, mujeres o amigos de los Nacionales, y que éstos son conocidos de los que vienen, en cuanto nos vean, verán como dejan a Rufinito sólo.[51]

Este diálogo resumía el drástico cambio operado en la tradicional estrategia liberal, que ahora, en vez de utilizar a los bandoleros y montoneros para enfrentar a los conservadores, prefería el uso de la figura maternal de las zambas como arma de disuasión. La población negra no tuvo ningún lugar en el proyecto asociacionista, limitándose la participación de los hombres al de animar con actuaciones musicales los campamentos formados por las milicias civiles.

La Semana Magna no desembocó en un enfrentamiento armado entre civiles y militares. Repentinamente, el coronel Echenique decidió retornar a la Sierra Central argumentando que había comprobado que toda la Guardia Nacional estaba ligada a la revolución y que "todo el llamado partido liberal se la había unido, que la revolución en suma, a pesar de envolver la traición del caudillo, era popular".[52] La retirada de Echenique fue celebrada en Lima como el triunfo del asociacionismo popular y de Domingo Elías, al que la prensa comenzó a llamar el "hombre del pueblo". El 13 de julio de 1844 el gobierno de Lima ordenó el levantamiento del estado de asamblea. El inmediato comienzo de las tareas de desarme de los civiles coincidió con el fin de la publicitada guerra verbal entre Echenique y Elías, cuyo epílogo fueron dos bandos dirigidos por ambos personajes al pueblo limeño. Mientras Echenique pronosticaba que la ilustración haría ver a los limeños que habían apoyado la creación de un tercer partido cuyas teorías eran impracticables, Elías los congratulaba por haber recuperado la virtud civil de defensa de la libertad pública, abriendo así "la vía de la legitimación institucional mediante la voluntad popular".[53] La Semana Magna culminó con el bando del gobierno de Lima que ordenaba a todas las

---

[51] "Los negros y las mulatas", *El Comercio*, 11 de julio de 1844.
[52] José Rufino Echenique, *op. cit.*, vol. II, p. 133.
[53] "El comandante en jefe del Ejército de Reserva al pueblo limeño", *El Comercio*, 12 de julio de 1844; "El prefecto del departamento encargado del poder ejecutivo a los habitantes de Lima y el Callao", *El Comercio*, 13 de julio de 1844.

corporaciones civiles y militares iniciar la persecución de Echenique en la Sierra Central.[54] La coyuntura política se presentaba propicia para lanzar la candidatura presidencial de Elías. Sus correligionarios la anunciaron como una candidatura pronosticada "desde la mansión eterna de la sabiduría".[55] En efecto, la inminencia de la contienda electoral de 1844 se convirtió en el escenario que iba a permitir medir hasta qué punto el discurso asociacionista había calado entre la gente decente.

La elección presidencial de 1844

En el sur del país, el Ejército Constitucionalista del general Castilla derrotó al general Vivanco, dándose por descontada la candidatura presidencial del primero. Entre tanto, en Lima se supo que Echenique había rechazado el ofrecimiento de Elías de unir fuerzas con el propósito de imponer condiciones al ejército del sur. Según Basadre, con este revés Elías quedó privado de la fuerza militar que le hubiera permitido oponerse a Castilla.[56] La situación se tornó más precaria para el prefecto de Lima al decidir Echenique reconocer a Castilla como máxima autoridad militar del país, uniéndose al bando de los constitucionalistas. Según los emisarios de Castilla, Elías debía renunciar a su cargo para facilitar la transición política que pasaba por restituir el mando supremo del país al primer vicepresidente del Consejo de Estado, Justo Figuerola.

La renuncia de Elías a la prefectura implicó un golpe a los planes de los liberales eliístas, ya que puso en peligro el control del único soporte institucional de la futura campaña electoral: el manejo de la Guardia Nacional. Esta institución había probado ser vital en el proceso de acumulación de poder por parte de Elías, compensándose así la inexistencia de asociaciones cívicas y políticas.

El optimismo retornó a los eliístas cuando Figuerola nombró a Elías ministro general primero y, luego, ministro de Guerra y Marina. Sólo la renuncia de Figuerola por motivos de salud el 6 de octubre, cuando ya habían finalizado las elecciones de parroquia, apartó definitivamente a Elías del poder, al negarse el nuevo jefe de gobierno, Manuel Menéndez, a otorgarle cargo político alguno. En consecuencia, los eliístas

---

[54] El término Semana Magna se halla en la carta que un grupo de mujeres remitió a un jefe de los batallones de la Guardia Nacional. *El Comercio,* 13 de julio de 1844.
[55] "Los manes de Lastres y Berástegui", *El Comercio,* 16 de julio de 1844.
[56] Jorge Basadre, *Historia de la República...*, *op. cit.*, t. II, p. 722.

controlaron sólo la fase inicial de las elecciones; es decir, el sufragio parroquial. Pese a alentarse el apoyo de los electores de la capital "amantes de la libertad humana que terminaron con tres años de agitación y guerra civil",[57] el estreno electoral de los eliístas no fue auspicioso, pues fueron acusados de promover incidentes en la constitución de las mesas momentáneas y permanentes en tres de las seis parroquias limeñas. Las irregularidades se iniciaron en la parroquia del Sagrario de la Catedral, donde unos vecinos denunciaron actos de violencia protagonizados por los eliístas valiéndose del apoyo de la Guardia Nacional. Los denunciantes arguyeron que al constituirse en la parroquia para emitir sus votos, observaron que:

> el juez de paz no se presentó hasta las once y media del día, después de varios llamamientos y cuando debió elegir dos ciudadanos de los presentes para con ellos formar la mesa primera, exigió que se llamase a D. N. Calderón, comandante del Segundo Batallón de la Guardia Nacional. Se quiso que se presentase este cuerpo y hasta que no lo lograron no empezaron las votaciones. No concurrieron a él los ciudadanos con derecho a votar, sino hombres de poncho y de chaqueta, armados de palos y puñales. Los capitaneaba D. N. Concha, dependiente de Don Domingo Elías...[58]

Unos días después, los vecinos de la parroquia de San Marcelo también elevaron sus quejas al gobierno, esta vez contra el Segundo Batallón de la Guardia Nacional porque, en la formación de sus mesas, intervino una de sus compañías compuesta de "cien hombres obscuros, de baja esfera, embriagados por el licor y capitaneados por el comandante D. Toribio Zabala, jefe del Escuadrón a que pertenece".[59] Por último, en la parroquia de San Lázaro, otro grupo de vecinos elevó su protesta ante el Colegio Electoral Provincial por haber sido constituidas las mesas por "esclavos, sirvientes domésticos, transeuntes de los tambos de Malambo, mendigos y muchachos que armados de cuchillos y de palos, gritaron y amenazaron tapando la ánfora con sombreros llenos de votos".[60]

La retórica de la fraternidad civil de la Semana Magna se rompió apenas comenzaron las elecciones de 1844. Las solicitudes de nulidad elec-

---

[57] *El Comercio*, 29 de septiembre de 1844.
[58] "Algunos ciudadanos pertenecientes a la parroquia del Sagrario elevan al Supremo Gobierno la siguiente protesta", *El Comercio*, 30 de septiembre de 1844.
[59] "Los vecinos de la parroquia de San Marcelo al Excmo. Señor Ministro de Gobierno", *El Comercio*, 3 de octubre de 1844.
[60] "Clamor al Colegio de Provincia", *El Comercio*, 18 de octubre de 1844.

toral fueron gestionadas, paradójicamente, por antiguos colaboradores de Elías, liderados por el magistrado Francisco Javier Mariátegui. Este sector se mostró inconforme desde un principio con la manera en que el sector más influyente del eliísmo había planeado la intervención de la Guardia Nacional en los sufragios. Ahora, ellos exigían al ministro de Gobierno, Manuel Pérez de Tudela, que se tomaran medidas en contra de Elías y de la Guardia Nacional. Esta requisitoria de los liberales disidentes fue replicada de inmediato por los eliístas, quienes expresaron su confianza en que el presidente Figuerola no permitiría que un ministro actuara en contra de "un colega del gabinete". Los eliístas enfilaron en contra del ministro de Gobierno por haber dado curso a la demanda en contra de Elías y, especialmente, por provocar la intervención del Ejecutivo en un problema que atañía resolver al Colegio Provincial. Los reclamos terminaron en una amenaza directa al gobierno de provocar un levantamiento civil semejante al de 1833 si se daba curso al intento de "acallar la voz del pueblo".[61]

Aunque los eliístas sufrieron el fraccionamiento de sus filas provocado por el grupo que respaldaba Mariátegui, justificaron la intervención de la Guardia Nacional en las elecciones porque ésta se hallaba integrada por ciudadanos activos:

> Concluiremos advirtiendo a nuestros Guardias Nacionales que no se inquieten porque algunos de esos que son liberales cuando les tiene cuenta, los llaman ahora en su representación proletarios [...] Pero sepan que esos Guardias Nacionales, hombres de industria, laboriosos, y más útiles que muchos de los que ahora los insultan supieron defender en los días del conflicto, y compraron con su esfuerzo un voto que no merecen sus contrarios.[62]

Las denuncias de la disidencia liberal no impidieron al sector eliísta hacerse con los dos tercios del electorado que daba el control absoluto de las parroquias del Sagrario, San Marcelo y San Lázaro. El nuevo mandatario, Manuel Menéndez, decidió no intervenir en el conflicto, dejando que las elecciones prosiguieran tal como las habían planeado los eliístas. Gracias a esta actitud neutral adoptada por el gobierno, Elías

---

[61] Los eliístas se referían al intento del general Agustín Gamarra de querer anular la mesa y la elección realizada en la parroquia del Sagrario durante los comicios presidenciales de 1833. Al respecto, véase *El Telégrafo de Lima*, 4 de julio de 1833.

[62] "Un hijo de la viuda", *El Comercio*, 1° de octubre de 1844. "Los positivos republicanos", *El Comercio*, 1° de octubre de 1844.

logró su objetivo de controlar la votación pese a su alejamiento del poder. Pero la discordia entre los civiles no dejó de acrecentarse. Un grupo de representantes electos en los comicios parroquiales acordó abstenerse de participar en la siguiente etapa, la elección provincial, en un último intento de dejar a la capital sin candidato. Según uno de éstos, se confiaba en que el Colegio Provincial o el propio Congreso anularan definitivamente las elecciones parroquiales.[63]

Luego de hacer pública su decisión de no votar, los disidentes promovieron un ataque verbal contra los candidatos eliístas. Éstos se habían identificado para la contienda como "los hombres del frac negro", pretendiendo rescatar el distintivo civil de las primeras décadas republicanas. En efecto, hasta 1840 todos los civiles que participaron en los gobiernos militares eran llamados los "hombres de traje negro".[64] Pero de modo irónico, los electores abstencionistas rebautizaron a los eliístas como los del "frac agallinazado", un término que hacía alusión al gallinazo, un ave de rapiña de plumaje negro de las costas peruanas.[65] La frase tuvo evidentes connotaciones étnicas, porque sirvió para referirse a una supuesta alianza existente entre los eliístas y los bandoleros negros, fenómeno advertido por un elector en los comicios parroquiales del Callao. Éste, en efecto, dijo que en las pulperías aledañas a la mesa parroquial del Callao se habían concentrado pandillas de bandoleros dispuestos a interrumpir la elección si ésta les era desfavorable.[66] Dicho elector acusó a Elías y su bando de volver a recurrir a una práctica que había alentado el desorden social en Lima.

El 28 de octubre de 1844 el Colegio Electoral Provincial constituyó la mesa permanente, contándose para la ocasión con la asistencia de los 91 electores eliístas. No bien fue nombrado presidente de la mesa Manuel Salazar y Baquijano, desestimó el recurso del subprefecto limeño, quien había solicitado la anulación de los sufragios en dos parroquias. La elección de diputados, senadores y del candidato por Lima a la presidencia con los dos tercios del electorado se puso en marcha sin más contratiempo. Los resultados fueron los que habían previsto los eliístas. Domingo Elías, Juan Antonio Ribeyro y José Manuel Tirado fueron elegidos diputados propietarios. En cuanto a la nominación de

---

[63] "Elecciones", *El Comercio*, 17 de octubre de 1844.
[64] Jorge Basadre, "Los hombres de traje negro", *Letras,* año 1, vol 1, Lima, 1929, p. 38.
[65] "Uno que no tiene el frac agallinazado", *El Comercio,* 11 de octubre de 1844. "Unos que quieren que las cosas vayan en orden", *El Comercio,* 19 de octubre de 1844.
[66] "A los del frac agallinazado", *El Comercio,* 28 de octubre de 1844.

los senadores, Domingo Elías obtuvo el primer lugar al lado de Manuel Salazar y Baquijano, Manuel Mendiburu y el general Pedro Bermúdez. Pero la sorpresa se dio en la elección del candidato a la presidencia por Lima. Los electores no nominaron a Domingo Elías, quien apenas obtuvo dos votos, sino al general Ramón Castilla, con un total de 54 votos. La nominación de Castilla indica que los electores eliístas hicieron un gesto de concesión a sus detractores, seguramente para evitar que éstos prosiguieran su campaña de anulación de las elecciones. Cabe añadir que en el instante de la votación los eliístas ya sabían que las posibilidades de su líder de obtener la presidencia eran remotas, conociéndose por la prensa que Castilla había triunfado en las elecciones provinciales de la mayoría de los departamentos del sur y del norte del país. La sensación de derrota de los electores eliístas lo resumió el modo en que solemnizó su voto por Castilla uno de ellos:

> Es mi voto por Castilla
> y a Castilla libremente
> voto para presidente,
> pero con la conterilla
> que no abuse en esa silla
> del poder como tirano;
> que respete del peruano
> las leyes y propiedad
> guardando fidelidad
> al pueblo soberano.[67]

La primera candidatura civil a la presidencia había fracasado al sustentarse no en una asociación cívica ni política sino en una organización pública, la Guardia Nacional, cuyo uso fue útil en el enfrentamiento entre civiles y militares, pero no cuando se trató de una contienda entre civiles.

A pesar de que el Consejo de Estado proclamó a los senadores electos por el Colegio Provincial de Lima en febrero de 1845, la Junta Calificadora de la Cámara de Diputados revocó la medida, declarando nulas las elecciones parroquiales limeñas a principios de abril. La Junta dio por válida una nueva recusación presentada por Francisco Javier Mariátegui.[68] En consecuencia, se volvió a convocar a los vecinos de la capital para sufragar. Pese a lo advertido por los eliístas, no hubo

[67] "Remitido de un protestante", *El Comercio*, 3 de noviembre de 1844.
[68] "Elecciones de la capital", *El Comercio*, 31 de marzo de 1845.

ninguna reacción civil de violencia contra el acta de nulidad. Los eliístas apenas dejaron constancia de su malestar por tal decisión, que consideraban guiada por "el espíritu de partido y no por razones de ley".[69] El dictamen de la Junta creó a la agrupación eliísta el reto de revalidar su triunfo en las urnas, esta vez sin contar con la ayuda de la Guardia Nacional. Las nuevas elecciones parroquiales volvieron a estar rodeadas por denuncias de irregularidades. Las acusaciones mutuas de compras de votos, de amedrentamiento de ciudadanos y de asalto a las mesas entre eliístas y castillistas presagiaban una contienda similar a la anulada. Sin embargo, esta vez el "club de Elías" dio un giro en su táctica discursiva para enfrentar a los "liberticidas" y "protestantes" castillistas. Su propaganda elevó el tono antimilitarista de su prédica, atribuyéndose a los continuos periodos de agitación promovidos por los caudillos militares la forja de la identidad del nuevo civilismo: "la revolución, entre sus inmensos males, nos ha dejado un bien que no podemos dudarlo: el más frío indiferentismo a las bayonetas que antes nos hacían temblar, cuando se trata de ocuparnos de la libertad y de las leyes".[70] Para afianzar la separación entre el lenguaje civil y el militar, los partidarios de Elías no cesaron en su empeño de promover como ejemplo de virtud cívica al ciudadano armado; es decir, al civil que se tornaba útil y activo al integrarse a la Guardia Nacional. Pero ahora se prefería invocar una soberanía popular entendida como un espacio absolutamente ajeno al poder militar: "¿Y cuál es esta verdad que tanto puede? La de que los pueblos amaestrados en la revolución desafían al poder, que poco influye hoy en las deliberaciones populares; que luego influirá menos y después nada".[71] Como se puede advertir, la frase implícitamente reconocía la existencia de un lenguaje militar que aún influía en las deliberaciones de la población civil.

Los resultados del sufragio provincial confirmaron nuevamente el triunfo relativo de los liberales eliístas. Se revalidó la nominación de la mayoría de los diputados y senadores de la elección anterior. Pero el mito del ciudadano armado probó ser insuficiente para crear una alternativa de poder. Los electores limeños apoyaron al general Castilla, por lo que fue proclamado jefe de Estado con 2 592 votos de un total de 3 151 electores de todo el país, quedando Elías en segundo lugar con 258 votos. La derrota no cortó la carrera política de Elías, ya que éste

---

[69] "Unos limeños", *El Comercio,* 10 de abril de 1845.
[70] "Dios y libertad", *El Comercio,* 9 de abril de 1845.
[71] "Mentiras y verdades", *El Comercio,* 10 de abril de 1845.

volvería a postularse a la presidencia en las elecciones de 1850, esta vez apoyándose en una asociación política, el Club Progresista. No obstante, el lenguaje asociacionista fue omitido cuidadosamente en dicha campaña. El mito del ciudadano armado desapareció como discurso civilista.

Conclusiones

¿Fue la Semana Magna un ensayo inédito de adquisición de poder social por parte de la gente decente limeña? ¿Pretendió la candidatura presidencial de Domingo Elías en las elecciones de 1844 consolidar una nueva representación política ciudadana? La respuesta a ambos interrogantes es negativa. Por vez primera un grupo de civiles asumió la condición de ciudadano activo, entendido en su acepción de ciudadano armado, como el paso que requería el sistema representativo para afirmarse. Por un lado, Domingo Elías y sus seguidores sometieron la cuestión del ciudadano a los problemas de la representación civil en la política, la invención de una nación republicana y la interiorización del asociacionismo fraterno. Pero, al mismo tiempo, los liberales eliístas se propusieron recuperar un orden social corporativo que, durante la época colonial, garantizó a la aristocracia limeña una distinción privilegiada en tanto vecinos de ciudad. El mito del ciudadano armado, en pocas palabras, siguió sustentando en los civiles esa creencia de que sólo se era sujeto de representación si se participaba de una condición social privilegiada, similar a la detentada durante el antiguo régimen colonial.

En tanto discurso a la vez modernizador y tradicionalista, la invención de la ciudadanía como un concepto dependiente de la preservación de la concepción corporativa del espacio social se agotó apenas culminó la Semana Magna. En efecto, el mito del ciudadano armado fue un proyecto liberal que, valiéndose de la Guardia Nacional, la creación de milicias cívicas y el apoyo a un caudillo civil, fue útil mientras la oposición entre civiles y militares tuvo plena vigencia. La participación y el fracaso de Elías en las elecciones presidenciales de 1844 demostró a la gente decente que el retorno del orden social añorado podía ser más viable mediante la candidatura militar del general Ramón Castilla.

LA EXPERIENCIA REPUBLICANA: POLÍTICA PERUANA, 1871-1878

CARMEN MCEVOY*

DESDE EL MOMENTO DE LA INDEPENDENCIA, la construcción de la república se constituyó en la meta principal de importantes sectores de la sociedad peruana. Sin embargo, el estudio sistemático de la ideología que sustentó dicho proyecto, el republicanismo, no ha merecido el debido interés de nuestros historiadores. Si bien el valioso y monumental estudio de Jorge Basadre,[1] la obra histórica fundamental del periodo posterior a la independencia, desbrozó un terreno intelectual agreste estableciendo sus hitos más importantes, el republicanismo, estrechamente atado al corazón de la historia nacional, es hasta el día de hoy un gran desconocido.[2]

Desde el debate fundamental entre monarquistas y republicanos, que a decir de muchos determinó la Constitución política del Perú,[3] pasando por el experimento civilista de 1871, en el cual la puesta en marcha de la República Práctica se constituyó en la tarea básica de la campaña presidencial de aquel año,[4] hasta llegar al movimiento coalicionista de 1894-1895 e incluso durante las Jornadas Cívicas de 1912,[5] la ideología republicana ha sido el motor de movilizaciones políticas masivas. En efecto, el republicanismo ha ejercido una influencia permanente y decisiva en las estructuras de significado a través de las cua-

---

* University of the South, Sewanee-Tennessee, EUA.

[1] Jorge Basadre, *Historia de la República del Perú*, 7ª ed., 11 vols., Editorial Universitaria, Lima, 1983, y *La iniciación de la República*, Lima, 1929.

[2] En mi disertación doctoral *La utopía republicana: Ideales y realidades en la formación de la cultura política peruana, 1871-1919* (University of California, San Diego, 1995, publicada por la Pontificia Universidad Católica del Perú, Lima, 1997) he planteado la necesidad de revaluar el paradigma republicano como elemento de análisis histórico en el largo plazo.

[3] César Pacheco Vélez, "La Sociedad Patriótica de Lima de 1822. Primer capítulo en la historia de las ideas del Perú republicano", *Histórica*, vol. XXIX, Lima, 1978.

[4] Carmen McEvoy, *Un proyecto nacional en el siglo XIX: Manuel Pardo y su visión del Perú*, Pontificia Universidad Católica del Perú, Lima, 1994, cap III.

[5] A diferencia de lo sostenido por Peter Blanchard, opino que el movimiento billinghurista, que triunfó en las Jornadas Cívicas de 1912, más que revestir características protopopulistas constituye un desarrollo tardío de una tradición republicana profundamente anclada en el colectivo nacional. Para los términos de la discusión, véase Peter Blanchard, "A Populist Precursor: Guillermo Billinghurst", *Journal of Latin American Studies*, vol. 9, parte 2, noviembre de 1977, pp. 251-273, y Carmen McEvoy, *La utopía republicana...*, *op. cit.*, cap. VII.

les los peruanos dieron forma a su experiencia política.[6] Dicho concepto, además de irradiar su poderosa influencia al ámbito del Perú criollo y mestizo, dejó una impronta indeleble entre sectores representativos del mundo indígena.[7]

En trabajos previos he cuestionado el paradigma dependentista en la historia peruana,[8] y he postulado el resurgimiento en 1871 de una política republicana activa de corte nacional, que continuó siendo muy vital hasta entrado el siglo xx.[9] Esta perspectiva me ha llevado a confrontar los enfoques que entienden la historia del Perú como una sucesión de fundaciones a partir de violentas rupturas con el pasado, y que han dificultado la formulación de una síntesis integradora.[10] En este ensayo me propongo analizar el republicanismo peruano en sus años de auge, 1871-1878, incorporando la discusión en torno al mismo dentro del debate que sobre la tradición republicana se ha dado en los Estados Unidos, Francia y España.[11] Poner en evidencia la riqueza de un término cuyos alcances interpretativos permiten explorar una reali-

---

[6] Para el análisis de la ideología como parte constitutiva de un sistema cultural, véase, Clifford Geertz, "Ideology as a Cultural System", en David E. Apter (comp.), *Ideology and Discontent*, Glencoe, 1964, pp. 47-76.

[7] El republicanismo andino ha sido analizado en el trabajo pionero de Mark Thurner, "Republicanos and la Comunidad de Peruanos: Unimagined Political Communities in Post-Colonial Andean Peru", *Journal of Latin American Studies*, vol. 27, 2, mayo de 1995, pp. 291-318.

[8] Para una aproximación al paradigma dependentista en el Perú, véase Heraclio Bonilla, *Guano y burguesía en el Perú*, Instituto de Estudios Peruanos, Lima, 1974, y *Un siglo a la deriva: Ensayos sobre Perú, Bolivia y la guerra*, Instituto de Estudios Peruanos, Lima, 1980; Julio Cotler, *Clases, Estado y nación en el Perú*, Instituto de Estudios Peruanos, Lima, 1978, y Ernesto Yepes del Castillo, *Perú 1820-1920: Un siglo de desarrollo capitalista*, Instituto de Estudios Peruanos, Lima, 1972.

[9] Mi discusión en contra del paradigma dependentista, iniciada en *Un proyecto nacional...*, op. cit., ha sido complementada posteriormente con nuevas perspectivas en "Estampillas y votos: El rol del correo político en una campaña electoral decimonónica", *Histórica*, vol. XVIII, 1994, pp. 34-95, y *La utopía republicana...*, op. cit.

[10] Carmen McEvoy, *La utopía republicana...*, op. cit. ("Introducción"). Este punto fue abordado también hace algunos años, aunque sin mayor elaboración historiográfica, por Julio Ortega en *La cultura peruana: Experiencia y conciencia*, FCE, México, 1978, pp. 28-45.

[11] Respecto al surgimiento del republicanismo como categoría de análisis en los Estados Unidos, véase Robert Shalhope, "Toward a Republican Synthesis: The Emergence of an Understanding of Republicanism in American Historiography", en *William and Mary Quarterly*, núm. 29, enero de 1972, pp. 49-80, y Joyce Appleby, "Republicanism and Ideology", *American Quarterly*, núm. 37, otoño de 1985. Algunos trabajos históricos pioneros, como los de Bernard Baylin, *The Ideological Origins of the American Revolution*, Cambridge, Mass., 1967; Gordon Wood, *The Creation of the American Republic, 1776-1787*, Chappell Hill, 1969, y J. G. A. Pocock, *The Machiavellian Moment: Florentine Political Thought and the Atlantic Republican Tradition*, Princeton, 1975, han contribuido a enriquecer el análisis. Para el republicanismo español, véase, José Álvarez Junco, "Racionalismo, romanticismo y moralismo: Cultura política republicana de comienzos de siglo", en *Clases populares, cultura y educación, s. XIX y XX*, Casa de Velázquez, Madrid, 1989, y Nigel Towson (comp.), *El republicanismo en España, 1830-1977*, Alianza Universidad, Madrid, 1994. Sobre el republicanismo francés, véase Maurice Agulhon, *The Republican Experiment, 1848-1852*, Cambridge University Press, Londres y Nueva York, 1983.

dad política compleja y poco conocida me permitirá mostrar las peculiaridades y contradicciones de aquella realidad junto con las ambigüedades de la ideología que la misma generó. En efecto, debido a que el experimento político de la República Práctica, 1872-1876, fue relativamente tardío en relación con otros procesos latinoamericanos de construcción estatal,[12] es posible percibir en él una confluencia de elementos que en otras sociedades han aparecido de manera divergente. Así, el republicanismo cívico-clásico de las elites —al cual le resultaba imprescindible llegar a acuerdos políticos que permitieran el resguardo de la propiedad, la neutralización de las fuerzas disociadoras y la construcción de una república de ciudadanos—, junto con el republicanismo artesanal de corte democratizante, cuya meta fundamental consistía en encontrar un conjunto de mecanismos políticos capaces de asegurar el mutualismo económico contra la explotación del capital, convergieron en la campaña presidencial de 1871-1872.[13]

El resurgimiento del republicanismo peruano, con su doble vertiente, clásica y artesanal, debe ubicarse en el contexto histórico de aguda crisis social, económica y política por la que atravesó el país en las décadas de 1860 y 1870. Ante esa situación, un nuevo consenso capaz de unir a fuerzas sociales disímiles fue articulado a partir de una categoría cohesionadora y ampliamente respetada por todos: la república.[14] El agotamiento del ciclo doctrinario bipolar —que durante muchas décadas enfrentó infructuosamente a liberales y conservadores—, la hegemonía militarista, la necesidad urgente de una política nacional capaz de neutralizar los peligros de la balcanización provinciana y la polarización social demandaron urgentemente soluciones imaginativas. Así, durante las jornadas políticas de 1871-1872, Lima, además de intentar retomar el poder político que había perdido como consecuencia de los conflictos regionales norte-sur, trató de ordenar los espacios públicos nacionales y crear ciudadanos republicanos capaces de ocuparlos.[15] De lo complicado de la tarea anterior y de la difícil convivencia en el

[12] Los casos chileno y argentino son los más notables. Para el segundo, véase, por ejemplo: Tulio Halperin Donghi, *Proyecto y construcción de una nación: Argentina, 1848-1880*, Ayacucho, Caracas, 1980.

[13] Para una aproximación a la discusión entre "el republicanismo de Harvard" y "el republicanismo de Saint Louis", popular y elitista respectivamente, véase Daniel T. Rodgers, "Republicanism: the Career of a Concept", *The Journal of American History*, vol. 79, núm. 1, junio de 1992, pp. 11-38.

[14] Carmen McEvoy, *La utopía republicana...*, op. cit., cap. II.

[15] Carmen McEvoy, "Civilizando calles, creando ciudadanos: La campaña presidencial de 1871 y la disputa por el control de los espacios públicos", ensayo presentado en la conferencia de la Latin American Studies Association, Washington, 27-30 de septiembre de 1995.

escenario cultural peruano de corrientes republicanas contrapuestas darán cuenta las páginas siguientes.

Arqueología del saber republicano

El republicanismo peruano exhibe una larga historia en las luchas político-ideológicas del periodo nacional. Durante el seminal debate de 1822 entre la opción republicana y la monárquica, que determinó el triunfo de la primera, el proyecto republicano se impuso a pesar de las resistencias de muchos que veían en la monarquía constitucional la elección política más adecuada para el fragmentado Perú.[16] Distintas corrientes de pensamiento confluyeron en la peculiar amalgama de ideas que fue el republicanismo peruano. Éste no sólo mostró con orgullo las influencias recibidas de intelectuales y políticos de la talla de Jean Jacques Rousseau, Thomas Payne y George Washington, sino que reflejó, aunque sin una mención explícita, la influencia ejercida por los teóricos políticos del Estado español del siglo xvi.[17] Para dichos teóricos, cada Estado o república, además de ser una comunidad perfecta que englobaba a la totalidad de sus miembros, constituía una unidad indisoluble que se fundaba en la realización de un fin moral supremo: el bien común.[18] Así, finalismo y moralismo fueron elementos constitutivos de la tradición republicana peruana.

[16] Para los términos de la discusión, véase *Colección Documental de la Independencia del Perú: Los ideólogos*, t. I, vols. 9-10, Sesquicentenario de la Independencia del Perú, Lima, 1974; Bernardo de Monteagudo, *Memoria sobre los principios políticos que seguí en la administración del Perú y los acontecimientos posteriores a mi separación*, Santiago, 1823, y Pacheco Vélez, "La sociedad patriótica de Lima en 1822", art. cit.

[17] Sobre la tradición política española, véase Berenice Hamilton, *Political Thought in Sixteenth Century Spain: A Study of the Political Ideas of Vittoria, De Soto, Suarez and Molina*, Oxford University Press, Londres, 1963, y Luis Sánchez Agesta, *El concepto de Estado en el pensamiento español del siglo xvi*, Madrid, s. f. Para la asimilación de la ideología española entre las élites latinoamericanas, véase Tulio Halperin Donghi, *Tradición política española e ideología revolucionaria de Mayo*, Editorial Universitaria de Buenos Aires, Buenos Aires, 1961.

[18] Al declararse independiente el Perú, no se propuso el acto material de no pertenecer ya a la que fue su metrópoli ni de decir alta voce: ya soy independiente; sería pueril tal contentamiento. Lo que quiso y lo que quiere es: que esa pequeña población se centuplique; que esas costumbres se descolonicen; que esa ilustración toque a su máximum; y al concurso simultáneo de estas medras, no sólo vea nuestra tierra empedradas sus calles con oro y plata, sino que el cementerio se convierta en patria de vivientes. Con que cuando se hace mérito de la población [...] para acomodar la forma de gobierno, no debe fijarse la atención en el estado actual de esta circunstancia, sino sobre el que puedan y deban tener en adelante. [Faustino Sánchez Carrión, "Carta al editor del *Correo Mercantil y Político* de Lima sobre la inadaptabilidad del gobierno monárquico al Estado libre del Perú", en Raúl Ferrero, *El liberalismo peruano*, Biblioteca de Escritores Peruanos, Lima, 1958, pp. 90-91].

Las concepciones unitaristas, comunitarias y corporativas de la tradición ibérica fueron de la mano con la urgente necesidad que tuvo el republicanismo peruano del temprano siglo XIX de proveer al país de los marcos institucionales capaces de resguardar la libertad, la seguridad y la propiedad individuales. En efecto, el republicanismo peruano nació con una doble herencia ambigua y contradictoria. Por un lado, una apelación constante a un espíritu de cuerpo tendiente a la consecución del mejor beneficio para todos sus miembros, incluso promoviendo una unión indisoluble entre Estado y sociedad;[19] por el otro, una tenaz defensa de los derechos y la propiedad privada de cada individuo de "la familia peruana".[20] Esta ambivalente herencia republicana fue la matriz histórica de la contradictoria cultura política que emergió durante el periodo nacional. El republicanismo, único medio de conceptualización política alternativo al monarquismo, fue el vehículo de expresión de diversas y antagónicas necesidades políticas.

La república, concreción de un ordenamiento legal que resguardaba los derechos individuales, se constituyó también en el espacio idealizado donde el bien y la "felicidad común" debían de lograrse. Por ello, la apelación a la poderosa imagen republicana logró despertar múltiples y diversas lealtades a lo largo de varias décadas en el país. Por otro lado, la estrecha relación que se estableció tempranamente entre republicanismo y militarismo, que tuvo por finalidad esencial llevar a cabo la consolidación de la independencia del Perú, sentó las bases de un republicanismo autoritario que, para salvaguardar su integridad, debió apelar al apoyo del aparato militar.[21]

El permanente estado de guerra y anarquía en que se sumió el país luego del retiro de los ejércitos de José de San Martín y Simón Bolívar imposibilitó que se concretara el proyecto republicano civil. Una serie de caudillos militares, unos más exitosos que otros, se sucedieron en el gobierno del Perú y, paradójicamente, prosiguieron apelando, a pesar de sus concepciones militaristas, a la poderosa imagen republicana de los padres fundadores. A mediados de la década de 1840 un importante caudillo militar, Ramón Castilla, logró reconstruir un orden polí-

---

[19] "...yo quisiera que el gobierno del Perú fuese una misma cosa que la sociedad peruana, así como un vaso esférico es lo mismo que un vaso con figura esférica". (Sánchez Carrión, "Carta al Editor del *Correo Mercantil...*", *op. cit.*)

[20] Sánchez Carrión, "Aptitud civil de la República Peruana", en *Colección Documental...*, vol. IX, p. 398.

[21] "Discurso de Sánchez Carrión en la instalación de la Corte Superior de Justicia de Trujillo", en *Colección Documental...*, t. I, vol. 10, pp. 5-7.

tico patrimonialista, en el cual las imágenes republicanas de unidad y espíritu de cuerpo volvieron a mostrar su poder de convocatoria.[22] En efecto, durante los años 1845-1851, Castilla ensayó un peculiar modelo político sostenido en tres puntos de apoyo: la economía de exportación guanera, la ideología del "bien común" articulada por el sacerdote Bartolomé Herrera, y una compleja red de clientelas político-militares, fortalecida con el dinero del *boom* exportador. Este *boom* guanero, iniciado a finales de la década de 1840, no sólo permitió la articulación del país al mercado internacional mediante la venta del poderoso fertilizante peruano a países que, como Inglaterra, estaban llevando a cabo su revolución agraria, sino que ató la suerte del Perú a las fluctuaciones del gran capitalismo.[23]

El republicanismo al ataque

A mediados de la década de 1850, un republicanismo democratizante surgió con fuerza en el escenario ideológico limeño. La existencia de obras de difusión popular, artículos periodísticos e incluso obras de teatro pusieron de manifiesto cómo el antiguo ideal, arraigado entre los núcleos intelectuales urbanos, intentó tomar cuerpo entre los sectores artesanales de la ciudad. Así, periódicos como *El Republicano,* editado en Arequipa; libros como el *Diccionario para el Pueblo: Republicano, Democrático, Moral, Político y Filosófico,* y revistas de tirada semanal como *La República* comenzaron a dirigir sus escritos a los sectores medios urbanos. Juan Espinoza, creador del Diccionario Republicano y futuro miembro del Partido Civil, opinaba que los artesanos, a pesar de que eran "la clase media" que sostenía en sus robustos brazos a la república, no tenían el poder político que merecían.[24] El colapso del modelo económico liberal, diseñado por Castilla, provocó que muchos

---

[22] Carmen McEvoy, *La utopía republicana...*, *op. cit.*, cap. I.

[23] Shane Hunt, "Growth and Guano in Nineteenth Century Peru", en Roberto Cortés Conde y Shane Hunt (comps.), *The Latin American Economies: Growth and the Export Sector, 1830-1930,* Holmes and Mier, Nueva York, 1985, pp. 255-319.

[24] Juan Espinoza, *Diccionario para el pueblo: Republicano, Democrático, Moral y Filosófico,* Imprenta José Masías, Lima, 1855; *El Republicano* (especialmente los artículos publicados por José María Quimper en 1854); José Casimiro Ulloa, *La República: Revista Semanal y Política,* Lima, 1864, y Carlos Lissón, *La República del Perú y la cuestión peruano-española,* Imprenta del Comercio, Lima, 1865. Para el republicanismo arequipeño, véase "Honor for a New Republic: The Negotiation of Citizenship in Early Republican Arequipa, Peru", ponencia presentada en el Congreso de la American Historical Association, diciembre de 1993.

artesanos, con la ayuda de intelectuales urbanos como Espinoza, se interesaran en recobrar una tradición política que se hallaba enterrada.[25]

La crisis de institucionalidad política evidenciada en las sucesivas guerras civiles que sucedieron al gobierno de Castilla, unida al deterioro en los niveles de vida de las clases trabajadoras a causa de las contradicciones del modelo económico guanero, determinó que para mediados de la década de 1850 resurgiera con fuerza un republicanismo democrático que, además de nutrirse de las poderosas imágenes proyectadas por la Revolución francesa de 1848, empezó a establecer fuertes conexiones con el mundo del trabajo.[26] Este neo-republicanismo democratizante, arraigado principalmente en los núcleos intelectuales y artesanales de Lima y el interior del país que en 1854 lucharon por la abolición del tributo indígena y de la esclavitud, fue el vehículo para la expresión de variadas esperanzas y descontentos, muchas veces de índole radical.

Entre los sectores golpeados por la crisis del modelo guanero —maestros, artesanos, profesionales, pequeños comerciantes, agricultores— y los miembros de las elites económicas e intelectuales capitalinas y provincianas —favorecidas en algunos casos por la expansión económica de la economía exportadora— comenzó a percibirse un tímido acercamiento. En efecto, dentro del contexto del derrumbe del orden castillista, ciertos sectores de las elites percibieron en el republicanismo una poderosa ideología unificadora capaz de promover la institucionalización y el control social que el país necesitaba. Asimismo, para que la coalición republicana prosperara, importantes miembros del Partido Liberal (el más connotado era José Simeón Tejeda) no sólo lograron flexibilizar su radical posición frente al proteccionismo estatal, requerido por los artesanos, sino que diluyeron su identidad partidaria en aras de una política multipartidista, nacionalista y cohesionadora.[27] Así, la imagen de un frente cívico-republicano hizo posible remontar la tradicional oposición entre liberales y conservadores, que por muchos años había bloqueado la llegada de los civiles al poder.[28]

---

[25] Carmen McEvoy, *La utopía republicana...*, op. cit., cap. II.
[26] Paul Gootenberg, *Imagining Development: Economic Ideas in Peru's Fictitious Prosperity of Guano, 1840-1880*, University of California, 1993, pp 153-156; Carmen McEvoy, *La utopía republicana...*, op. cit., cap. II, y Jorge Guillermo Leguía, "Las ideas de 1848 en el Perú", *Mercurio Peruano*, año VIII, vol. IX, núms. 83-84, Lima, 1925.
[27] Paul Gootenberg, op. cit., pp. 135-136; Carmen McEvoy, *La utopía republicana...*, op. cit., cap. II.
[28] Una buena síntesis de la tradicional pugna entre liberales y conservadores es la provista por

El fracaso del modelo político castillista determinó la necesidad de construir un nuevo orden institucional capaz de resguardar la propiedad y la seguridad individuales. En la pugna contra el castillismo, además de elaborarse nuevas estrategias políticas cohesionadoras, resurgieron los aspectos individualistas del primer republicanismo. Para importantes sectores de la elite económica e intelectual limeña y provinciana, solamente mediante la reconstrucción del paradigma republicano se podría detener el inocultable proceso de fragmentación política y social que el Perú estaba experimentando. La "gangrena social", como alguien denominó a dicho proceso, no sólo amenazaba la seguridad personal de los sectores "civilizados" del país, sino que era una espada de Damocles sobre los intereses privados de las clases propietarias. Hacia fines de la dramática década de 1860, las diversas corrientes republicanas que estaban presentes en el escenario ideológico peruano lograron encontrar un punto de convergencia doctrinaria y programática.

El republicanismo que inauguró la década de 1870, articulado y hegemonizado en el discurso e ideario políticos de la República Práctica, fue la respuesta compleja y ambivalente que múltiples sectores de la sociedad peruana dieron a los cambios sociales y económicos que estaban ocurriendo en el país.[29] La agudización de las contradicciones de la economía guanera, que se evidenciaron en el crecimiento demográfico, el desempleo, la polarización social y las rebeliones en las provincias, requirieron de nuevas formas de análisis y acción política. Viejos conceptos como la república y la ciudadanía fueron reelaborados mediante una ideología estructurada. Hombres con sensibilidades formadas en un mundo agrario y luchando por interpretar el violento e incontrolable cambio que la economía exportadora estaba provocando en las estructuras sociales, políticas, económicas y mentales del país apelaron a la ideología republicana por todos conocida. En la misma, el eje central residía justamente en el orden, la unidad y la estabilidad deseados.

El 24 de abril de 1871 una significativa reunión política tuvo lugar en

---

Frederick Pike, "Heresy, Real and Alleged, in Peru: An Aspect of Conservative-Liberal Struggle, 1830-1875", *Hispanic American Historical Review*, vol. 47, 1967, pp. 49-74.

[29] El republicanismo que surgió en la década de 1870 despertó múltiples lecturas. Sin embargo, la asociación con el concepto de unión fue lo que contribuyó a su capacidad de convocatoria. Así, el republicanismo peruano, al igual que el analizado por Appleby, se proyectó como "la panacea para todos los males" provocados por el impacto del capitalismo en el país. Joyce Appleby, *Capitalism and a New Social Order: The Republican Vision of the 1790's*, New York University Press, Nueva York, 1984.

casa del abogado José Antonio García y García. Un grupo de 114 personas pertenecientes a diversos sectores de la sociedad limeña y provinciana se propusieron tomar parte activa en la construcción de la República Práctica. Mediante un compromiso político público, aquel grupo de notables peruanos, social y regionalmente heterogéneo, intentó hacer realidad el ideal republicano de la independencia. Frustrado a lo largo de media década de anarquía y militarismo, ahora podía ser finalmente alcanzado, según sus nuevos defensores, mediante la activa participación ciudadana.[30] En efecto, la meta fundamental de ese grupo político, la Sociedad Independencia Electoral, que contaba entre sus vanguardias a intelectuales, artesanos, banqueros, comerciantes, agricultores, profesionales, burócratas y militares,[31] fue no sólo trabajar para que su candidato Manuel Pardo se hiciera de la presidencia del Perú, sino cristalizar la utopía republicana de igualdad y libertad proclamada por los ideólogos de la independencia. En pocas palabras, la tarea fundamental de la Sociedad Independencia Electoral era transmutar la poderosa ideología republicana en hechos concretos. La estrategia propuesta para lograr dicha meta fue motivar y movilizar a los ejércitos de ciudadanos dispersos a lo largo de todo el Perú.

Para algunos soportes sociales de este neorrepublicanismo, como el joyero Ignacio Albán, el maestro tapicero Manuel Polo o el carpintero José Zavalaga, el triunfo de la República Práctica proveería de la institucionalidad necesaria para la protección del trabajo y de las frágiles industrias nacionales amenazadas por la invasión de manufacturas extranjeras. Para otros, como los banqueros y comerciantes enriquecidos con el auge guanero, como Felipe Barreda, Ignacio Ayulo, José de la Riva Agüero, e incluso su candidato presidencial Manuel Pardo, el remozado republicanismo, además de proveer el soporte ideológico para la reconstrucción de las bases políticas del país, ayudaría a civilizar a las masas, neutralizando el malestar social que el quiebre del agotado modelo castillista había provocado en el país.[32] Para todos, el republicanismo traería la tan deseada paz. A inicios de la década de 1860, el proyecto de la República Práctica, concebido por un centenar de notables limeños y provincianos, además de nutrirse de una estructura de sentimiento muy vital, amalgamó en su seno a un conglomerado de gru-

---

[30] Carmen McEvoy, *Un proyecto nacional...*, *op. cit.*, cap. III.
[31] Para un perfil social del grupo fundador, véase Carmen McEvoy, *Un proyecto nacional..., op. cit.*, cuadro I.
[32] Carmen McEvoy, "Civilizando calles...", art. cit.

pos sociales que percibieron en el viejo ideal de los padres fundadores la solución a una compleja problemática social.

La fundación de la Sociedad Independencia Electoral, matriz del Partido Civil, tuvo por finalidad esencial motivar, disciplinar y educar al nervio central de la república: el ciudadano. La ausencia de éste, percibida como una seria carencia de los proyectos políticos previos, pudo ser suplida debido a la aparición en el escenario social de débiles sectores medios urbanos. Éstos, favorecidos y posteriormente amenazados por el auge y crisis de la economía guanera, constituyeron un precario mercado político que se intentó a toda costa cooptar. Por ello y por la necesidad de neutralizar los agudos conflictos sociales, el llamado a una participación política activa trató de diluir, mediante un discurso totalizador, las inocultables diferencias de clase.[33]

La urgente necesidad de ejercer una masiva presión sobre el régimen prevaleciente, la aparición de débiles sectores medios abiertos a un ambicioso proyecto político institucionalizador y la persistencia en la cultura política peruana de la herencia totalizadora e incorporadora del primer republicanismo fueron los elementos que coadyuvaron a la intensa politización que el civilismo fomentó durante la campaña electoral de 1871-1872[34] y que llevó a su candidato, Manuel Pardo, a la presidencia de la República. El persistente llamado a los ciudadanos de todo el país para que salieran de su esfera privada y participaran en la actividad política fue una de las características más relevantes de la campaña electoral civilista. Para romper con el aislamiento y el relegamiento cívicos, producto de medio siglo de militarismo, fue necesaria la puesta en marcha de un vigoroso operativo electoral que posibilitó que los ciudadanos organizados ocuparan espacios políticos, tradicionalmente abandonados a la "plebe".[35] El control de la esfera pública y la manipulación de las comunicaciones, mecanismos mediante los cuales se logró la ocupación civilizada de los espacios públicos, contribuyeron a crear una comunidad política imaginaria, despertando el aletargado espíritu público.[36] La ambigüedad de la ley electoral, elemento fun-

[33] El mensaje partidista fue dirigido a "la gran mayoría del país sin distinción de clases, ni excepción de personas", formando una sola fila "el capitalista y el artesano, el propietario y el jornalero, el hombre de la universidad y el que labra la tierra, el sacerdote, el militar y el empleado público, unidos por primera vez en fraternidad". ("Proclama de la Sociedad Independencia Electoral", Lima, 1871.)

[34] Carmen McEvoy, *La utopía republicana..., op. cit.,* cap. II.

[35] Carmen McEvoy, "Civilizando calles...", art. cit.

[36] La referencia obvia es a la ya clásica obra de Benedict Anderson: *Imagined Communities: Reflections on the Origins and Spread of Nationalism,* Verso, Londres, 1983.

cional para la reproducción del sistema autoritario vigente, fomentó las masivas movilizaciones populares que, desde Acho hasta La Aurora, salpicaron la campaña presidencial de 1871-1872.[37]

El dinero que circuló profusamente durante la campaña presidencial con la finalidad de convencer a los votantes reacios a los argumentos ideológicos fue provisto por los ricos contribuyentes limeños y provincianos, y permitió aceitar una organización política nacional comandada desde Lima. Así, el discurso político limeño logró penetrar dentro de los espacios políticos provincianos, tradicionalmente aislados y separados en compartimientos. En cada una de las provincias y departamentos se recreó, con la ayuda de importantes activistas nativos, el ideal republicano.[38] Los rituales cívicos que se elaboraron, copia de los realizados en Lima, fueron innumerables. La capital del Perú desempeñó un papel preponderante, pues ejerció una hegemonía político-simbólica a fin de asimilar las provincias dentro del proyecto republicano civilista.

Para lograr una base de apoyo en amplios sectores sociales, la Sociedad Independencia Electoral no sólo cooptó y recicló el republicanismo artesanal y sus vanguardias mediante una serie de ofrecimientos y transacciones tendientes a la promoción económica de aquellos grupos urbanos amenazados, sino que delineó un concepto muy elástico de ciudadanía. La dirigencia de la asociación, además de conectarse con las ideas populares que vinculaban ciudadanía con trabajo,[39] añadió algunos elementos que hicieron de este neorrepublicanismo un concepto más compatible con el proyecto hegemónico de las elites. Así, los ciudadanos republicanos, además de tener que pertenecer a las clases productoras —agricultores, artesanos, industriales, comerciantes, banqueros, profesionales y burócratas—, debieron exhibir otras importantes virtudes que los hicieran merecedores del respeto de la comunidad. La decencia, el orden, la moralidad y la disciplina, elementos imprescindibles para un mejor control social, fueron las virtudes requeridas para adquirir el *status* ciudadano. El ideal de la decencia, por ejemplo, muy caro a los sectores medios, que vieron derrumbarse sus expectativas de ascenso social en la crisis del modelo económico gua-

---

[37] Carmen McEvoy, *Un proyecto nacional...*, *op. cit.*, pp. 80-82.
[38] Carmen McEvoy, "Estampillas y votos..", art. cit.
[39] Para una conexión similar en los Estados Unidos, véase Ronald Shultz, *The Republic of Labor: Philadelphia Artisans and the Politics of Class, 1720-1830*, Oxford University Press, Nueva York, 1993, y Sean Wilentz, *Chants Democratic: New York City and the Rise of the American Working Class, 1788-1850*, Oxford University Press, Nueva York, 1986.

nero, ejerció influencia decisiva en el imaginario colectivo de las vanguardias urbanas del civilismo.[40] Asimismo, las tendencias moralistas, esenciales en el republicanismo independentista, determinaron que el neorrepublicanismo civilista adquiriera dimensiones cuasi religiosas.[41]

Los vaivenes de la República Práctica

La educación, vehículo de transmisión, difusión y afianzamiento de los ideales cívicos, logró adquirir un papel preeminente luego de que el civilismo asumió el poder. Durante la administración de 1872 a 1876 la educación fue uno de los elementos fundamentales para modelar a los ciudadanos encargados de defender y reproducir al sistema republicano que se intentó poner en marcha. La educación cívica —disciplinadora, moralizadora y formadora de conciencias— fue difundida en todo el país, principalmente en las aulas escolares y universitarias inauguradas por el civilismo, en la refundada Guardia Nacional y en las municipalidades.[42] Sin embargo, la tarea no fue fácil. Un poderoso sector clerical, tradicionalmente a cargo de la educación, constituyó una de las resistencias más poderosas que el republicanismo civilista hubo de vencer. La alianza estratégica entre el clero y las fuerzas conservadoras, renuentes ambos a la pérdida de sus prerrogativas ante el avance del Estado civilista, desenterró los viejos ideales comunitarios del pasado, los cuales, socavados según muchos sacerdotes por el individualismo y el secularismo que predicó intensamente el civilismo, afloraron en escritos y sermones públicos.

Además de manifestarse en la cooptación de importantes sectores magisteriales, la sanción de una ley tendiente a reformar la educación nacional y el permanente subsidio gubernamental a las actividades educativas (impresión de libros, traducción de textos escolares al quechua, contratación de maestros extranjeros, etc.), el evidente interés del civilismo por la educación se puso de manifiesto en la articulación de un discurso ideológico que estableció contactos estrechos entre las vanguardias intelectuales y las clases trabajadoras. Se intentó mantener vivo el vínculo simbólico entre republicanismo y trabajo elaborado en la

---

[40] Carmen McEvoy, *La utopía republicana...*, caps. II y IV.
[41] *Ibid.*, cap. II. La relación entre moralismo y republicanismo ha sido analizada para el caso español por José Álvarez Junco en "Racionalismo, romanticismo y moralismo...", *op. cit.*
[42] Carmen McEvoy, *op. cit.*, cap. III.

década de 1850. Los maestros, como el importante ideólogo oficialista José Arnaldo Márquez, inventor de una imprenta manual y promotor y difusor del texto para maestros *El educador popular*, fueron defensores activos de las escuelas para artesanos[43] que, diseminadas a lo largo de todo el país, contaron entre su planta docente a importantes educadores e intelectuales prestigiosos.

Cabe anotar, sin embargo, cómo detrás de la aparente democratización educativa propuesta por el civilismo se fue perfilando un proyecto educativo elitista que estableció, además de una división del trabajo entre intelecto y fuerza bruta, una jerarquía dentro de la esfera intelectual.[44] En ese contexto, a la Facultad de Ciencias Políticas y Administrativas de San Marcos, fundada durante la administración civilista y dirigida por el prestigioso académico francés Pradière Fódère, correspondió formar a los cuadros burocráticos del gobierno. Las promociones de abogados egresados de la flamante facultad sanmarquina serían las encargadas de ejercer las importantes tareas gubernativas. A pesar de que el civilismo llevó al Parlamento a representantes del mundo artesanal —el carpintero Manuel Polo, comandante de la Guardia Nacional, fue diputado al Congreso, y el platero Manuel Basurto le disputó y le ganó la elección y calificación en la Cámara de Senadores al abogado Francisco García Calderón—,[45] el poder político se mantuvo circunscrito a un núcleo sumamente pequeño.

Similar situación ocurrió con el poder económico. Para 1874, durante el colapso de la economía guanera y a pesar de los intentos que hizo el régimen por diversificar la economía y proteger las industrias nacionales, fueron los banqueros y financistas civilistas quienes obtuvieron las mayores ganancias en la espiral inflacionaria de 1873, que el derrumbe de las frágiles bases económicas nacionales y la crisis del capitalismo internacional provocaron en el Perú.[46] En ese contexto de crisis económica, que determinó el empobrecimiento de importantes sectores del país, el sector financiero limeño logró obtener una hegemonía dentro del proyecto republicano. Para importantes miembros de las vanguardias ci-

---

[43] Paul Gootenberg, *op. cit.*, pp. 160-163; José Arnaldo Márquez, *Recuerdos de viaje a los Estados Unidos de Norteamérica*, El Comercio, Lima, 1862, y Carmen McEvoy, *La utopía republicana...*, *op. cit.*, cap. III.
[44] Para el concepto de esfera intelectual como centro de disputa ideológica, véase Pierre Bourdieu, "Intellectual Field and Creative Project", *Social Science Information*, vol., 8, 1969, pp. 89-119, y *Language and Symbolic Power*, Cambridge, 1991.
[45] Carmen McEvoy, *Un proyecto nacional...*, *op. cit.*, p. 281.
[46] Paul Gootenberg, *op. cit.*, Carmen McEvoy, *La utopía republicana...*, *op. cit.*, cap. III, y Carlos Marichal, *A Century of Debt Crises in Latin America*, Princeton University Press, Princeton, 1989.

vilistas urbanas, ello puso en evidencia las contradicciones internas de una ideología republicana que predicaba la búsqueda del bien común, pero que también fomentaba la consecución de intereses individuales. Era evidente que en el escenario de la crisis económica de 1873 a 1874, la acumulación capitalista, el resguardo de la propiedad privada y la solidaridad grupal eran conceptos a todas luces incompatibles. El término "argolla civilista", que fue acuñado y popularizado por el periodismo limeño durante los años más agudos de la crisis económica y que implicó la idea de un núcleo político ajeno a las mayorías nacionales, sintetizó el sentir de importantes sectores sociales limeños y provincianos, que se sentían traicionados por un grupo de "negociantes" egoístas, ajenos a las necesidades de la "familia peruana". Los continuos levantamientos armados que se sucedieron durante el régimen civilista (el de Arequipa, comandado por Nicolás de Piérola, fue el más importante) mostraron la resistencia de muchos sectores provincianos, mayormente terratenientes serranos, a ser hegemonizados por las directivas políticas limeñas. Aquéllos apelaron también a la conocida y funcional ideología del bien común para proteger sus esferas de poder local tradicionales.

Sin embargo, a pesar de los duros embates de la crisis económica, la fractura ideológica y las resistencias políticas al proyecto republicano-civilista, el presidente Manuel Pardo logró culminar su periodo presidencial y transferir el mando supremo a un militar, el general Mariano Ignacio Prado. Además de evidenciar la continuidad de una tradición republicana capaz de apelar al poder militar en situaciones de agudos conflictos sociales, este hecho posibilitó la rearticulación del movimiento civilista. En las elecciones de 1878, que llevó a este grupo a obtener una cómoda mayoría en el Congreso, se puso en evidencia no sólo la vitalidad política de las vanguardias económicas del movimiento civilista —banqueros, comerciantes, pequeños industriales y hacendados—, sino que mostró también el surgimiento entre los sectores populares de grupos de desocupados y marginales de la ciudad, que articularon un discurso abiertamente clasista. Detrás del disfraz de la conocida ideología del bien común, se empezó a esbozar el despertar de una identidad social gestada al calor de los intensos conflictos políticos de la década de 1870. Las consignas de la campaña congresal de 1878: "Muera la argolla", "Abajo con los ricos", "Mueran los banqueros", junto con la activa movilización de grupos populares de choque contra los símbolos del civilismo —el Club de la Unión, la casa del ex presidente Manuel Pardo, las imprentas de *El Comercio* y *El Nacional*—, pusieron de manifiesto, además del surgimiento de una abierta lucha de clases con enemigos claramente definidos (plebe *versus* decentes), la aparición de una contraideología popular que utilizó algunos de los elementos más radicales del primer republicanismo.[47]

El asesinato del ex presidente Manuel Pardo, ocurrido el 16 de noviembre de 1878, en el espacio republicano por excelencia, el Congreso, a manos de un soldado provinciano, Melchor Montoya, quien representaba a uno de los sectores amenazados por las leyes de modernización del ejército que el civilismo estaba intentando aprobar en las cámaras legislativas, fue el corolario simbólico del diálogo republicano que la elite limeña abrió a inicios de la década de 1870 con las provincias y con los sectores populares del país. La interrupción abrupta y violenta de dicho diálogo no sólo mostró sus contradicciones internas, evidenciadas en la complicada tarea de conciliar intereses particulares y generales, sino que puso de manifiesto en toda su magnitud lo dificultoso de la "tarea civilizadora" en medio de la crisis de la frágil economía exportadora. Además de golpear brutalmente a los sectores trabajadores urbanos, vanguardias simbólicas del proyecto cívico-republicano, aquélla hizo más transparentes las inmensas contradicciones sociales, contradicciones que una novedosa coalición política, multipartidaria y multiclasista había intentado neutralizar mediante la revitalización de la poderosa imagen de la República.

Conclusiones

A inicios de la década de 1870 las prácticas políticas en el Perú se redefinieron a partir de la recreación de un símbolo anclado profundamente en el imaginario colectivo nacional, la cristalización de la República. La situación anterior fue factible debido al inocultable deterioro del modelo político-económico castillista que, al impulsar la articulación del país al capitalismo internacional, promovió la aparición de una elite económica, básicamente comercial, en el escenario político peruano. Esta elite se mostró dispuesta a reconstruir un orden político más afín con las nuevas realidades que el país debía afrontar. Mediante el uso de una ideología cohesionadora, el republicanismo, fue capaz de atraer al seno

---

[47] Carmen McEvoy, *La utopía republicana...*, *op. cit.*, cap. IV.

de una coalición multiclasista y multipartidaria a los frágiles sectores medios, que pugnaban por ganar un espacio social y político y defender una posición económica, seriamente amenazada por la crisis del modelo económico guanero.

La recreación de una ambivalente categoría legitimadora, la república, con evidentes tendencias individualistas, comunitarias y autoritarias, posibilitó la aparición de una esfera cultural en la que diversos sectores sociales confrontaron sus expectativas, conectadas con conceptos tan disímiles como poder, control social, identidad y justicia. Lo tardío del proceso de construcción estatal propuesto por los ideólogos de la República Práctica posibilitó y, más aún, hizo imprescindible la convergencia del republicanismo cívico-clásico de las elites con el republicanismo de corte democratizante de los sectores medios urbanos, especialmente artesanales. Si bien las agendas políticas de ambas tendencias divergían en varios puntos neurálgicos, el más relevante relacionado con el individualismo del primero y el comunitarismo del segundo, el nexo que los unía se fincaba en la necesidad de reconstruir un aparato estatal capaz de promover el desarrollo económico, la estabilidad política y el control social que muchos peruanos demandaban.

Debido a que la noción de ciudadanía viene aparejada con la concreción de la república, aquel concepto exhibirá las mismas ambigüedades y contradicciones de la ideología que la sustentó. En efecto, en el imaginario político peruano de la década de 1870, el ciudadano fue incapaz de despojarse del tradicional corporativismo que caracterizó al Antiguo Régimen. Así, a pesar de que la búsqueda de la modernidad política coincidió con el derrumbe de un orden que había sido capaz de recrear ciertos rasgos patrimonialistas del pasado, la variante individualista del republicanismo cívico fue confrontada abiertamente por sectores sociales que veían en la República el espacio donde debía primar la defensa del bien común. Debido al poderoso marco ideológico anterior y a la crisis del modelo guanero, que hizo más obvias las contradicciones programáticas y sociales de la coalición republicana, el proceso de individualización, atributo básico del ciudadano, fue lento y dificultoso.

El carácter cuasimítico de la República posibilitó que intereses múltiples pudieran converger alrededor de un poder simbólico de corte totalizador e incorporador. Sin embargo, lo que en la coyuntura de la disolución del orden castillista determinó la fuerza del republicanismo civilista, su apelación a sectores sociales antagónicos, se convirtió posteriormente en su gran debilidad. La politización masiva, propuesta por el Partido Civil, determinó que el mensaje de justicia predicado por el republicanismo circulara ampliamente por el territorio nacional. Así, sectores desposeídos de la ciudad elevaron su voz de protesta y confrontaron de manera abierta al gobierno civil blandiendo los mismos argumentos comunitarios del credo republicano. El grado de confrontación política y el desgarramiento social que las ambigüedades del republicanismo habían causado en el país se hicieron evidentes a raíz del asesinato de uno de los ideólogos de la República Práctica, Manuel Pardo. Sin embargo, a pesar de los arduos avatares, la experiencia republicana no fue olvidada por la elite política peruana. Años más tarde los herederos del primer civilismo de 1871-1878 rompieron el boceto original del novedoso pero complicado edificio republicano, y en su lugar construyeron otro de líneas exclusivamente clásicas y sobrias, pero también precarias y solemnemente aburridas.

DE REPRESENTANTES Y REPRESENTADOS: SANTA FE FINISECULAR (1883-1893)

Marta Bonaudo*

> Las reformas de la Constitución entran en el orden del *pacto común*, [que es] *el resultado de la voluntad popular escrito en cláusulas bien meditadas* y discutidas de manera que no se adquiera supremacía en derecho con ventaja para los unos y mengua para los otros [...] Bajo el orden de cosas imperante la Convención convocada saldrá de los cuarteles y de los mercados, y el *pacto común* será el convenio de una camarilla que va resuelta a obedecer los planes siniestros del gobierno...
>
> *La Capital*, 11 de enero de 1883

EN LA COYUNTURA EN LA QUE EL ROQUISMO intenta consolidar nacionalmente un régimen de unanimidad y dar lugar al gobierno elector que pone fin a la política, surgen en la provincia de Santa Fe las voces de los excluidos del pacto notabiliar, de la gran facción que lo expresa: el Partido Autonomista Nacional (PAN). Santa Fe, la ciudad capital que había logrado retener a través de sus notables el control político luego de la independencia y de la caída de Rosas, intenta seguir manteniendo los resortes de la dominación, conservando un sistema de representación selectivo del territorio y coartando el espacio municipal, dimensiones en las que claramente pueden plasmarse los rostros del disenso.

El conflicto, en consecuencia, enfrenta al antiguo patriciado urbano de la ciudad capitular con los grupos emergentes del proceso de transformación social que vive el mundo rural (las colonias) y el urbano

* Universidad Nacional de Rosario y Consejo Nacional de Investigaciones Científicas y Técnicas (Conicet), Argentina.

(Rosario).[1] Las voces de la oposición, más allá de sus diferencias, ofrecen mayoritariamente una referencia común: su extranjeridad. Ellas son fruto del aporte inmigratorio, suficientemente consolidado en los años ochenta, al calor de las políticas de colonización agrícola y desarrollo mercantil, plasmadas particularmente en el centro-sur provincial. La violación de los acuerdos que sustentaron el pacto constitucional conduce a estos sectores a generar dos agrupaciones, el Partido Constitucional (1883-1886) y el Centro Político de Extranjeros (1890-1893), desde las cuales pretenden reformular dicho pacto.

De acuerdo con las hipótesis que orientan nuestro trabajo, consideramos que el análisis de ambos nucleamientos descubrirá, en primer lugar, la coexistencia en ese espacio público de diferentes visiones ciudadanas en confrontación. Paralelamente, evidenciará los condicionamientos a la viabilización de una ciudadanía sustentada en el sufragio universal así como de las formas de representación moderna. En esta última dirección permitirá, a su vez, comparar la pervivencia de formas de representación concebidas como mera delegación con otro tipo de representaciones, formales y virtuales, propuestas por quienes no se sienten incluidos en las primeras y que abren "la posibilidad de una separación entre la voluntad (o decisión) pública y la voluntad popular".[2]

El Partido Constitucional ¿una facción más?

El partido o club como instancia de representación

Dirimida la lucha hegemónica entre Buenos Aires y el interior en torno a la década de 1860, surgen los partidos o clubes políticos con características facciosas. El partido como órgano de mediación sintetiza las formas de hacer política que asumen los actores sociales antiguos.[3] Las relaciones familiares, los vínculos personales y una estructura clientelar jerárquicamente organizada constituyen las bases sobre las cuales estos actores colectivos informales controlan el espacio del partido.

[1] El concepto de patriciado es utilizado en clave política, enmarcado en un proceso de diferenciación social en el que ese grupo se autodefine como tal y es reconocido por los demás.
[2] Bernard Manin, "La democracia de los modernos. Los principios del gobierno representativo", *Sociedad*, núm. 6, 1995, p. 14.
[3] François-Xavier Guerra, "Hacia una nueva historia política. Actores sociales y actores políticos", *Anuario*, núm. IV, Tandil, IEHS, 1989. El concepto de actor antiguo, en nuestra realidad, debe ser matizado ya que estamos frente a una sociedad no estamental y que evidencia significativos fenómenos de movilidad.

La crisis del rosismo y los enfrentamientos entre Buenos Aires y la Confederación abren la arena política santafesina a dos organizaciones de este tipo: el Partido Liberal y el Autonomista.[4] Ambas deben su origen a la intención explícita de los antiguos troncos familiares del patriciado santafesino, con fuerte raigambre en la ciudad capital, de seguir controlando los niveles de decisión política. Decididos a imponerse en la defensa de sus intereses particulares, se incorporan al juego político organizando una estructura de representación a la que integran, por medio de estrategias de cooptación subordinada, a otros actores sociales. Los ámbitos laborales (estancias, molinos, ingenios, obrajes, etc.) o de desarrollo de la función pública (jefaturas políticas, juzgados de paz, milicias) se utilizan para formalizar el entramado clientelar. Apelados en calidad de "amigos", "vecinos", "correligionarios" —rara vez como "ciudadanos"—,[5] los miembros de este "pueblo" no aparecen como sujetos con opinión propia: su labor reside exclusivamente en consensuar la decisión adoptada por "los que saben", "la gente distinguida y de influencia". La práctica normal genera los candidatos electorales, los representantes, fuera del club, en un espacio privado restricto, brindado por la casa familiar de los notables, la estancia, el café o el club social.[6] El análisis de las listas de candidatos se restringe a los acuerdos en el interior de la elite, dentro de la cual priva el criterio de la calidad en la selección. Los postulantes no necesitan esbozar ningún tipo de propuestas programáticas para avalar su candidatura. Son suficientes el *cursus honorum* que los precede y su capacidad de movilizar recursos y hombres.

Sobre la base de una concepción antigua de la soberanía, en clara colisión con la norma constitucional, se pretende que ese "pueblo" —considerado como cuerpo social— que opera dentro del partido sólo dé su consentimiento, el cual debe expresarse en dos momentos clave. En primer lugar, en las reuniones masivas que se convocan en teatros u hoteles o en las movilizaciones populares que se gestan para atestiguar la dignidad de los candidatos y aclamarlos; y luego, en la lid electoral, en la que el voto canónico convalida el principio de unanimidad. Es, tal vez, el momento de mayor riesgo, el que prueba la for-

[4] El concepto de "partido" y "club" suele utilizarse de manera indistinta; a veces, el segundo hace referencia a la organización parroquial o de base que tributa a un partido.
[5] Habitualmente se reserva el término *ciudadano* a los que tienen su condición completa, es decir, electores y potenciales elegidos.
[6] Véase Marta Bonaudo y Elida Sonzogni, "Redes parentales y facciones en la política santafesina, 1850-1900", *Siglo XIX. Revista de Historia*, núm. 11, 1992, p. 92.

taleza o labilidad de los vínculos gestados en torno al voto de intercambio. Por eso cada club, cada partido, procede en víspera electoral a "acantonar" a sus seguidores "para evitar que la gente se *desparrame*".[7] El resultado es no sólo la presencia de un elector que no elige sino la confirmación de un representante que no puede escapar de una lógica patricia.[8]

La ruptura del pacto y la emergencia del Partido Constitucional

Cuando, en enero de 1883, *La Capital*, el diario rosarino de mayor peso, publica su editorial sobre la Convención convocada para la reforma constitucional, denuncia la vigencia de un pacto común convenido entre los "cuarteles" y los "mercados" al margen de la "voluntad popular". Desde el punto de vista discursivo el cuestionamiento apunta a la necesidad de reformular las prácticas electorales y la representación que de ellas emerge:

> La existencia del gobierno propio comprende los términos precisos de *elección libre y directa y representación popular*, que nacen de los principios fundamentales que aseguran *la libertad, la igualdad, la propiedad y los derechos naturales del hombre*...[9]

El editorial se inscribe en un clima de reacción del orden vigente expresado en diferentes modalidades. Si antes los actores excluidos del pacto se habían movilizado en la búsqueda de respuestas a sus demandas insatisfechas creando una verdadera cultura de la presión, entonces por primera vez intentan aunar sus voces y sus esfuerzos para enfrentar al autonomismo en el poder.

El espectro de la exclusión reúne a actores antiguos y nuevos. El núcleo de los primeros se alimenta con los referentes del partido liberal (los Cullen, los Oroño, los Freyre, los Iturraspe, entre otros), en tanto los segundos articulan dos espacios, dos realidades: el mundo de las colonias agrícolas y el de la ascendente burguesía rosarina, con fuerte presencia extranjera y ligados a un proceso de crecimiento cuyos inicios se ubican entre 1840 y 1860.

[7] *El Corondino*, 14 de diciembre de 1884.
[8] François-Xavier Guerra, "La metamorfosis de la representación en el siglo xix", en Georges Couffignal (comp.), *Democracias posibles. El desafío latinoamericano*, FCE, Buenos Aires, 1993.
[9] *La Capital*, 11 de enero de 1883.

Con el objeto de mantener bajo su control a los distintos niveles de representación, previendo potenciales competencias, la dirigencia autonomista opera simultáneamente sobre la escala departamental y la municipal. En el primer caso, la composición de las sucesivas legislaturas provinciales y el registro de representantes en un nivel nacional dan cuenta de la preeminencia alcanzada por un gabinete de miembros pertenecientes o vinculados a las tradicionales redes parentales capitalinas y enrolados en esa facción. *La Capital* será, nuevamente, muy explícita al respecto:

> Es por demás curioso ver figurar en la representación del Rosario a los señores Iriondo, Reyna, Basabilbaso, Gálvez, etc., que tienen su domicilio en Santa Fe y que algunos de los cuales sólo de nombre conocen el vecindario de esta ciudad.[10]

La antigua sede del cabildo colonial pretende sin duda conservar un sistema de representación selectivo del territorio, produciendo la primera ruptura profunda del pacto constitucional. Similar objetivo tiene la segunda, al pretender limitar el régimen municipal. La acción en esta esfera se produce en dos actos, el primero de los cuales tiene lugar en 1883.

El texto constitucional de 1872, que dio origen a la ley orgánica de municipalidades, reafirmó tres principios fundamentales: la independencia de los municipios en lo administrativo-económico; la concreción de una organización de tipo municipal en toda población de 1 500 habitantes, y la participación electoral de los vecinos (entre los que quedaban comprendidos extranjeros) que tributasen al fisco provincial o municipal.[11] Tal como lo hemos señalado en otro momento,[12] el voto censatario institucionalizado en los espacios locales no pareció operar como uno de los mayores filtros para el acceso a la arena política de estos hombres nuevos. Ellos, por su parte, lo consideraron casi un requisito natural, evaluando posiblemente su potencial oclusor hacia abajo.

El verdadero freno planteado en 1883, con miras a restringir la ac-

---

[10] *La Capital*, 20 de enero de 1883.
[11] *Historia de las instituciones de la provincia de Santa Fe*, publicación oficial, Santa Fe, 1970, t. III, pp. 143-144.
[12] Marta Bonaudo, Silvia Cragnolino y Elida Sonzogni, "Discusión en torno a la participación política de los colonos santafesinos. Esperanza y San Carlos (1856-1884)", *Estudios Migratorios Latinoamericanos*, núm. 9, 1988.

ción de un poder municipal conflictivo, se define con el recorte de participación en lo cuantitativo (elevando el piso a 5000 pobladores) y en lo cualitativo. A la calidad censataria del voto se le suma la condición de alfabeto del representante en los concejos y de "propiedad o profesión que garantizara su subsistencia" del cabeza de intendencia.[13] Paralelamente, las Comisiones de Progreso Local, a cuyo cargo están los centros poblacionales menores, quedan al margen de lo electoral por ser designadas por el Ejecutivo provincial.

La resistencia estalla inmediatamente en las colonias con un fuerte aval de los núcleos urbanos de mayor dinamismo, como Rosario, y de las fracciones liberales. Nuevamente aquí la tensión mayor no gira en torno a lo censatario sino fundamentalmente a la potencial pérdida del espacio de representación, en particular para colonias de gran proyección en la dinámica provincial. La presión ejercida sólo logra la revisión del criterio numérico, fijándolo en 2000. El resto de las normas continúa vigente.[14] La limitación del poder local se vive como una lesión, como una verdadera ruptura de acuerdos previos logrados con gran dificultad.[15]

La misma ciudad portuaria del sur, ya convertida en los años ochenta en el polo de desarrollo provincial, había tenido un reconocimiento tardío de su municipio, aún cuando la sanción jurídico-administrativa antecedió a la de la ciudad capital. Rosario tuvo que estructurar un conjunto de alianzas, incluso trascendiendo el espacio provincial, para alcanzar tal meta. La injerencia del entonces presidente confederal, Justo José de Urquiza, neutralizó los obstáculos.

La defensa de la instancia municipal, considerada hasta ese momento por los propios actores como la esfera de la administración, en total consonancia con las prescripciones de la "república posible" alberdiana, debe ser analizada desde más de una perspectiva. Dicha instancia aparece, por una parte, como aquélla en la que se colocan y se resuelven un conjunto de demandas de los intereses precisos de la comunidad (salud, educación, seguridad, justicia, etc.); por otra, como un ámbito en donde el clivaje impuesto por la nacionalidad queda desdibujado. Esto último resulta particularmente significativo tanto en

---

[13] *Historia de las...*, *op. cit.*, pp. 144-145.
[14] M. Bonaudo, S. Cragnolino y E. Sonzogni, "Discusión...", *op. cit.*, pp. 304-305.
[15] M. Bonaudo, S. Cragnolino y E. Sonzogni, "Discusión...", *op. cit.*, "La cuestión de la identidad política de los colonos santafesinos: 1880-1898. Estudio de algunas experiencias", *Anuario*, núm. 14, UNR, Rosario, 1991.

Rosario como en las colonias, donde la extranjeridad deja una marca profunda.

Si los más activos participantes en la toma de decisiones dentro de estos espacios han disociado lo administrativo de lo político, separando la esfera social de la política, y aceptando aparentemente el papel pasivo que se les asignaba desde la dominación en este último campo, los sucesos de los años ochenta los empujan a rediscutir sus posturas. La agenda de problemas toca diversas cuestiones: los límites de la búsqueda de soluciones para sus demandas exclusivamente en el espacio local; la posibilidad de obtener respuestas a un sistema político que opera bajo una lógica patricia, y el papel de la participación en una comunidad política en la cual la universalización de la ciudadanía no logra borrar las cesuras que impone la etnicidad. La posibilidad de generar un polo opositor es estimulada, a su vez, no sólo por las fracturas y tensiones que vive el partido gobernante, sino también por la desaparición física de dos de sus puntales, Iriondo y Bayo.

El gobierno de la voluntad popular como consigna

El verdadero desafío al que se enfrentan los sectores de la oposición reside en plasmar un proyecto político que supone los precedentes. Para algunos de esos actores, particularmente los colonos, la experiencia resulta novedosa desde distintos ángulos. En primer lugar, porque sus modos de hacer política —condicionados por las prácticas notabiliares y por la extranjeridad— se caracterizan por una preeminencia de la participación informal sobre la formal. Sólo en el escenario municipal se logró la propuesta del partido, en cuyo interior se observa una permanente oscilación entre lo democrático y lo faccioso.[16] En segunda instancia, los fluidos contactos anteriores con los grupos liberales y con representantes de la dirigencia rosarina no operan orgánicamente en el marco de un sistema de alianzas. Tampoco los otros dos actores han institucionalizado un espacio común.

Las nuevas condiciones los enfrentan a la discusión simultánea de dos problemas: los criterios para establecer un pacto común asentado en la voluntad popular y la creación de una estructura de mediación entre la sociedad civil y el Estado que los haga posibles. La promotora

[16] *Ibid.*

del proyecto es una juventud ilustrada que ha abrazado la alternativa del exilio en Buenos Aires o en otras provincias para escapar de las fuertes tensiones existentes, particularmente las religiosas.[17] En contacto con grupos bonaerenses de similares características, se nutre de las discusiones que alimentan los defensores del sufragio popular.[18] Interesada en avanzar en un proceso de cambio, dicha juventud en 1883 crea, en la Capital Federal, el Centro Santafesino. Gestado para "cooperar al progreso político y social de la Provincia", fija su objetivo en "la organización popular de los *ciudadanos* de Santa Fe a fin de que por medios pacíficos y legales ejerzan los *derechos políticos* que acuerdan a los habitantes de la Provincia las constituciones nacional y provincial".[19]

Para llevar a cabo tal propuesta definen un programa principista cuyos ejes básicos son:

1. el respaldo a la organización nacional y el respeto de las autonomías provincial y municipal;
2. la efectivización de los derechos de libre sufragio, de reunión, de petición y de publicación por la prensa;
3. la "organización de un gobierno de la asociación política, en que se asigne a todos sus miembros el derecho de designar *popularmente* los candidatos para puestos públicos que hayan de elegirse en la Provincia" y
4. la realización de lo que consideran los "grandes fines económicos y políticos" constitucionales (paz interior, construcción de obras de infraestructura, el impulso y protección a la inmigración, recta administración de justicia, control del gasto público, disminución y proporcionalidad de impuestos, convertibilidad de la moneda, desarrollo del crédito, etcétera).[20]

Los principios programáticos son las nuevas bases del pacto planteado entre ciudadanos para ejercer sus derechos políticos. El ciudadano es transportado al primer plano y la herramienta fundamental para concretarlo es el sufragio libre. Ello no implica, sin embargo, re-

[17] Santa Fe se había adelantado, en la década de 1860, al proceso de laicización nacional, pero éste reabre el debate. Véase Tulio Halperín Donghi, *El espejo de la historia*, Sudamericana, Buenos Aires, 1987, pp. 241 y ss.
[18] José Carlos Chiaramonte, *Nacionalismo y liberalismo económicos en la Argentina*, Solar-Hachette, Buenos Aires, 1973, p. 171.
[19] *El Mensajero*, 4 de julio de 1883.
[20] *Ibid*.

formular el concepto de ciudadanía prescrito en la Constitución. No se amplía el espectro de actores para acceder a la misma ni se modifica la condición voluntaria del voto. Sólo se aspira a garantizar el libre acceso a las urnas, sin las presiones ni el fraude ejercidos por el oficialismo. Esto constituye el punto de partida de una convocatoria amplia: "todos los patriotas que estén conformes con los principios proclamados", aunque la amplitud no quite la expectativa de que la adhesión esté protagonizada por una ciudadanía consciente que geste un verdadero movimiento "de opinión". Para ello, en los meses subsiguientes, los jóvenes promotores liberales (Escalante, Cullen, Landó, Peña) se orientan tanto hacia una tarea de reclutamiento como de discusión de sus propuestas, para las cuales sirven de base las reuniones, la organización periódica de ciclos de conferencias, la formalización de una sede de consultas, entre otras actividades. Su centro de operaciones se instala en la ciudad de Santa Fe.

Una de las tareas prioritarias consiste en la necesidad de unificar las voces opositoras: el Centro Político Electoral de Rosario, el Club Constitucional de Santa Fe, y los comités políticos de Esperanza y Jesús María.[21]

> La opinión pública no puede tener ningún peso en las soluciones políticas si se divide en varios grupos, y no forma un todo homogéneo con una sola organización que garanta su unidad y eficacia en toda la provincia, bajo programa y autoridades comunes...[22]

Una estructura unificada de representación impone condiciones. No se trata aquí de una instancia de representación que se genere de arriba hacia abajo, como anteriormente, sino que responda a una "voluntad mayoritaria". El objetivo no es acelerar los tiempos de modo que este principio se subvierta. Esta reflexión aparece claramente formulada cuando se pretende dirimir candidaturas, en el 1884, sin haber alcanzado el consenso:

> La designación de candidatos antes de la organización uniforme de todos los elementos de opinión sería de todo punto irregular y contraria al espíritu democrático, desde que tendría que hacerse *sin consultar la voluntad de la mayoría*, única que tiene el derecho de designarlos oportunamente...[23]

[21] *La Capital*, 9 de enero de 1884; 10 de enero de 1884.
[22] *El Mensajero*, 29 de enero de 1884.
[23] *Ibid.*

Hay evidentemente la idea de fundar una nueva manera de hacer política. Las palabras inaugurales de González del Solar en la convención de noviembre de 1884 marcan esa perspectiva:

> En Santa Fe no hay partidos republicanos; hay simplemente dos fuerzas antagónicas, *el pueblo* y el gobierno, divorcio fatal pero cierto. Al pueblo se le llama *oposición* y hoy que los antiguos partidos se habían disgregado como tales, uniéndose todos los hombres de buena voluntad en una aspiración común de regularizar el ejercicio de las instituciones republicanas, debía adoptarse un nombre que simbolizase nuestros designios futuros...[24]

El Partido Constitucional aparece en la escena política con el objetivo de regularizar las prácticas republicanas. Impersonal, principista, éste construye una estructura de representación cuyo punto de partida se asienta en el club local del pueblo cabecera de departamento. Allí, el actor básico no es apelado como ciudadano sino como vecino. ¿Incidencia de la instancia municipal?, ¿ambivalencia de las identidades?, ¿preeminencia del requisito de vecindad? Lo concreto es que son los vecinos los que conforman el club y participan —a través de la votación directa— en la elección de los miembros de su propia comisión directiva y en la de los potenciales representantes en la esfera local o departamental. Cuando las candidaturas implican a toda la provincia, los estatutos prevén la postulación de los candidatos departamentales ante la Comisión Ejecutiva, la cual lleva a cabo la proclamación de los mismos, luego del escrutinio que los consagre por mayoría de votos.[25] El gobierno del partido queda en manos de una Comisión Ejecutiva General conformada por los delegados departamentales, entre quienes se eligen los funcionarios directivos. La práctica democrática que revitaliza la vida partidaria se sustenta presumiblemente en el voto secreto, tal como se estableciera originariamente en el Centro Santafesino.

La vida interna del partido no se agota en lo electoral. Ella presupone ordenamiento y continuidad en la tarea de incorporación de correligionarios, y apoyo permanente en la defensa de sus derechos políticos y de sus opiniones. Prevé a su vez una articulación orgánica y un contacto estrecho entre las diferentes instancias organizativas. Lo viejo y lo nuevo coexisten en su interior. La presencia de la fracción liberal se

---

[24] *Convención del Partido Constitucional*, Imprenta Buffet y Cía., Buenos Aires, 1885, p. 23.
[25] *Ibid.* pp.19 y siguientes. Cuando estas instancias no operen, la Comisión Ejecutiva lo hará en su lugar.

proyecta sobre los hombres nuevos no sólo en el plano discursivo sino, fundamentalmente, en el entramado de relaciones que atraviesan el partido.

Los constitucionalistas en la disyuntiva: ¿política de elites o política de ciudadanos?

El *aggiornamiento* político propuesto deberá sortear tres grandes obstáculos para alcanzar sus metas: la máquina situacionista, la injerencia del roquismo y las tensiones internas provocadas por la convivencia de actores heterogéneos.

Desde el comienzo es notoria la dificultad para neutralizar una maquinaria político-electoral consolidada a través de varias décadas. Ovidio Lagos, el activo dirigente rosarino, presenta a Roca un diagnóstico preciso de la situación:

> es de todo punto imposible establecer centros políticos en los pueblos de campaña, por la tenaz persecusión que las autoridades despliegan contra todo aquel que no forma en las filas de los clubs gubernistas [...]
> Los hombres del poder, especialmente Iriondo, Comandante Oroño y demás capitanejos han desplegado un lujo de persecusión y amenazas a los que no se enrolen en sus centros, que los paisanos y los hacendados a pesar de estar animados de la mejor voluntad en el interés de cooperar al avenimiento de un gobierno regular en esta provincia, y sostener la política del gobierno nacional, se abstienen a fin de evitar que les lleven los peones, o los persigan con el pretexto de enemigos del gobierno.[26]

No sólo sobre la campaña se ejerce la presión del autonomismo. En las ciudades,

> en las calles, patrullas gubernativas ejercen el registro de todos los transeúntes que no son partidarios de la situación bajo pretexto de que está prohibido el uso de las armas.
> La prensa, único refugio que quedaba hasta ahora a los defensores de la oposición, es perseguida enérgicamente.[27]

La coacción aparece a los ojos de los constitucionalistas como la respuesta orgánica para quienes no aceptan la "inclusión" subordinada a la que los conduce el voto de intercambio:

[26] Carta de Ovidio Lagos al presidente Roca, 2 de septiembre de 1884. Archivo Roca, legajo 40.
[27] *La Capital*, 23 de enero de 1885.

¿Cuál de los miembros de ese partido [el Constitucional] ha desertado de su puesto en cambio de una posición rentada? Ninguno [...] No ha sucedido así con los adversarios; ejército de empleados, sus opiniones están sometidas al gobierno que les paga y les da pan; acostumbrados a vivir amarrados al presupuesto, todo lo olvidan ante las migajas oficiales.[28]

El interrogante surge inmediatamente: "¿Cómo se defiende el partido de oposición cuando tiene a su frente a los poderes públicos armados y preparados para dar una batalla?"[29] Las soluciones propuestas abren un amplio espectro de posibilidades en función de los actores que las generan. Los partidarios de la construcción de un gran movimiento de opinión continúan impulsando sus tareas de concientización mediante una activa labor periodística, reuniones de discusión, *meetings,* etc. Las voces de *La Capital, La Libertad, La Convención, El Tribuno* intentan penetrar todos los espacios, llegar a esos "hombres libres de carácter independiente, que no aceptan las miserias de los círculos personales".[30]

La prédica apela, a veces indistintamente, al "ciudadano" y al "vecino", superponiendo o asimilando identidades. La intención es, sin duda, activar la participación de esos hombres "libres", "independientes" y "honestos". El problema es que muchos de ellos, por su condición de extranjeros no naturalizados, sólo pueden operar en el espacio local. Esta situación, sin embargo, no es un tema prioritario de discusión, como sí lo es, en cambio, el perfil que se aspira a dar al ciudadano. La imagen que ciertos referentes partidarios elaboran en torno a la ciudadanía plantea la cuestión de la desigualdad. En un Camilo Aldao, en un Estanislao Zeballos, en un Ignacio Crespo, se observa la búsqueda recurrente de apoyos que provengan del "elemento" de "fortuna", de los "principales", de los que "valen".[31] Esta visión de la identidad ciudadana subyace, sin duda, en la consecuente predisposición de este tipo de dirigencia para restablecer formas tradicionales de relaciones políticas en el interior de un partido con propuestas modernizantes.

En ese marco, no sólo se acepta sino que se promueve la injerencia de Roca —muy preocupado por el problema de la sucesión presiden-

---

[28] *La Capital*, 6 de febrero de 1885.
[29] *Ibid.*
[30] *Ibid.*
[31] Archivo Roca, legajo 36, 20 de enero de 1884; legajo 38, 6 de mayo de 1884-23 de mayo de 1884, legajo 40, 10 de agosto de 1884.

cial— en el espacio provincial. Roca aparece, en primer lugar, como el interlocutor por excelencia para neutralizar a los coroneles o comandantes, puntales de la "máquina" oficialista. En cierta oportunidad, Aldao le sugiere en relación con el coronel Córdoba: "Espero que Ud. le escriba para que no nos considere como enemigos, porque él como Jefe Nacional y amigo de Ud., está con Ud., debemos estar en las mismas corrientes".[32] En segundo lugar, como un potencial articulador de alianzas: "Algunos bayistas se van a dirigir a Ud. pidiéndole vistas: *échemelos al bolsillo, para conservar el núcleo hecho*".[33] Las bases de legitimación del partido han sido cuestionadas. De allí sólo hay un paso para la reaparición del voto de intercambio: "Va a llegar el momento de los nombramientos de Aduana de fin de año... pues en la del Rosario y Santa Fe *podríamos colocar algunos amigos de importancia allí y que nos están sirviendo*".[34] También queda expedito el camino para la generación de representantes ajenos totalmente a la decisión partidaria.[35]

Lo que esta dirigencia parece no percibir, envuelta en la puja por el poder, es que involucrarse en el modo de hacer política del roquismo limita su capacidad para crear al ciudadano. Estos actores tradicionales de la vida política santafesina abren interrogantes en su nivel de compromiso con una nueva manera de hacer política y en la percepción de su propia identidad ciudadana. Ello, a su vez, condiciona sus perspectivas de éxito. El "gran elector" que es Roca tiene claramente definidos sus objetivos en esta coyuntura: asegurar la sucesión en el nivel nacional. Todos sus pasos responden a tal fin. Su apoyo, en consecuencia, existirá en tanto el partido aporte a su logro.

La recuperación de las antiguas prácticas políticas se extiende también a la estructuración de clientelas con actores tradicionales. El diario *La Capital*, uno de los mayores defensores del movimiento de opinión, al editorializar el acto de creación de un centro político constitucional, muestra un "deslizamiento" en esa dirección:

> todo el vecindario del departamento de San Jerónimo se ha puesto en movimiento [...] Allí están los Gaitán, los Martínez, los Rodríguez, los Freire y

[32] Archivo Roca, legajo 40, 10 de agosto de 1884.
[33] Carta de Zeballos a Roca. Archivo Roca, legajo 38, 22 de mayo de 1884.
[34] Carta de Zeballos a Roca. Archivo Roca, legajo 42, 28 de noviembre de 1884.
[35] Carta de Zeballos a Roca. Archivo Roca, legajo 38, 22 de mayo de 1884. "...para diputado he indicado a Desiderio Rosas— y como no es resistido y *obedecía a la indicación de Ud.*, no se comprometa hasta ver el fin de mi comisión [...]"

diversos comandantes y prestigiosos hacendados que arrastran las masas sin esfuerzo alguno.[36]

El resto es historia conocida. La crisis de los acuerdos de cúpula, la fractura del polo opositor, el realineamiento del roquismo con el situacionismo en favor del proyecto nacional, la abstención forzada por la amenaza de represión pero también la consensuada con el mismo Roca para las elecciones provinciales de 1886.[37] En la disyuntiva entre una lógica patricia y una democrática, la opción elegida termina bloqueando el proyecto. Las amargas palabras de Ovidio Lagos a Roca operan como un epílogo:

> Nuestra abstención cívica en las cuestiones locales, respondiendo a los deseos manifestados por Ud., y a las justas como legítimas esperanzas, que el Doctor Galvez se rodearía de los hombres de valer e ilustración de todos los partidos o centros políticos a fin de hacer un gobierno de civilización y progreso, han salido fallidas [...]
>
> [...] siguen los mismos hombres de siempre, y aquellos cuyos padres han desaparecido por la acción del tiempo son remplazados por los hijos en favor de las viejas ideas [...]
>
> Seguirán gobernando los mismos hombres de antes no obstante ser rechazados por la época.
>
> Sus nobles deseos en favor de sus amigos de aquí, del partido que se ha puesto a su servicio sin limitación y las aspiraciones de este partido por un gobierno nuevo con ideas nuevas, con hombres nuevos y con miras y propósitos nuevos en bien de esta tierra han fracasado.[38]

Lo nuevo ha quedado aprisionado en la trama anterior. La búsqueda debe reiniciarse.

Los no ciudadanos entre la representación virtual y la formal

Después del fracaso del Partido Constitucional, uno de sus actores —los colonos— ha visto avanzar al Estado provincial sobre sus pre-

---

[36] *La Capital*, 22 de marzo de 1885.
[37] Carta de Aldao a Roca. Archivo Roca, legajo 42, 14 de diciembre de 1884. "Si hubiéramos cometido el disparate de presentarnos a la plaza al principiar nuestra organización hubiéramos sido sacrificados inútilmente por 300 hombres a *remington* y cerca de 2 000 traídos de todas partes [...]"
[38] Archivo Roca, legajo 50, 18 de febrero de 1886.

rrogativas en los municipios y ha experimentado la pérdida de uno de sus dirigentes más notables, Guillermo Lehmann.[39] Pensándose políticamente como grupo, más allá de sus diferencias, estos vecinos o habitantes básicamente extranjeros de las áreas de colonización agrícola han construido su propia identidad social y proyectado su presencia tanto en lo local como en lo provincial. Si dentro del municipio encuentran caminos para participar en instancias de representación política formal, éstos se bloquean en la dimensión provincial o nacional. Carecen de un requisito fundamental para transformarse en ciudadanos activos: la naturalización. Para compensar tal carencia y hacer llegar sus demandas a la esfera pública construyen a lo largo de casi 30 años mecanismos de representación basados en la acción. Las movilizaciones, los *meetings,* son las estrategias elegidas para reforzar las peticiones ante los poderes públicos. En asambleas masivas, cuyo escenario privilegiado es la plaza pública, discuten sus demandas, eligen sus voceros y definen las vías a seguir.

En toda esa etapa, el problema étnico sólo provoca tensiones menores en el duro proceso de integración social de las nuevas realidades.[40] El horizonte de la naturalización, que tanto preocupa a Sarmiento, aparece relativamente lejano no sólo por las obligaciones que implica sino por el constante y significativo apoyo consular.

Las discusiones que se desarrollan entre 1887 y mayo/junio de 1890, gestadas en el seno de los sectores dominantes, sea para eliminar el riesgo de pretensiones extranjeras o para otorgar mayor legitimidad y representatividad al sistema político,[41] no conmueven el mundo rural santafesino. Sí, en cambio, el estallido del Parque de julio de 1890. Los colonos manifiestan vivamente su apoyo a la consigna del sufragio libre. Las movilizaciones de Rafaela, San Carlos, Esperanza[42] preanuncian el activismo que sucederá a la reforma municipal de ese año.[43]

Comienza a desplegarse el segundo acto del intento de control de las comunas: se restringe la base electoral potencial al excluir del de-

---

[39] *Historia de las...*, *op. cit.*, p.146.
[40] Véase M. Bonaudo, S. Cragnolino y E. Sonzogni, "Discusión...", *op. cit.*, pp. 307 y ss.
[41] Esta discusión ha sido ampliamente analizada en los últimos años. Véase Romolo Gandolfo, "Inmigrantes y política en la Argentina: la revolución de 1890 y la campaña en favor de la naturalización automática de residentes extranjeros", *Estudios Migratorios Latinoamericanos*, núm. 17, 1991; Ema Cibotti, "La elite italiana de Buenos Aires: el proyecto de naturalización del 90", en *Anuario*, núm. 14, UNR, Rosario, 1991; Lilia Ana Bertoni, "La naturalización de los extranjeros,1887-1893: ¿derechos políticos o nacionalidad?", *Desarrollo Económico*, núm. 125, 1992.
[42] Ezequiel Gallo. *La Pampa Gringa*, Sudamericana, Buenos Aires, 1984, p. 402.
[43] *Historia de las...*, *op. cit.*, pp. 146-147.

recho de voto a los extranjeros; se suprime el carácter electivo del intendente municipal, designado por el poder central y, finalmente, se limitan las funciones municipales a lo estrictamente administrativo, suprimiendo paralelamente la incumbencia en la instrucción pública, la justicia de paz y los registros civil y de propiedad.[44]

La reforma profundiza el antiguo clivaje étnico y rearticula, en función de la extranjeridad, un nuevo *nosotros* sometido a la exclusión. En el interior de una crisis económica y política, la enajenación de derechos los empuja a revalorizar la cuestión de la ciudadanía/naturalización para recuperar espacios de participación. Pero el problema ha dejado de ser provincial.

El Centro Político Extranjero (CPE) como instancia de representación de los intereses de "los que producen riqueza y bienestar"

Un día antes de la revolución radical, el columnista de *L' Operaio Italiano*, Giuseppe Boselli, analiza los espacios de representación con que cuentan los italianos en el país para la defensa de sus intereses:

Aggiungeremo che gli italiani, per la difesa loro, hanno già, politicamente, il giure internazionale, del quale Legazione e Consolati sono i vigili sostenitori, e commercialmente, la Camera di Commercio Italiana, la quale ha tanto per se la legge ed il diritto.
Rimanendo gli italiani qui residenti nella condizione presente di stranieri non possono *praticamente* sortire da queste due vie, della loro rappresentanza ufficiale nazionale e della loro rappresentanza ufficiale commerciale, —senza tramutarsi in faziosi, al servizio di questo o di quell'altro avveduto *caudillo*.[45]

El diagnóstico tiene como objetivo estimular una reflexión que excede, sin duda, a la colectividad italiana y se hace extensivo a los otros grupos étnicos. Estos hombres, convocados para trabajar, se enfrentan al espectáculo de la crisis económica. Para afrontarla, el Estado deberá seguramente reducir el gasto público e impulsar nuevos impuestos que gravitarán tanto sobre nativos como extranjeros. La preocupación, en consecuencia, reside en generar nuevos canales de participación para lo cual se reclama la sanción de una ley de naturalización.

[44] *Ibid.*
[45] *L' Operaio Italiano*, 25 de julio de 1890.

El planteamiento es claro, los extranjeros deben acceder a los derechos políticos porque

> si vuole sangue nuovo, perchè il vecchio minascia cancrena; si desidera introdurre alle Cammere qualche elemento straniero de conosciuta competenza, perchè le cose tutte e gli interessi stranieri non vadano a rompicollo. E' una fatua e sciocca insinuazione il credere chelo straniero voglia prender parte attiva nelle cose pubbliche, per poi rendersi padrone dela situazione.[46]

El analista se previene frente a los temores que recorren a ciertos grupos de la elite y registra, motorizada por la comunidad suizo-alemana, la creación de una organización que aleja a los extranjeros de un estado "de minoridad política", indecoroso y nocivo.[47]

El CPE emerge como una instancia de convergencia de los extranjeros, sin diferencias de nacionalidad, con una doble finalidad: tutelar los intereses comunes y reivindicar los derechos cívicos.[48] Cada colectividad tendrá a su cargo la organización de secciones con miras a conformar una estructura nacional. Mientras algunos publicistas presentan al CPE como una "Unión Cívica Extranjera", casi un "estado en el Estado",[49] sus gestores, "modesti elementi dell' industria, del commercio, delle scienze e delle arti...",[50] lo consideran el instrumento imprescindible para "uniformar" la opinión extranjera en la búsqueda de una ley de naturalización.

Bajo la activa dirección de un extranjero naturalizado, Julio Schelkly, desde la Capital Federal el Centro toma prácticamente a su cargo la campaña de la naturalización. Si bien ésta naufraga entre las presiones gubernamentales y las tensiones desplegadas en el interior de los grupos extranjeros involucrados,[51] el CPE queda en pie, consolidando y extendiendo su organización bajo dos consignas: la naturalización "automática", protegiendo "el afecto hacia la patria de origen", y la defensa de un sufragio universal, masculino, sin restricciones de ningún tipo.

En la búsqueda de una ciudadanía plena se institucionaliza, en con-

---

[46] *L' Operaio Italiano*, 1º-2 de septiembre de 1890.
[47] *Ibid.*, 24 de septiembre de 1890.
[48] *Ibid.*, 17 de septiembre de 1890.
[49] *Ibid.*, 24 de septiembre de 1890.
[50] *Ibid.*, 25 de septiembre de 1890.
[51] Véase Romolo Gandolfo, *op. cit.*

secuencia, un espacio de representación política virtual por cuanto sus integrantes no son aún ciudadanos. Dentro de él, se define rápidamente una propuesta programática cuyos ejes fundamentales se asientan en la defensa de los derechos civiles y políticos de los extranjeros, la promoción de su participación en los niveles municipales, la proyección de acciones destinadas a favorecer el desarrollo económico y financiero, la concientización de sus miembros y su protección permanente.[52] Dentro de ese espacio se pretende movilizar a un sujeto consciente, informado, familiarizado con las cuestiones "de utilidad pública". Para ello se prevé la programación de conferencias, la conformación de grupos de discusión, y la edición de un periódico oficial.

Ese actor colectivo definido por su condición de extranjeridad, que está luchando por una identidad política igualitaria, concreta, sin embargo, una estructura de representación en clave tradicional dentro de la cual operan simultáneamente individuos y grupos. La base está en las secciones. Éstas constituyen agrupaciones que aceptan los principios del Centro, reúnen un mínimo de 50 miembros y se instalan en la Capital o en las provincias, aglutinando al conjunto de extranjeros o delimitando núcleos por nacionalidad.[53] Cada sección marca su funcionamiento interno, define sus prioridades, elige tanto a los miembros de su Comisión Directiva como al delegado que los representa ante la Junta Central y se autofinancia con las contribuciones de sus socios. Las delegaciones seccionales coexisten con otras en el cuerpo directivo. Estos delegados provienen de los periódicos, las corporaciones y las asociaciones adheridas. La Carta Orgánica no descarta la presencia de individuos relevantes, que se representan a sí mismos, ni la posibilidad de que un delegado asuma varias representaciones. Las autoridades de la Junta son el fruto de la elección indirecta de los representados mediante sus delegados, los cuales la pueden integrar. La Junta Central ejecuta las acciones y tiene a su cargo la planificación y puesta en marcha de los proyectos, en permanente interacción con los organismos de base.

La estructura de representación resultante articula dos lógicas, una democrática, que funciona en los niveles seccionales, y otra corporativa, que priva en la instancia de dirección. Para estos actores parece difícil aún dirimir la tensión entre su identidad individual y la grupal.

[52] *L' Operaio Italiano*, 2 de octubre de 1890.
[53] *Ibid.*, 13 y 14 de octubre de 1890.

La apertura del camino para incorporarse a la arena política no puede realizarse aisladamente. La dirigencia del CPE tiene clara conciencia de ello. Por eso, mientras promueve la multiplicación de sus secciones, sale a la búsqueda de eventuales aliados; realiza activos contactos con organizaciones corporativas o políticas sin perder de vista las estrategias que la acerquen a las esferas de poder.[54] El mayor potencial del CPE reside en el interior, particularmente en las áreas de colonización agrícola, como las santafesinas. No obstante, son magros los resultados alcanzados en la década de 1890 en Buenos Aires.

El CPE en las colonias: abandonar "un momento el arado para acordarse de que es ciudadano"

La consigna que propone *La Unión*, el periódico de Esperanza, sintetiza de algún modo el proyecto que el CPE pretende ejecutar en la región. El área está madurando el desafío de "constituir al ciudadano". Entre 1890 y 1894 se perciben ciertos cambios en los actores. Las experiencias de esa coyuntura los obligan a repensar su percepción de la ciudadanía y los espacios de su práctica. El signo más evidente es el abandono explícito de la postura de entender lo municipal como un lugar administrativo. El gobierno municipal pasa a ser

> la principal entidad política [...] donde nace el derecho y el deber cívico [De acuerdo con] los grandes pensadores modernos, el poder municipal es una consecuencia natural del principio federativo [...] donde se desenvuelve el sentimiento republicano.[55]

En este proceso, la acción del CPE tiene su peso. En primer lugar, en virtud del enorme esfuerzo de organización que despliega a través de dirigentes nacionales como Schelkly y Boselli o locales como Conrado Hang, Pedro Stein o Luis Taberning, entre otros. Si bien los representantes suizo-alemanes encabezan las principales secciones, paulatinamente se van incorporando referentes de otras nacionalidades. A lo largo de 1891 las secciones se multiplican: Esperanza, San Carlos, Grülty, Humboldt, Belgrano, San Gerónimo, Santa María. Los niveles

---

[54] Ver Romolo Gandolfo. *op. cit.*, p. 52.
[55] *La Unión*, 11 de enero de 1894.

de adhesión al Centro se acrecientan y su proyección es registrada no sólo por la prensa étnica sino también por la nacional. A principios de 1892, *El Argentino*, destacando la labor del CPE en la tarea de "formar el mayor número de ciudadanos argentinos", informa que éste posee no menos de 60 000 asociados y 118 centros.[56]

Entre el conjunto de factores que generan la integración del CPE a la vida de las colonias, dos parecen haber jugado un mayor papel. El CPE pretende asumir la representación del grupo en el espacio público y, por ende, toma sus demandas. Lo llamativo, en este plano, es observar cómo ante los otros actores que operan en este espacio público (incluido el Estado) los representantes no avanzan más de lo que los representados plantean. Un ejemplo claro aparece en el tratamiento de la cuestión municipal. Cuando en 1890 se formaliza el programa del CPE, se fija como objetivo la participación de los extranjeros portadores de derechos políticos en el nivel comunal. Sin embargo, en el momento en que levanta la bandera del voto municipal para los colonos, sus propuestas se mueven en total concordancia con el imaginario de ese universo social. La Comisión de delegados de las distintas secciones del CPE que eleva el petitorio a la Legislatura provincial no se aparta de la visión tradicional que los agricultores tienen en relación con el municipio:

Pedimos el voto municipal

1º. Porque el Poder Comunal *no es un cuerpo político, como erróneamente creen algunos, sino un cuerpo "administrativo"* esencialmente popular y democrático que trata del cuidado, aseo, orden y organización familiar de cada pueblo.

2º. Somos contribuyentes y habitantes del municipio.

3º. Si tomamos parte activa y tenemos deberes en la vida comunal, debemos también tener "derechos".

4º. Los extrangeros [sic] han sido los fundadores de las colonias y por eso mismo *deseamos administrar nuestros mismos intereses, sudores y esfuerzos*.[57]

Los representantes, considerados básicamente delegados, asumen una representación de intereses. Es evidente que el colono no se identifica aún con el ciudadano universal. Podrá argumentarse que se trata de representantes locales, imbuidos de la lógica del grupo. No obstante,

[56] *La Unión*, 10 de enero de 1892.
[57] *Ibid.*, 15 de noviembre de 1891.

esos representantes han aceptado y compartido las propuestas programáticas generales del CPE y tienen un contacto fluido con la dirigencia nacional. Justamente para neutralizar los desfases con las posturas de la Junta Directiva, la organización desarrolla una activa política de "concientización". En esta dirección, se apela a la tarea periodística local o nacional o bien a la programación de ciclos de conferencias:

> Los temas a tratarse en alemán y en castellano son estos: Deberes y derechos civiles del extrangero [sic]. Impuestos y presupuesto en la nación. Ley de impuestos a los cereales. Estas conferencias son muy útiles entre nosotros, pues ellas sirven *para ilustrar y formar la conciencia pública* en las altas cuestiones del interés general.[58]

La idea es, sin duda, producir el salto cualitativo desde el ámbito de los intereses particulares al del interés general o público.

Desde sus inicios, el CPE ha estado fuertemente comprometido con la defensa de los derechos políticos, dentro de cuya esfera caen las demandas del voto municipal o de la justicia de paz electiva. Sin embargo, su propuesta no se agota en lo electoral. Un conjunto de cuestiones debe ser analizado y discutido por la opinión pública, a cuya información y clarificación ellos pueden contribuir: el impacto de la crisis sobre "los que producen la riqueza", los problemas de convertibilidad y crédito, las políticas impositivas, con una particular incidencia en el área a través del impuesto del cereal,[59] etc. El perfil ciudadano que se pretende esbozar se orienta hacia un actor consciente y comprometido cuya responsabilidad no se reduce a la emisión del sufragio.

El alto grado de consenso alcanzado por el CPE, en virtud de su fuerte identificación con las reivindicaciones de los colonos, debió aumentar en relación con sus prácticas. El Centro, o mejor dicho, sus secciones zonales, actúan en total consonancia con las tradiciones de participación y de lucha que se han llevado adelante entre las décadas de 1860 y 1880. Cada núcleo que se institucionaliza es resultado de la opinión gestada en el interior de asambleas masivas.[60] De su seno surgen tanto las estrategias para enfrentar los problemas como los representantes a las Comisiones Directivas seccionales. No obstante los procesos de diferenciación social y de elitización precedentes que han provocado

[58] *La Unión*, 24 de enero de 1892.
[59] Sobre la discusión en torno al impuesto, véase Ezequiel Gallo, *op. cit.*; M. Bonaudo, S. Cragnolino y E. Sonzogni, "La cuestión de la...", *op. cit.*
[60] *La Unión*, 8 de noviembre de 1891; 15 de noviembre de 1891; 22 de noviembre de 1891.

la emergencia y permanencia de cierto personal dirigencial,[61] la relación entre representantes y representados es fluida y directa. Existe un fuerte compromiso de los grupos dirigentes con las propuestas emanadas de sus bases. Por eso, su presencia es permanente en los espacios de discusión o movilización. Tanto encabezan una marcha, defienden posturas en la tribuna de un *meeting* o presentan pliegos petitorios a las autoridades como dirigen grupos armados cuando consideran que no queda otro camino.[62]

La legitimidad del representante no se cuestiona en tanto su voz recupere, sin distanciarse, las voces de sus representados. Cualquier acción en contrario puede generar una crisis de representación. Una situación paradigmática en este sentido se plantea en enero de 1893. Un largo año de lucha, de movilización, de formular peticiones ante la Legislatura provincial, ante la Suprema Corte de Justicia Nacional,[63] no tiene respuestas favorables. La presión ejercida por las secciones del CPE y por los representantes de la Unión Cívica Radical, deseosos de lograr apoyos en ese espacio, no logra obtener una declaración de inconstitucionalidad y, por ende, de nulidad de la ley de impuesto a los cereales.[64]

Mientras esto sucede, tres fuertes referentes de la comunidad de Esperanza, dos de los cuales ocupan funciones en el municipio, Quellet y Anthony,[65] y el tercero, a cargo de la presidencia del Comité de la Unión Cívica Radical, han aceptado puestos de comisionados para el cobro del tan resistido gravamen. Frente a lo que se considera una "claudicación" de los "principios de honradez e integridad política", el último —Nicolás Schneider— es expulsado de las filas del partido. A los otros dos se les pide la renuncia al Consejo con argumentos significativos:

> Recordemos ahora que cuando el pueblo de este municipio los llevó con su voto al gobierno municipal fue porque confiaba en la rectitud de sus intenciones y los consideró ardientes defensores de los intereses morales y materiales de la comunidad, pero ellos, lejos de corresponder a la confianza de sus electores, sirviendo al pueblo con franqueza y lealtad, han clau-

---

[61] Véase M. Bonaudo, S. Cragnolino y E. Sonzogni. "Discusión...", *op. cit.*, pp. 307 y ss.
[62] *La Razón*, 5 de febrero de 1893; 24 de febrero de 1893. *La Unión*, 10 de enero de 1892; 24 de abril de 1892; 25 de diciembre de 1892; 29 de diciembre de 1892.
[63] *La Unión*, 15 de noviembre de 1891; 29 de enero de 1893.
[64] *Idem*.
[65] *Ibid.*, 29 de enero de 1893.

dicado de sus convicciones, sirviendo hoy al rastrero oficialismo de pedestal para la explotación agrícola. Esos consejales *no representan ya los intereses del municipio ni de sus electores*.[66]

El estigma que recae sobre quienes violan la confianza de los representados no sólo los afecta en el espacio público sino también en el privado. En el caso de Schneider, propietario de una gran fundición productora de instrumentos agrícolas, algunas casas de comercio del lugar y localidades vecinas lo someten a acciones de *boycott*.[67] A ello se suman los reclamos ante las delegaciones consulares, por parte de las colectividades, en función de las representaciones nacionales que estos individuos detentan.[68]

En el interior del CPE, esta imagen de representante/delegado contrasta, indudablemente, con la de aquellos representantes que pretenden avanzar sobre la opinión de sus representados. La discusión en torno a la naturalización vuelve a servir de ejemplo. El consenso evidenciado hacia la naturalización automática vuelca a la mayoría de los dirigentes en esa dirección. Sin embargo, unos pocos —enfrentados con cierta prensa étnica y las opiniones de las legaciones consulares— levantan sus voces a favor de la adopción de la nacionalidad como un acto de voluntad.[69] Sólo los actos de voluntad, la clara conciencia de su responsabilidad, definen a un ciudadano. Ese era el postulado subyacente que algunos años atrás Sarmiento había defendido denodadamente.

¿Tuvo algún eco la prédica de esta dirigencia? En septiembre de 1893, *L'Operaio Italiano* registra la decisión de un importante grupo de extranjeros de Esperanza en favor de solicitar su carta de ciudadanía:

> Loro scopo é quello di poter entrare nella lotta elettoralle affine de poter meglio tutelare i loro interessi col concorrere alla nomina di persone capaci ed oneste nella pubblique amministrazioni.[70]

Evidentemente, no emerge de aquí la idea de un elector abstracto sino aquella de que determinados actores movilizan ciertos recursos políticos —como el derecho a voto— con fines particulares. Pero

---

[66] *Idem*.
[67] *La Unión*, 19 de enero de 1893.
[68] *Ibid.*, 26 de enero de 1893.
[69] *Ibid.*, 15 de enero de 1891.
[70] *L'Operaio Italiano*, 17 de septiembre de 1893.

estos hombres nuevos, que han ido constituyendo su identidad social desde "formas comunes de vida", reciben impactos concretos que los afectan en común, conduciéndolos a reformular tal identidad.[71] Ese *nosotros* inicial, construido a partir del papel productivo y de la vecindad/extranjeridad, soporta una nueva exclusión en el espacio público y, a la vez, mayores condicionamientos a su capacidad de acumulación, reflejados en una tributación reforzada, secuela de la propia crisis. La situación los coloca ante la disyuntiva de fortalecer la defensa de lo particular o proyectarse hacia objetivos de orden general a fin de generar una comunidad de nuevo tipo. Las salidas visibles fueron, primero, el CPE y paralelamente la Unión Cívica Radical. Un poco después la Unión Agraria.[72] Cada camino parecía un espacio posible y superador.

Las experiencias finiseculares que acabamos de analizar permiten percibir la fuerte tensión en la que están inmersos los actores, entre lo viejo que se resiste a desaparecer y lo nuevo que pretende ubicarse en el horizonte posible. El orden y la administración propuestos por Roca no silencian el disenso. No resulta tarea fácil superar la trama de las viejas estructuras de representación y las pautas anteriores de hacer la política, y no pocos quedan atrapados en la antigua urdimbre. Sin embargo, tanto en el plano de la representación como de la ciudadanía aparecen novedades.

Ambas propuestas, aunque sus objetivos como instancias de mediación difieran, muestran elementos comunes. En primer lugar, pese a que por momentos el discurso no coincide con las prácticas, las dos parten del presupuesto de un diálogo entre pares, entre iguales. Así, mientras el Partido Constitucional propone sentar las bases de un nuevo pacto entre ciudadanos que expresan la voluntad popular, el Centro Político Extranjero exhorta a los miembros de esa comunidad de "productores de riqueza y bienestar" a constituir una identidad ciudadana con la cual formalizará su presencia en el espacio público. Es evidente, en una y otra experiencias, que subyace en ellas una demanda de construir una comunidad política que se aleje de lo precedente. En relación con la representación esto se expresa no sólo en la preocupación por equiparar o romper con las imágenes jerárquicas sino también en la emergencia, incipiente todavía, de un representante capaz de formar opinión.

---

[71] Claus Offe, "Partidos políticos y voluntad popular", *Debats*, núm. 12, 1985, pp. 68-69.
[72] *La Unión*, 20 de agosto de 1893.

La pervivencia de las perspectivas delegativas no desdibujan, sin embargo, la idea de que tanto el Partido como el Centro, organismos de mediación gestados desde la sociedad civil, deben llevar a cabo una tarea informativa, educativa, de concientización.

Paralelamente se consolida la intención de estructurar instancias de mediación cada vez más formalizadas y que superen tanto el espacio local como el provincial. La expresión "la UC de los extranjeros" sintetiza la idea de articular nacionalmente a los excluidos del sistema para enfrentar la máquina oligárquica en cualquiera de las dimensiones en que opera. Los indicios que se perciben en la representación tienen su origen, indudablemente, en la discusión limitada, condicionada aún, que se abre en torno a la ciudadanía.

Desde esta perspectiva, la primera señal de que está comenzando a cuestionarse el problema la dan algunos actores dispuestos a transformarse en ciudadanos activos; en un caso, liberando la condición legal de las oclusiones impuestas por el fraude y las prácticas facciosas y, en el otro, superando la calidad pasiva mediante la naturalización. La segunda señal se vincula al perfil que desde una y otra dirección se pretende dar al ciudadano deseado. Éste, no desprendido totalmente de la vecindad, portador de virtudes morales, comienza a ser valorado como sujeto capaz de expresar una opinión independiente; de allí las estrategias de concientización que se orientan hacia él, o el incipiente esbozo programático que acompaña a cada proyecto.

Finalmente, la ciudadanía no aparece reducida a las demandas por derechos políticos. Desde el interior de la crisis económica y política aparecen otros requerimientos, otras búsquedas destinadas a proteger las libertades civiles. La figura del ciudadano contribuyente se proyecta en el espacio público protestando por los límites que han impuesto a sus derechos civiles quienes controlan espacios de decisión a los que no tiene real acceso. La agenda de problemas de la "república verdadera" va erosionando la de la "república posible".

¡QUE VIENEN LOS MAZORQUEROS!
USOS Y ABUSOS DISCURSIVOS DE LA CORRUPCIÓN Y LA VIOLENCIA EN LAS ELECCIONES BOLIVIANAS, 1884-1925

Marta Irurozqui[*]

> En un día de abstinencia, un vicario estaba almorzando un pollo, cuando recibió la visita de su sacristán.
> —Pero, padre, ¡cómo en día de abstinencia!
> —¿Y qué? —respondió el vicario.
> —Que hoy no se debe comer pollo, sino pescado.
> —Pues —repuso el ladino sacerdote—, nada más sencillo: ¡pollo, hágote pescado! —y prosiguió engullendo su manjar.

EN LAS ELECCIONES DE 1914, los seguidores del Partido Liberal emplearon esa anécdota para resumir el sentido que daban a las disquisiciones sobre la libertad y la corrección del sufragio, expresadas por el candidato del Partido Republicano, Daniel Salamanca. A partir del relato anterior, imaginaron una conversación en la que este líder era interrogado acerca de cómo era posible que promoviese una elección popular a palos y pidiese a su compadre Fabio Paz un triunfo a bala y garrote, cuando él, en todos sus discursos públicos, condenaba la coacción y la violencia como acciones opuestas a la verdad del sufragio y a la espontánea manifestación del anhelo ciudadano. En respuesta y siguiendo el ejemplo del vicario, un estereotipado Daniel Salamanca respondía: "¡cuadrilla de forajidos, hágote opinión libre, consciente, desinteresada y espontánea para que sigas trabajando para nuestro exclusivo beneficio!"[1]

Aunque la historia anterior se refiere a los enfrentamientos electorales en la provincia de Arque, permite entrever dos de las constantes

---

[*] Instituto Universitario Ortega y Gasset, España.
[1] "Nuestros moralistas políticos", en *Reflexiones sobre política nacional. Artículos publicados en "El Tiempo"*, La Paz, 1915, p. 33.

discursivas presentes en la mayoría de los relatos sobre elecciones bolivianas: la omnipresencia del fraude y la doble moral ejercida por los partidos en sus prácticas electorales; a ambos factores es necesario añadir un tercero, centrado en el comportamiento de los electores durante los comicios. Si bien adjetivos como pasivos y adocenados o violentos, arribistas y corruptos se empleaban de modo general para describir su conducta, tales calificativos no se dirigían al total del electorado, sino a la parte correspondiente a los sectores populares urbanos mestizos que, a su vez, incluía al mayor número de posibles votantes. Esa supremacía electoral étnica, de profesión artesana, introduce dos problemas básicos denunciados reiteradamente en los textos de la época: la venta del voto y el "matonaje" político, lo que se completa con el argumento de la "ficción democrática".

A pesar de que la corrupción y la violencia políticas iban siempre acompañadas de quejas acerca de la imposibilidad de democracia, existía, también, tolerancia y simpatía ante su empleo indiscriminado y continuo. Esta posición contradictoria no sólo incide en el hecho de que el fraude y el cohecho eran empleados o sufridos por la mayoría de los participantes en los comicios, sino que también permite apreciarlos como elementos consustanciales del proceso electoral y, por tanto, decisivos en la vida política y pública boliviana. En consecuencia, es necesario establecer en qué consistía esa convivencia con la corrupción política, cómo la veían e interpretaban sus contemporáneos y qué criterios empleaban en su clasificación. La importancia de estas preguntas radica en que, aunque la corrupción se calificaba en el discurso político como inmoral y se penaba en los reglamentos electorales, era practicada por sus mismos detractores sin cortapisas. Entonces, ¿qué convertía a un acto en corrupto?, ¿cuándo corrupción era sinónimo de ilegitimidad?, ¿cómo y en qué momento se transformaba una acción democrática en autoritaria? Al plantear tales cuestiones no pretendo discutir si la sociedad boliviana era violenta o practicaba la corrupción, sino establecer el sentido de los comentarios políticos, literarios y periodísticos acerca de esos temas. Este interés parte de la premisa de que la aparente omnipresencia de lo corrupto no dice nada acerca de las prácticas políticas si no se tiene en cuenta lo que expresaba la contraposición entre corrupción política e ideales democráticos en cuanto al conflicto en el interior de la elite. Éste se refiere tanto al juego de competencias en el seno del grupo privilegiado como a la oportunidad de participación popular a partir de esa contienda.

El interés por el alcance, sentido y trascendencia del discurso sobre las denuncias de corrupción y violencia políticas en las elecciones presidenciales bolivianas responde a la necesidad de cuestionar la tendencia historiográfica a ver en ambos fenómenos anomalías e irregularidades electorales que impiden el correcto desarrollo democrático de un país. Analizar una especificidad nacional a partir de su ajuste a modelos tradicionales sobre la participación y representación políticas no sólo implica desconocer la democracia como un proceso en continua reelaboración de sentido y contenidos, sino confiar en la gratuidad del discurso negativo elaborado por los contemporáneos. El estudio de la intención y del contexto de éste permite relativizar las denuncias y lamentaciones de los candidatos e inscribir el acto electoral en un juego de negociación y de regulación de la competencia en el interior de la elite. Por ello, si bien la instauración de la democracia en Bolivia no siguió un proceso evolutivo de reformas que afectaron y alteraron progresivamente el armazón constitucional y el juego político imperante, tampoco puede afirmarse que su democratización resultase de la Revolución de 1952.[2] La continua infracción de las leyes y reglamentos electorales permitió una ampliación práctica del electorado, y aunque esto habla de experiencias políticas que han dado mayor peso a la participación que a la representación de la sociedad,[3] el acto mismo del sufragio interiorizó las posibilidades de la representación democrática. En este sentido, corrupción y violencia no actuaban como elementos de exclusión, sino, al contrario, convertían en ciudadanos *de facto* a quienes la legislación marginaba y hacían de la ilegalidad un terreno ambiguo utilizado por los distintos actores políticos con fines diferentes y consecuencias insospechadas. Fue, entonces, la combinación de legalidad e ilegalidad, esto es, la "anomalía", la que permitió la interiorización de la democracia en grupos sociales mayoritarios constitucionalmente excluidos, en la medida en que la participación pública adquiría dimensión y entidad por su ejercicio.

La tendencia historiográfica a subestimar el fenómeno electoral por considerarlo una ficción o montaje de las elites y el exceso de celo en la aplicación de modelos marxistas y dependentistas llevaron a que la temática política y cultural de la elite se vinculase con posiciones inte-

---

[2] Robert Dahl, *Polyarchy*, New Haven, Yale University Press, 1971, pp 40-41.
[3] A. Touraine, *La parole et le sang: politique et société en Amérique Latine*, O. Jacobs, París, 1988.

lectuales antinacionales y reaccionarias y se catalogara de intrascendente. Estos aspectos, unidos a las dificultades para reunir información por la dispersión de fuentes y la destrucción en 1982 de los archivos de la Corte Suprema Electoral, explican el escaso interés por el tema. Aunque hay excepciones, la mayoría de los estudiosos abordó la cuestión desde una perspectiva recopilatoria, institucional y narrativa, que, si bien imprescindible, dice muy poco de la lógica interna de los fenómenos políticos electorales.[4]

Pese a que existen referencias discursivas sobre la omnipresencia de la violencia y la corrupción electorales desde el inicio de la vida republicana en Bolivia, este texto sólo hace referencia a las mismas a partir de la instauración del régimen de partidos políticos en 1884. Terminada la Guerra del Pacífico (1879-1883), se inició la etapa de gobierno de los partidos conservadores —Demócrata, Constitucional y Conservador—, que concluyó con el triunfo del Partido Liberal en la Guerra Federal de 1899. A partir de ese momento comenzó el periodo de hegemonía de los liberales, que terminó con el golpe de Estado de 1920 de Bautista Saavedra, líder del Partido Republicano. Su mandato se prolongó hasta las elecciones de 1925. Estos enfrentamientos partidistas, a excepción de los sucedidos entre liberales y conservadores, fueron resultado de escisiones en el seno del partido gobernante y no de la aparición de nuevos partidos con ideologías alternativas.[5]

Los partidos políticos bolivianos fueron, por su oposición misma, la expresión del control de las elites sobre el sistema político. La ruptura

---

[4] Herbert Klein, *Orígenes de la revolución nacional boliviana. La crisis de la generación del Chaco*, Juventud, La Paz, 1987; James Dunkerley, *Orígenes del poder militar en Bolivia. Historia del ejército, 1879-1935*, Quipus, La Paz, 1987; Marie Danielle Demélas, *L'invention politique. Bolivie, Equateur et Perou au XIX siècle*, Recherche sur les Civilizations, París, 1992; Carlos Mesa Gisbert, *Presidentes de Bolivia: entre urnas y fusiles*, Gisbert y Cía., La Paz, 1983; E. O. Moscoso, *Historia del periodismo boliviano*, Juventud, La Paz, 1978. Para una discusión más pormenorizada véase Marta Irurozqui, *La armonía de las desigualdades. Élites y conflictos de poder en Bolivia, 1880-1920*, CBC-CSIC, Cuzco, 1994.

[5] De cara a las elecciones de 1904 el Partido Liberal se dividió en dos facciones, una que apoyaba a Ismael Montes y otra al primer vicepresidente Lucio Pérez Velasco. Esta última se convertiría en el Partido Liberal Puritano, al que se afiliaron, junto a liberales federalistas descontentos, los antiguos miembros del Partido Conservador. Con el triunfo de Ismael Montes, los puritanos se retiraron de la contienda política, aunque concedieron su apoyo en 1908 al liberal independiente Fernando Eloy Guachalla. Su muerte en vísperas de la investidura presidencial dejó atrás una posibilidad de consenso entre los liberales y dio paso a la presidencia de Eliodoro Villazón, representante de los montistas, también calificados por los opositores como liberales doctrinarios. En 1914, los grupos conservadores y puritanos, unidos a nuevas deserciones liberales, se organizaron en la Unión Republicana, que se convertiría en el Partido Republicano, durante la Convención de Oruro de 1915. Sus líderes más representativos fueron Daniel Salamanca, José María Escalier y Bautista Saavedra. Tras dos nuevos triunfos electorales

partidaria no correspondía a una división económica, social o profesional, ni siquiera ideológica en sentido estricto, y si ésta aparecía no se refería tanto a ideologías de grupos sociales distintos como a ideologías sucesivas, diferentes e intercambiables dentro de una misma categoría social. El hecho de que unos acatasen la denominación de conservadores y otros la de liberales no respondía a un compromiso de programa, sino más bien a la búsqueda de un refrendo divisorio nominal que tuviese carácter y legitimidad universales. Detrás de las variables y sustantivas diferencias entre conservadores, liberales y republicanos subyacía una misma cultura, un conjunto de prácticas y concepciones que conformaban el imaginario colectivo del grupo privilegiado, y que, después de la contienda electoral, obligaban a una política de conciliación que asegurase la cohesión grupal de la elite. Habría que buscar las divergencias que separaban a los miembros de ésta, entonces, en su origen y tradición familiares, en las violencias y compromisos locales y, sobre todo, en su relación con el poder político: excluidos o partícipes de las clientelas en el poder. Un partido político era, así, una institución cuyo propósito consistía en conquistar el poder político y ejercerlo.[6]

Este artículo se centrará en los enfrentamientos ocurridos entre el Partido Liberal y el Partido Republicano en los comicios de 1914, 1917, 1920 y 1925 y analizará el discurso sobre la contienda electoral. Bajo la premisa de que el fraude y la violencia eran practicados tanto por el partido en el gobierno como por los de la oposición, se planteará su doble uso político y social, es decir, su capacidad tanto para dirimir problemas internos de la elite como para descalificar a los sectores populares. Aunque el sentido discursivo que se da en el artículo

---

de los montistas en 1914 y 1917, los republicanos dirigieron el 12 de julio de 1920 una revuelta en La Paz que terminó con el gobierno liberal de Gutiérrez Guerra. Se formó una Junta Revolucionaria de Gobierno, marco del enfrentamiento de los tres líderes republicanos por la presidencia, siendo ganador Saavedra, elegido presidente el 24 de enero de 1921. Salamanca y Escalier no aceptaron su candidatura y el 29 de octubre de 1921 fundaron, en una convención especial en Oruro, la Coalición Nacional o Partido Republicano Genuino, que aglutinó a republicanos descontentos, liberales y antiguos conservadores. El resultado de las elecciones de 1925 favoreció al candidato del gobierno, José Gabino Villanueva, cuyo nombramiento se anularía en favor del republicano Hernando Siles, que en 1927 se independizó de los saavedristas con la creación del Partido de la Unión Nacional, más conocido como Partido Nacionalista (*cf.* Herbert Klein, *Orígenes de la revolución nacional boliviana, op. cit.*, 1987, pp. 39-131 y Alcides Arguedas, *Historia general de Bolivia*, Puerta del Sol, La Paz, 1922, pp. 539-565).

[6] Marta Irurozqui, "Conservadores sí, liberales también. Formación de los partidos políticos en Bolivia, 1880-1899", en Carlos Malamud, Marisa González de Oleaga y Marta Irurozqui (comps.), *Partidos políticos en América Latina y la Península Ibérica, 1830-1930*, Instituto Ortega y Gasset, Madrid, 1995, pp. 116-121.

a las denuncias electorales bolivianas es extrapolable a otros espacios nacionales, es conveniente no olvidar que la especificidad electoral boliviana reside en el hecho de elaborar la narrativa de exclusión social a partir de lo étnico, esto es, a partir de la negación de la elite a definir al país como mestizo.[7]

Instigadores y ejecutores

Durante las elecciones de 1917, con motivo de una audiencia solicitada a Ismael Montes por el candidato republicano José María Escalier, el presidente sugirió a su opositor un acuerdo para suprimir el fraude. En respuesta, Escalier afirmó que éste era admitido en las naciones más adelantadas y que lo ejercitaría sin reservas.[8] Dejando a un lado el uso político que los liberales dieron a esa negativa, ésta evidenció que si bien la venta del voto había prosperado entre los electores, su propagación constituía un sistema deliberado de los dirigentes políticos. Tanto el partido en el gobierno como el de la oposición lo empleaban para asegurarse el triunfo en las elecciones, haciendo de la compra de votos, de armas, de alcohol o de matones un elemento imprescindible en la definición de la práctica política cotidiana. Pese a la generalización indiscriminada de su uso, la corrupción electoral fue sistemáticamente negada y denunciada por sus autores.

La "lucha del cheque contra cheque", protagonizada en 1884 y 1888 por los candidatos constitucional, Aniceto Arce, y demócrata, Gregorio Pacheco, denunciada por los liberales; el ensayo de Rigoberto Paredes, en 1907, sobre la falsificación del sufragio y la corrupción del sistema representativo por parte del Partido Liberal; las numerosas publicaciones, de amplia resonancia pública, dedicadas a mostrar los turbios manejos electorales del Partido Republicano, como las referidas a los sucesos de las provincias de Arque y Capinota (departamento de Cochabamba) y de Sorata (departamento de La Paz) con motivo de las elecciones a diputados de 1914 y 1920, y las acusaciones de los republicanos genuinos a los doctrinarios en ocasión de la convocatoria de su partido de una Convención en Oruro el día 28 de marzo de 1925, son algunos ejemplos que muestran el fraude y la violencia

---
[7] Este argumento está desarrollado en Marta Irurozqui, "La amenaza chola. Elecciones y corrupción en Bolivia, 1900-1930", *Revista Andina*, 1995, núm. 26, 1995, pp. 357-388 [Cuzco].
[8] Casto Rojas, *El doctor Montes y la política liberal*, La Paz, 1918, pp 46-49.

electorales como fenómenos rigurosamente calculados en una lógica de organización partidaria.[9] Esto refuerza la idea de que los comicios eran fundamentales en el diseño elitista del orden político. Las numerosas medidas tomadas tanto por el gobierno como por los opositores indican que, aunque no se trataba de la única forma de acceder al poder, sí era la que confería mayor legitimidad al ganador y mayor estabilidad política al país.

El entramado organizativo de los comicios y sus medios se reflejan con gran detalle en los telegramas intercambiados entre el gobierno de Bautista Saavedra y las autoridades prefecturales y locales en ocasión de las elecciones del 2 de mayo de 1925. Aunque estos documentos describen las acciones concretas que los saavedristas desplegaron en favor del candidato oficial, Gabino Villanueva, la tarea de espionaje que contienen ilustra la similitud del comportamiento del gobierno y de la oposición a la hora de preparar y ganar comicios. Para elegir candidatos funcionaban dos principios: se debía gobernar con "los elementos más decididos y más leales del gobierno... y no con falsos adherentes"; y, al confeccionar la lista de los candidatos provinciales, debía consultarse "no solamente su adhesión al gobierno, mayor serenidad y preparación, sino también el prestigio personal de la representación de este Distrito". Una vez escogidos los posibles candidatos, el criterio de "amistad" volvía a ser necesario para la elección de los responsables del buen funcionamiento del sufragio. Y para que estos cumplieran correctamente su misión de recolectar votantes y controlar las inscripciones, se necesitaba dinero destinado a pagar no sólo a los electores, funcionarios, agentes políticos, matones y a la policía, sino también el transporte y el armamento. Asimismo era necesario conocer los planes del contrario, con lo que se desplegaba por todo el país una red de espías. Su misión consistía en saber qué ciudadanos pensaban votar en favor del gobierno y quiénes en contra, dónde y cuándo realizaban sus reuniones, cuánto dinero empleaban para la campaña, quiénes eran los agentes políticos destinados a formar cuadrillas y sublevar a la población contra los candidatos oficiales, y qué tipo de armamento iba a utilizarse, con el fin de determi-

---

[9] Ramiro Condarco Morales, *Aniceto Arce*, Amerindia, La Paz, 1985; Manuel Rigoberto Paredes, *Política parlamentaria en Bolivia. Estudio de psicología colectiva*, Cerid, La Paz, 1992, p. 49; *Las elecciones en Capinota y Arque. La cuadrilla conservadora: soborno y pandas*, Imprenta Ilustración, Cochabamba, 1914, pp. 4 y 9-10; *Los crímenes republicanos en Sorata*, Casa Editora González y Medina, La Paz, 1920; *Proceso electoral de Oruro. Mayo de 1925*, Imprenta Eléctrica, Oruro, 1925.

nar el tamaño de las fuerzas policiales que deberían estar presentes. Junto a ellos se destinaban agentes especiales para unificar a los partidarios y evitar que cayeran en la tentación de convertirse en tránsfugas, contener los actos de rebelión, evitar que los opositores robaran las actas de los inscritos, sustituir a los funcionarios políticos sospechosos de favorecer al contrario, aconsejar cambios de empleados en locales de venta estratégicos, cerrar los periódicos opositores, secuestrar ediciones y hacer propaganda al gobierno. Todas estas acciones se coronaban con fiestas nocturnas en *chicherías* o en las oficinas del partido al final de cada jornada.[10]

En vista de lo anterior puede afirmarse que las campañas de calumnias en la prensa, la clausura de periódicos, el encarcelamiento de políticos y periodistas, las proscripciones, la violación de la correspondencia privada y su falsificación, el apaleamiento de candidatos opositores, los exilios y las amnistías eran prácticas comunes y reiteradas en los comicios por todos los participantes. A pesar de todas las prohibiciones y sanciones dispuestas por la ley electoral, el resultado final era siempre la intervención ilegal de las autoridades y de sus oponentes.[11] Esa aparente contradicción parece indicar que el sufragio era en sí mismo lo deseable, sin importar demasiado que se violaran derechos ciudadanos. Además, todos los participantes lo hacían, todos se movían en un espacio de indefinición política en el que lo correcto o incorrecto no residía en el acto concreto realizado, sino en la intencionalidad que le quisiese dar quien lo interpretase o quien lo ejerciera.

La pregunta es ahora si el ejercicio del voto otorgaba ciudadanía, es decir, si confirmaba al ciudadano en su papel de tal. En teoría, sólo los ciudadanos podían votar y ocurría así porque reunían en su persona cualidades refrendadas constitucionalmente que garantizaban su derecho a acudir a las urnas. Pero, ¿qué pasaba si el voto era comprado?, ¿los ciudadanos que lo permitían actuaban como tales o perdían su derecho a serlo?, ¿y qué sucedía con los campesinos indígenas a los que la Constitución impedía votar por no ser ciudadanos pero que eran obligados a sufragar por los candidatos a la presidencia?, ¿se

[10] Las afirmaciones y datos proporcionados proceden de la recopilación de telegramas y cartas contenidos en *Documentos para la historia. Del gobierno del doctor Bautista Saavedra*, El Republicano, s.f., s.l., y en Bautista Saavedra, *Palabras sinceras. Para una historia de ayer,* Le livre libre, París, 1928, pp. 34-35; en lo referente al resultado de las elecciones consúltese Carta de Gustavo Adolfo Otero a Alcides Arguedas, La Paz, 8 de diciembre de 1925.

[11] *El Republicano*, Cochabamba, 8 de mayo de 1925

podía calificar como democrática una sociedad que toleraba ambos actos y que admitía como legítimo un gobierno elegido de ese modo?, ¿existía una "ficción democrática", o lo ficticio era pretender que el voto fuera independiente? La propuesta de este artículo consiste en buscar una posible respuesta a todas estas preguntas analizando el uso discursivo que los partidos hicieron de la corrupción, entendiéndose ésta como un arma política de definición intraelite y como un argumento de exclusión popular. Se puede decir, entonces, que la corrupción poseía dos caras, una referente a los que la pagaban e instigaban, y otra relativa a quienes la ejecutaban. Veamos ambos aspectos para entender la relación entablada entre el Estado, la sociedad y los partidos.

De los instigadores y pagadores

¿Por qué la corrupción, aunque era practicada por todos, se convertía en el principal argumento de descalificación política entre los partidos?, y ¿por qué al tiempo que se denunciaba su inmoralidad no se concebía la democracia sin ella? Hasta ahora se ha visto que el interés por celebrar elecciones, organizar un medio parlamentario, contar con la opinión pública y gobernar con la ley era compatible con el cohecho, los matones, el abuso policial, los ataques de obreros ebrios y el ultraje a los ciudadanos. Desde luego, mucha de la violencia denunciada era cierta, pero lo importante no era su ejercicio sino la narración que se hiciera de él. Contar y publicar anomalías democráticas formaba parte de una estrategia de toma del poder a partir de la deslegitimación del bando contrario por la acumulación de faltas contra la ciudadanía y el sufragio libre. Por tanto, lo efectivo de la violencia y la transgresión electorales no era su práctica, sino su denuncia pública con un vocabulario conocido por todos. Esto convertía a la calumnia en otro elemento consustancial e ineludible en los comicios. Inventar agresiones, exagerar el salvajismo del contrario e insistir en la propia indefensión eran usos compartidos por todos los candidatos y simpatizantes de una opción política.[12]

Ante todo, lo importante era crear sospechas, introducir cierto caos en la percepción de los acontecimientos que ayudase a polarizar la opinión y la conducta de los electores; esto es, había que despertar

---

[12] Carta de Bautista Saavedra a Alcides Arguedas, La Paz, 11 de septiembre de 1922, en *Epistolario de Arguedas*, Fundación Manuel Vicente Ballivian, La Paz, 1979, p 148.

desconfianza en ellos. En ese sentido, la corrupción no era un obstáculo para el arraigo de convicciones cívicas, sino un instrumento de descalificación política creado por la elite y destinado a ella, porque era la que competía en las urnas, aunque su presencia quedase desdibujada por la participación popular. Para que las elecciones constituyeran un espacio de negociación de poder era necesario un clima de opinión que permitiera creer en la existencia de vicios públicos, en conductas deshonestas capaces de frustrar una quimérica identidad ciudadana. Había que lograr que los votantes aceptaran como verosímil una atmósfera social enrarecida, con funcionarios y políticos corruptos. La acción política era posible porque los agentes que formaban parte del mundo social tenían conocimiento de ese mundo y sabían que se podía actuar sobre él.[13] Esa información estaba viva en la medida en que tenía significado para quienes interactuaban observando, transgrediendo y manipulando para sus fines privados las normas y los valores que ella expresaba.[14] El empleo del tópico de la corrupción como mecanismo de agresión y deslegitimación políticas magnificaba su presencia convirtiéndolo en un recurso útil en la medida en que flotaba en el ambiente cotidiano como una amenaza dispuesta siempre a ser usada.[15] Aunque todos practicasen la corrupción como una forma de defensa, el secreto del éxito político consistía en convencer a los electores de que el fraude siempre lo ejercía el contrario, y de que el candidato más moral era aquél que más hablaba sobre el tema. La violencia política y policial en los comicios contribuía a ese hecho, e involucraba a toda la población en un conflicto de elite que no era visto como tal porque todos los participantes lo padecía de alguna forma. Al no quedar nadie al margen, las opiniones se polarizaban y surgían compromisos extremos que elevaban los niveles de violencia, forzaban las adscripciones políticas por criterios de defensa y venganza e incidían en el hecho de que las elecciones eran de todos porque a todos les afectaba la corrupción.[16]

No importaba en sí el número de votantes y de votos en el comicio, sino la popularidad del partido y la potencia electoral de los distritos adherentes al candidato, expresadas con violencia, ya que su empleo

[13] Pierre Bourdieu, ¿Qué significa hablar?, Akal Universitaria, Madrid, 1985.
[14] Víctor Turner, La selva de los símbolos, Siglo XXI, Madrid, 1986, p 49.
[15] "El vulgo que idiosincráticamente es maligno admite como artículo de fe aquellas calumniosas imputaciones, y la especie, corriendo de boca en boca, de corrillo en corrillo toma espacio, se agiganta y llega a constituir una reputación", Reflexiones de política nacional, op. cit., p. 26.
[16] "El matonaje en acción", El Republicano, Cochabamba, 31 de mayo de 1920.

daba una idea del equilibrio de fuerzas en que se encontraba el conflicto intraelites.[17] En ese sentido, la corrupción organizaba la vida pública de acuerdo con las necesidades de influencia y control de los grupos con dominio efectivo, al margen de lo que dispusieran las leyes en cualquier materia. Su empleo tenía el propósito político de delimitar la competencia de clientelas rivales, al tiempo que organizaba la opinión popular. En suma, la violencia electoral implicaba autoridad, ejercicio y reparto de ésta, a la vez que daba a las elecciones un carácter no periférico en el proceso político.

El objetivo clave en las elecciones era deslegitimar como fuera y a quien fuese. Para hacerlo, el partido en el gobierno manifestaba públicamente que todas las libertades públicas se hallaban en pleno ejercicio, tolerándose incluso que algunas, como la libertad de prensa,[18] degenerasen en "la demagogia o el anarquismo, al amparo de la impunidad que les brindaba la justicia ordinaria o la desacreditada institución del jurado".[19] Pese a todo, "la tozudez de la oposición", expresada en conspiraciones y sediciones, "obligaba" finalmente al presidente a declarar el estado de sitio y a exiliar a los revoltosos siempre en fechas cercanas a los comicios.[20] La oposición contrarrestaba las decisiones de la autoridad apareciendo como el guardián y representante de la pureza democrática, lo que la llevaba también a inventarse destierros y vejaciones combinadas con acusaciones de violación sistemática de la ley, corrupción de los funcionarios públicos y predominio de las organizaciones criminales. Pero como esas denuncias no siempre eran efectivas se amenazaba al gobierno con la abstención.[21] Esta medida reflejaba el juego de fuerzas entre ambos contendientes. Cuando la oposición no estaba segura de su éxito recurría a la abstención, desoyendo las peticiones del gobierno en favor de una convención de partidos. La decisión de abstenerse solía ocurrir una vez empezadas las elecciones para que el gobierno quedase en evidencia bajo la acusación de emplear medidas represivas para amedrentar a la población. De este modo, su fracaso se justificaba en los medios y en el enorme poder de que disponía el gobierno, con lo que la reelección

---

[17] Bautista Saavedra, *Palabras sinceras, op. cit.*, p. 35.
[18] *Reflexiones sobre política nacional, op. cit.* p. 25.
[19] *Discursos pronunciados en el banquete ofrecido al Jefe del Partido Liberal y candidato a la presidencia de la República señor don José Gutiérrez Guerra*, La Paz, 1917, pp. 8-9, 20.
[20] *Bolivia y los últimos sucesos desde el destierro*, Skarnic, Antofagasta, 1914; *Política boliviana. El sitio del 12 de junio y la palabra de los deportados al Perú*, Joya Literaria, Arica, 1923.
[21] "La incógnita electoral", *El Diario*, Cochabamba, 5 de mayo de 1917.

adquiría cierto grado de ilegitimidad que era utilizado por los opositores para mostrarse a los votantes como los auténticos ganadores de no haber mediado el fraude. Por ello, no siempre la denuncia de "matonaje" era real, sino que actuaba como una especie de capital simbólico en reserva, que se reactivaba en la mente de los electores cuando se les quería hacer copartícipes de acusaciones globales de corrupción. La propaganda de fraude oficial legitimaba a la oposición y ensalzaba su honestidad y moralidad hasta convertirla en la candidata ideal para la ocupación del gobierno.[22] Sin embargo, en el caso de que la oposición pudiera ganar, el gobierno buscaba su abstención electoral mediante violencia y coacción reales, a la vez que denunciaba con mayor encono el hecho de que también la oposición practicaba tales actos.[23]

El juego de fuerzas partidistas puede observarse con motivo de la campaña electoral de 1925. En diciembre de 1923, Simón Patiño le dijo a Bautista Saavedra que, en vista de los constantes amagos de alteración del orden público, responsables de una situación que perjudicaba el crédito y el buen nombre de la República, así como los intereses industriales del país, era aconsejable llegar a algún tipo de acuerdo entre el gobierno y la oposición. Acordaron que Patiño se reuniría en Oruro con José María Escalier, Jose María Camacho, Daniel Salamanca y Daniel S. Bustamante para conocer las sugerencias de los representantes del Partido Republicano Genuino. La propuesta del gobierno consistía en la celebración de una convención de partidos para la designación de un candidato único a la presidencia de la República a principios de 1925, el levantamiento del estado de sitio y la amnistía general. En respuesta, los jefes de la oposición propusieron que, hasta la expiración del periodo presidencial vigente, el gobierno estuviese regido por gabinetes o ministerios de administración organizados por el presidente de la República de acuerdo con los jefes activos de los partidos Republicano y Liberal. Además, el gobierno se abstendría de apoyar a un candidato oficial en las próximas elecciones presidenciales. A cambio de ello, se comprometían a emplear todas sus influencias para asegurar el mantenimiento del orden público.

Tales pretensiones no fueron del agrado de Saavedra, quien argumentó que sus competidores realizaban trabajos revolucionarios entre algunos militares con fondos de medio millón de bolivianos, de forma

[22] *La Convención republicana, 1916. Actas y documentos*, Velarde, La Paz, 1916, p. 30.
[23] *Reflexiones sobre política nacional*, op. cit., p. 32.

que la reunión de Oruro con Patiño era sólo un simulacro para apaciguar los ánimos y distraer sospechas. Para sustentar esta teoría el presidente se basó en la carta escrita por Escalier al coronel Oscar Mariaca Pando. En ella se hablaba de varias conspiraciones en marcha en Yacuiba, Santa Cruz, La Paz y Oruro y de la necesidad de ultimar su preparación.[24] El estallido revolucionario final en La Paz y Oruro estaba preparado para el 4 de febrero de 1924, y aunque éste no se produjo —por la captura de los agentes políticos— sí estallaron las rebeliones de Yacuiba y de Santa Cruz. Como los resultados de las mismas fueron fallidos para la oposición, Escalier escribió a Saavedra el 1º de septiembre de 1924 para proponerle la convocatoria de una convención general de partidos encaminada a lograr un acuerdo entre ambos contendientes, a la cual Saavedra se negó.[25]

Otro acto paralelo empleado por la oposición para deslegitimar al gobierno era presentarse como los verdaderos y fieles representantes del ideario liberal.[26] A partir de 1900, todas las opciones políticas que querían convertirse en partidos y disputar la presidencia se declaraban herederos del liberalismo organizado por el general Eliodoro Camacho en 1883.[27] Todos defendían

> los derechos individuales que amparan la vida, la libertad, el honor y la propiedad del hombre, la soberanía del pueblo, el sufragio liberal consciente y depurado, la descentralización administrativa y municipal, la concentración y unidad política, la tolerancia de opiniones, la instrucción obligatoria para el pueblo y gratuita por el Estado, la libertad de palabra, la libertad de prensa, la libertad de asociación, la libertad de trabajo y la inviolabilidad de conciencia.[28]

Sin embargo, la aparición de nuevos partidos que justificaban su razón de ser en el combate de la corrupción no significaba que existiesen nuevas fuerzas sociales, sino que se trataba de redistribuir el poder entre la elite. Las escisiones partidistas, como los casos del Partido Republicano en 1914 y del Partido Republicano Genuino en

---

[24] Carta de José María Escalier al coronel Oscar Mariaca Pando, Buenos Aires, 31 de enero de 1924.
[25] Bautista Saavedra, *Palabras sinceras, op. cit.*, pp. 85-122.
[26] *La Convención del Partido Republicano. Documentos relativos a la sesión del 3 de enero de 1915*, Imprenta La Libertad, Cochabamba, 1915, p. 29.
[27] Alberto Cornejo, *Programas políticos de Bolivia*, Imprenta Universitaria, Cochabamba, 1949.
[28] "Mensaje del general Camacho, 1885", en *Reflexiones sobre política nacional, op. cit.*, pp. 10-11.

1921, eran resultado del deseo de una facción del partido de disfrutar del poder más abiertamente, lo que redundaba en la idea de la inexistencia de diferencias ideológicas reales entre los partidos en pugna. Para que este partido tuviese entidad y legitimidad frente al partido gobernante del que procedía, tenía que demostrar la deshonestidad y deslegitimidad de éste, y la única forma era tomando su programa. Para que esto fuese interpretado como correcto, debía demostrar que el partido gobernante era indigno de ostentar una ideología que sus actos políticos desmentían por mantener un aparato político destinado a alterar el sufragio, corromper o intimidar al ciudadano y "vencer" en las elecciones. La oposición fundaba, en consecuencia, nuevos partidos no por ambición, sino para defender al país de un enemigo público que amenazaba las instituciones y los intereses nacionales, que nacía como reacción a los excesos del gobierno, que crecía en razón de los abusos del Ejecutivo y que acababa por formar una gran mayoría contraria al desorden y al caos. Se dice, así, que el Partido Liberal no es liberal porque no cumple con los preceptos del programa al permanecer en el gobierno gracias al abuso corrupto de sus potestades públicas. Por ello, el Partido de la "Unión Republicana" no tiene otro remedio que organizarse para luchar por el restablecimiento pleno de los derechos y garantías constitucionales, para dirigir la opinión pública hacia la defensa de todos los derechos y garantías conculcados y para terciar en la gerencia de los negocios públicos en resguardo de los intereses nacionales.[29]

En resumen, cuando se denunciaba un orden político como inmoral, quienes lo hacían eran los miembros de la elite descontentos con su posición respecto al poder. Para justificar su deseo de acceder al control del Estado apoyaron toda forma de modernidad política destinada a combatir la corrupción y el atraso. Sin embargo, para que este radicalismo actuara como un instrumento de negociación intraelite, los electores debían haber asumido como deseables los principios democráticos; es decir, tenían que haber estado al corriente de un determinado lenguaje político y haberlo interpretado como el medio de abandonar la barbarie. En este sentido, las elecciones buscaron nuevas identificaciones partidistas que jerarquizasen y organizaran a la población para que participase disciplinadamente en el nuevo debate

---

[29] *Correspondencia política*, Imprenta Velarde, La Paz, 1915; *Convención republicana. Documentos relativos a las conclusiones acordadas por los dirigentes del partido en los días 5 al 8 de noviembre*, Imprenta La Favorita, Oruro, 1925.

político. Sirvieron para definir lo que se debía discutir, lo político, lo reivindicable y cómo tenía que ser el mundo que se debía construir. A través de los comicios se aspiró a una opinión centrada que comprometiera al público con un nuevo proyecto político y de vida, que le convenciera que ese era su nuevo espacio de gestación de la convivencia. Votar significaba la entrada del viejo público a una nueva comunidad. Pero ese paso establecía diferencias, las cuales no se daban tanto entre los que iban a entrar y los que ya habían entrado, como entre los que podían entrar o participar en la elección y los que no podían. En esa exclusión, o en la manera en que se realizaba la participación —los peones indios votaban llevados por sus patrones contrariando lo fijado por la Constitución de 1880—, radicaba el valor segregador y regulador de una elección. Pero, pese a las restricciones, la práctica electoral tuvo la capacidad de inculcar en el imaginario colectivo la igualdad social, la ciudadanía política y la identidad nacional, expandiendo la retórica de la democracia como sinónimo de civilización. El deseo de aceptación internacional de la elite, unido a que el acceso al poder era legítimo en la medida en que cumplía con la nueva moralidad democrática, explica el rigor formal y consensado de los bolivianos a la hora de celebrar comicios. No obstante esta fidelidad en el cumplimiento del ritual liberal no estaba en contradicción con el fraude y la violencia electorales. Es más, ambos fueron garantías de que las diferencias sociopolíticas estuviesen representadas discursivamente en vez de militarmente, sin olvidar que el contraste entre normas éticas y jurídicas idealizadas y su transgresión mediante emociones básicas y groseras tuvo el efecto de exaltar los nuevos valores sociales democráticos, de manera que la represión partidista se convirtió en el amor a la virtud republicana.[30]

De los ejecutores y culpables

Otro argumento de la oposición contra el gobierno fue el de la "ficción democrática". Se le responsabilizaba del falseamiento de las instituciones republicanas por la alteración del sufragio. Como el voto hacía a la democracia, si este derecho se viciaba el resultado era la negación de ésta y la destrucción de la soberanía nacional.[31] El voto no

[30] Víctor Turner, *La selva de los símbolos, op cit.*, p. 33.
[31] *Reflexiones sobre política nacional. Artículos publicados en "El Tiempo"*, La Paz, 1915,

concedía ciudadanía si mediaba la acción corrupta del gobierno con la complacencia de los electores: "alterado el acto fundamental de la delegación de los poderes públicos, la democracia se convierte en una comedia, bajo cuyas apariencias se encuentra establecida una oligarquía".[32] El interés de las oligarquías por mantenerse en el gobierno impedía el libre sufragio e invalidaba la democracia. Como consecuencia, el partido que llegase al poder mediante prácticas electorales corruptas formaría un gobierno ilegítimo al que sería necesario derrocar mediante una revolución "como medio inevitable para restablecer el equilibrio entre el gobierno y la base democrática en que debe asentarse". La "ficción democrática" no indicaba que no hubiera movilización ni participación populares en los comicios o que éstos careciesen de importancia pública, sino informaba de un mecanismo de deslegitimación política destinado a restar poder al contrario. Todos los candidatos practicaban la corrupción y la coacción para ganar, pero sólo el perdedor comparaba el sufragio con una farsa, ya que necesitaba crear un clima de opinión favorable para una renegociación de influencias con el grupo oficial. En la medida en que ésta era más difícil, el programa que defendían se llenaba de consignas radicales y progresistas, capaces, incluso, de subvertir el orden social vigente. El hecho de que el voto fuese fraudulento no significaba que no se quisiera que los sectores populares votaran. Para bien o para mal los votantes eran los que había y todos los partidos se esforzaban por igual por obtener su apoyo y congregarlos masivamente en las oficinas de inscripción y en las urnas. La voluntad suplantada era sólo un problema del perdedor, que no había sabido suplirla con mayor éxito. Protestar porque los poderes públicos no surgían "del voto popular sino de un sistema de artificios gubernativos" que negaba la "capacidad al pueblo boliviano para gobernarse y entrar en posesión de sus propios destinos", impidiendo que el sufragio fuese "la expresión de la voluntad sincera y libre de la ciudadanía",[33] no suponía que en los siguientes comicios los contendientes fueran a ser más escrupulosos en el cumplimiento de la normativa electoral mostraba simplemente las limitaciones del sistema y las contradicciones de la elite. Si bien no había una correspondencia clara entre la teoría polí-

---

p. 20; *Manifiesto político del Club de la Juventud Republicana*, Imprenta La Libertad, Cochabamba, 1915, p. 7.
[32] *La Convención del Partido Republicano, op cit.*, p. 28.
[33] *Convención republicana, 1916. Actas y documentos*, pp. 56, 30 y 86-87.

tica y su práctica, sin la denostada corrupción en la que todos participaban difícilmente habrían tenido democracia. Y no se olvide que cuando se acusaba al bando oficial de "fabricar" una elección, el tipo de democracia que estaba en la mente de los críticos contemporáneos era una democracia censataria. Por tanto, la queja de que estaban subvertidas todas las instituciones[34] indicaba desagrado respecto a quienes votaban, pero también dependencia de ese electorado.[35]

La "ficción democrática" no sólo se reducía por una rivalidad entre partidos: encerraba una desvaloración del voto ciudadano por dejarse corromper e incluso inducir a ese hecho por los candidatos. A juzgar por las fuentes consultadas, la participación de la población en los comicios era numerosa y practicada por todos los sectores sociales, teniendo mayor protagonismo los sectores urbanos mestizos. Los miembros de las Uniones Obrera y Artesana fueron votantes, formaron las mazorcas de matones, acudieron a los mítines, homenajearon a los candidatos y participaron en sus organizaciones.[36] En todas las descripciones de los comicios fue el elemento popular el que más violencia ejerció y sufrió. Los encarcelados, los apaleados, los que vitoreaban y los que se emborrachaban eran siempre artesanos, obreros, mineros y peones de hacienda.[37] Pero pese a que su participación electoral hacía realidad una democracia representativa, se les menospreció[38] y se puso en duda la validez del sistema, hasta el punto de decir que éste corrompía el principio democrático y retardaba la educación política de los pueblos nuevos.[39] Aunque hablaban de una democracia nacida de la "muchedumbre, del populacho, del bajo fondo, del pueblo",[40] siempre consideraron al sufragio universal una idea extravagante dada la "estructura social heterogénea y en el fondo aristocrática"[41] del país. Es más, existía consenso en que no se debía ampliar el voto, sino restringirlo y regularlo precisamente para evitar una comedia democrática. Por lo tanto, para los políticos e intelectua-

---

[34] Carlos Romero, *Las taras de nuestra democracia*, Arnó Hnos., La Paz, 1919, pp.187-188.
[35] *El Republicano*, 17 de abril de 1920; 17 de mayo de 1920.
[36] *El Diario*, Cochabamba, 1º de mayo de 1917; 4 de mayo de 1917; 9 de mayo de 1917.
[37] *El Diario*, Cochabamba, 17 de mayo de 1917.
[38] "Los que constituyen el mayor volumen en las cifras de sufragios son precisamente los ciudadanos menos capacitados para tener acierto en la elección", en "El programa del jefe del Partido Liberal", *El Fígaro*, La Paz, septiembre de 1916.
[39] Carlos Romero, *Las taras de nuestra democracia, op. cit.*, La Paz, 1919, p. 39.
[40] Daniel Bustamante, *Programa político. Problemas de Bolivia en 1918*, Imprenta Velarde, La Paz, 1918, p. 5.
[41] Carlos Romero, *Las taras de nuestra democracia, op cit.*, p. 38.

les contemporáneos, ficción no significaba que no hubiera elecciones con un público interesado en votar, sino todo lo contrario, que había demasiado público indeseable ejerciendo de ciudadano.[42] El sufragio no era libre porque existía una numerosa población mercenaria a la espera de ser corrompida.[43] La inmoralidad y el arribismo de las masas dispuestas a vender su voto terminaban por imposibilitar una Bolivia democrática.[44]

El aumento de la participación popular en los comicios tuvo como resultado una variación en el discurso democrático. Durante las cuatro elecciones del periodo liberal se dijo que la gran dolencia política de Bolivia era la condición pasiva de su pueblo, porque sobre la base negativa de esa pasividad se desarrollaban y prosperaban todos los abusos de las autoridades.[45] Aunque se admitían vicios inveterados que corregir y una falta de capacidades y fuerzas sociales necesarias para la reforma del país, se pensaba que la clave para la renovación institucional residía en el libre sufragio.[46] Más tarde, la condición social y política del pueblo llevó a afirmar que la democracia era un sistema poco recomendable para un país incipiente, pobre y sin cultura,

> porque, en primer lugar, coloca(ba) a los individuos solos, aislados, indefensos, aunque provistos de derechos abstractos e ineficaces, frente a los poderes públicos poderosos y dueños de todos los resortes necesarios para presionarlos, y luego les brinda(ba) infinitas ocasiones de figurar y de hacer carrera, dentro de la burocracia, con sólo someterse a las pasiones y a los intereses de la parcialidad que ejercía el gobierno.[47]

El ansia de medrar del mestizo había sido siempre un problema, pero un régimen democrático empeoraba la situación porque le ofrecía salidas fáciles de ascenso con el fraude y la violencia.[48] Sin la democracia no habría habido elecciones ni, por tanto, existirían los mestizos corruptos. La falta de oportunidades de ganancias fáciles les obligaría a volver a sus antiguas labores productivas y el país se levantaría de su postración.[49] La democracia era la causante directa del

---

[42] *El Diario*, Cochabamba, 30 de agosto de 1921.
[43] "A los obreros", *El Republicano*, Cochabamba, 31 de enero de 1921.
[44] "El compadrazgo", *El Diario*, Cochabamba, 29 de mayo de 1921.
[45] *La Convención del Partido Republicano*, pp. 3-7.
[46] *Convención Republicana de 1916. Actas y documentos*, p. 34.
[47] Carlos Romero, *Las taras de nuestra democracia, op. cit.*, p 186.
[48] *El Republicano*, Cochabamba, 23 de noviembre de 1920.
[49] Carta de Alcides Arguedas a Bautista Saavedra, París, 7 de abril de 1908; "Alta mar", 30 de

aumento de la corrupción administrativa. Al ser los empleos públicos el botín de las clientelas, la adulación, la intriga y la vileza se convertían en prácticas cotidianas dando lugar al triunfo de los peores, de los más corruptos. En resumen, "ficción democrática" significaba censura de la participación popular. Con ese concepto se abogaba por suprimir el sufragio, ya que no servía de nada si no se ejercía como mandaba la ley.[50] Pero esa posición nunca cristalizó en una oposición abierta contra la democracia, porque el juego de competencias dentro de la elite seguía en marcha y no se podía pasar sin elecciones. Cuando desde el gobierno se decía que la democracia no funcionaba por culpa de lo mal que votaba el pueblo, la oposición defendía la sabiduría de éste, siempre con un tono paternalista.[51]

Pese a esos cambios de opinión impuestos por el juego de competencias, ambos contendientes coincidían en que el progreso, el orden y la estabilidad eran un hecho en el mundo civilizado que ellos no iban a alcanzar por las condiciones raciales y geográficas de Bolivia. Existía, así, una tendencia a subestimarse e interpretar el pragmatismo y la corrupción como un estigma de barbarie imposible de eliminar. Es posible que esa actitud de despreciar su país, por bárbaro y retrasado, fuese una consecuencia de su percepción como nación aislada, de geografía difícil, desposeída de territorios, golpeada por guerras y desoída en foros de diplomacia internacional. También es probable que esa posición pesimista obedeciera a la intención de la elite de paralizar el proceso de ampliación de la ciudadanía con justificaciones en la incapacidad de los electores. A lo largo de las tres primeras décadas del siglo XX, se había producido un notable crecimiento urbano a causa de la emigración de los campesinos a las ciudades, motivada por la expansión de los latifundios a costa de las tierras de comunidad, lo que significaba un aumento de la proporción de mestizos artesanos con capacidad (legítima o fraudulenta) de voto. Este aumento creaba serios problemas en la ampliación de las clientelas que sostenían a los partidos tradicionales. En la medida en que existía un límite en su capacidad de otorgar prebendas e impunidad a cambio de lealtad, se formaba un grueso de población flotante y descontenta, al mar-

---

junio de 1922; Carta de Bautista Saavedra a Alcides Arguedas, La Paz, 11 de septiembre de 1922, en Alcides Arguedas, *Cartas a los presidentes de Bolivia*, Biblioteca Popular Boliviana Última Hora, La Paz, 1981.

[50] Daniel Bustamante, *Programa político. Problemas en Bolivia en 1918, op. cit.*, p. 18.
[51] *La Convención del Partido Republicano*, p 2.

gen de las redes de beneficio, capaz de sostener nuevas opciones políticas[52] y trastornar el control autoritario al margen de la ley que hasta entonces existía.[53] Se hacía necesario para la elite encontrar fórmulas discursivas que detuvieran ese peligro. La imagen de un país que no podía ir a ninguna parte ni hacerse democrático porque estaba lleno de bárbaros contribuía a ello. El salvajismo actuaba como excusa para la inacción. A causa de él se debía renunciar a ese sistema político que no servía en un país que terminaba por corromperlo todo.

Con esto no se niega que la clase política quisiera desarrollar el proyecto de crear ciudadanos y dar legitimidad y eficacia a un estado de derecho, democrático y liberal, sobre todo porque esto la hubiera dotado de presencia internacional y liberado del estigma de ser un "país de indios"; pero también tenía que ser consecuente con los costos futuros de esa acción. Esto la obligaba a querer una democracia restringida muy cercana al modelo grecolatino en la que sólo los patricios-ciudadanos disfrutaban de todos los privilegios gracias a su condición de letrados y la plebe se concentraba en sus tareas laborales a la espera de adquirir virtudes cívicas mediante la educación. A pesar de los términos del conflicto intraelites, los intelectuales-portavoces más radicales de la "modernidad" política nunca se expresaron en favor de la expansión del voto; es más, la mayoría de ellos propició su restricción justificándola con base en deficiencias raciales.

Conclusiones

El mal de la corrupción no residía en su práctica, sino en la contradicción entre los discursos democratizantes y las necesidades diarias de jerarquía y orden social. Por este motivo, su denuncia partidista no iba dirigida a sanear lo público, sino a otros objetivos de índole política y social. La supuesta presencia del fraude y del cohecho electorales se exageraban como argumentos políticos de descalificación y deslegitimación del contrario, sin que ello significase el rechazo de su ejercicio privado, ya que se reconocía como el mejor medio de llegar al gobierno o de perpetuarse en él. En este sentido, la exageración discursiva del acto violento o corrupto y su generalización eran im-

[52] "La unión obrera", *El Republicano*, Cochabamba, 30 de diciembre de 1920.
[53] Rossana Barragán, *Espacio urbano y dinámica étnica. La Paz en el siglo XIX*, Hisbol, La Paz, 1990; Silvia Rivera y Zulema Lehm, *Los artesanos de La Paz*, La Paz, 1986.

prescindibles para crear un clima electoral polarizado. De ahí que si para algo sirvieron los reglamentos electorales fue para tener un argumento legal con el cual invalidar el voto de las clientelas rivales.

A su vez, la corrupción resultaba "inmoral" porque permitía que los sectores populares interviniesen de modo activo en las decisiones políticas del país. Todos los partidos ejercían un control territorial con las asociaciones o uniones de artesanos y obreros repartidas en las localidades de los departamentos, reclutando en ellas a los agentes políticos que organizaban las cuadrillas de matones. La necesidad del voto popular fue la responsable de que se empleara el argumento de la corrupción para descalificar la calidad y seriedad de los votantes. Se dijo que en la medida en que miembros inescrupulosos de los partidos compraban votos, el electorado que lo permitiese viciaba el sistema político e impedía la existencia de democracia y, por consiguiente, de progreso y de oportunidades futuras para el país. Si al candidato se le criticaba por poner en peligro la armonía y la estabilidad grupal de la elite por la movilización de las "masas indeseables", al votante se le condenaba por no responder a un arquetipo importado, debido a su origen étnico. Al ser la mayoría de extracción mestiza, se declaraba que poseía todas las taras raciales de indios y de blancos, siendo imposible su conversión en electores modelo al estilo de lo que se pensaba era el perfecto votante en lugares civilizados como Europa y los Estados Unidos. Sin embargo, no hay que confundir esta tendencia a subvaluar a la población boliviana frente a modelos foráneos con el hecho de que las elites políticas estuvieran realmente preocupadas por el cumplimiento del decálogo electoral democrático. Si bien en su actitud existía un deseo de ser respetadas en el exterior, de disociarse de lo bárbaro y lo atrasado, y de ser escuchadas en sus reivindicaciones territoriales, también había un fuerte oportunismo de clase. Mientras demostrasen su empeño en hacer de Bolivia un ejemplo de democracia, se eximían de responsabilizarse de los defectos seculares del pueblo boliviano, que eran, por supuesto, los causantes del desorden político. Al darse por hecho que el país tenía un futuro difícil en términos de modernidad política, la elite gobernante quedaba libre de la obligación de ampliar la ciudadanía y desarrollar las consecuentes reformas electorales. Podría continuar con sus prácticas de exclusión, amparada y disculpada por una opinión pública internacional que lamentaba la existencia de "tan malos ciudadanos", cuya costumbre de vender su voto y obligar a los candidatos a promover su compra terminaba por corromper todo el sistema político. Establecido esto, no es extraño que la violencia y la corrupción electorales fueran asumidas por los contemporáneos como política y fatalmente necesarias.

En suma, el análisis de los usos discursivos que los distintos partidos políticos hicieron del fraude y la violencia políticas no sólo niega a ambos como anomalías contrarias al desarrollo nacional, sino que los rescata como fenómenos imprescindibles en la asimilación y práctica de la ciudadanía. Si bien la distancia social creada por esos argumentos raciales impidió que ésta fuese una forma simbólica de identificación entre la elite y la masa —hubo sufragio censatario hasta la Revolución de 1952—, la omnipresencia de la corrupción creó una cultura electoral donde el voto, comprado o no, desempeñó un papel creciente en la difusión del orden político. En la década de los años veinte una de las peticiones más frecuentes al gobierno por parte de grupos populares fue la creación de escuelas indígenas. El argumento esgrimido por los representantes indios en sus manifestaciones públicas fue la necesidad que tenían de ser ciudadanos.[54] Eso evidencia que ya no sólo las elites, sino también los sectores populares, estaban elaborando y asumiendo contenidos específicos acerca de ciudadanía y democracia. Atendiendo a que por ley el voto estaba negado a gran parte de la población, sólo la existencia del fraude en los comicios permitía una ampliación práctica del electorado. Una comunidad no se convierte en democrática sólo por el dictado de una ley de voto universal, sino con el ejercicio cotidiano y ampliado de sus signos externos más visibles. La democracia es posible en la medida en que se ejercita. La distancia que existe entre el mensaje ideológico y lo que perciben, interpretan, desean y entienden de él electores y candidatos depende de la concepción global que éstos tienen de su entorno y de las posibilidades de transformación o manipulación que ven del mismo. Esa separación, en la medida en que interfiere en el grado de efectividad que posee la aplicación de la ley, requiere un esfuerzo de construcción diario de la práctica democrática. La corrupción, al permitir votar a quienes la Constitución excluía, favoreció dicho ejercicio, dotando a los participantes de nuevos parámetros para actuar sobre su entorno. Si bien el voto ilegal bajo un régimen censatario poseía un carácter colectivo, dado que eran agentes externos los que inducían a una comunidad a votar a cambio de remune-

---

[54] Carlos B. Mamani Condori, *Taraqu 1866-1935: masacre, guerra y "Renovación" en la biografía de Eduardo L. Nina Qhispi*, Aruwiyiri, La Paz, 1991, pp. 127-153.

ración u otro tipo de prebendas, el acto mismo de votar y el valor que otros le daban ayudó a largo plazo a la individuación del mismo. En este sentido, el fraude y la violencia electorales, además de favorecer la competencia y la negociación intraelites, posibilitaron la asunción de nuevas pautas de cultura política en los sectores populares y, en consecuencia, mayor responsabilidad política en los acontecimientos posteriores.

Tercera parte
LA CIUDADANÍA EN EL LARGO PLAZO

DIMENSIONES DE LA CIUDADANÍA EN EL BRASIL DEL SIGLO XIX

José Murilo de Carvalho*

EL DEBATE SOBRE LA CIUDADANÍA en la América Latina del siglo XIX se ha concentrado en el tema de la naturaleza y expansión de la participación electoral. A pesar de la evidente importancia de dicho tema, hay una doble reducción porque el debate se limita a la ciudadanía política y porque la propia ciudadanía política se reduce a su dimensión electoral. Por ello, aquí se sugiere la ampliación del campo de estudio de manera que abarque otras dimensiones de la ciudadanía y, sobre todo, otras tradiciones de construcción de la misma, además de la anglosajona y la francesa. El Brasil del siglo XIX nos servirá de ejemplo.

Dimensiones de la ciudadanía

Por mucho que haya sido criticado, el esquema interpretativo de Marshall tuvo el mérito de enriquecer el debate sobre el desarrollo de la ciudadanía al distinguir analíticamente sus tres dimensiones: la civil, la política y la social.[1]

Aunque Marshall estuviese más preocupado por los derechos sociales, a fin de conciliar la sociedad de mercado con la democracia, al tratar el siglo XIX lo que más interesa es distinguir entre ciudadanía civil y ciudadanía política. Quizá, precisamente por haber sido ése el siglo de la expansión de la participación electoral en países como Francia, los Estados Unidos y la misma Inglaterra, el aspecto político

---

* Departamento de Historia, Universidad Federal de Río de Janeiro.
Nota: Agradezco la colaboración, en la obtención de datos de los becarios del Conselho Nacional de Pesquisas e Desenvolvimento Tecnológico: Marina Michaelles, Carlos Mauro de O. Jr. y Carlos Augusto R. Machado. El presente trabajo se realizó con la ayuda de la Financiadora de Estudos e Projetos (FINEP) concedida al Centro de Pesquisas e Documentação de História do Brasil Contemporâneo (CPDOC).

[1] Véase T. H. Marshall, *Cidadania, Classe Social e Status*, Zahar, Río de Janeiro, 1967, cap. III. Para algunas de las críticas a Marshall, consúltese Bryan S. Turner, "Outline of a Theory of Citizenship", *Sociology*, vol. 24, 2 de mayo 1990, pp. 189-217, y Maurice Roche, "Citizenship, Social Theory and Social Change", *Theory and Society*, 16, 1987, pp. 363-399.

de la ciudadanía resultó el más enfatizado por los reformistas decimonónicos. Al mismo tiempo, a manera de reacción, varios autores —por lo general liberales conservadores— insistieron en la distinción entre derechos civiles y derechos políticos, subrayando la universalidad de los primeros y las limitaciones que debían imponerse a los segundos. El ejemplo más claro de esa diferenciación se encuentra en la Constitución francesa de 1791, la cual hablaba de ciudadanos activos y de ciudadanos inactivos o simples. Eran activos los ciudadanos que podían votar y ser votados. Todos los demás, esto es, la gran mayoría de la población, eran inactivos, pasivos, solamente beneficiarios de la nacionalidad francesa.[2]

Dentro del campo estricto de los derechos políticos, el siglo XIX puede darnos algunas lecciones. Constituciones y códigos de ese siglo, así como sus comentaristas, tenían una visión más amplia de esos derechos. Consideremos, por ejemplo, la Constitución brasileña de 1824 y su principal comentarista, José Antonio Pimenta Bueno.[3] Aun cuando seguía de cerca la diferenciación francesa, adoptada por Benjamin Constant, entre ciudadanos activos y pasivos, Pimenta Bueno veía en la ciudadanía activa bastante más que el derecho a votar y a ser votado. Para él, ciudadano político o activo era aquel que podía participar en el ejercicio de los tres poderes y, además, tomar parte de la prensa política, formar organizaciones políticas, dirigir reclamos y peticiones al gobierno. A lo cual puede añadirse, como derecho político, lo que este autor considera un derecho civil, o sea, el derecho, garantizado por el Código de Procedimientos Penales, de resistencia a cualquier acción ilegal por parte de las autoridades.

Entre los derechos a participar en los tres poderes, mencionados por Pimenta Bueno, debe subrayarse el derecho a integrar los tribunales de jurados, por la novedad que encierra para la teoría y la investigación de la ciudadanía. De hecho, según la Constitución, el poder judicial lo componían los jueces y los jurados, tanto en lo penal como en lo civil. Por tanto, ser jurado significaba participar directamente en el ejercicio del poder judicial, una participación que era —para los sorteados— más frecuente e intensa que la participación electoral. Era más frecuente porque los consejos de jurados se reunían, por lo

[2] Sobre esta distinción y sobre la construcción del ciudadano político en Francia, véase el excelente trabajo de Pierre Rosanvallon, *Le sacré du citoyen. Histoire du suffrage universel en France*, Gallimard, París, 1992, en especial pp. 41-101.

[3] *Cf.* José Antônio Pimenta Bueno, *Direito Público Brasileiro e Análise da Constitução do Império*, Senado Federal, Brasilia, 1978, pp. 381-481.

menos, dos veces al año, y sus sesiones duraban quince días o lo que fuese necesario para dictar sentencia en los procesos pendientes. Era más intensa porque no se puede equiparar el acto rápido de votar con la exposición detenida de leyes y procedimientos judiciales exigida por el ejercicio de las funciones de jurado. En este caso, por lo tanto, el contacto con el Estado era más profundo y se puede suponer que la socialización política que de él se derivaba también era más eficaz.

Además de constituir un derecho político, el ser jurado significaba formar parte de una institución considerada tradicionalmente como un baluarte de la defensa de los derechos políticos y civiles. La institución del juicio por los pares combina de manera única, casi indisoluble, ambos derechos. A todo esto se añade, como derecho político importante, la participación directa en el poder judicial, posibilitada por el ejercicio de la función electiva de juez de paz. La Constitución de 1824 preveía la existencia de un juez de paz en cada distrito del territorio nacional, elegido directamente por el pueblo, cuya jurisdicción, si bien varió a lo largo del siglo, por lo general se concentró en la resolución de conflictos mediante la conciliación y la sentencia en causas de menor cuantía.

En el terreno de los derechos civiles propiamente dichos —y de su garantía— quedan grandes áreas aún no exploradas por la investigación y la reflexión de los historiadores. La visión de que los derechos civiles en la tradición anglosajona representaban el concepto negativo de la libertad, esto es, la idea de no interferencia del Estado en la vida privada del ciudadano, oculta el hecho de que la libertad negativa exige la acción del Estado, exige la creación de instituciones estatales para su defensa.[4] Todo el sistema judicial está vinculado a esa defensa, así como también la institución del juicio por los pares, la elección de los jueces y otros varios recursos legislativos directamente ligados a la protección de la seguridad individual, como por ejemplo, el *habeas corpus*. Asimismo cabe mencionar a este respecto otras intervenciones estatales en la vida personal, como el registro civil de nacimientos, matrimonios y fallecimientos. Como prueba de existencia civil, estos registros son la base para la reivindicación legal de varios derechos y para la celebración de contratos. En países con tradición de Iglesia oficial, la introducción del registro civil consti-

---

[4] Sobre esta conceptualización de los derechos consúltese, por ejemplo, Norberto Bobbio, *A Era dos Direitos*, Campus, Río de Janeiro, 1992, pp. 14-47.

tuyó, además, una prueba de racionalización burocrática y de secularización política. El empadronamiento de la población y la emisión de documentos de identidad son otras tantas intervenciones que también pueden suministrar indicios sobre la naturaleza de la ciudadanía.

La atención al movimiento de expansión del Estado y a los diversos puntos de contacto que se establecen entre el ciudadano y la burocracia, es particularmente importante en países de tradición estatista. Uno de los progresos logrados por estudios recientes sobre la ciudadanía, en parte fruto de la crítica a un supuesto etnocentrismo de Marshall, se halla en la postulación de varios estilos de ciudadanía y en la descripción de los distintos caminos recorridos por países con diferentes tradiciones culturales. Además del libro de Richard Morse, *El espejo de Próspero,* que subraya el contraste entre la tradición ibérica y la anglosajona, varios otros estudios llaman la atención sobre tradiciones distintas dentro de la propia Europa, en particular en los casos inglés, francés y alemán. Incluso se han señalado diferencias entre la cultura cívica inglesa y la norteamericana, generalmente consideradas como pertenecientes a una misma tradición.[5]

Entre las distinciones que me parecen útiles se encuentran las sugeridas por Bryan Turner. Este autor define diferentes tradiciones de ciudadanía según dos ejes analíticos. El eje que aquí me interesa se refiere a la distinción entre procesos orientados de abajo hacia arriba y procesos que obedecen al movimiento inverso. En el primer caso se encuentran las experiencias históricas marcadas por la lucha en pro de los derechos civiles y políticos, al fin arrebatados a los Estados absolutistas. En el segundo caso, el Estado conserva la iniciativa del cambio, y acaba incorporando a los ciudadanos a medida que va abriendo el paraguas de los derechos.[6]

[5] La literatura es muy amplia. Baste recordar, entre los textos más antiguos y con diferentes enfoques, Reinhard Bendix, *Nation-Building and Citizenship,* Doubleday, Nueva York, 1969; Barrington Moore, Jr., *Social Origins of Dictatorship and Democracy. Lord and Peasant in the Making of the Modern World,* Beacon Press, Boston, 1967; Gabriel Almond y Sidney Verba, *The Civic Culture. Political Attitudes and Democracy in Five Nations,* Little Brown and Co., Boston y Toronto, 1965. Entre los estudios más recientes: Bryan S. Turner, "Outline of a Theory of Citizenship", *Sociology,* vol. 24, 2, mayo de 1990, pp. 189-217, y Guy Hermet, "Concepts de citoyenneté dans la tradition occidentale", en Daniel Pécaut y Bernardo Sorj (comps.,) *Métamorphoses de la Représentation Politique au Brésil et en Europe,* CNRS, París, 1991, pp. 19-29. La diferencia entre la ciudadanía inglesa y la norteamericana se analiza en Pamela Johnson Canover, Ivor M. Crewe y Donald D. Searing, "The Nature of Citizenship in the United States and Great Britain: Empirical Comments on Theoretical Themes", *The Journal of Politics,* 53, 3, agosto de 1991, pp. 800-832.

[6] Bryan Turner, "Outline of a Theory of Citizenship", art. cit.

Otra distinción, más antigua, que también puede ser útil en el caso americano, es la establecida en el texto clásico de Gabriel Almond y Sidney Verba, donde distinguen tres tipos de cultura política: la parroquial o localista, la súbdita y la participativa. Un cuarto tipo, la cultura cívica, sería una combinación particular de los otros tres tipos. La cultura parroquial se define como de completa alienación con respecto al sistema político y de reducción de las personas al mundo privado de la familia o de la tribu. En este caso no habría siquiera un sistema político diferenciado de otras esferas de la vida social. La cultura súbdita sería aquella en que existe un sistema político diferenciado y una orientación de las personas hacia ese sistema, así como una percepción de los resultados generados por decisiones políticas. La cultura participativa, por su parte, incrementaría la orientación de los ciudadanos hacia los procesos decisorios (y no sólo hacia los resultados de las decisiones) y la percepción del individuo como miembro activo del sistema. Estos autores indican que puede haber varias combinaciones de los tres tipos mencionados, en la medida en que diferentes sectores de la población se relacionen de manera distinta con el sistema político.[7]

No obstante las terminologías y las perspectivas diferentes, puede decirse que el ciudadano activo de las constituciones del siglo XIX es el ciudadano participante del que hablan Almond y Verba, fruto de la ciudadanía conquistada de abajo hacia arriba, según la terminología de Turner. El ciudadano inactivo es el súbdito, producto de una ciudadanía desarrollada de arriba hacia abajo. El individuo parroquial sería el no ciudadano. No tengo el propósito de entablar en estas páginas una discusión teórica sobre la ciudadanía y para lo que me interesa, los conceptos mencionados arriba constituyen un sistema suficiente de análisis. Creo que los estudiosos del caso brasileño estarán de acuerdo con la hipótesis de que la tradición portuguesa es responsable de un estilo de ciudadanía construida de arriba hacia abajo, en la que predomina el tipo súbdito de ciudadano. Entre nosotros, la iniciativa viene principalmente de arriba, del Estado, antes que de los ciudadanos organizados. Dicho Estado puede ser, según el análisis de Morse referido a toda Iberoamérica, el organismo encargado de incorporar en su seno a todos los ciudadanos y de promover el bien público, conforme lo postulaba la tradición tomista asimilada por la España del siglo XVI; y puede ser también el centro maquiavé-

---

[7] Almond y Verba, *The Civic Culture, op. cit.*, cap. I.

lico de poder, del que individuos y grupos procuran apoderarse para garantizar intereses y privilegios. La abundante literatura que subraya los rasgos patrimoniales y clientelísticos de la cultura política brasileña confirma este punto de vista. He procurado dar cuenta de esta tradición utilizando el concepto de *estadanía*.[8]

En ese contexto de una ciudadanía construida de arriba hacia abajo y de una cultura política que oscila entre el parroquialismo y la inactividad, con algunas incursiones en el activismo político, adquiere gran importancia el examen de las reacciones de la población ante las embestidas del Estado orientadas ya a la ampliación de su capacidad de control, ya a la cooptación de diversos grupos sociales. En el Brasil, el siglo XIX estuvo marcado por el esfuerzo de construcción estatal, caracterizado por los intentos de fortalecer el poder central, secularizar y racionalizar la administración pública, y atraer a los sectores dominantes del agro y del comercio hacia el interior del sistema político. Las reacciones ante esos avances fueron desde el extremo de la integración hasta el extremo opuesto del levantamiento armado; el primero más frecuente entre los sectores dominantes y el segundo entre las poblaciones rurales aisladas, sujetas a patrones tradicionales de relación con el poder, y a la influencia católica. Del choque entre los dos movimientos, el descendente del Estado y el ascendente de los ciudadanos, resultó la cultura política y el tipo de ciudadano que se fueron formando en el Brasil decimonónico.

Ciudadanos brasileños en el siglo XIX

Además de la capacidad política para votar y ser votado, los principales puntos de contacto entre el ciudadano y el Estado en el Brasil decimonónico fueron la institución de la Guardia Nacional, el servicio militar, el servicio de *jury* (miembro de un jurado), así como también el empadronamiento censal y el registro civil. Cabría añadir los impuestos, sobre todo la contribución directa sobre la renta y las propiedades, un aspecto al que no me referiré aquí. Más bien procuraré hacer una evaluación preliminar de la naturaleza de esos contactos y de sus posibles consecuencias para la vida cívica.[9]

[8] José Murilo de Carvalho, *Os Bestializados. O Rio de Janeiro e República que nâo foi*, Companhia das Letras, São Paulo, 1987, cap. II.

[9] Para una visión panorámica de la evolución de la ciudadanía en el Brasil, según la triple

Votantes

La participación electoral es la que ha recibido mayor atención, por lo que la trataré en forma breve. En lo referente a la extensión del sufragio, la legislación brasileña sobre elecciones era una de las más generosas de aquella época, si se la compara con la de los países europeos. Iba más allá de lo que permitía Benjamin Constant, el principal inspirador de la Constitución, quien exigía una renta proveniente de propiedades, independientemente de los ingresos derivados de un empleo. En la Constitución de 1824 se exigía una pequeña renta de 100 milreis provenientes de propiedades o de un empleo para poder tener derecho al voto en las elecciones primarias, y un mínimo de 25 años de edad, excepto para los casados, los oficiales del ejército, los bachilleres y los clérigos, para quienes la edad mínima era de 21 años. No había restricciones en cuanto al grado de instrucción, o sea que los analfabetos podían votar, lo mismo que los libertos. Además, el voto era obligatorio. La Constitución francesa de 1824 era mucho más restrictiva: exigía a los votantes el pago de una contribución directa de 300 francos y 30 años de edad como mínimo.

Como consecuencia del liberalismo de la Constitución, en las elecciones primarias votaba un gran número de personas. En 1872 los votantes sumaron un millón, lo cual representaba 13% de la población libre. El porcentaje equivalía a 53% de la población masculina de 25 años de edad o más y a 43% de la población con un mínimo de 20 años. Estudios sobre la participación efectiva en las elecciones confirman estos datos.[10] Era un número alto para aquella época, pues involucraba en la actividad política a la mitad de la población adulta masculina. Cabe añadir que, a partir de 1875, los votantes recibían un "título de calificación electoral", el primer documento de identidad civil implantado en el país. En el título se indicaba el nombre del votante, su edad, estado civil, ocupación, ingresos, filiación, dirección y grado de instrucción. Esta prometedora situación en materia de derechos de ciudadanía política sufrió un golpe serio en 1881, cuando se introdujo la elección directa. Los analfabetos quedaron excluidos

---

distinción de Marshall, *cf.* José Murilo de Carvalho, *Desenvolvimiento de la ciudadanía en Brasil*, FCE, México, 1995.

[10] El estudio más completo sobre elecciones en el siglo XIX se debe a Richard Graham en *Patronage and Politics in Ninteenth-Century Brazil*, Stanford University Press, Stanford, 1990. Véase también José Murilo de Carvalho, *Teatro de Sombras: a Política Imperial*, Vértice, São Paulo, 1989, cap. v.

del derecho al voto y el ingreso mínimo se fijó en 200 milreis. El millón, ciertamente más, de votantes de 1872 se redujo a algo más de 100 000 después de la reforma. Fue una casación de derechos parecida a la implantada en Francia después de la Restauración.

Naturalmente, la práctica electoral y el sentido del acto de votar distaban mucho de la idea de participación establecida por la legislación. Críticos de la época insistían en señalar la falsificación de actas, la violencia contra los adversarios, la interferencia abierta por parte del gobierno, la compra de votos, la motivación meramente personal y material de los votantes. En palabras de uno de esos críticos: "El votante [...], en materia política sólo sabe que su voto pertenece a don Fulano de Tal, por deber de dependencia (algunas veces también por deber de gratitud), o a quien lo paga a mejor precio".[11] No hay por qué dudar de estas evaluaciones. Ahora bien, críticas de este tipo se hacían también en muchos otros países, incluso en Inglaterra, donde hasta los años sesenta del siglo XIX la participación electoral, además de ser reducida, estaba viciada por la tradición de los *rotten boroughs*. El ciudadano político en ninguna parte nace adulto y exige un periodo de aprendizaje cuya duración varía de país en país. En 1881, el problema principal no era el comportamiento de los votantes sino la incomprensión de quienes los desviaban de la práctica electoral interrumpiendo así su aprendizaje democrático.

Jurados

En el poder judicial la participación fue menos amplia. Ese tipo de participación, concretada a través del servicio de *jury,* proviene de la importación de prácticas de la tradición anglosajona y fue incluida en la Constitución de 1824 y reglamentada por el Código de Procedimientos Penales (1832). El juicio por medio de ese sistema de jurados debía aplicarse en causas civiles y penales, pero como durante todo el siglo no se llegó a implantar un Código Civil con sus respectivos procedimientos, el sistema de jurados sólo se utilizó en el caso de delitos criminales, salvo los de menor gravedad. Los requisitos para ser

---

[11] Francisco Belisário Soares de Souza, *O Sistema Electoral no Império,* Senado Federal, Brasilia, 1979, p. 33. Consúltese también la feroz crítica de las elecciones y de los partidos durante este periodo hecha por un contemporáneo, en João Francisco Lisboa, *Jornal de Timon, Partidos e Eleições no Maranhão,* Companhia das Letras, São Paulo, 1995.

jurado eran iguales a los que se exigían para ser votante de segundo grado (ingresos de 200 milreis, 400 milreis en las ciudades grandes). Se exigía, además, saber leer y escribir, lo que reducía drásticamente el número de ciudadanos aptos para ejercer estas funciones, pues apenas 16% de la población podía considerarse alfabetizada (datos de 1872). La lista de candidatos a miembros del jurado era preparada por una junta formada por el juez de paz, el presidente de la cámara municipal y el párroco. Los nombres se publicaban para que pudieran hacerse recusaciones. Una vez resueltas estas últimas, la lista se guardaba en una urna cerrada con llave para que los nombres se sortearan cuando llegara la época de las sesiones. En general había dos sesiones de jurados al año, con una duración aproximada de 15 días cada una.[12]

No abundan las estadísticas acerca del número de jurados, pero es posible hacer cálculos aproximados. Para el año de 1871 existen datos sobre la Corte y una docena de provincias. Aplicando a las nueve provincias sobre las cuales se carece de datos la misma relación jurado/población existente en las otras, se llega a la cifra de 79 302 jurados para todo el país. El número puede parecer pequeño, pero equivale, más o menos, a la mitad de la población masculina apta para ejercer la función y resulta algo menor al número de electores posterior a la reforma de 1881. Cabe recordar, por otra parte, que se escogía a los jurados en todos los distritos del país, incluso en los más apartados. Frecuentemente se quejaban los presidentes provinciales, los jefes de policía y los ministros de Justicia porque en algunos lugares no había personas calificadas en número suficiente para completar el mínimo exigido por la ley (50 jurados) a fin de que pudieran celebrarse las sesiones respectivas.

Como en el caso de los votantes, en el de los jurados también se producía un desfasaje entre las expectativas y la realidad. Los conservadores y, sobre todo, los liberales consideraban que la introducción del juicio por los pares era una gran conquista y no se cansaban de citar a autores ingleses en ese sentido. En opinión del conservador Pimenta Bueno, el *jury* era un baluarte de la libertad política, una barrera contra los abusos del poder, una garantía de independencia judicial, un tesoro que era preciso preservar y perfeccionar. Son ecos de

---

[12] Estudio pionero de la justicia en la primera mitad del siglo XIX, en especial de los jueces de paz y del *jury*, en Thomas Flory, *Judge and Jury in Imperial Brazil, 1808-1871. Social Control and Political Stability in the New State*, University of Texas Press, Austin, 1981.

Blackstone, también citado por los liberales: *"The jury is the bulwark of Northern liberty and the glory of English law"*. [13] La realidad distaba mucho de ese ideal. Los informes de los ministros de Justicia, sobre todo de los que eran o habían sido jueces, abundan en quejas sobre el funcionamiento del sistema.

Las quejas más frecuentes se referían a la dificultad de contar con un número suficiente de jurados calificados. Un número inferior al mínimo impedía que se celebraran las sesiones. El presidente de Mato Grosso afirmaba en 1875 que el sistema de jurados no funcionaba en la mayor parte de las comarcas, situación a la que calificaba de "calamidad pública".[14] Diez años después, el ministro de Justicia subrayaba que en varios distritos no se celebraban reuniones de jurados. En algunos casos se trataba de verdaderas caricaturas de la justicia. Según un ministro, cuando faltaban jurados los acusados nombraban a quienes les eran adictos (informe de 1839). Aun cuando se alcanzara el número mínimo, allí no terminaban las dificultades. En poblados pequeños todos se conocían, "todos eran parientes, amigos o enemigos, influyentes o dependientes" (informe de 1850), lo que dificultaba el anonimato y desembocaba en un elevado número de absoluciones, ya para proteger a amigos o parientes, ya por temor a represalias por parte de los enemigos. El *jury* también podía funcionar como instrumento de venganza (informe de 1855). En causas que involucraban a personas influyentes, los jurados simplemente no comparecían. Otra queja se refería a la resistencia a servir como jurado, sobre todo entre las "personas principales" (informe de 1868).

Todas esas quejas se resumían en la acusación de que el sistema de jurados favorecía la impunidad porque producía un número excesivo de absoluciones. Un jefe de policía de Pernambuco habla del miedo que tenían los testigos a declarar, "por la certeza de la impunidad de los acusados, siempre absueltos por el jurado" (informe de 1842). Según los ministros, no se garantizaban los derechos del ciudadano y el sistema judicial se desmoralizaba. Las estadísticas justifi-

[13] *Cf.* Pimenta Bueno, *Direito Público Brasileiro, op.cit.*, p. 322, y Beatriz Westin de Cerqueira Leite, "A Reforma Judiciária de 1871 e sua Discussão no Senado do Império", *História*, 1, 1982, pp. 61-75.
[14] Informe del ministro de Justicia referente a 1875. Para mayor comodidad sólo menciono el año del informe. En todos los casos se trata de los informes anuales que los ministros de Justicia enviaban al Congreso. El año citado es el año a que se refiere el informe. La publicación, e incluso la presentación a las Cámaras, a menudo tenían lugar al año siguiente. Muchas veces los ministros transcribían partes de los informes que les enviaban los presidentes de provincia y los jefes de policía.

can este reclamo. De los 1 850 reos procesados por delitos cometidos en 1852 y juzgados por jurados entre 1852 y 1861, apenas 726 fueron condenados, es decir, 39% (informe de 1863). En los juicios de 1863 se condenó a 34%. Para tener una idea de la lenidad del *jury* brasileño, compárense estas cifras con las estadísticas inglesas relativas al siglo XIX. Entre 1834 y 1914, los jurados condenaron aproximadamente a 80% de los procesados por crímenes violentos contra la propiedad, a 70% de los procesados por el mismo delito sin violencia, y a 75% de los procesados por lesiones corporales.[15] El número de condenas dictaminadas por los jurados ingleses duplicaba el de los brasileños.

Muchas de las críticas no se aplicaban exclusivamente a los jurados. Los jueces municipales, nombrados por el gobierno, y los jueces por derecho, funcionarios de carrera, eran blanco de críticas parecidas. Muchos se ausentaban de sus distritos y comarcas, pedían licencias injustificadas o se declaraban no aptos a fin de no participar en juicios políticamente peligrosos. Muchos carecían de "coraje cívico" (informe de 1856) para enfrentarse a los poderosos locales. Un ministro observó que, debido a los bajos emolumentos, no pocos magistrados "en localidades del interior, más que jueces eran clientes de los ricos y poderosos, quienes les ofrecían casa gratis, medios de transporte y otras prestaciones" (informe de 1869). Además, los jueces dependían de los presidentes de provincia y de los ministros para los traslados ventajosos y para los ascensos, por lo cual tenían que mantener buenas relaciones con los influyentes de la localidad, aun en detrimento de su independencia para emitir un veredicto (informe de 1877). El resultado era semejante al obtenido en el caso de los jurados: el sistema judicial no garantizaba la aplicación de la justicia. Como decía el jefe de la policía de Pernambuco, ya citado, refiriéndose a algunas localidades del interior: "No me parece que la población de esos lugares pueda denominarse población de hombres libres, de ciudadanos de un imperio constitucional" (informe de 1842).

Para remediar esa situación, prácticamente todos los jefes de gobierno proponían reformas al sistema judicial, en particular en lo relativo al *jury*. A pesar de las divergencias en cuanto a los remedios propuestos, todos estaban de acuerdo en que la causa del mal radicaba

---

[15] Véase V. A. C. Gatrell, "The Decline of Theft and Violence in Victorian and Edwardian England", en V. A. C. Gatrell, Bruce Lenman y Geoffrey Parker (comps.) *Crime and the Law: The Social History of Crime in Western Europe since 1500*, Europa, Londres, 1980, pp. 238-370.

en los hábitos y costumbres vigentes en el país, en la escasa ilustración, en la falta de diversidad de intereses. Pimenta Bueno defendía la institución del *jury* arguyendo que los ataques que se le hacían estaban más bien dirigidos al "estado moral de la nación". Se imponía, por tanto, no abandonar la institución, sino actuar sobre las costumbres, sobre la moral nacional.[16]

Curiosamente, la postura de Pimenta Bueno es casi una reproducción de la de Benjamin Constant en su *Cours de Politique Constitutionelle* (1814). Constant defendía el sistema de jurados contra los que lo consideraban inadecuado a la realidad francesa. Uno de los principales críticos, el juez M. Gach, decía que *"les français n'auront jamais l'instruction ni la fermeté necessaires pour que le jury remplisse son but. Telle est notre indifférence pour tout ce qui a rapport à l'administration publique, tel est l'empire de l'égoïsme et de l'intérêt particulier, la tiédeur, la nullité de l'esprit public, que la loi qui établit ce mode de procédure ne peut être exécutée"*.[17] La respuesta de Constant a esas críticas es semejante a la de Pimenta Bueno: el mal no está en la institución sino en las costumbres políticas de los franceses, en la educación moral del país. El *jury* podría constituir, precisamente, un instrumento de educación cívica, de desarrollo del espíritu público.

Guardias nacionales y soldados

El *jury* fue copiado de la tradición anglosajona. La Guardia Nacional tuvo como modelo a la *Garde Nationale* francesa, creada en 1789, en vísperas de la toma de la Bastilla. El objeto de la *Garde* era poner la defensa del país en manos de los propietarios, de los ciudadanos activos, como los definió más tarde la Constitución de 1791. Esta Constitución, por otra parte, identificaba al ciudadano con el guardia nacional: sólo podía votar quien estuviese inscrito en la Guardia.[18] En el Brasil, inicialmente, los fines eran parecidos. Creada en 1831, en medio de grandes agitaciones políticas, la Guardia debía servir como protección contra la anarquía que se había adueñado del ejército y contra las revueltas populares que estallaban una tras otra en distintas capitales. Los requisitos para ser miembro de la institución eran bas-

---

[16] Pimenta Bueno, *Direito Público Brasileiro, op. cit.*, pp. 322-323.
[17] Benjamin Constant, *Cours de Politique Constitutionelle*, Guillaumin et Cie., París, 1872, p. 236.
[18] Rosanvallon, *Le sacré du citoyen, op. cit.*, pp. 91-101.

tante flexibles, casi idénticos a los establecidos para los votantes: 100 milreis de renta (200 milreis en las cuatro ciudades más importantes) y entre 21 y 60 años de edad. A partir de 1850, se uniformó en 200 milreis el requisito sobre los ingresos y la edad mínima se redujo a 18 años. Los liberales vieron en la Guardia una milicia ciudadana, una democratización del ejército; en los jueces de paz y en el *jury*, una democratización de la justicia, y en las elecciones una democratización del poder ejecutivo. Votantes, jurados y guardias nacionales serían los ciudadanos activos del nuevo país.[19]

Inicialmente, la Guardia tenía una característica que aumentaba su carácter democrático: los oficiales eran elegidos por los guardias. Ahora bien, a partir de 1850, todos los oficiales pasaron a ser nombrados por el gobierno, que adquirió así un magnífico recurso para negociar la lealtad de los terratenientes. De ahí en adelante, la jerarquía en la Guardia fue un reflejo fiel de la jerarquía social. Sin embargo, no desapareció el servicio obligatorio. La Guardia Nacional se organizaba en todos los municipios del país y obligaba a servir en sus filas a buena parte de la población masculina adulta. Sus atribuciones estaban definidas de manera amplia en la ley, e incluían la defensa externa, la seguridad interior y el mantenimiento del orden. A partir de 1850 la Guardia Nacional ejerció principalmente funciones de policía.

Las cifras dan alguna idea sobre las dimensiones de la Guardia. En 1860, el contingente sumaba 461 000 guardias, número que subió a 600 000 cuatro años después. En 1880, entre los guardias activos y los de la reserva (o sea, los que tenían más de 50 años de edad), la institución contaba con 937 000 hombres (informes de 1854, 1858 y 1881). Esto significaba que el número de quienes integraban la Guardia era más o menos igual al número de quienes podían votar en las elecciones primarias antes de la reforma de 1881. Como en la Francia posterior a la Revolución, guardias y votantes eran en buena medida las mismas personas. En este sentido, la Guardia Nacional constituía, de hecho, una milicia ciudadana. Muchas personas de escasos ingresos eran guardias nacionales, como puede verse, por ejemplo, en la composición de un batallón en 1877. Los nueve oficiales, todos con ingresos superiores a 600 milreis, eran comerciantes y agricultores. Los 501

---

[19] Sobre la Guardia Nacional, *cf.* Jeanne Berrance de Castro: *A milicia cidadã: A Guardia Nacional de 1831 a 1850*, Cía. Editoria Nacional, São Paulo, 1977, y Fernando Uricochea, *The Patrimonial Foundations of the Brazilian Bureaucratic State*, University of California Press, Berkeley, 1980.

soldados tenían un ingreso de 300 milreis, y todos eran agricultores, excepto un zapatero y un sastre.[20] Todos esos labradores, incluso después de haber perdido el derecho al voto, mantenían algún contacto con las instituciones políticas del país, tenían uniforme, hacían ejercicios militares, desempeñaban una función pública.

Es verdad que las características patrimoniales de la Guardia Nacional limitaban su efecto socializador. Como observa Fernando Uricoechea, la Guardia era un servicio litúrgico que los propietarios prestaban gratuitamente al gobierno a cambio del reconocimiento de su supremacía social. No era ni una burocracia estatal como el ejército ni una asociación autónoma de propietarios rurales. Su sentido político más profundo se encontraba, sin duda, en la cooptación de los propietarios por parte del gobierno central. La Guardia, o mejor dicho, sus oficiales, fueron el principal instrumento en la construcción de lo que el profesor David Brading denominó la nación política, la nación limitada a los sectores con voz política efectiva.[21] Para los soldados quedaba un servicio incómodo que interfería en sus actividades privadas. La socialización política se mezclaba con la experiencia de un refuerzo de la autoridad de los "coroneles"; era una socialización contaminada por el "privatismo". Pero, aún así, no puede descartarse el efecto que el servicio en la Guardia habría tenido en la ruptura del aislamiento de sus integrantes y en el comienzo de la transición de una cultura parroquial a una cultura súbdita.

Muy distinta era, en cambio, la situación de los soldados en el ejército. Si bien los ejércitos nacionales también fueron fruto de la Revolución francesa, en el Brasil nunca existió el vínculo entre ciudadanía y servicio militar. Dado que no hubo guerra de independencia, el ejército brasileño heredó casi intacta la estructura del ejército portugués que, a su vez, era semejante a la de los ejércitos europeos prerrevolucionarios, caracterizados por la gran distancia social que separaba a soldados y oficiales. Éstos se reclutaban entre la nobleza; los soldados, entre los sectores más pobres de la población. En el Brasil, el reclutamiento de oficiales atravesó durante el siglo XIX por un proceso de democratización, pero se siguió reclutando a los soldados entre los desempleados, vagos, delincuentes y trabajadores rurales que

---

[20] Batalhão da Guardia Nacional de Paranaguá, documento del Ministerio de Justicia, IJ6, legajo 446, Archivo Nacional.

[21] David Brading empleó esta expresión en el debate durante el simposio organizado en la Universidad de Leiden en abril de 1995.

no contaban con la protección de los propietarios. Existía un rechazo —si no un miedo— generalizado hacia el servicio militar. Frente a la noticia de la llegada de los reclutadores, la gente huía a esconderse en la selva. La mayoría de los reclutas eran conducidos presos a los cuarteles. Un decreto de 1835 ordenaba precisamente que, en caso de no haber voluntarios, se recurriese al reclutamiento forzoso y que los reclutas fuesen tomados presos y mantenidos bajo custodia hasta que aceptaran su nueva situación.

En 1874 se aprobó la ley que establecía el alistamiento de todos los reclutables y el sorteo para cubrir las plazas que no se llenaran con voluntarios. Pero poco cambiaron las cosas. La ley admitía innumerables excepciones (personas con instrucción superior, padres de familia, propietarios rurales, administradores, cajeros de establecimientos comerciales, etc.), y permitía que quien no quisiese hacer el servicio militar presentara un sustituto o pagara una multa de un conto de reis (mil milreis). El peso del reclutamiento continuó recayendo sobre los pobres y los desprotegidos. La vida en los cuarteles y navíos de la armada era un verdadero infierno. Borracheras, peleas, robos y deserciones eran frecuentes. El castigo físico, aunque prohibido por la ley de 1874, se aplicaba rutinariamente. En el ejército se azotaba con una espada sin filo o con una vara de membrillo; en la armada se preferían las verdascas.[22]

El servicio militar contribuyó poco o nada a la educación cívica, debido a la forma en que se practicaba y al número de personas involucradas. Durante la segunda mitad del siglo XIX el número de plazas legales en el ejército en tiempo de paz no superaba los 15 000 hombres. Éstos no eran ciudadanos activos: la ley prohibía que votasen los soldados de línea. En este sentido, los soldados diferían radicalmente de los votantes, jurados y guardias nacionales: eran ciudadanos inactivos. La persistencia del castigo físico, aun después de haber sido legalmente abolido, ponía de manifiesto que se les negaba incluso derechos civiles básicos, como el de la integridad física. A este respecto, los soldados se asemejaban a los esclavos. No fue casualidad que los marineros que se rebelaron en 1910 contra el uso de la verdasca pidieran que se terminara con los restos de la esclavitud. El ejército y la armada funcionaban más como instituciones correccionales que como centros de civismo. Se veía en el servicio militar un instrumento

[22] El empleo de la verdasca en la Marina provocó una revuelta de marineros en 1904. El Ejército logró introducir el reclutamiento universal por sorteo sólo en 1916.

de castigo, e incluso la gente pobre honrada lo aprovechaba para sacarse del medio a los indeseables.[23]

La experiencia de la guerra fue, en cambio, algo muy diferente. Me refiero a la Guerra de la Triple Alianza contra el Paraguay (1865-1870), la más sangrienta de cuantas se han librado en América del Sur. El Brasil fue el miembro de la Alianza que soportó el mayor peso del esfuerzo bélico, tanto en términos materiales como humanos. Hay divergencia en cuanto a las cifras de combatientes brasileños. Una fuente calcula que el total llegó a los 135 000 hombres,[24] divididos como sigue:

Voluntarios de la Patria	54 992
Guardia Nacional	59 669
Reclutados y libertos	8 489
Ejército de línea	12 432
Total	135 582

Como puede verse, fue muy pequeña la participación del ejército de línea: la inmensa mayoría de los combatientes provenía de la Guardia Nacional y de los voluntarios. El gobierno convocó al voluntariado en 1865 porque el ejército se hallaba en situación de absoluta inferioridad con respecto a las fuerzas paraguayas. La reacción inicial al llamado fue en verdad sorprendente. De todos los puntos del territorio nacional surgieron contingentes de voluntarios dispuestos a luchar por la patria. Una descripción de la partida de esos contingentes pone de manifiesto el estado de ánimo de la población. En la pequeña ciudad de Pitangui, en el interior de Minas Gerais, se presentaron 52 voluntarios. Se creó la Sociedad Amor a la Patria que aportó dinero para la campaña. El día en que partieron los voluntarios se celebró misa y una sesión solemne en la cámara municipal, se entonó el himno nacional, se entregó la bandera y se pronunciaron innumerables discursos. La bandera fue entregada por una joven vestida de india, símbolo del genio del Brasil, y fue recibida de rodillas por el primer voluntario inscrito. Los discursos exageraban la retórica patriótica; la

---

[23] El uso del servicio militar como instrumento de diferenciación entre los pobres está demostrado en Joan E. Meznar, "The Ranks of the Poor: Military Service and Social Differentiation in Northeast Brazil, 1830-1875", *Hispanic American Historical Review*, 3, agosto de 1992, pp. 333-351.

[24] Los cálculos sobre el número de combatientes son motivo de controversia. Utilizo los proporcionados por el general Paulo de Queiroz Duarte, *Os Voluntários da Pátria na Guerra do Paraguai*, Biblioteca del Ejército, Rio de Janeiro, 1981, vol. I, pp. 217-218.

religión, la patria, el Imperio, la libertad eran palabras repetidas *ad nauseam*. Toda la población se congregó para despedir a los voluntarios. En el camino hacia la capital de la provincia las manifestaciones de este tipo se repitieron.[25]

Debido a la larga duración de la guerra, el entusiasmo inicial disminuyó y en muchos lugares se opuso resistencia al reclutamiento. Con todo, me parece difícil exagerar la importancia de la guerra en la formación de una identidad nacional entre los brasileños, desde los habitantes de la Corte hasta los de las poblaciones más remotas. El surgimiento de un enemigo común despertó sentimientos de patriotismo nunca antes demostrados. Se dio valor al himno nacional y a la bandera, se consideró al emperador como jefe de la nación, surgieron los primeros héroes militares. La música y la poesía exaltaron el patriotismo, la patria pasó a disputar a la familia la lealtad de los jóvenes y el Brasil se convirtió en una realidad concreta.[26] El impacto obró en la población nacional como un todo, pero sin duda con mucha mayor intensidad entre quienes participaron directamente del esfuerzo bélico. Este tema ya fue estudiado en lo referente al cuerpo de oficiales del ejército, pero aún faltan estudios sobre los 123 000 voluntarios y reclutados.

Fue especialmente importante la participación de los negros libres y libertos, así como la de aquellos a quienes se puso en libertad para que fueran reclutados. La situación de estos últimos resulta irónica. Se pedía a los no ciudadanos, tanto en el sentido civil como en el político, que fuesen a luchar por la patria que los esclavizaba. Entre tanto, coaccionados o por voluntad propia, un buen número de ellos fue a la guerra. Los negros, libres o libertos, formaban la mayoría de las tropas, a tal punto que se despertaron reacciones racistas entre los paraguayos e incluso entre los aliados argentinos. Los periódicos paraguayos de tiempos de la guerra, como *El Cabichuí*, describían a las fuerzas brasileñas como compuestas por macacos, y dieron al emperador el mote de "El Macacón". Para los ex combatientes negros, la guerra había representado una experiencia de lucha junto a otros brasileños, en defensa de una patria a la que ahora tenían derecho a

---

[25] La descripción se encuentra en Duarte, *Os Voluntarios da Pátria, op. cit.*, vol. II, tomo III, pp. 13-16.

[26] El impacto de la guerra en la formación de una identidad nacional se discute en José Murilo de Carvalho, "Naciones imaginadas", en Antonio Annino, Luis Castro Leiva, François-Xavier Guerra, directores, *De los imperios a las naciones: Iberoamérica,* Ibercaja, Zaragoza, 1994, pp. 401-423.

pertenecer. Es muy probable que todo esto haya tenido un fuerte impacto sobre el sentimiento cívico de los negros involucrados.[27]

Un caso ejemplar es el de Cándido da Fonseca Galvão, negro libre que vivía en el interior de la provincia de Bahía y se autodenominaba príncipe Obá II de África, supuesto descendiente de nobles africanos. A continuación del llamamiento gubernamental al servicio militar voluntario, "inspirado por el sacrosanto amor del patriotismo", se presentó con más de 30 voluntarios y con ellos pasó al campo de batalla con el rango de sargento, para "defender la honra de la patria tan vilmente difamada". Posteriormente se le concedió el título de alférez honorario del ejército y vestía con orgullo el uniforme militar en sus frecuentes visitas al emperador, a quien repetidamente demostraba su fidelidad.[28] Al menos los ex combatientes y los guardias nacionales habían salido de una cultura cívica parroquial para incorporarse a una cultura de tipo súbdito. El príncipe Obá II constituye un ejemplo paradigmático de ese cambio.

También aumentó la visibilidad alcanzada por algunas mujeres, otro sector totalmente excluido de la ciudadanía activa. Además de las enfermeras que se destacaban en la guerra, cabe mencionar el caso de Jovita Feitosa, quien, haciéndose pasar por hombre, se alistó con el rango de sargento a fin de participar en la lucha como combatiente. Afirmaba que pretendía vengar los desmanes que los paraguayos cometían contra las brasileñas. Descubierta su identidad, logró que las autoridades provinciales aceptaran su alistamiento. Recibió innumerables homenajes y se convirtió en heroína nacional. La retórica patriótica la llamó la Juana de Arco del Brasil.[29] La guerra logró que ex esclavos, mujeres y soldados, casi la totalidad de los ciudadanos inactivos, tuviesen por primera vez un lugar bajo el sol en el mundo real y simbólico de la política.

Ciudadanos en negativo

El avance del Estado hacia la cooptación y regulación de la sociedad también provocó reacciones negativas. En estas páginas me limitaré a

[27] Entre los pocos trabajos sobre el tema se encuentra el de Ricardo Sales, *A Guerra do Paraguai: Escravidão e Cidadania na Formação do Exército,* Paz e Tierra, Rio de Janeiro, 1990.

[28] Sobre el Príncipe Obá II, véase Eduardo Silva, *Prince of the People. The Life and Times of a Brazilian Free Man of Colour,* Verso, Londres y Nueva York, 1993.

[29] Acerca de la historia de esa voluntaria *cf.* Um Fluminense, *Traços Biográphicos da Heroína Brasileira Jovita Alves Feitosa,* Typ. Imparcial de Brito & Irmão, Rio de Janeiro, 1865.

las reacciones provocadas por iniciativas gubernamentales con las que se buscaba racionalizar, burocratizar y secularizar las relaciones sociales, dejando de lado movimientos populares que reconocen otras causas.[30] Tres iniciativas despertaron en particular la ira popular: el reclutamiento militar, el registro civil y el sistema métrico decimal.

Comienzo por la reacción ante el reclutamiento. Antes de la ley de servicio militar, ya durante la guerra habían surgido reacciones adversas al reclutamiento. Pasado el entusiasmo inicial, se presentaron casos de resistencia en varias provincias, sobre algunos de los cuales informaron los ministros de Justicia. Parientes y amigos de los reclutados asaltaban convoyes e invadían cárceles para liberarlos, por lo general, comandados por algún oficial de la Guardia Nacional o por delegados de la policía. Ya en el año 1865, se registra ese tipo de resistencia en Sergipe y Pernambuco. En Sergipe una mujer fue muerta por oponerse al reclutamiento de su hijo. En 1866 hubo incidentes en Ceará, Alagoas y Pernambuco. En 1868, grupos de más de 50 personas atacaron convoyes y prisiones en Paraiba y en Ceará para liberar a los reclutas. En 1869 hubo un incidente similar en Alagoas.

La reacción contra el alistamiento propiamente dicho se inició a partir de la aprobación de la ley de septiembre de 1874, reglamentada en febrero de 1875. En el reglamento se establecía que el alistamiento lo realizaría todos los años, el primer día de agosto, una junta formada por el juez de paz, el subdelegado de policía y el párroco. Las reuniones de la junta serían públicas y se celebrarían en el templo parroquial. Se reclutaría a los varones de 19 a 30 años de edad, no beneficiados por alguna de las excepciones previstas. Ya en 1875 estallaron revueltas en ocho provincias. Grupos de 50 a 400 personas invadían los templos durante las reuniones de las juntas y rompían las listas, los libros y los ejemplares de la ley. No era raro que se produjesen muertes en uno y otro bando. En estos grupos participaban hombres y mujeres y hubo casos, como el de Paparí, Rio Grande do Sul, en que 50 mujeres actuaron solas y por cuenta propia. La reacción más fuerte tuvo lugar en Minas Gerais, la provincia más poblada, donde se registraron revueltas en muchas parroquias y se repitieron los disturbios en 1878, 1882, 1885 y 1887. En 1885, en el municipio de São Miguel de Guanchães, 400 personas armadas invadieron la iglesia

---

[30] Para una visión de conjunto de los movimientos populares del siglo XIX, en general realizados al margen de los mecanismos formales de representación, cf. J. M. de Carvalho, *Desenvolvimento de la ciudadanía en Brasil*, op. cit., pp. 50-63.

ahuyentando al párroco en medio de la celebración de la misa. Por toda la provincia grupos de mujeres disolvían las juntas y destruían documentos relacionados con el alistamiento (informes de los años respectivos).

La reacción contra el registro civil fue menos violenta, pero vale la pena mencionarla. En 1850, el gobierno hizo aprobar una ley que ordenaba la celebración del primer censo demográfico del país e introducía el registro civil de nacimientos y muertes. Los registros debían hacerlos escribientes adscritos a los juzgados de paz. Se conservó el bautismo religioso, pero debía celebrarse después de la inscripción en el registro civil. La ley se reglamentó en 1851, y debía entrar en vigor a partir de enero de 1852. Desde fines de 1851 comenzaron las reacciones violentas en Pernambuco, Alagoas, Paraiba y Sergipe (informe de 1851). Hombres y mujeres amenazaban y expulsaban a los jueces de paz junto con sus escribientes, invadían templos para impedir la lectura del reglamento y desarmaban a la policía. En Lage do Canhoto, Alagoas, un grupo de hombres armados obligó al párroco a bautizar aun sin contar con certificados de nacimiento. Muchas veces los propios párrocos fomentaban las protestas porque se consideraban perjudicados por el decreto. Se difundió el rumor de que el registro civil serviría para esclavizar a los hombres de color y de que la reglamentación sería *a lei do cativeiro*. El rumor amedrentaba en un país donde aún era legal la esclavitud. Ya en 1852 la reacción obligó al gobierno a suspender las labores del registro y del censo. Este último se realizó sólo en 1872, y en 1874 se aprobó el nuevo decreto sobre la reglamentación del registro civil, en la cual también se incluyeron los casamientos.[31] La reacción contra el registro civil, sobre todo en lo referente a los casamientos, volvió a presentarse en 1897 —ya en tiempos de la República— durante la gran revuelta popular de Canudos, inmortalizada por Euclides de Cunha. Uno de los motivos de la revuelta, según el líder de los rebeldes, Antônio Conselheiro, era la separación de la Iglesia y el Estado decretada por la República y la consiguiente introducción del matrimonio civil.

[31] Compárese el caso brasileño con el francés. El registro civil se introdujo en Francia por decreto de 1792 y formaba parte del esfuerzo republicano para implantar la ciudadanía civil. No hubo reacción violenta en la población, pero sí se presentaron grandes dificultades para ejecutar el decreto, provenientes de la resistencia pasiva. Los obstáculos iban desde la incompetencia de los encargados del registro hasta la resistencia de los párrocos, desde las componendas y fraudes hasta la simple desobediencia a la ley. Véase al respecto Gérard Noiriel, "L'identification des citoyens: naissance de l'État civil républicain", *Genèses,* 13 (otoño de 1993), pp. 3-28.

La adopción del nuevo sistema de pesos y medidas fue causa de una revuelta más seria. El sistema métrico se adoptó por ley en 1862 y se otorgó un plazo de diez años para que entrara en vigor. En 1871 surgió la primera reacción en Rio de Janeiro, cuando la población rompió y destruyó los prototipos de pesos y medidas, lo cual dio origen al término *quebra-quilos*. La reacción rural se presentó en 1874 en las provincias de Pernambuco, Alagoas, Paraiba y Rio Grande do Norte. Grupos de hasta 800 personas invadieron ferias para destruir los nuevos prototipos; atacaron cámaras municipales, colecturías y registros, a fin de destruir documentos públicos; asaltaron cárceles para soltar a los presos. Muchos gritaban vivas a la religión y mueras a la masonería. La referencia a la religión pone de manifiesto que el movimiento era a la vez contra la racionalización introducida por el nuevo sistema y contra el avance del secularismo reflejado en el encarcelamiento de dos obispos que habían entrado en conflicto con el gobierno, a cuya cabeza se encontraba entonces un gran maestre de la masonería.[32]

En todos esos movimientos y en otros aún más serios que surgieron después de la caída del Imperio —como la guerra de Canudos en 1897 y la revuelta de la Vacuna en 1904— no podría decirse que haya habido intervención arbitraria por parte del gobierno, al menos mientras no arraigó la revuelta. Tratábase de iniciativas que todos los Estados iban tomando a medida que se burocratizaban y secularizaban los servicios públicos y se los quitaba de las manos de la Iglesia y de los grandes propietarios. Algunas de esas iniciativas, por ejemplo la del registro civil, como observa Noiriel, eran requisitos para garantizar judicialmente varios derechos civiles e incluso políticos. Pero, al mismo tiempo, eran cambios que interferían en la vida cotidiana de los ciudadanos, alteraban comportamientos tradicionales, aumentaban el control gubernamental y despertaban intranquilidad. Ellos extendían las redes del gobierno y sacaban a las personas de su mundo privado, colocándolas dentro del campo de la ciudadanía civil. Representaban la creación de una ciudadanía hecha de arriba hacia abajo. Ahora bien, las reacciones adversas a esos cambios no pueden considerarse simplemente como un rechazo de la ciudadanía. Eran, sin duda, gestos de oposición hacia una reglamentación que provenía de arriba, que no tenía en cuenta ni respetaba costumbres y valores tradicionales. Si

---

[32] Sobre la revuelta, véase Armando Souto-Major, *Quebra-Quilos. Lutas Sociais no Outono do Império*, São Paulo, 1978.

bien es verdad que no proponían una alternativa y que se limitaban al rechazo, también es cierto que llevaban implícita la idea de un pacto no escrito, preexistente, según el cual el gobierno no tenía derecho a interferir en la vida cotidiana de la gente ni a ignorar sus tradiciones. Diciendo no, los rebeldes de alguna manera afirmaban ciertos derechos y hacían política para garantizar derechos tradicionales. No dejaba de ser un tipo de ciudadanía, aun cuando fuese en negativo.

¿Cuál ciudadano?

Examiné los aspectos referidos a la construcción de la ciudadanía de arriba hacia abajo, dentro de la hipótesis de la tradición ibérica de iniciativa estatal. Es obvio que no ignoro los mecanismos que actuaban de abajo hacia arriba. Ya los discutí en otro trabajo y su estudio es esencial para elaborar el mapa completo del problema.[33] Sólo se trata de reconocer una tradición política diferente, no de descalificar, en principio y por principio, para diferenciarse del modelo anglosajón. Si nuestra ciudadanía estuvo marcada por esa tradición, lo mínimo que podemos hacer es procurar comprender de qué ciudadanía se trata.

Mostré que el Estado central realizó varias tentativas para atraer a la población hacia el interior de la esfera de su actuación y que la población reaccionó de diversas maneras. Aún faltan muchos estudios para una evaluación más precisa de las consecuencias de dicha interacción. Pienso, sobre todo, en la investigación de la expansión del poder judicial y del desarrollo de las prácticas judiciales como instrumentos esenciales para la garantía de los derechos civiles.[34] Entre tanto, de la exploración preliminar realizada en estas páginas puede inferirse que una gran transformación tuvo lugar en el campo de la ciudadanía a lo largo del siglo XIX. Gran número de brasileños que durante la Colonia se mantuvieron totalmente apartados de la vida pública, encerrados en su mundo privado, salieron de su parroquialismo y comenzaron a relacionarse con el Estado. Lo hicieron, sin duda, en las elecciones, si bien de manera desordenada y tumultuosa.

[33] J. M. de Carvalho, *Os Bestializados, op. cit.,* cap. IV, y L. Bethell y J. M. de Carvalho, "1822-1850", en Leslie Bethell (comp.), *Brazil, Empire and Republic, 1822-1930,* Cambridge University Press, Cambridge, 1989, pp. 45-122.

[34] Un estudio pionero sobre la justicia en el Brasil del siglo XIX es el de Patricia Anna Aufderheide, "Order and Violence: Social Deviance and Social Control in Brazil, 1789-1840", tesis doctoral, Universidad de Minnesota, 1976.

También lo hicieron al servir en la Guardia Nacional, en el *jury*, en el Ejército y en la Armada, y al luchar por la defensa del país; y lo hicieron, asimismo, cuando fueron registrados por el censo y cuando tuvieron que recurrir a agentes gubernamentales para registrar los hechos principales de sus vidas. Como mínimo puede decirse que tomaron conciencia de la presencia del Estado y que en muchos de ellos se despertó la idea de la nación como comunidad de pertenencia. Como mínimo, entonces, puede decirse que pasaron del parroquialismo a la condición de súbditos.

Podría argumentarse que todo ello es poca cosa. Pero es preciso tener en cuenta que había fuertes razones de tipo estructural que bloqueaban el desenvolvimiento de la ciudadanía. Entre ellas, la esclavitud, que negaba la ciudadanía, incluso la civil, a buena parte de la población; el patriarcalismo, que la negaba a las mujeres; una sociedad predominantemente rural y latifundista que dificultaba la movilización política de la mayor parte de la población. Como vimos, los miembros más esclarecidos de la elite política y de la burocracia se quejaban constantemente de los obstáculos opuestos a la acción de la justicia. Se referían a las costumbres, a la situación moral del país, a la falta de luces y de ilustración, al bajo nivel de educación y de civilización, a la influencia de los potentados locales, a la falta de una opinión pública. No existen razones para desconfiar de la sinceridad de esas quejas, a no ser que se adopte una visión simplista y funcionalista del Estado como mero instrumento de poder al servicio de los latifundistas. Buena parte de la elite oscilaba entre un iluminismo ilustrado con la mirada puesta en los modelos europeos y la necesidad de adaptarse a una realidad incontrolable.

Tal vez podría decirse que nuestras elites ilustradas, agentes de una modernización de arriba hacia abajo, eran más limitadas e impotentes que, por ejemplo, las inglesas o las alemanas. Fracasaron en dos aspectos que dependían de la acción del Estado. Uno de ellos se refiere al alcance del aparato judicial. El número de jueces y de tribunales era muy pequeño; el proceso judicial era lento; las funciones de la justicia y de la policía estaban mal diferenciadas; la magistratura mostraba escasa profesionalización y era muy dependiente de los intereses políticos. Todo esto hacía que estuviesen mal protegidos los derechos civiles, baluarte de la ciudadanía anglosajona. Aunque figuraran en la Constitución, de hecho eran letra muerta en la vida del ciudadano. El segundo aspecto se refiere a la educación primaria, que gozaba de prioridad tanto en Inglaterra como en Alemania. Marshall tuvo dificultades con este tema porque subvertía la secuencia de los derechos. La educación primaria es un derecho social que a su vez es una condición de los derechos civiles. Una de las peores herencias coloniales del Brasil fue el gran descuido de la educación primaria. A pesar de que existía una legislación que obligaba a abrir escuelas en todos los distritos y a pesar del interés personal del emperador, el índice de alfabetización en 1872 era de 15.7% de la población total, o 18.5% de la población libre. En 1920, casi medio siglo después, el índice de alfabetización apenas llegaba a 24% de la población total.

Es sintomático que esta herencia maldita también pesa sobre la metrópoli que la transmitió. En un libro de 1915, Antônio Sérgio ve en la educación primaria el principal problema para el desarrollo de la ciudadanía en Portugal. Según este autor, sólo un programa agresivo de educación al estilo anglosajón, basado en el autogobierno de las escuelas, sería capaz de eliminar "la fidelidad de vasallo del Estado" que caracteriza a los portugueses, y de lograr que la gente comience a buscar por sí misma las soluciones a los problemas y no sólo a través del Estado.[35]

---

[35] Antônio Sérgio, *Educação Cívica*, Ministerio de Educación, 3a ed., Lisboa, 1984, p. 31.

CIUDADANÍA Y JERARQUÍA EN EL BRASIL ESCLAVISTA

Richard Graham[*]

EN EL BRASIL DEL SIGLO XIX existía una marcada tensión entre la ideología del liberalismo recién importada de Europa y las antiguas tradiciones de una sociedad jerárquica.[1] Por un lado, se hallaba el concepto de ciudadano, definido como individuo participante en una comunidad de iguales, que ejercía su poder político a través de elecciones. Por el otro, aún se mantenía la herencia colonial portuguesa, que consideraba a la sociedad como una formación de rangos, corporaciones, gremios y hermandades situados unos sobre otros o colocados lado a lado. Esta yuxtaposición de dos ideologías contrastantes es todavía mucho más llamativa en una sociedad multirracial como la brasileña, ya que la mezcla de visiones jerárquicas e igualitarias respecto a la sociedad, siempre en tensión, tenía repercusiones directas y específicas sobre el destino de las personas libres de color. Mi propósito en este capítulo es ver cómo los afrobrasileños[2] fueron afectados por las nuevas estructuras e ideologías políticas adoptadas por los líderes del Brasil.

La importancia del problema deriva del hecho de que había un gran número de afrobrasileños libres en Brasil antes de la abolición de la esclavitud en 1888. El censo de 1872 arrojaba la cifra de 4.25 millones de negros y mulatos libres, quienes constituían al menos tres cuartas partes del total de afrobrasileños. Además, estos hombres y mujeres representaban dos quintas partes de toda la población brasileña.[3] ¿Cuál

---

[*] Universidad de Texas en Austin. Traducción de Carolina Rocha.
[1] Las primeras versiones de este trabajo fueron presentadas en la "International Conference on Culture and Change in Latin America: Past Trends and Future Directions" (Universidad de Oxford, mayo de 1995); en la Social Science Research Council Conference sobre "The Expansion of Political Citizenship in Latin America" (Bogotá, agosto de 1995); y en el "Atlantic World Seminar" (Universidad de Texas en Austin, noviembre de 1995). Deseo agradecer a todos los participantes por sus valiosos comentarios.
[2] Designo afrobrasileños o gente de color a todos los descendientes de ancestros africanos, a pesar de que un gran número de ellos también descendía de europeos. Al hacer esto sigo una práctica reciente de los especialistas de las categorías raciales en Brasil, quienes agrupan a los no blancos en una sola categoría. Hasta cierto punto, esto puede reflejar un prejuicio estadunidense.
[3] En 1872 había 1 510 810 esclavos, 4 245 428 negros y mulatos libres y 3 787 289 blancos en una

era la posición política de los negros libres y liberados en el nuevo orden? ¿Eran realmente ciudadanos de la nación? ¿Podían votar? ¿Podían participar completamente en política? Antes de dedicarnos a contestar estas preguntas, debemos considerar algunas cuestiones generales.

El concepto de ciudadano surgió como núcleo del discurso político durante la gran transformación que se evidenció en el mundo occidental entre 1750 y 1850. Junto con el capitalismo industrial, el liberalismo y el nacionalismo aparecieron las debatidas nociones de democracia e igualdad política. Ciertamente, las cualidades de lo que denominamos *Ancien Régime* no estaban uniformemente presentes antes de esa transformación ni han sido analizadas del todo hasta hoy. Sin embargo, pocos pueden negar que la desigualdad dentro de una estructura jerárquica era una de sus características predominantes e incuestionables. El contraste entre las dos ideologías era evidente para aquellos que experimentaron la transición.

Como varios países coetáneos, el Brasil colonial estaba, si no legalmente, conceptualmente dividido en estados. Por lo general se sostenía la opinión de que la sociedad, en vez de estar formada por individuos igualmente protegidos en sus derechos y móviles en cuanto a sus relaciones mutuas, era lo que Roland Mousnier describe como "una sociedad de órdenes" y lo que los historiadores brasileños llaman una "sociedad estamental".[4] No existen dudas de que la realidad de la esclavitud en una economía de plantación, guiada por el afán de lucro, interfería con esa construcción conceptual. Muchos individuos, independientemente de su posición social original, acumulaban riquezas y

población de 9 543 527 habitantes. David W. Cohen y Jack P. Greene (comps.), *Neither Slave nor Free: The Freedman of African Descent in the Slave Societies of the New World*, The Johns Hopkins University Press, Baltimore, 1972, p. 314. El censo no distinguía entre aquellos que habían nacido libres y los que habían sido liberados. Con objeto de simplificar el texto, algunas veces omitiré esta distinción en las páginas siguientes. Aquí digo "al menos", ya que las categorías censuales de "pardo" y "negro" probablemente no incluyen a todos los individuos de color; un censista destacaba en 1849 que esa información era imprecisa por la "inexactitud con la que cada persona informaba sobre sí misma". Haddock Lobo citado en Thomas H. Holloway. "Haddock Lobo, e o recenseamento do Rio de Janeiro de 1849", trabajo no publicado, p. 5.

[4] Roland Mousnier, *Social Hierachies, 1450 to the Present*, Schocken Books, Nueva York, 1973. No se ha emprendido ningún estudio sistemático sobre el sistema judicial colonial o de la sociedad de órdenes en Portugal o Brasil; un punto inicial para tal investigación podría ser Candido Mendes de Almeida (ed.), *Codigo Philippino: ou, Ordenações e leis do reino de Portugal recopiladas por mandado d'el rei D. Philippe I...* Instituto Philomathico, Rio de Janeiro, 1870. Véase también Florestan Fernandes, *A revolução burguesa no Brasil: Ensaio de interpretação sociológica*, Zahar, Rio de Janeiro, 1975; A. J. R. Russell-Wood, *Fidalgos and Philanthropists; the Santa Casa de Misericórdia of Bahia, 1550-1755*, University of California Press, Berkeley, 1968, y João José Reis, *A morte é uma festa. Ritos fúnebres e revolta popular no Brasil do século xix*, Companhia das Letras, São Paulo, 1991.

adquirían poder, el cual era correlativo a sus recursos financieros antes que a su *status,* y constituían una clase dominante de hacendados y mercaderes. En el otro extremo, la tragedia de la trata de esclavos había introducido un grupo que tenía que ser controlado más por violencia que por costumbre y para el cual resultaba extremadamente difícil evadir la esclavitud. Así, se formaron clases y castas. No obstante, en el periodo colonial, Brasil no puede ser considerado como un ejemplo acabado del modelo estamental. Si se lo compara con la América española, las diferencias son evidentes: sólo para mencionar un aspecto, el sistema de gremios había casi desaparecido del Brasil colonial, probablemente por la existencia de la esclavitud. Para nuestros propósitos, sin embargo, mientras exploramos las subsiguientes transformaciones que tuvieron lugar, puede decirse que el Brasil colonial era ciertamente más una sociedad de órdenes que una de individuos atomizados, moviéndose dentro y entre las clases.

Cada individuo poseía múltiples identidades y lealtades, sin una verdaderamente totalizadora, excepto la de cristiano y súbdito del rey. Benedict Anderson ha llamado nuestra atención hacia la "comunidad religiosa" y el "ámbito dinástico" como los principios orientadores de la identidad de aquel tiempo. Los límites exteriores de tales comunidades permanecían imprecisos y permeables; lo más evidente era la presencia de un "centro alto" en la Iglesia y la Corona. Anderson sostiene que el historiador buscará en vano la nación.[5] Sea o no válida esta formulación para Europa, en el Brasil colonial la palabra "brasileño" se utilizaba rara vez antes del siglo XIX.

Brasil obtuvo su independencia de una manera muy diferente de la América española, sin mencionar el contraste obvio con las colonias inglesas. La deposición del rey de España por parte de Napoleón forzó a los hispanoamericanos a buscar nuevas identidades; en la lucha subsiguiente por ganar primero la autonomía y después la independencia, muchos miembros de las altas clases coloniales trasladaron su lealtad del rey a la nación. Apelando al ejemplo de la Revolución francesa, comenzaron que ver que la soberanía residía en el pueblo, no en el monarca, y empezaron a forjar un sentido de nacionalidad. En contraste, Brasil no tuvo una larga y sangrienta guerra de independencia. Cuando Napoleón expulsó de Portugal al príncipe regente, éste no instaló en Brasil una corte en el exilio sino el aparato de gobierno completo, ha-

---

[5] Benedict Anderson, *Imagined Communities: Reflections on the Origin and Spread of Nationalism*, ed. rev., Verso, Londres, 1991, pp. 12-22.

ciendo de Rio de Janeiro la capital de su imperio. Ni la derrota de Napoleón ni la restauración de Portugal lo convencieron de regresar a Europa; prefirió elevar el *status* de Brasil al de reino y continuar residiendo allí. Finalmente, en 1820, los revolucionarios liberales crearon una monarquía constitucional en Portugal y obligaron al ahora rey Juan VI a regresar a Lisboa, y buscaron reimplantar el *status* colonial de Brasil. El resultado fue el aumento de fricciones entre brasileños y portugueses al extremo de que el hijo de Juan, Pedro, probablemente en consulta con su padre, declaró la independencia de Brasil en 1822, coronándose luego como Pedro I, emperador de Brasil. Promulgó una Constitución para el nuevo Estado y de allí en adelante se acallaron los debates sobre la soberanía.[6]

Esos movimientos, dirigidos desde arriba, paso a paso, condujeron a una legítima monarquía. En efecto, Brasil se había independizado sin convertirse en nación y sin alterar su estructura social ni el concepto de individuo dentro de ella. El nuevo orden no *requirió* la presencia de un ciudadano. La aceptación de una jerarquía social de múltiples estratos continuó caracterizando a la sociedad brasileña durante la mayor parte del siglo XIX, y el paradigma jerárquico brindó un medio de asegurar el orden social porque disipaba las tensiones sociales. La "condición" de cada uno indicaba su cualidad social y su lugar preciso en la sociedad. Los brasileños daban por sentado que la gente podía distinguirse, como afirmaba un escritor en 1885, "de acuerdo al orden, escala y categoría en la cual están ubicados dentro de la sociedad".[7] La atención dada a las variaciones del color de la piel también contribuía a ubicar a las personas a lo largo de una amplia gama de *status,* siendo algunos más claros o más oscuros que otros.[8] Consecuentemente, de entre los

---

[6] Richard Graham, *Independence in Latin America: A Comparative Approach*, 2ª ed, McGraw-Hill, Nueva York, 1994, pp. 103-104, 128-133; Leslie Bethell, "The Independence of Brazil", en Leslie Bethell (comp.), *The Cambridge History of Latin America*, Cambridge University Press, Cambridge, 1985, vol. III, pp. 157-196.

[7] Luiz Peixoto de Lacerda Werneck, *Idéias sobre colonização precedidas de uma sucinta exposição dos princípios que regem a população*, Laemmert, Rio de Janeiro, 1855, p 28. En todas partes, la jerarquía ha servido para el mismo propósito. Véase Louis Dumont, *Homo Hierarchicus: The Caste System and Its Implications*, ed. rev., Chicago, 1980, p. 18.

[8] Para la jerarquía de color en Brasil, véase Carl N. Degler, *Neither Black nor White: Slavery and Race Relations in Brazil and the United States*, Nueva York, 1971, pp. 88-112, 263; este autor, al simplificar su esquema, no consigue enfatizar adecuadamente los rangos de color, resaltando en vez de ello el esquema tripartito de blancos, negros y mulatos. Confróntese la aceptación brasileña de las complejas gradaciones sociales con el argumento de James Oakes *(The Ruling Race: A History of American Slaveholders,* Nueva York, 1982) de que la mayoría de los dueños de esclavos en los Estados Unidos aceptaban la ideología de la igualdad para los blancos. Mientras conservaran esa idea, la liberación de los esclavos inevitablemente habría amenazado el dominio

libres, nadie —ya fuera negro o blanco— se consideraba igual a otro; todos se hallaban dentro de una jerarquía y se encontraban por encima o por debajo de otros.

No obstante, una nueva filosofía surgió gradualmente en los años posteriores a la independencia. Los brasileños de la elite decimonónica, al menos en las ciudades, no eran inmunes a todos los cambios que habían afectado Europa desde mediados del siglo XVIII, y sentían con intensidad la influencia de un nuevo sistema de ideas que emanaba de los centros mundiales de poder político y económico. Uno sospecha que intuían la necesidad de preservar la legitimidad de la estructura social brasileña, participando de la nueva ideología en ascenso. De cualquier modo, con el abrumador impacto de la "edad de la revolución" llegaron también a Brasil los conceptos de liberalismo, individualismo, igualdad, democracia y ciudadanía, nociones que, a pesar de ser a menudo conflictivas entre ellas, contrastaban agudamente con las del Antiguo Régimen. Un nuevo modelo de hombre y de sociedad se infiltró en la teoría y, hasta cierto punto, en la práctica políticas. Los economistas mencionaban a Adam Smith, y los profesores de derecho citaban a Locke. La Constitución (otorgada por el rey, y redactada por asesores conservadores) incluía el concepto de que cada persona libre era ahora un "ciudadano", aún aquellos que habían nacido esclavos. Además, exigía un poder compartido entre un Parlamento *electo* y el emperador para que las leyes fueran una expresión de la voluntad popular. Y concluía con una larga lista de derechos individuales.[9] Ciertamente los nuevos acuerdos contrastaban agudamente con los antiguos pactos corporativos. Por supuesto, el proceso de definición del ciudadano todavía posibilitaba distinciones en Brasil como en Europa, y hasta había voces liberales que deploraban las disposiciones democráticas de los textos legales.[10] Puede decirse que Brasil vivía dos vidas simultáneamente: una del *Ancien Régime,* de órdenes y jerarquías horizontales, y otra, nueva, en la cual los ciudadanos ejercían el poder de manera igualitaria, eligiendo a sus representantes a través de comicios.

Ahora bien, dado el carácter multirracial de la sociedad y la conti-

---

blanco. Edmund Morgan explora el origen de esta aparente contradicción entre libertad e igualdad para los blancos y esclavitud para los negros en su *American Slavery, American Freedom: The Ordeal of Colonial Virginia,* Nueva York, 1975.

[9] *Constituição Política do Império do Brasil* (sobre ciudadanía, véase artículo 6, párrafo 1).

[10] Alfredo Bosi, "A escravidão entre dois liberalismos", *Estudos Avançados,* vol. II, núm. 3, septiembre-diciembre de 1988, p. 21; Emília Viotti da Costa, *The Brazilian Empire: Myths and Realities,* University of Chicago Press, Chicago, 1985, pp. 53-61, 75-76.

nuación de la esclavitud, esta yuxtaposición presentaba problemas especiales para la configuración de una ideología coherente, los cuales no se habían presentado en la sociedad de órdenes. Entonces, los negros libres habían estado también visiblemente presentes. Hacia 1775, más de un tercio de todos los afrobrasileños de la ciudad de Salvador (Bahía), el mayor centro comercial de esclavos de las Américas, eran libres. En la provincia de Minas Gerais, una región de minas de oro y diamantes que había importado a miles de esclavos en el siglo XVIII, 41% de los afrobrasileños era libre en 1786. Evidentemente, los negros libres habían estado presentes en Brasil antes: aun en el siglo XVI, cuando el transporte de esclavos a Brasil recién comenzaba, más de 7% de los negros en Portugal mismo ya eran libres.[11] Pero la sociedad de órdenes no estaba amenazada por esta gran minoría racial, ya que cada uno tenía su sitio.

Estas características demográficas habían sido consecuencia de la frecuente manumisión, practicada durante mucho tiempo, no sólo de esclavos, viejos y enfermos, sino también de recién nacidos y adultos sanos.[12] En términos culturales, se consideraba normal la liberación de niños y adultos; esos actos eran catalogados como dignos de elogio y los visitantes extranjeros se sorprendían invariablemente al descubrir la frecuencia de los mismos.[13] Las circunstancias de la mayoría de las manumisiones merecen cierta atención. Un estudio ha mostrado que durante la primera mitad del siglo XVIII las mujeres eran liberadas dos veces más frecuentemente que los hombres, a pesar del predominio de hombres en la población esclava total. Alrededor de 45% de todos los liberados en Bahía eran menores de 13 años, y relativamente pocos eran libertados después de los 45 años. Mientras los mulatos sumaban sólo entre 10 y 20% de los esclavos, eran libertados en igual número que los negros. A principios del siglo XIX, en la ciudad de Rio de Janeiro encontramos los mismos usos: dos tercios de las personas libertadas

---

[11] A J. R. Russell-Wood, *The Black Man in Slavery and Freedom in Colonial Brazil*, St. Martin's, Nueva York, 1982, pp. 48-49; A. C. de C. M. Saunders, *A Social History of Black Slaves and Freedmen in Portugal, 1441-1555*, Cambridge University Press, Cambridge, 1982, p. 60.

[12] Degler, *op cit.*, p. 71.

[13] Henry Koster, *Travels in Brazil in the Years from 1809 to 1815*, Carey & Sons, Filadelfia, 1817, II, pp. 191-196, 215; Robert Walsh, *Notices of Brazil in 1828 and 1829*, Richardson, Lord, y Hobrook & Cavill, Londres, 1830, II, pp. 342, 350-351, 365-366; Daniel Parish Kidder y James Cooley Fletcher, *Brazil and the Brazilians Portrayed in Historical and Descriptive Sketches*, Childs & Peterson, Filadelfia, 1857, p. 133; Mary Wilhelmine Williams, "The Treatment of Negro Slaves in the Brazilian Empire: a Comparison with the United States of America", *Journal of Negro History*, vol. 15, núm. 3, julio de 1930, pp. 328-334.

en el periodo de 1807-1831 eran mujeres, y aunque los hombres nacidos en África superaban a las mujeres por casi dos a uno, las mujeres liberadas excedían a aquéllos.[14] Si se tiene en cuenta que el *status* —libre o esclavo— de un niño dependía del de la madre, no es sorprendente que los afrobrasileños libres llegaran a constituir una proporción tan grande de la población. Y las mujeres libres tenían más hijos que las esclavas. Una evidencia de esa disparidad se encuentra en la llamada proporción de dependencia; cuanto más baja es, mayor es la posibilidad de mortalidad infantil o de una corta expectativa de vida. En el cuadro 1 muestro cómo esta proporción difería por raza y *status* en las parroquias de Bahía en 1788. Entre la población libre de color había casi el doble de dependientes (menores de 15 años o mayores de 44) que entre los esclavos.

CUADRO 1: *Proporciones de dependencia* en Salvador, Bahía, por color y* status, *1788*

Blancos	143
Libres	133
Esclavos	69

* El número de los menores de 15 años o mayores de 45 años por cada 100 personas entre 15 y 45 años.

FUENTE: Stuart Schwartz, *Sugar Plantations in the Formation of Brazilian Society*, Cambridge University Press, Cambridge, 1985, p. 359.

No se debe pensar que los motivos eran siempre altruistas. Es importante notar, aunque sea entre paréntesis, que dos quintos o posiblemente la mitad de los esclavos adultos que eran liberados pagaban o prometían pagar por su liberación en efectivo. Así, aunque muchos dueños permitían a los esclavos acumular ahorros propios, también pedían como pago para concederles la libertad un precio equivalente al de un nuevo esclavo. No cualquier esclavo podía comprar su libertad, aun cuando la pagara en efectivo; la manumisión era considerada como una concesión por parte del dueño, otorgada a los esclavos obedientes y leales, de quienes se esperaba gratitud.[15] Además, la liberación relati-

---

[14] Stuart B. Schwartz, "The Manumission of Slaves in Colonial Brazil: Bahia, 1684-1745", *Hispanic American Historical Review*, núm. 54, agosto de 1974, pp. 603-635; Mary C. Karasch, *Slave Life in Rio de Janeiro, 1808-1850*, Princeton University Press, Princeton, 1987, p. 349. Las mujeres representaban 54% de los liberados en 1849, según Holloway, ar. cit., cuadro 9.

[15] Schwartz, *art. cit.*, p. 623; Mieko Nishida, "Manumission and Ethnicity in Urban Slavery: Sal-

vamente generosa de niños podía explicarse en parte por el alto costo del crédito, el cual hacía que la inversión en la crianza de los mismos fuera demasiado elevada en relación con el bajo costo que representaba comprar un esclavo recién llegado de África.[16] Asimismo, como pocos europeos iban a Brasil (y la población indígena había sido diezmada hacía tiempo), había un escaso número de blancos dispuestos a ejecutar las innumerables tareas —muchas de las cuales eran peligrosas— que los propietarios vacilaban en confiar a esclavos.[17] No debemos olvidar, por otra parte, que las imperceptibles diferencias de estratificación social a las cuales he aludido antes impedían cualquier amenaza que los libertos pudieran presentar, y explica parcialmente por qué la manumisión de los esclavos podía ser alentada: los negros liberados se ubicarían con facilidad en uno de los varios espacios sociales posibles. Por último, aunque aun entre los propietarios de esclavos había muchos afrobrasileños (hasta ex esclavos), nada en este trabajo debe entenderse como atenuante de la repercusión de la esclavitud: para miles de esclavos que no eran blancos no existía ni un mínimo de libertad individual y mucho menos ciudadanía.

El historiador enfrenta numerosos problemas al estudiar el *status* legal de los libertos y las personas libres descendientes de africanos en el Brasil independiente. Primero, debido a la filosofía liberal de las nuevas leyes del Imperio, muchas de las categorías sociales formales antes utilizadas dejaron de existir y, por lo tanto, escasea la evidencia escrita sobre gente libre de color. A pesar de que en la práctica había todavía muchas restricciones sobre ellos, los registros a menudo enmudecen y los negros libres se vuelven virtualmente invisibles para el historiador (y se sospecha que para los contemporáneos también). En síntesis, los esclavos en cuanto propiedad constituían una categoría regulada; pero los negros libres no eran legalmente diferentes de los blancos y, con escasas excepciones, desaparecían de las leyes, presupuestos y discur-

---

vador, Brazil, 1808-1888," *Hispanic American Historical Review*, vol. 73, núm. 3, agosto de 1993, pp. 361-391. Sobre cómo la manumisión a cambio de efectivo era considerada un favor, véase, por ejemplo, Inventário do Antonio da Cruz Velloso, 1811, Arquivo Público do Estado da Bahia, Seção Judiciária, 04/1709/2179/02, ff. 50-52, y los casos citados por Sidney Chalhoub, "Slaves, Freedmen and the Politics of Freedom in Brazil: the Experience of Blacks in the City of Rio", *Slavery and Abolition,* vol. 10, núm. 3, diciembre de 1989, pp. 64-84.

[16] Jaime Reis, "Abolition and the Economics of Slave-Holding in North East Brazil", *Occasional Papers* núm. 11, Glasgow Institute of Latin American Studies, Glasgow, s. f., mimeografiado, pp. 11, 16; Pedro Carvalho de Mello, "Estimating Slave Longevity in Nineteenth-Century Brazil," Universidad de Chicago, Departamento de Economía, Informe núm. 7475-21, Chicago, s. f.

[17] Marvin Harris, *Patterns of Race in the Americas*, Walker, Nueva York, 1964, pp. 79-94.

sos oficiales.[18] Complicando las cosas aún más para el historiador, las suaves y calidoscópicas expresiones de prejuicio racial en Brasil han dado origen a un siempre cambiante, ambiguo y mal definido juego de encuentros raciales. Los documentos nunca se refieren a la raza de los hombres y las mujeres de origen afrobrasileño pero de color más claro o que habían alcanzado algún lugar social. Los grupos dominantes en la sociedad brasileña siempre han encarado las cuestiones raciales, como las fricciones de clase, a través de una compleja mezcla de fuerza y cooptación. Los pobres, blancos o negros, generalmente eran objeto de discriminación y se esperaba que fueran serviles. Es difícil para el historiador distinguir entre blancos pobres y negros pobres, ya que es una situación bastante diferente de la que se dio, por ejemplo, en los Estados Unidos.[19]

Un ejemplo de esta dificultad se evidencia en el *agregado*. Los documentos se refieren a alguien como *agregado a minha família* (incorporado a mi familia) o como *morador nas minhas terras* (residente en mis tierras), acortado en la práctica a *agregado* o *morador*. Inequívocamente, un *agregado* o *morador* dependía de alguien, especialmente para la vivienda o, al menos, para el espacio en que vivía y, lo que era más importante, para el lugar social. Podía ser hasta miembro de la familia, una tía respetable, hermana o hermano que carecían de una fuente propia de ingresos; sin embargo, con mayor frecuencia el *agregado* era un trabajador agrícola pobre a quien el terrateniente le otorgaba el derecho de plantar cultivos de subsistencia en algún sector alejado de la gran propiedad. A cambio, los *agregados* trabajaban ocasionalmente para el hacendado, le ofrecían apoyo en tiempos de lucha armada contra hacendados vecinos y también lealtad en las disputas electorales.[20]

---

[18] Fundação Cultural do Estado da Bahia, Diretoria de Bibliotecas Públicas, *Legislação da Província da Bahia sobre o negro: 1835-1888,* Fundação Cultural do Estado da Bahia, Diretoria de Bibliotecas Públicas, Salvador, 1996. En el futuro, esta fundación brindará una gran ayuda para el trabajo del historiador sobre este aspecto.

[19] Sobre los libres pobres en Brasil, consúltese Maria Sylvia de Carvalho Franco, *Homens livres na ordem escravocrata*, Ensaios núm. 3, 2ª ed., Atica, São Paulo, 1974; Joan E. Meznar, *Deference and Dependence: the World of Small Farmers in a Northeastern Brazilian Community, 1850-1900*, tesis doctoral, Universidad de Texas en Austin, 1986; Hebe Maria Mattos de Castro, "Beyond Masters and Slaves: Subsistence Agriculture as Survival Strategy in Brazil during the Second Half of the Nineteenth Century", *Hispanic American Historical Review*, vol. 68, núm. 3 agosto, de 1988, pp. 461-489. Las condiciones de empleo de los trabajadores libres tenían una base muy débil en la ley, haciendo muy obvias en Brasil las distinciones trazadas por los historiadores legales estadunidenses entre trabajo "libre" y "no libre".

[20] Werneck, *op. cit.,* p 36; C. F. van Delden Laerne, *Brazil and Java: Report on Coffee-Culture in America, Asia and África to H. E. the Minister of the Colonies*, Londres, 1885, p. 309n; James W. Wells, *Exploring and Travelling Three Thousand Miles Through Brazil from Rio de Janeiro to*

Un ingeniero describe la situación en las plantaciones de café en 1879; él nos dice que algunas tierras no eran utilizadas por el plantador o sus esclavos y en la

> grande extensión restante [...] se nota un gran número de individuos que se establecen allí con el permiso del señor de las tierras o hacendado y que son llamados *agregados*. Esos *agregados*, [cuyo] número es muchas veces superior al de los esclavos, son ciudadanos pobres. [...] Por la dependencia en la que se encuentran de los propietarios, esos *agregados* constituyen una clase esclavizada que, si bien no están sujetos [sic] a ningún tributo de dinero ni de trabajo, [...] lo están, por el impuesto electoral [el voto] que en algunas ocasiones oportunas pagan en las urnas, bajo pena de ser desalojados.[21]

La evidencia directa sobre el color de estos hombres y mujeres es casi nula. Sin embargo, sabemos que eran pobres y puesto que los pobres eran usualmente negros o mulatos y que la mayoría de los no blancos eran pobres, se puede deducir que la mayor parte de los *agregados* eran negros o mulatos. Por lo tanto, la participación de los *agregados* en política es un aspecto importante.

Mientras exploramos la repercusión de la nueva ideología sobre el destino de la gente de color, al tiempo que tenemos en cuenta estas dificultades metodológicas, será útil concentrarnos en tres temas: *1)* el derecho a portar armas; *2)* las cofradías como estructuras comunales, y sobre todo *3)* la participación en las elecciones.

Si examinamos la cuestión de la portación de armas por parte de los negros libres, se hace evidente que la nueva ideología acabó con una categoría legal específica. En la época colonial había dos políticas simultáneas a este respecto. Por un lado, las leyes prohibían a los hombres

---

Maranhão, Londres, 1886, p. 168; discurso de Joaquim José Alvares dos Santos Silva, en Congresso Agricola, *Congresso Agricola: Coleção de documentos*, Rio de Janeiro, 1878, p. 156; discurso de Barbosa Torres, en Rio de Janeiro (provincia), Assembleia Legislativa, *Anais*, 1880, p. 593, citado en Ana Maria dos Santos, *Agricultural Reform and the Idea of 'Decadence' in the State of Rio de Janeiro, 1870-1910*, tesis doctoral, Universidad de Texas en Austin, 1984, p. 126; Stanley J. Stein, *Vassouras, a Brazilian Coffee County, 1850-1900*, Cambridge, Massachusetts, 1957, pp. 32n, 57n, 58; Franco, *op. cit.*, pp. 94-107.

[21] João da Rocha Fragoso, Report 31, marzo de 1879, citado en Brazil, Ministério da Fazenda, *Relatório*, 1891, vol. 2, anexo C, pp. 4-5. Para la situación en el nordeste, véase Herbert H. Smith, *Brazil-the Amazons and the Coast*, Nueva York, 1879, pp. 402-403; Imperial Instituto Bahiano de Agricultura, "Relatório", en Brasil, Ministerio da Agricultura, *Relatório*, 1871, appenso C, p. 7; Stuart B. Schwartz, "Elite Politics and the Growth of a Peasantry in Late Colonial Brazil", en A. J. R. Russell-Wood (comp.), *From Colony to Nation: Essays on the Independence of Brazil*, Baltimore, Maryland, 1975, pp. 144-54; Manuel Correia de Andrade, *A terra e o homem no Nordeste*, São Paulo, 1963, pp. 93-95.

libres de color (y por supuesto a los esclavos) portar armas. Por el otro, se organizaron unidades separadas de milicia armada, compuestas solamente por negros y mulatos libres y comandadas por oficiales de su mismo color.[22] En síntesis, se creía que servirían lealmente en un cuerpo corporativo dentro del sistema estamental, pero que los *individuos* al margen de esas corporaciones eran peligrosos. Después de la independencia, las unidades de milicia separadas por raza fueron abolidas, mientras que, como individuos, la mayoría de los hombres de color fueron relegados a los rangos militares más bajos. Este cambio fue una de las causas de una virtual guerra racial que estalló en Bahía en 1837: los no blancos querían la restauración de sus propias milicias.[23] A pesar de que un vestigio de la sociedad corporativa había sido abolido, no lo remplazó la verdadera igualdad.

Al margen de las leyes, los funcionarios discriminaban a los afrobrasileños libres en lo concerniente a la conscripción militar. El llamado de hombres a las armas fue ampliamente utilizado a lo largo del siglo XIX (y antes también) como una forma de disciplinar a los pobres. Pese a que bajo la ley brasileña decimonónica todos los hombres de cierta edad estaban sujetos al reclutamiento, la lista de las ocupaciones eximidas era larga y dejaba como realmente sujetos a éste sólo a los no propietarios. Era práctica común, antes y después de la independencia, que un juez o un funcionario administrativo principal de alguna localidad *(capitães mores* en la época colonial, *delegados* después de 1841) reuniera a supuestos personajes indeseables y los enviara al ejército o la marina. Por lo tanto, es significativo que las filas del ejército estuvieran predominantemente formadas por afrobrasileños. No tenemos mucha evidencia directa sobre este fenómeno, pero listas de desertores capturados, algún registro de conscripción y algunas anotaciones de servicio sobre los soldados dados de baja muestran que entre tres quintos y tres cuartos de los individuos reclutados eran hombres de color.[24] Un juez que envió al ejército tres reclutas en 1840 los describía en términos de sus delitos, y casualmente notaba que dos eran mulatos y el

---

[22] Luiz Mott, "A escravatura: o propósito de uma representação a El-Rei sobre a escravatura no Brasil", *Revista do Instituto de Estudos Brasileiros*, núm. 14 (1973), p. 129; F. W. O. Morton, "The Military and Society in Bahia, 1800-1821", *Journal of Latin American Studies*, vol. 7, núm. 2, noviembre de 1975, pp. 263-268.
[23] Hendrik Kraay, "As Terrifying as Unexpected: the Bahian Sabinada, 1837-1838", *Hispanic American Historical Review*, vol. 72, núm. 4, noviembre de 1992, pp. 513-515.
[24] Hendrik Kraay, *Soldiers, Officers, and Society: the Army in Bahia, Brazil, 1808-1889*, tesis doctoral, Universidad de Texas en Austin, 1995, p. 259.

otro negro. Tales ejemplos podrían multiplicarse; así, un observador al fin de la guerra del Paraguay comentaba que los reclutados "eran casi todos hombres de color". A fines de 1880, un inglés en Rio de Janeiro todavía podía asegurar que "la mayor parte de los soldados rasos en el Ejército eran negros o mulatos". [25]

El destino de los conscriptos era lamentable. Las condiciones en el ejército o la marina eran tan deplorables que el ministro de Guerra dijo a un administrador provincial en 1856 que los reclutados tenían que marchar a Rio de Janeiro "con la máxima seguridad pero sin los grillos". Eran comunes la comida inadecuada, el alojamiento incómodo y los azotes. Por lo tanto, la deserción puede entenderse mejor si se la compara con la huida de una prisión, y el hecho de que muchos afrobrasileños estuvieran desproporcionadamente representados en las filas puede ser visto sólo como resultado del prejuicio y una política de Estado basada en el racismo. El Estado confiaba en que los negros peleasen en sus guerras, aun cuando les temía. Durante la guerra del Paraguay (1865-1870), por ejemplo, el gobierno compró muchos esclavos y les prometió la libertad si peleaban lealmente. Como la mayoría de los reclutas ordinarios eran también negros y mulatos, se puede deducir que el color determinaba quién sería utilizado como carne de cañón en aquella larga y sangrienta lucha. Si la ciudadanía sugiere algún grado de igualdad, el hecho de que los hombres de color sirvieran en el ejército no les otorgaba la ciudadanía.[26]

Si el liberalismo terminó con las unidades de milicia de distintos colores y degradó a sus oficiales, también debilitó una de las principales instituciones que unía a la comunidad negra en la vieja sociedad estamental: la *irmandade* (cofradía). Desde el siglo XVI, estas cofradías laicas (la mayoría incluía a mujeres) habían brindado a las personas de color una forma de preservar la solidaridad, sobre todo entre las de un determinado grupo lingüístico de África. A semejanza de las cofradías blancas, su organización estaba orientada a venerar a un santo en particular y a realizar actos de caridad, pero también funcionaban como sociedades de ayuda mutua. En varias ocasiones crearon fondos para comprar

---

[25] Juiz Municipal de Cachoeira al Presidente da Província da Bahia, Cachoeira, 1º de junio de 1840, Arquivo Público do Estado da Bahia, M2273; Antonio Alves de Sousa Carvalho, *O Brasil em 1870, estudo político,* Garnier, Rio de Janeiro, 1870, p. 45; Hastings Charles Dent, *A Year in Brazil...*, Kegan, Paul, Trench, Londres, 1886, p. 287.

[26] Ministro da Guerra al Presidente da Provincia de Minas Gerais, Rio, 27 de septiembre de 1856, en Brasil, *Colleção das leis do Imperio do Brasil*, Aviso 317 (Guerra); Morton, *art. cit.*, pp. 258, 262; Kraay, *Soldiers, Officers, and Society, op. cit.*, pp. 404-429.

la libertad de miembros esclavos. En Portugal, las *irmandades* habían crecido a menudo alrededor de ciertos gremios; en Brasil, aun sin un fuerte sistema de gremios, continuaban transmitiendo la noción de una sociedad corporativa. Muchas eran exclusivamente para negros o mulatos, algunas excluían a los esclavos y otras no admitían a los nacidos en África; otras estaban abiertas a cualquiera mientras fuera de "buen carácter". Se gobernaban solas, eligiendo a sus dirigentes de entre sus propios miembros. Recibían reconocimiento estatal a través de cartas reales y sus líderes eran vistos como los portavoces de la comunidad negra ante las agencias de gobierno. Usualmente, las cofradías tenían su asiento en una iglesia determinada, donde había una capilla lateral dedicada a su santo patrón; sin embargo, a veces conseguían fondos suficientes para construir una iglesia propia, como sucedió en Salvador con la hermandad de Nuestra Señora del Rosario. Las procesiones religiosas eran ocasiones para mostrar el orden estratificado de la sociedad, pues cada hermandad ocupaba un determinado lugar social y cada hermana o hermano se situaba delante o detrás de alguien, según el mismo principio.[27]

Durante el siglo XIX, las *irmandades* perdieron gradualmente su lugar como instituciones centrales, organizadoras de la sociedad, a pesar de que algunas de ellas continuaron gozando de gran prestigio. Un estudio de testamentos dejados por hombres y mujeres libertados muestra que de 1790 a 1830, 80% de los fallecidos mencionaba una *irmandade*, mientras que en los siguientes 20 años el porcentaje cayó a 55% y sólo 9% continuaba con esa práctica durante el periodo 1850-1890. También parece haber terminado la exclusión de miembros potenciales por un criterio explícito de raza o lugar de origen, pero se remplazó por un parámetro financiero; no obstante, el color puede aún hoy excluir a alguien de las más prestigiosas hermandades existentes.[28] Los principios de igualdad e individualismo, mayor secularización y otros valores del capitalismo contribuyeron sin duda a la función decreciente de las *irmandades*. En realidad el Estado ya no las consideraba legítimas ex-

[27] Julita Scarano, "Black Brotherhoods: Integration or Contradiction?", *Luso-Brazilian Review*, vol. 16 núm. 1 (verano, de 1979), pp. 1-17; Patricia A. Mulvey, "Slave Confraternities in Brazil: Their Role in Colonial Society", *The Americas,* vol. 39, núm. 1, julio de 1982, pp. 39-68.
[28] Maria Inês Côrtes de Oliveira, *O liberto: o seu mundo e os outros, 1790-1890,* Corrupio, São Paulo, CNPQ y Brasilia, 1988, p. 84. Se necesita investigar aún las cofradías decimonónicas. El prestigio depende del grupo de referencia; las *irmandades* más conocidas en la actualidad son las negras (por lo que puede decirse que tienen gran prestigio), pero la rica Santa Casa de Misericordia es dirigida por blancos y tuvo una clase diferente de prestigio.

presiones de intereses de grupo.[29] La identidad fue cada vez menos de índole corporativa, y el sentido de comunidad se erosionó.

¿Qué ocupó su lugar? La evidencia disponible es todavía muy limitada, pero se puede encontrar un indicio en la actividad de los *cantos,* grupos de hombres negros libres y esclavos, disponibles para ser contratados, que se reunían en las esquinas en Salvador. Eran generalmente africanos y a menudo se identificaban con su etnia. Aunque incluían artesanos, eran sobre todo estibadores y cargadores que descargaban barcazas y pequeños botes en los muelles, llevaban pesados fardos, barriles y bolsas a lo largo de las empinadas calles de la ciudad, o transportaban cuidadosamente las sillas de sedán en las cuales se movían los de las clases altas. Eran liderados por un capitán a quien elegían de entre ellos mismos, cuya investidura era celebrada con elaborados ritos; la función de éste era encontrar clientes, asignar tareas y mediar en disputas. Al menos dos veces (en 1837 y 1857) fueron a la huelga en protesta contra los impuestos onerosos y el exceso de controles.[30] Había una evidente solidaridad entre ellos. ¿Podría decirse que representaban el surgimiento de una clase trabajadora y que la identidad se trasladó desde la corporación a la clase? Sólo más investigación podrá responder a este interrogante.

Una de las innovaciones más llamativas de la era liberal fue la introducción de las elecciones nacionales. Los comicios generales comenzaron en Brasil en 1821 después de que los revolucionarios en Portugal convocaron a Cortes para redactar una Constitución. Como Portugal había adoptado provisionalmente la Constitución española de 1812, también tomaron de España las instrucciones para el primer acto electoral. En lo que respecta a Brasil, estas instrucciones, con comentarios o correcciones adicionales, implantaban una elección indirecta de tres vueltas para los representantes que iban a Lisboa. Cuando el príncipe Pedro decidió dejar de obedecer a las Cortes en 1822, llamó a una reunión de delegados para redactar leyes para el Brasil. Su principal asesor, José Bonifácio de Andrada e Silva, quería limitar la participación en esta reunión convocando sólo a los representantes de las *câmaras* (cabildos) existentes en las ciudades capitales de cada provincia; tal práctica hubiera sido adecuada para el *Ancien Régime,* porque reco-

[29] El colapso del *Ancien Regime* en Europa tuvo a menudo un efecto igual sobre comunidades diferentes, por ejemplo, la de los judíos. En la América hispánica, las protecciones legales otorgadas previamente a los indios desaparecieron con las constituciones liberales.

[30] João José Reis, "A greve negra de 1857 na Bahia", *Revista USP*, núm. 18, junio-julio-agosto, de 1993, pp. 6-29.

nocía la representación corporativa en vez de la individual, y aceptaba que algunos de esos consejos eran más importantes que otros (el hecho de que estos consejos fueran elegidos por los "hombres buenos" y no por elección general enfatiza más este aspecto). Pero tan pronto estos hombres llegaron a Rio de Janeiro, voceros más radicales, imbuidos de las nociones del gobierno representativo, las cuales eran nuevas para Brasil, triunfaron al lograr que Pedro I, ya emperador, llamase a una Convención Constituyente con delegados electos por el pueblo. No obstante, José Bonifácio logró al menos evitar elecciones directas; mediante la copia de algunas disposiciones trascendentes de las instrucciones portuguesas, determinó que los votantes de cada parroquia elegirían electores, los cuales, a su vez, designarían a sus representantes o, como los llamaban, diputados. Además, las instrucciones especificaban que un elector debía ser no sólo "una persona virtuosa, de buen entendimiento y de indiscutible lealtad a la causa brasileña", sino también "de medios apropiados para esta posición".[31]

No es sorprendente que los individuos electos de manera indirecta para la Convención Constituyente adoptaran las elecciones indirectas en la Constitución que redactaron. La Constitución que Pedro I promulgó por decreto en 1824 conservó estas provisiones, pero con algunas modificaciones de detalle.[32] A pesar de que autorizaba específicamente a los liberados a votar, no podían ser elegidos como electores, quienes a su vez elegirían a los miembros del Parlamento. No obstante este requisito, no se hacían más distinciones por raza o color ni tampoco se limitaba el sufragio a quienes eran alfabetos. En este aspecto, el Estado brasileño era, al menos legalmente, mucho más liberal y democrático que la mayoría de los Estados coetáneos.

Los decretos ejecutivos fijaron reglas específicas de conducta para las elecciones hasta que el Parlamento redactó una comprensiva y minuciosa ley electoral en 1846 que trató de regular todas las contingencias posibles. Ésta fue la ley básica hasta 1881.[33] Como consecuencia

---

[31] Brasil, *Colleção das leis do Império do Brasil* (en adelante *LB*), Decreto, 7 de marzo de 1821; *LB*, Decisão 57 (Reino), 19 de junio de 1822, cap. 2, art. 6. Algunas reglas para la elección de los consejeros municipales están detalladas en Almeida (ed.), *Codigo Philippino*, liv. I, tit. 67. Sobre el esfuerzo de Bonifácio para evitar las elecciones directas, véase, Emília Viotti da Costa, "The Political Emancipation of Brazil", en A. J. R. Russell-Wood (comp.), *From Colony to Nation: Essays on the Independence of Brazil*, Baltimore, 1975, p. 82.

[32] Brasil, *Constituição*, art 94 en combinación con arts. 6 y 91. Los libertos podían ser elegidos legalmente como consejeros municipales *(vereadores)*, Aviso núm. 1 de 3 de enero de 1861, como se cita en Almeida (ed.), *op. cit.*, p. 374n.

[33] *LB*, Lei 387 de 19 de agosto de 1846. La historia legislativa de esta ley está sintetizada en

de sus disposiciones, los comicios adquirieron su amplio significado y propósito dentro de una sociedad estratificada y articulada a través del patronazgo, pero orientada por concepciones liberales. Los votantes elegían directamente jueces de paz y miembros de los cabildos *(vereadores)* cada cuatro años. Al menos con esa frecuencia o más seguido, si el Parlamento estaba disuelto, se elegían electores, quienes, un mes más tarde, nombraban a los diputados para la Cámara Nacional. De la misma forma, cada dos años los votantes elegían a los miembros de la Asamblea Provincial.[34]

Tanto los historiadores como los contemporáneos de aquellos sucesos enfrentan una maraña de ambigüedad para determinar quiénes podían votar legalmente. Las provisiones de la ley sobre edad, sexo y residencia eran claras y poco discutidas. Sin embargo, un acalorado debate se concentraba en el requisito constitucional que señalaba que cada votante debía tener al menos 100 milreis de "renta neta" anual, suma que se elevó a 200 milreis en 1846 (aproximadamente 100 dólares).[35] Después de mediados de siglo, los comentaristas estaban de acuerdo en destacar que, por efectos de la inflación, la cantidad especificada era tan baja que cualquiera podía ganarla excepto los "mendigos" y "vagabundos".[36] Un escritor político destacaba que la ley sólo excluía a "mujeres, niños e idiotas del pueblo". Un miembro del Parlamento decía con cierto desagrado: "tenemos sufragio universal; todo el mundo puede participar"; y otro político, aunque no iba tan lejos,

Brasil, Congresso, Câmara de Deputados, *Reforma eleitoral: Projectos offerecidos á consideração do corpo legislativo desde o ano de 1826 até o anno de 1875 [...] colligidos na secretaria da Camara dos Deputados*, Rio de Janeiro, 1875, pp. 127-226. Muchas de las leyes están reproducidas en Francisco Belisário Soares de Souza, *O sistema eleitoral no império (com apêndice contendo a legislação eleitoral no período 1821-1889)*, Brasilia, 1979, pp. 163-208. Puede encontrarse material adicional sobre las prácticas legales prescritas antes de 1846 en "Projecto de Constituição", arts. 122-137, en Brasil, Assembléia Geral Constituinte e Legislativa, *Diário* (1823; facsim., Brasilia, 1973), II, pp. 694-695, y en *LB*, Decreto, 3 de junio de 1822, Decreto, 26 de marzo de 1824, Decreto 157, 4 de mayo de 1842. Véase también José Honório Rodrigues, *Conciliação e reforma no Brasil: Um desafio histórico-político*, Rio de Janeiro, 1965, pp. 135-138.

[34] *LB*, Lei 387 de 19 de agosto de 1846, arts. 40, 92.

[35] Brasil, *Constituição*, art 92, parr. 5. La ley electoral de 1846 (art. 18) agregó gratuitamente la frase "en plata", y el gobierno la declaró, entonces, equivalente a 200 milreis en efectivo, una cifra conservada hasta el final del Imperio: *LB*, Decreto 484, 25 de noviembre de 1846.

[36] Según José Antonio Pimenta Bueno, *Direito publico braziliero e analyse da Constituição do Imperio*, Rio de Janeiro, 1857, p 472, el ingreso requerido sólo excluiría a "ociosos y vagabundos", pero modifica esto sutilmente en p. 194 diciendo "casi es preciso ser mendigo para no disponer de esa suma, o por lo menos, ser un hombre perfectamente ocioso e inútil". José de Alencar, *Systema representativo*, Rio de Janeiro, 1868, p. 93, concuerda en que, sólo los "vagabundos" estaban excluidos. En 1837, un periódico conservador declaraba que el sufragio había sido extendido a hombres "de las más baja posición social después de los esclavos y criminales". *O Constitucional Cachoeirano*, 21 de noviembre de 1837, p. 3, en Arquivo Nacional, SPE, IJ 1-708.

reconocía que "quien tiene solamente 200 milreis de ingreso es un pobre en Brasil".[37] Ciertamente, según lo reportado por un observador extranjero, en la década de 1880, los trabajadores libres de las plantaciones de café podían ganar a razón de por lo menos dos milreis por día, cantidad estipulada en sólo 100 días. Hasta los empleados domésticos, si no habían sido excluidos por otras provisiones de la ley, podían llegar a ganar lo suficiente para acceder al voto, o al menos esto era cierto para aquellos que tenían mayor demanda, como las cocineras y amas de leche.[38] Más de la mitad de los hombres libres mayores de 21 años se empadronaron para votar en 1870.[39]

De todas maneras, la distinción de ingresos entre votantes y electores era importante en sí misma, porque las elecciones tenían como propósito la manifestación visible de las jerarquías sociales. La provisión que permitía a los hombres de color libres votar, pero no ser votados, afirmaba públicamente la diferencia entre rangos. Al no haber voto secreto y ser fundamentales las relaciones entre patrón y cliente para el éxito individual y hasta para la seguridad, no es sorprendente que sólo los ricos o bien nacidos fueran elegidos como electores. Por lo tanto, los afrobrasileños libres y los pobres en general, a pesar de que votaban, estaban prácticamente excluidos de las filas de electores (excepto, como se explicará más adelante, para unos pocos hombres de color excepcionales que consiguieron entrar en la política).

Otra dificultad surgió de la provisión de que los *criados de servir* o

[37] Justiniano José da Rocha, citado en Thomas Flory, *Judge and Jury in Imperial Brazil, 1808-1871: Social Control and Political Stability in the New State*, Austin, Texas, 1981, p. 118, p. 141; discurso de Martinho Campos, 24 de septiembre de 1875, Brasil, Congresso, Camara dos Deputados, *Anais*, 1875, vol. v, p. 208; discurso de Saraiva, 4 de junio de 1880, *ibid.*, 1880, vol. II, p. 35. Un defensor del Imperio posteriormente decía también que la ley de 1846 implicaba en realidad "sufragio universal [masculino]": [João Cardoso de Meneses e Sousa], barão de Paranapiacaba, "Elleições", en Affonso Celso de Assis Figueiredo, visconde de Ouro Preto et al., *A decada republicana*, Rio de Janeiro, 1900, vol. III, p. 252.

[38] Laerne, *op. cit.*, p. 304. Los cocineros podían ganar 300 milreis anualmente en 1877; y una ama de leche que amamantaba, hasta 600 a principios de 1881: Sandra Lauderdale Graham, *House and Street: The Domestic World of Servants and Masters in Nineteenth-Century Rio de Janeiro*, Cambridge, 1988, p. 14; véase también Ubaldo Soares, *O passado heróico da Casa dos Expostos*, Rio de Janeiro, 1959, p. 48. Pedro Carvalho de Mello muestra que desde 1852 en adelante el costo promedio de contratar esclavos habría sido más de 200 milreis anuales: *The Economics of Labor in Brazilian Coffee Plantations, 1850-1888*, tesis doctoral, Universidad de Chicago, 1977, p. 66, cuadro 19. Presumiblemente una persona libre o un liberto ganaría todavía más. El intransigente reformador André Rebouças extraía una conclusión muy diferente sobre los trabajadores en el interior, como se cita en *História Geral da Civilização Brasileira*, núm. 7, p. 223.

[39] Richard Graham, *Patronage and Politics in Nineteenth-Century Brazil*, Stanford University Press, Stanford, 1990, p. 109. Brasil, *Constituição*, art. 92, LB, Decisão, núm. 57 (Reino), 19 de junio de 1822, cap. I, parr. 8; Projecto de Constituição, art. 124, parr. 7, en Brasil, Assembléia Geral Constituinte e Legislativa, *Diário*, p. 694.

sirvientes, serían excluidos. ¿Quiénes eran? La Constitución señalaba específicamente quiénes no debían ser considerados sirvientes: tenedores de libros y "cajeros principales de las casas de comercio [...] administradores de haciendas rurales y fábricas", y sirvientes de la casa imperial a partir de cierta categoría. Según esta provisión, todos los demás empleados podían considerarse sirvientes. Pero la primera ley electoral, redactada ex profeso para Brasil y anterior a la Constitución, no había excluido a los *criados de servir* como tales, sino a "todos aquellos que recibían *salarios* o *soldadas* de cualquier forma". La proyectada —pero nunca promulgada— Constitución de 1823 también había excluido a los "jornaleros". Los juristas debatían con razón que tan obvia omisión del lenguaje de la Carta Magna significaba que la exclusión de sirvientes no se extendía a la mayoría de los empleados. Esta interpretación debía ser cierta si se la confronta con la provisión constitucional que establecía que el ingreso requerido debía provenir de "bienes raíces, industria, comercio o *empleos*".[40] Pero en la aceptación decimonónica, *empleo* hacía referencia sólo a los puestos públicos. Éstos eran vistos como un tipo de propiedad de la cual se obtenían ingresos, a semejanza de los de una inversión, por lo que la inclusión de *empleos* en esta frase tenía sentido.[41]

Un reformador moderado reconocía que el verdadero espíritu de la ley había residido en excluir a cualquiera que dependiera de otro para su "pan de cada día", perdiendo por lo tanto su "independencia", y un glosista legal explicaba que los sirvientes "son personas totalmente dependientes"; otorgarles el voto equivaldría a entregárselo a los patrones "a quienes sirven".[42] Pero aún existía una pregunta sin respuesta: si los que recibían salarios o jornales habían renunciado o no a su identidad civil independiente. Un crítico culpaba a los encargados de los padrones electorales de la supuesta vulgaridad de los votantes porque aquéllos se inclinaban a poner énfasis sobre el ingreso sin considerar su origen, de manera que la mayoría de los votantes "no poseen nada,

---

[40] Brasil, *Constituição*, art 92 (las cursivas son mías); *LB*, Decisão, núm. 57 (Reino), 19 de junio de 1822, cap. I, parr. 8; Projecto de Constituição, art. 124, parr. 7, en Brasil, Assembléia Geral Constituinte e Legislativa, *Diário*, p. 694.

[41] La definición era explícita en *LB*, Decreto 3029 de 9 de enero de 1881, art. 3, parr. 3. Una opinión similar respecto al empleo público se halla en Richard Hofstadter, *The Idea of a Party System: The Rise of Legitimate Opposition in the United States, 1780-1840*, Berkeley, California, 1969, p. 157.

[42] José Antônio Saraiva, citado en *História Geral da Civilização Brasileira*, núm. 7, p. 242; Bueno, *op. cit.*, p. 194. En efecto, cada hogar permanecía como una unidad corporativa, un vestigio del Antiguo Régimen.

viven de *soldada*, en tierras ajenas". Otro observador insistía en que "en nuestras elecciones tienen voto el vagabundo, sin oficio o medio de vida, el indigente notorio, los propios criados de servir transfigurados en *camaradas*".[43] Un individuo que protestaba por la exclusión de algunos posibles votantes argüía que tenían suficientes ingresos netos "porque unos son comerciantes, otros criadores, otros agricultores y otros jornaleros". Daba por sentado que los salarios alcanzarían el requisito.[44] En efecto, los asalariados podían votar, y el grueso de los asalariados en muchas partes de Brasil eran negros o mulatos.

Es importante notar que, en ningún caso, los brasileños consideraban a un *agregado* como sirviente o empleado. A pesar de que algunos creían que el derecho al voto de los *agregados* era una falla del sistema, pocos cuestionaban la prerrogativa de los mismos para ejercerlo. En las grandes casas de los jefes políticos, los *agregados* eran fundamentales para el éxito electoral. Como decía el hijo de un plantador de café: "los grandes poseedores de tierra consienten todavía a los *agregados* porque nuestro sistema electoral así lo reclama". Un hacendado de Ceará, con propiedades de 16 leguas cuadradas, "había establecido en sus tierras a 360 residentes que no pagan arriendo; pero él dice que cuando precisa trabajadores, ellos se ofrecen gratuitamente, sólo por la comida y que, a veces, reúne 200 o 300 hombres. En época de elecciones, lleva una carga de 400 votantes [al pueblo de] Icó". Un plantador de café en la provincia de Rio de Janeiro aseguraba a un amigo que él había "llegado a un entendimiento con el Visconde de Baependy [también hacendado] para enviarle a diez votantes que tengo en mis tierras [...] Puede, entonces, Vuestra Merced permanecer tranquilo porque se harán todos los esfuerzos para que Vuestra Merced no sea vencido".[45] Los participantes en el Congreso de Agricultura de 1878, representantes principalmente de los intereses de los plantadores de café, discutieron el papel de los *agregados* con bastante profundidad. Dos delegados aducían que, si las nuevas propuestas se transformaban en

[43] F. B. S. Sousa, *op. cit.*, p. 26; Aureliano Cândido Tavares Bastos, *Os males do presente e as esperanças do futuro (Je outros] estudos brasileiros)*, 3ª ed., São Paulo, 1976, p. 143.
[44] Recurso de Qualificação, 1860, Francisco Antonio Feiteiro recorrente, Conselho Municipal de Recurso da Villa de Caçapava [RGS] recorrido, Arquivo Nacional, SPJ, Apelação, núm. 1242, Cx. 11.880 [antigua Cx. 32, Gal. C].
[45] Werneck, *op. cit.*, p 38; Francisco Freire Alemão, entrada de diario para el 19 de noviembre de 1859, en "Os manuscritos do botânico Freire Alemão", ed. de Darcy Damasceno y Waldyr da Cunha, en Rio de Janeiro, Biblioteca Nacional, *Anais*, vol. 81, 1961, p. 293; José Pereira da Camara a Peregrino José de America Pinheiro, Ubá (RJ), 7 de julio de 1863, Arquivo Nacional, SAP, cód. 112, vol. 8, doc. 4.

leyes electorales, "los hacendados dejarán de conservar y alimentar en sus tierras a innumerables *agregados* que no se molestan en trabajar, pues cuentan con los graneros de la plantación a cambio de sus votos"; de hecho, algunos hacendados habían transformado sus propiedades en "viveros de votantes". Otro propietario de haciendas afirmaba: "en las grandes propiedades [...] la población libre se reduce casi enteramente a lo que se denominan *agregados* o mejor dicho, *espolêtas* electorales".[46] Claramente, la ley no excluía a los *agregados* en sí de las urnas (a pesar de que la cantidad de sus ingresos podía constituir un obstáculo). Como hemos visto, los *agregados* eran principalmente hombres de color.

Con los principios del liberalismo por un lado y la herencia de un orden social jerárquico por el otro, sin mencionar la resistencia de los subalternos, las elites brasileñas a menudo estaban desconcertadas sobre el curso de acción correcto que deberían seguir. En general, confiaban más en las reglas implícitas del viejo orden —creyendo o queriendo creer que la deferencia de los inferiores era una lealtad genuina— que en la eficacia de leyes discriminatorias. Por tanto, aun cuando los no blancos tenían el derecho al voto, en la práctica el liberalismo era para los "mejores". Se conocían a través del contacto personal o por correspondencia y estaban relacionados frecuentemente por lazos de sangre o matrimonio. Eran los verdaderos ciudadanos. Para mantener el control sobre los demás, recurrían a las conocidas técnicas del paternalismo o la fuerza. El voto era permitido porque los resultados podían manipularse. Así, era un liberalismo truncado el que se practicaba en Brasil.

Con el tiempo, los cambios en la economía comenzaron a requerir mayor confianza en el trabajo libre; ello alentó una mayor libertad individual, pero conllevó un correlativo miedo a la igualdad. No obstante, se generalizó la creencia en el hombre libre que podía moverse, comprar, contratar o despedirse libremente; es decir, en los hombres como unidades que podían juntarse o separarse donde y cuando lo requirieran los imperativos económicos. El año de 1868 se señala generalmente como fecha clave del cambio hacia un "nuevo" liberalismo de la clase media, que se concentraba menos en el comercio libre y el *laissez faire* (lo que había atraído a plantadores y dueños de esclavos) y más en la libertad individual. No obstante, sus defensores estaban lejos de creer

---

[46] Congresso Agricola, *Congresso Agricola: Coleção de documentos*, Rio de Janeiro, 1878, pp. 32, 47, 147. Véase también Stein, *art. cit.*, p. 57n.

en una democracia igualitaria.⁴⁷ En efecto, los miembros de las clases dominantes, los más antiguos plantadores y mercaderes, o los nuevos *entrepreneurs*, comenzaron a tener dudas sobre la eficacia de su control. La aprobación de la Ley de Vientre Libre en 1871 prometía que, en pocas décadas, muchos de los que hubieran sido esclavos serían libres y estarían autorizados para votar; en 1879 comenzó una campaña abolicionista que anticipaba claramente tal resultado. Mientras tanto, la población se tornaba cada vez más urbana y, por definición, menos controlable en su voto. Con ansiedad y un sentido de urgencia, los dirigentes políticos modificaron las leyes electorales.

La reforma electoral de 1881 fue una perfecta expresión del espíritu de su tiempo. Con el lenguaje de la democracia liberal —elecciones directas y fin del sistema de doble vuelta— sobrevino una drástica reducción en el número de los que podían votar. En ese momento, todos los votantes fueron declarados electores pero la constancia de bienes fue alterada totalmente: ya no era suficiente el juramento de que el votante ganaba la cantidad establecida. A partir de entonces, se precisaba demostrar fehacientemente ante un tribunal que los ingresos provenían de tierras o inversiones. El resultado fue predecible: el número de los que participaban en las elecciones disminuyó de más de un millón a casi 150 000.⁴⁸ Además, la ley imponía un requisito de alfabetización para los próximos y futuros votantes. Como sólo 21% de los hombres libres sabía leer y escribir, la exclusión se hizo más flagrante.⁴⁹

Con la declaración de la República en 1889 culminó el proceso de implantación de un Estado liberal en Brasil. La nueva Constitución fue modelada con base en la de los Estados Unidos, y Rui Barbosa, el continuo paladín del liberalismo, formó parte del primer gabinete. Prediciblemente, el destino de la mayoría de los afrobrasileños empeoró porque una vez abolida la esclavitud y establecida la igualdad legal de negros y blancos, la elite blanca buscó otros medios para mantener la desigualdad, y encontró la solución en la doctrina racista.

Antes de la abolición de la esclavitud, habían existido pocas demos-

---

⁴⁷ Richard Graham, *Britain and the Onset of Modernization in Brazil, 1850-1914* Cambridge University Press, Cambridge, 1968, pp. 252-276; Bosi, *art. cit.*

⁴⁸ *LB*, Decreto 3 029 de 9 de enero de 1881; Brasil, Ministerio do Imperio, *Relatório*, 1870, p. 20; Brasil, Arquivo Nacional [Jorge João Dodsworth, 2º barão do Javari], *Organizações e programas ministeriais. Regime parlamentar no império*, 2ª ed., Imprenta Nacional, Rio de Janeiro, 1962, p. 379.

⁴⁹ Esta cifra se refiere al porcentaje total de los alfabetos entre los hombres libres de más de seis años, calculado con base en Brasil, Directoria Geral de Estatistica, *Recenseamento... 1872*, Leuzinger, Rio de Janeiro, 1873-1876.

traciones de racismo sistemático y franco en Brasil, a pesar de las premisas racistas en el pensamiento liberal desde la Ilustración. Herbert Spencer era muy citado y admirado, pero sus ideas sobre la raza no llamaban mucho la atención.[50] Mientras la esclavitud persistió, fue vista como un mal necesario pero no positivo. Ningún escritor afirmó que la esclavitud beneficiara a los negros o que era el único destino para el cual estaban preparados, aunque incluso antes de su abolición se utilizaron razones abiertamente racistas en la legislatura provincial de São Paulo para favorecer la inmigración europea y prohibir el ingreso de más esclavos de otras provincias. Existía también un racismo implícito en las posiciones de muchos abolicionistas, quienes sostenían que se debía acabar con la esclavitud porque mantenía alejados a los inmigrantes europeos blancos de quienes los brasileños podían ganar tanto: especialmente sus genes. Sin embargo, después de la abolición de la esclavitud, el racismo "científico" se puso en boga. Esta doctrina florecía entre los científicos de Europa y los Estados Unidos, regiones a las cuales los brasileños esperaban imitar en todos los aspectos de su "progreso". En la última mitad del siglo XIX, la expansión del colonialismo europeo y el rápido crecimiento de los Estados Unidos aportaban pruebas supuestamente irrefutables de la validez de un esquema que colocaba a los llamados primitivos —africanos o indios— en la base de la escala de la humanidad y a los "civilizados" blancos europeos en la cima.[51]

Con el racismo como la ideología aceptable y aceptada de las elites republicanas después de 1889, los otrora esclavos y los afrobrasileños sufrieron generalmente mayor discriminación a fines del siglo pasado y comienzos del presente. Quizás la evidencia más contundente radique en el uso de fondos estatales para subsidiar la inmigración masiva de europeos para remplazar a los esclavos en los campos y fábricas. El gobierno pagaba el pasaje de los inmigrantes, los alojaba y alimentaba a su llegada a Santos y São Paulo, y mantenía una oficina de colocaciones para encontrar empleadores. Mientras tanto, nada se gastaba en la educación o ubicación de los ex esclavos, ya no digamos en su transporte, comida o alojamiento. El propósito era claro: "Es evidente que necesitamos mano de obra [...] para aumentar la competencia entre

[50] Graham, *Britain and Modernization, op. cit.*, pp. 232-251.
[51] Thomas E. Skidmore, *Black into White: Race and Nationality in Brazilian Thought*, 2ª ed., Duke University Press, Durham, 1993, pp. 21-27; Celia Maria Marinho de Azevedo, *Onda negra, medo branco: O negro no imaginário das elites, século XIX*, Paz e Terra, Rio de Janeiro, 1987, pp. 154-157.

ellos para que los salarios disminuyan por medio de la ley de la oferta y la demanda". ¿Quién sufriría como consecuencia? He aquí una clave: en 1896, un plantador de café admitía que los inmigrantes europeos "contribuían efectivamente a rescatar a nuestros *fazendeiros* de la dependencia de los libertos".[52] Al mismo tiempo, los ex esclavos y otros trabajadores negros encontraban dificultades en la ciudad por la misma razón: el Estado había financiado la importación de mano de obra barata de Europa.[53] El fin del *Ancien Régime*, de los títulos de nobleza y los privilegios corporativos no había extendido los beneficios de la ciudadanía al afrobrasileño medio; por el contrario, los había restringido. Como sucedió en el caso de los "indios" en la América hispánica, el liberalismo y la introducción de una sociedad de clases significaron menores oportunidades y una existencia más dura para la gente de color en el Brasil.

Como lo había prometido, el liberalismo aumentó las oportunidades de alguna movilidad social. A pesar de que se debe ser cuidadoso para no exagerar este hecho, algunos afrobrasileños se elevaron a puestos políticos de cierta importancia nacional y muchos otros a cargos provinciales y locales. Los observadores han comentado sobre la conocida técnica de la cooptación, por la cual se permitía triunfar a algunos negros, "probando" por lo tanto, que Brasil era una democracia racial.[54] Como aseguraba un político en 1880, "estamos en plena democracia en Brasil [...] Vivimos con todos, sentamos a los libertos a nuestra mesa y damos más importancia al liberto de confianza que a muchos ciudadanos brasileños".[55] La clave era la confianza. A aquellos que demostraban lealtad y compromiso con el delineamiento general de la sociedad se les daba mucho, pero sólo a ellos. Este fenómeno puede considerarse de manera diferente desde el punto de vista de los individuos que ascendían y aprovechaban todas las oportunidades ofrecidas en nombre de la tolerancia racial de la clase dominante, sin creer necesariamente ni por un momento en que fuera genuina. Sus ac-

---

[52] Ambas citas son de George Reid Andrews, "Black and White Workers: São Paulo, Brazil, 1888-1928", *HAHR*, vol. 68, núm. 3, agosto de 1988, pp. 494, 518.

[53] Thomas Holloway, "Creating the Reserve Army? The Immigration Program of São Paulo, 1886-1930", *International Migration Review*, vol. 12, núm. 2, verano, de 1978, pp. 187-209; George Reid Andrews, *Blacks and Whites in São Paulo, Brazil, 1888-1988*, University of Wisconsin Press, Madison, 1991, pp. 55-71. Antes, como ahora, la policía era más severa en el trato de los afrobrasileños que de otras personas; véase por ejemplo, Azevedo, *op. cit.*, p. 245.

[54] Degler, *Neither Black nor White, op. cit.*, especialmente el cap. 5.

[55] Discurso de Saraiva, 4 de junio de 1880, Brasil, Congresso, Câmara dos Deputados, *Anais*, 1880, vol. II, p. 43.

ciones pueden haberse originado no en el éxito de la hegemonía cultural del grupo dominante, sino en una clara evaluación de las alternativas.

En el Brasil decimonómico, algunos mulatos, libres de nacimiento y de piel más clara (a diferencia de otros antiguos esclavos o negros libres), triunfaron políticamente. Tal vez el ejemplo más conocido sea el de Antonio Pereira Rebouças (1798-1880). Hijo de un sastre portugués y de una mulata ex esclava, fue honrado finalmente con la pertenencia a la prestigiosa Ordem do Cruzeiro, nombrado presidente de una provincia y electo para el Congreso. El mulato Francisco Otaviano de Almeida Rosa (1826-1889) fue un prominente publicista y político. Fue elegido en repetidas ocasiones para la Cámara de Diputados hasta que ingresó de por vida al Senado. También sirvió como diplomático.[56] La madre de Francisco Salles Torres Homem (1812-1876), político y editor de un periódico, era, de acuerdo con un autor que escribía en 1894, una vendedora ambulante negra; otro contemporáneo se limitaba a decir que Torres Homem venía de "una familia de medios modestos".[57] Llegó a ser ministro de economía en 1858, puesto que ocupó nuevamente en 1870, y obtuvo el título de vizconde de Inhomerim.[58] El barón de Cotegipe fue el ejemplo todavía más destacado de una persona de ascendencia africana —aunque remota— que no sólo triunfó en el mundo de los blancos sino que también defendió la esclavitud. Su nieto y biógrafo asegura que su bisabuela era india, como lo eran otros de sus ancestros del siglo XVI, pero periódicos contemporáneos abolicionistas lo acusaban de volver la espalda a los de su clase.[59] Fue primer ministro y, tal vez, el político más poderoso en las últimas dos décadas de la monarquía. Si su posición esclavista era extrema, se puede decir que la mayoría de los mulatos prefería afirmar su ascendencia europea en todas las ocasiones posibles e identificarse con los blancos en la

[56] Leo Spitzer, *Lives in Between: Assimilation and Marginality in Austria, Brazil, West África, 1780-1945*, Cambridge University Press, Cambridge, 1989, pp. 113-125; Phocion Serpa, *Francisco Otaviano: ensaio biográfico*, Publicações da Academia Brasileira, Rio de Janeiro, 1952.

[57] João Manuel de Carvalho, *Reminiscencias sobre vultos e factos do imperio e da republica*, Typ. do "Correio", Amparo, 1894, p. 91; Luiz Gastão d'Escragnolle Dória, "Cousas do passado," *Revista do Instituto Histórico e Geográfico Brasileiro*, vol. 71, núm. 2, 1908, p. 383.

[58] Raimundo Magalhães Jr., *Três panfletários do segundo reinado: Francisco de Sales Torres Homem e o "Líbelo do povo"; Justianiano José da Rocha e "Ação; reação; transação"; Antônio Ferreira Vianna e "A conferência dos divinos"*, Brasiliana, núm. 286, Ed. Nacional, São Paulo, 1956.

[59] José Wanderley [de Araújo] Pinho, *Cotegipe e seu tempo. Primeira phase, 1815-1867*, Brasiliana núm. 85, Ed. Nacional, São Paulo, 1937, pp. 26-27; "Mulatos e negros escravocratas", *A Redempção*, 25 de septiembre de 1887, citado en Azevedo, *op. cit.*, p. 224; *Gazeta da Tarde*, 1 de septiembre de 1880, citado en Bergstresser, "The Movement for the Abolition of Slavery", p. 161.

medida en que les era permitido.[60] Estos ejemplos demuestran que el color en sí mismo no era un obstáculo insuperable para el éxito político mientras uno no fuera demasiado negro.[61]

Especialmente después de 1870, cuando el propio Imperio comenzó a decaer y a alienar a algunas poderosas elites blancas, un grupo distinto de afrobrasileños asumió posiciones más radicales. Al hacer eso, a menudo hallaron eco en la prensa, ayudando, por lo tanto, a formar una sociedad civil que debatía las cuestiones públicas al margen del gobierno.[62] Muchos mulatos —tanto conservadores como reformistas— eran periodistas, y las oficinas editorales se convirtieron con frecuencia en virtuales clubes políticos, donde los hombres se reunían para discutir cuestiones políticas. Tales hombres surgieron de la creciente clase media urbana formada en las facultades de derecho, medicina, farmacia, ingeniería o en las academias militares. Como indiqué anteriormente, algunos eran políticos pero otros no ingresaron en el aparato estatal, siendo, entonces, libres para criticarlo. Entre ellos hubo varios que adoptaron la causa de la abolición.[63] Tuvieron éxito al lograr que el Estado modificara la ley y eso les permitió moverse con habilidad, no sólo para ocupar el espacio cedido por el Estado sino también para ampliarlo. Ni la represión ni la cooptación los silenciarían. Todo esto dice muy poco sobre el lugar de negros y mulatos en general; pero dice bastante sobre cómo las elites conceptualizaron el lugar que la raza debía ocupar en la delimitación de las distinciones y posibilidades abiertas por el liberalismo. A través de la energía, el talento y la dedicación, y con la suerte de obtener educación y buenos contactos, era posible elevarse en el sistema. A pesar de que éstas son excepciones

[60] Bergstresser, "Movement for Abolition", p. 156.
[61] Un político recomendaba a un compañero de la facultad de derecho para el cargo de fiscal público en una ciudad de Pernambuco argumentando que "siendo de color y a raíz de los prejuicios que nuestra sociedad todavía no extinguió, puede ser postulado para un número pequeño [...] de posiciones oficiales". Luiz Felipe de Souza Leão a F. A. Menezes Dória, Rio de Janeiro, 19 de febrero de 1880, Arquivo do Instituto Histórico e Geográfico Brasileiro, L. 173, D. 1, vol. I, p. 99. En contraste, otra carta de recomendación se refería al candidato a dicho cargo como siendo "tan blanco y distinto..."; por tanto, se ve que la raza era una consideración obvia. Antonio Marcelino Nunes Gonçalves (vizconde de São Luiz do Maranhão) a Cotegipe, São Cristovão, 14 de diciembre de 1887, *ibid.*, Coleção Cotegipe, L. 27, D. 139.
[62] No se debe confundir a estos hombres con aquellos asociados a la denominada prensa mulata de 1830. Thomas Flory ha demostrado que tales periódicos fueron editados por blancos y estaban dirigidos a blancos que utilizaban la raza como un arma en su lucha política. Thomas Flory, "Race and Social Control in Independent Brazil", *Journal of Latin American Studies*, vol. 9, núm. 2, noviembre de 1977, pp. 199-224.
[63] Luís Gama, José do Patrocínio y André Rebouças (hijo de Antonio Pereira Rebouças) vienen a mi mente.

de la regla general, muestran las fronteras externas de lo posible. Sin embargo, no modifican la verdad de que, en proporción a su número, pocos afrobrasileños lograron obtener poder político en Brasil.

Depende de los valores del observador la manera en que se consideran las ventajas de la movilidad individual de unos pocos frente a la pérdida de la comunidad dentro de una sociedad de órdenes. Queda claro que la situación de los afroamericanos había cambiado. La ideología liberal, en la medida en que se preocupaba por promover la igualdad, destruyó el lugar particular que se había reservado para los negros y mulatos dentro del viejo sistema de estratos y órdenes y erosionó las instituciones que contribuían a la construcción de la comunidad. Debido a que los dirigentes políticos, económicos y sociales brasileños insistían en identificarse con Europa y sus modernas tendencias posrevolucionarias, adoptaron el lenguaje de la nacionalidad y la ciudadanía. No obstante, enfrentaron un problema que no se presentó en Europa: la existencia de un gran número de hombres y mujeres de color a quienes se negaban a considerar como realmente iguales. Tan pronto como Brasil se independizó, las milicias de diferentes razas fueron remplazadas por una teórica conscripción universal que, en la práctica, asignaba a los no blancos los rangos inferiores. Las *irmandades* y otras corporaciones perdieron importancia como principios organizadores de la sociedad; fueron sustituidas por el concepto de nación, pero una nación guiada por los blancos. El voto se transformó en una experiencia común para todos los hombres, pero en un sistema de doble vuelta. Cuando se supo con certeza que la esclavitud iba a ser abolida, se permitió a los votantes elegir directamente a sus representantes, pero los padrones electorales se redujeron de manera drástica. Así, los negros y mulatos fueron excluidos de las elecciones junto con los pobres en general. Como se ha afirmado, lo atrayente del racismo "científico" puede haber sido precisamente que, "si todos los hombres son en principio iguales, los que son diferentes, no pueden ser verdaderos hombres".[64] Algunos no blancos llegaron a ser líderes políticos, al alto costo de alinearse con los grupos socialmente dominantes. Para la mayoría de ellos, la verdadera ciudadanía no existía.

---

[64] John Rex, "New Nations and Ethnic Minorities", en UNESCO, *Race and Class in Post-Colonial Society. A study of Ethnic Group Relations in the English-Speaking Caribbean, Bolivia, Chile and México*, UNESCO, París; 1977, p. 33.

LA CIUDADANÍA ORGÁNICA MEXICANA, 1850-1910*

Marcello Carmagnani**
Alicia Hernández Chávez***

LA APARICIÓN DEL CONCEPTO DE CIUDADANO constituye una de las grandes transformaciones históricas de occidente. El cambio de súbdito a ciudadano condujo hacia una primera afirmación de derechos que a su vez generaron nuevas demandas de representatividad, propiedad y en general la afirmación de derechos individuales. Sin duda, los movimientos ciudadanos de los dos últimos siglos han conducido a cambios trascendentales en nuestras sociedades. De manera resumida, han modificado: formas de gobierno, de representación política, relaciones interétnicas y entre clases sociales.

El derecho de votar y ser votado ha sido esencial al desarrollo de los derechos. Su desenvolvimiento histórico a lo largo de casi dos siglos fue sinuoso y no siempre ascendente. En algunos países, como en Francia, el derecho de votar y ser votado se caracterizó por una historia de avances con periodos de restricción del voto, como durante la Restauración; en otros, como en los Estados Unidos, destaca la tardía afirmación del voto para los negros y las minorías étnicas, como indios y asiáticos; en el primer caso fue después de la guerra civil y en el segundo durante el siglo XX. En otros contextos, como el mexicano y en países latinoamericanos, la larga persistencia de formas corporativas constituyó un obstáculo a la afirmación del derecho de votar y ser votado de tipo individual.

Las diferentes modalidades que adquieren los derechos ciudadanos resultan de las circunstancias particulares; consecuentemente analizaremos los elementos esenciales al nacimiento y transformación de la ciudadanía en el contexto social y cultural mexicano del siglo XIX. Nuestro análisis se inicia con el paso de súbdito a ciudadano para centrarse en el proceso de transformación de la ciudadanía como resul-

---

* Este trabajo se basa en una investigación y libro conjunto, en preparación, sobre la sociedad y la cultura política mexicanas.
** Universidad de Turín.
*** El Colegio de México.

tado de la revolución liberal. En este pasaje destacamos un aspecto fundamental que las recientes aportaciones historiográficas tienden a dejar en el olvido.

Consideramos que dicho cambio no se ubica, como se ha sostenido, en 1812 con la Constitución de Cádiz, sino en la segunda mitad del siglo XVIII. Fueron los cambios económicos, políticos, sociales y culturales de este periodo los que empujaron a la población mestiza, india y mulata a procurarse un nuevo *status* jurídico y social que reconociera su condición de vecino, prerrequisito para acceder a mayores privilegios en el interior del orden estamental. Recordemos algunos hechos. En ese periodo el segmento de los notables acrecienta, en sus respectivas sociedades, sus derechos y privilegios en virtud de la reorganización borbónica. Sin embargo, no son los únicos que se benefician; otros grupos de la sociedad, como mulatos, indios o mestizos, también se aprovechan de los intersticios que dejan las reformas borbónicas para introducirse en el orden de los notables. El ingreso a las milicias —con lo cual obtienen notoriedad y algunos privilegios— les abrió paso a la condición de vecino; la composición y titulación de tierras los convirtió en propietarios; la elevación de pueblos sujetos a pueblos con cabildo, de pueblos al rango de villas y de villas a ciudades, aceleró la movilidad social de sus pobladores. Hay en verdad todo un capítulo de la historia del último tramo del siglo XVIII por estudiarse para comprender cómo, mediante la reivindicación del derecho de vecindad, se introdujeron, en el segmento notable, nuevos sujetos sociales. Es en este sentido y para el contexto mexicano que mostraremos cómo la condición de vecino fue el fundamento de la ciudadanía.[1]

El pasaje de súbdito a ciudadano ocurrió en virtud de mecanismos tradicionales y nuevos. Son tradicionales en cuanto se refieren a reivin-

[1] Sobre las dimensiones del pasaje de súbdito a ciudadano remitimos para un análisis general a Ruggiero Romano y Marcello Carmagnani, "Las componentes sociales", en M. Carmagnani, A. Hernández Chávez y R. Romano (coord.), *Para una historia de América* (de próxima publicación, Fondo de Cultura Económica/El Colegio de México/Fideicomiso Historia de las Américas). Para un análisis relativo a México, véase Alicia Hernández Chávez, *La tradición republicana del buen gobierno*, Fondo de Cultura Económica/El Colegio de México/Fideicomiso Historia de las Américas, México, 1993, pp. 17-33, y *Anenecuilco. Memoria y vida de un pueblo*, Fondo de Cultura Económica/El Colegio de México/Fideicomiso Historia de las Américas, México, 1993, pp. 32-43; Marcello Carmagnani, "Del territorio a la región. Líneas de un proceso en la primera mitad del siglo XIX", en A. Hernández Chávez y M. Miño (coord.), *Cincuenta años de historia en México*, El Colegio de México, México, 1991, vol. 2. pp. 222-228, y "Territorios, provincias y estados: las transformaciones de los espacios políticos en México, 1750-1850", en J. Z. Vázquez (coord.), *La fundación del Estado mexicano*, Nueva Imagen, México, 1994, pp. 39-53; y René García Castro, *La nueva geografía del poder en México. Provincias y ayuntamientos constitucionales, 1812-1814*, CIESAS, inédito, 1994.

dicaciones de actores sociales que se apoyan en el tejido social y jurídico propio de la organización estamental. Son nuevos porque esas mismas reivindicaciones conllevan un primer elemento de igualdad en su *status* que se expresa en la reivindicación de la condición de vecino. Es decir que el mestizo y mulato, desprovistos de ese derecho por la jurisprudencia colonial concebida para una sociedad indio-española, al acceder a la condición de propietario y de cierta notoriedad en la localidad pudieron reivindicar la condición de vecino.

Sin duda, fue este primer cambio —por sutil que fuera— el que permitió que nuevos actores sociales se introdujeran en el orden estamental en calidad de vecinos y dejaran atrás su condición de súbditos. Esta condición constituye el referente histórico esencial para comprender la forma que asume la ciudadanía en el espacio geohistórico plural mexicano en el curso del siglo XIX. Y es un referente esencial porque la persistencia de la vecindad a lo largo de más de un siglo dio a la ciudadanía en México la connotación de ser orgánica a la localidad en la cual el vecino radica, labora y ejerce su acción social, política y cultural.

En consecuencia, no se puede hacer caso omiso del horizonte tardío colonial precisamente porque es el que —en modo diverso y transformado— predomina por más de un siglo, hasta la Revolución mexicana, la Constitución de 1917 y las nuevas leyes electorales que de ésta derivan. En esta trayectoria de larga duración, la vecindad como criterio fundador de la ciudadanía la retomamos y revisamos a la luz de la transformación liberal que conoció el país. Como veremos, no comportó una fractura sino más bien una discontinuidad en la continuidad.

1. Vecindad y ciudadanía: aspectos de una continuidad

Durante las tres primeras décadas de vida independiente la ciudadanía adquirió rasgos precisos en lo social y territorial (local y regional). La doble condición se expresa en el hecho de que los derechos políticos se le reconocen sólo a quien tiene el *status* de vecino, quien los ejerce al sufragar o como elector. En efecto, todas las leyes electorales, de 1812 hasta la última de este tipo, la de 1855, establecen una serie de requisitos para ser acreditado como ciudadano, como elector primario o de parroquia, así como elector secundario o de partido. El requisito primordial para ser considerado ciudadano o elector de cualquier grado era ser vecino de su localidad y tener un modo honesto de vivir. La diferencia entre el ciudadano elector de primer grado y de segundo grado o de partido era la edad, el primero debía tener 21 años y el segundo 25. Tanto los electores primarios como los de partido debían pertenecer al estado seglar, acreditar un periodo de residencia de por lo menos un año y no ejercer jurisdicción alguna en el distrito.[2]

¿Por qué fue la vecindad la característica esencial para definir la ciudadanía? y ¿por qué se mantuvo como fundamento y requisito esencial para ser elector de parroquia o de partido? Mariano Otero, agudo observador de la sociedad y de la política mexicanas de mediados del siglo XIX, veía el vínculo vecindad-ciudadanía como "una irregularidad muy temible" en cuanto daba origen a "una simple sociedad de sociedades" que frena la definición de los derechos y de los deberes de "los ciudadanos de un Estado" y, por lo tanto, a "la acción del ciudadano sobre el gobierno y la del gobierno sobre el ciudadano".[3]

Podemos concordar con la idea de Otero de que sustentar la ciudadanía en la vecindad constituye "una irregularidad muy temible". Lo cierto fue que históricamente así ocurrió porque México nació a la vida independiente como una "sociedad de sociedades" y siguió siéndolo por buena parte del siglo XIX. En el interior del espacio geohistórico mexicano pervivieron usos y costumbres muy variados avivados por la diferente convivencia interétnica y lingüística, una notoria diferenciación económica y social aunados a reglamentos y leyes particulares a cada entidad federativa e incluso a cada territorio.

El carácter esencial de esta pluralidad de sociedades fue la coexistencia de una pluralidad de derechos territoriales que confirieron a la vecindad una connotación distinta y particular a cada localidad. En consecuencia la vecindad escapa a toda generalización, a toda definición unívoca. La fuerza de estos derechos territoriales fue tal, que los liberales —ante la resistencia social y política a transferir en propiedad privada y derecho individual, libertades y costumbres arraigadas— reconocieron, como sostendría José María Castillo Velasco, que éstas debían ser respetadas para enseguida poder "dar acertada dirección a las costumbres que así se requieran" y ponerlas "en armonía con la ilustración y progreso de la época".[4] Dicho con otras palabras, el paso

[2] Convocatoria a la Nación para la elección de un Congreso Constituyente, 17 de octubre de 1855, arts. 9, 28 y 46, en Antonio García Orozco, *Legislación electoral mexicana, 1812-1977*, Comisión Federal Electoral, México, 1978, pp. 145, 147 y 148-149.

[3] Mariano Otero, *Voto particular 1847*, en *Obras*, Porrúa, México, 1967, vol. 1, p. 361.

[4] José María del Castillo Velasco, *Ensayo sobre el derecho administrativo mexicano* [1875], ed. facsimilar con estudio introductorio de Alicia Hernández Chávez, UNAM, México, 1994, tomo 1, p. 25.

de una concepción relativa de la propiedad y del derecho a una fundada en una ley igual para todos y aceptación del derecho individual representaba una radical transformación social y cultural. En este sentido, los legisladores orientaron el derecho territorial y la vecindad hacia un horizonte federal y liberal, pero se cuidaron de no violentar a las partes resguardando el derecho particular de cada entidad.

La manera en que se procuró dar cierta racionalidad a la vecindad fue mediante la idea de que si bien todos los habitantes de las diversas realidades geohistóricas mexicanas eran titulares de derechos y deberes y por lo mismo iguales ante la ley, sólo los vecinos eran titulares de los derechos políticos. Los vecinos se diferenciaron de los forasteros y de los residentes, en que los primeros no podían intervenir en los asuntos públicos "como elector o elegible"; los segundos tampoco participaban en los asuntos públicos, y sólo fueron considerados residentes si permanecían en la localidad, pero la perdían al salir del lugar. En cambio, el vecino "es el que fija su domicilio en un pueblo con el ánimo de permanecer en él, cuyo ánimo se colige de su residencia habitual por espacio de diez años, o se prueba con hechos que manifiesten tal intención, por ejemplo, si uno vende propiedades en un punto y las compra en otro donde se halla establecido".[5]

Sin embargo, los rasgos fundamentales de la vecindad no son de naturaleza objetiva pues continúa Castillo Velasco: "La vecindad es un vínculo casi natural, una especie de parentesco que liga entre sí a todos los habitantes de un pueblo por la comunidad de intereses y los hace miembros de aquella familia".[6] Precisamente porque la vecindad se funda en la "comunidad de intereses [...] da derecho al disfrute de los montes, aguas, pastos y demás aprovechamientos comunes, a participar de los beneficios propios del pueblo y a intervenir en la administración municipal como elector o elegible" y, en virtud de que todo derecho conlleva deberes, "los vecinos están sujetos a las cargas y tributos inherentes a su estado".[7]

Hacia mediados del siglo XIX nos encontramos con una vecindad

---

[5] Las definiciones de vecino, residente y forastero provienen de Francisco Zarco, *Historia del Congreso Extraordinario Constituyente (1856-1847)*, El Colegio de México, México, 1957, pp. 877-899, 903-904 y 1129-1134, y de Castillo Velasco, *Ensayo sobre el derecho administrativo, op. cit.*, tomo 1, pp. 450-451. Sobre estas distinciones insiste también el gobernador del Estado de México, Mariano Riva Palacio, en su *Memoria presentada a la H. Legislatura*, Tip. Instituto Literario, Toluca, 1875, secc. Reformas electorales.

[6] Castillo Velasco, *Ensayo, op. cit.*, vol. 1, pp. 450-451.

[7] *Ibid.*

que cobra significado sólo en su dimensión territorial, social y política y que representa para quienes tienen ese rango, derechos y deberes que no se requieren de forasteros o residentes aunque su nivel de riqueza, ingreso o profesión sea similar o superior a los reputados por vecinos. La calidad de vecino, por lo tanto, no se funda en el censo. Es una condición cualitativa que se acredita sólo a partir de la realidad local en la cual opera la persona. En consecuencia se reconoce ese rango a la persona que concatena prestigio, honorabilidad y una dosis de riqueza; dicho reconocimiento obliga por igual a todos los vecinos. El vecino, único titular de derechos políticos, era a su vez ciudadano y elector. De allí que, como se ha dicho, la única gran diferencia entre un ciudadano y un elector fuera la edad y no el censo.

El carácter no censatario de la ciudadanía y de la condición de elector se comprende mejor con el caso siguiente. En las elecciones para el Congreso General de 1851 los diputados fueron elegidos por 521 electores secundarios, quienes a su vez fueron votados por un cuerpo de 10 420 electores primarios —diferentes de los 521 secundarios— y los electores primarios fueron a su vez electos por una ciudadanía de alrededor de 800 000-1 000 000.[8] Estos datos ponen en evidencia que el segmento de los vecinos era amplísimo, y que los titulares de derechos políticos, en el territorio nacional, representaban un porcentaje muy elevado de la población masculina adulta, casi 20%. Afirmamos que es muy elevado porque es difícil encontrar esta proporción en sistemas electorales propiamente censatarios.[9]

El vínculo entre vecindad y ciudadanía nos indica que no hubo la pretendida separación entre país real y país legal que alega gran parte de la historiografía sobre México, escrita por mexicanos y extranjeros. La unión vecindad-ciudadanía mantuvo el nexo entre los diferentes derechos territoriales o consuetudinarios y el derecho positivo. El enlace entre derechos distintos hizo posible que la sociedad política mexicana desarrollara las condiciones suficientes para establecer los mecanismos y las mediaciones a nivel local y regional para que pros-

[8] Diputados al Congreso General. Cuadros de votación por estados, 1851, Archivo General de la Nación (México), Gobernación, leg. 240 (1).
[9] La difusión de la propiedad privada entre los jefes de familia libres en los Estados Unidos de Norteamérica hizo del sufragio en ese país una excepción en el sentido de que entre 50% y 70% de la población masculina libre ejercía el derecho de voto al inicio de la revolución de independencia. Algunos estados —como Nueva York— introdujeron un criterio más extenso y moderno, el de ser contribuyente. *Cf.* Sean Wilentz, "Property and Power: Suffrage Reform in the United States 1787-1860", en D. W. Rogers (coord.), *Voting and the Spirit of American Democracy. Essays on the History of Voting Rights in America,* University of Illinois Press, Chicago, 1992, pp. 31-42.

perara el principio de que la ley es igual para todos. Sin duda, fue la flexibilidad de los legisladores y políticos al conducir el derecho consuetudinario hacia el derecho positivo lo que evitó la guerra de todos contra todos.

La voluntad de mantener el enlace entre país real y país legal se nota incluso en las leyes electorales que dejan en manos de "los ayuntamientos" la responsabilidad de "nombrar a los individuos que han de formar el padrón (electoral) e instalar la casilla electoral en cada sección". El empadronamiento de los vecinos-ciudadanos se "hará formar por medio de comisionados de las mismas secciones" quienes listarán "las personas que hubiere en ellas y tengan derecho a votar, a cada uno de los cuales se dará boleta para que voten con ella".[10] Es así que recae en manos de los comisionados por los ayuntamientos, que por lo general son vecinos de las secciones, la responsabilidad de calificar a partir de criterios cualitativos fundados en valores consuetudinarios —como la honradez, el prestigio, el modo de razonar, la estima, los servicios prestados a la comunidad y su riqueza— si un habitante de la localidad debe ser considerado vecino. La edad sólo establecía la diferencia entre el derecho de votar y ser votado para elector primario o secundario. En la legislación como en las actas de los empadronadores queda claro que es el conocimiento personal de la persona y el juicio valorativo que la comunidad confiere al jefe de familia el que lo convierte en vecino, lo distingue del residente y del forastero y le atribuye la connotación de ciudadano con plenos derechos y deberes. En suma, la ausencia de un criterio objetivo de ciudadanía, general y externo a las diferentes comunidades municipales, da cuenta de la imposibilidad de basarse en una definición abstracta de la misma, pero sobre todo nos regresa a nuestra propuesta inicial, la de la coexistencia en un mismo tiempo de una pluralidad de definiciones de ciudadanía en el espacio geopolítico mexicano.

La vastedad de atributos, todos de orden cualitativo, posiblemente nos explica el porqué del alto número de vecinos-ciudadanos que —en el ejemplo que dimos— ascendía a casi un millón. Es también posible que las demandas populares de las primeras cinco décadas posteriores a la Independencia volvieran más laxos, más flexibles los mecanismos para que un mayor número de jefes de familia, en los distintos territorios, accedieran a la condición de vecino y ciudadano. La laxitud po-

[10] Convocatoria a la Nación, *op. cit.*, art. 11, en García Orozco, *Legislación electoral, op. cit.*, p. 145.

dría explicarse por el hecho de que el voto ciudadano no era secreto sino público, que ejercía cierta coerción social en la medida en que "los ciudadanos concurrentes a la junta [electoral] designarán en aquel acto por escrito, o ratificando [a viva voz] el voto si no saben escribir, tantas personas cuantas exijan el número de electores que toque a aquella junta o sección, y esta boleta la pondrán en el buzón en el área dispuesta para recibir la votación".[11]

La extensión de los derechos políticos a todos los vecinos nos ayuda a comprender la necesidad de diferenciar la participación política, sin desconocer el principio de que todo vecino tiene la capacidad de ser al mismo tiempo ciudadano y elector. La distinción no se apoya, como se ha dicho, en un criterio externo, como podría haber sido el ingreso o la riqueza, sino en un juicio netamente político que pone en evidencia la organización de las elecciones por grados o niveles. En el primer nivel los ciudadanos eligen a los electores primarios y en el segundo nivel los electores primarios eligen a los de partido. El cuerpo electoral de segundo nivel se compone por personas distintas del de los electores primarios, pues estaba prohibido elegir entre el primer cuerpo de electores a los del segundo nivel, no obstante que ambos reunieran requisitos de ciudadanía similares.[12]

Nuevamente encontramos que la constante, en los tres niveles, es siempre la condición de vecino, lo cual nos hace pensar que a algunos les son reconocidos otros méritos en cada nivel. Vale la pena tener presente que sólo un ciudadano de cada cien puede ser nombrado elector primario y que sólo uno de cada dos mil puede ser elector secundario.

Como botón de muestra tomemos una situación que —con variantes— encontramos también en otras regiones del país. La región del centro de México, el estado de Querétaro —vecino a la ciudad de México— reproduce la imagen de un mundo social compuesto por una pluralidad de vecinos en donde todos se registran como electores primarios: unos son pequeños o medianos artesanos, otros comerciantes en pequeño, agricultores o labradores, ya fueran propietarios o arrendatarios (véase cuadro I). Se observa que los electores primarios son una muestra significativa de un conjunto, poco homogéneo, de la sociedad regional de Querétaro. La multiplicidad de oficios representa a todos los grupos de interés social y político regionales, exceptuando un componente significativo, el de los hacendados. En este sentido es

---

[11] Convocatoria a la Nación, 1855, cit., art. 25.
[12] *Ibid.*, art. 28.

CUADRO 1. *Ocupaciones de los electores primarios del estado de Querétaro, 1847**

Ocupación	%
Artesanos	34.7
Labradores	26.7
Comerciantes	21.1
Empleados y profesionales	9.3
Eclesiásticos	2.5
Otros	5.7

* Juan Cáceres Muñoz, *Poder rural y estructuras sociales en Querétaro*, El Colegio de México, inédito. Tesis doctoral en preparación que representa un estudio pionero para una región mexicana de la interconexión que existe entre la dimensión social y la dimensión política.

importante subrayar que la designación de electores primarios no aparece monopolizada por actores sociales del segmento alto de los notables. Por el contrario, los electores primarios son los que tienen un modo honesto de vivir y que, posiblemente, gozan del aprecio y estima de la gente en sus barrios y secciones electorales. Otros estudios locales nos confirman una situación similar. Los electores primarios son jefes de cofradías, hermandades o corporaciones de artesanos, o caciques, o ex gobernadores que se han distinguido por sus servicios, en quienes confía la comunidad, que por ello se les da la confianza de designar mediante el voto secreto al elector de segundo grado, el de partido.[13]

Vale la pena agregar que los electores primarios tienen un alto grado de autonomía derivado del hecho de que votan secretamente así como de que son ellos los que eligen a la junta electoral. En efecto, los electores primarios nombran presidente, secretario y los dos encuestadores para una junta electoral cuya función básica es la de calificar autónomamente las credenciales de los electores.[14] La autonomía de la cual gozan, en este caso, los 20 electores primarios les otorga no sólo

[13] Hernández Chávez, *Anenecuilco, op. cit.*, pp. 51-62; Guy P. C. Thompson, "Movilización conservadora, insurrección liberal y rebeliones indígenas, 1846-1854", en *América Latina: Dallo stato coloniale allo stato nazionale*, Franco Angeli, Milán, 1987, vol. II, pp. 592-614, y "Popular Aspects of Liberalism in Mexico, 1848-1888", *Bulletin of Latin American Research*, 1991, núm. 3, pp. 265-292; Florencia E. Mallon, *Peasant and Nation. The Making of Postcolonial Mexico and Perú*, University of California Press, Berkeley, 1995, pp. 23-88; Peter Guardino, "Barbarism or Republican Law? Guerrero's Peasants and National Politics, 1820-1846", *Hispanic American Historical Review*, 1995, núm. 2, pp. 185-213.

[14] Convocatoria a la Nación, 1855, cit., arts. 33 y 34.

la capacidad para elegir sino incluso el peso para condicionar la designación del elector secundario, posiblemente mediante acuerdos privados que debían respetarse. Nos encontramos, pues, en presencia de un mercado político incipiente del cual desconocemos sus mecanismos.

En cuanto al orden siguiente, el del elector secundario o de partido, no debería presentar grandes discrepancias en la medida en que los requisitos eran similares a los del elector primario, excepción hecha de diferencias menores como tener por lo menos 25 años de edad, estar avecindado y ser residente del partido que lo designa.[15] Hasta ahí las semejanzas son grandes. Sin embargo, si miramos el segmento social del cual provienen los electores secundarios notamos un cambio revelador. Regresemos al ejemplo del estado de Querétaro en 1847. La entidad contaba entonces con cinco partidos; el primero, Querétaro, elegía cinco electores secundarios; San Juan del Río, tres; Tolimán, dos; Cadereyta, uno; y, Jalpan, uno. En total, 12 electores. El cambio al que aludimos es que resultan elegidos siete hacendados y un comerciante; desconocemos la ocupación de los cuatro restantes. En todo caso el cambio en la composición social es claro: los electores secundarios son los vecinos miembros del segmento alto de notables del partido.

CUADRO 2. *Electores primarios y secundarios del estado de Querétaro, 1847**

Ocupación	Electores primarios %	Electores secundarios %
Hacendados	0.0	58.3
Comerciantes	21.1	8.3
Artesanos	34.7	0
Labradores	26.7	0

* Cáceres Muñoz, *Poder rural,* tesis cit.

En consecuencia, la diferencia entre vecinos se trasladaba mecánicamente al orden político. Si bien el punto de partida del orden social y político era similar debido al vínculo entre vecino-ciudadano, el orden político se construyó en forma diferente del social. La diferencia fue de carácter político: todos los vecinos-ciudadanos podían ser electores, independientemente de su rango social. Explícitamente nada lo

[15] Convocatoria a la Nación, 1855, cit., art. 46.

impedía. Más aún, al existir una liga entre orden social y político, este último ayudó a limar asperezas en las relaciones sociales locales por el simple hecho de que todos los vecinos podían participar en política. Se comprende así el interés de los vecinos ciudadanos por ser electores como por aparecer en las listas de miembros de la Guardia Nacional, con lo cual agregaban a su posición de notoriedad el poder defender sus derechos políticos empuñando las armas.[16]

Si regresamos nuevamente al cuadro 2 y nos interrogamos acerca de los motivos para registrar exclusivamente a los vecinos notables más pudientes como electores secundarios, nos topamos con elementos normativos que nos ayudan a comprender este fenómeno. La junta de electores secundarios se realizaba en la capital del estado, lo cual obligaba a los electores de escasos recursos a sufragar fuertes gastos, lo que en ocasiones les impedían asistir. Más aún, la junta estatal era bastante numerosa pues comprendía a todos los electores de la entidad y por lo mismo se encontraba representada una vasta pluralidad de intereses del territorio. A estas dos características cabe agregar otra: si bien los electores primarios no podían acceder a puestos de elección como diputados, los electores secundarios sí eran elegibles a condición de que obtuvieran los dos tercios de los votos de la junta y contaran además con "un capital (físico o moral), giro o industria honesta que produzca con qué subsistir".[17] De hecho el elector secundario nombrado por Querétaro como diputado propietario resultó ser un hacendado, mientras que el segundo diputado elegido fue un eclesiástico que no era elector de partido.

La jerarquización de la ciudadanía tuvo una connotación política precisa. En la elección para el Congreso de 1851 en el estado de México las actas electorales nos permiten notar que fue muy breve la reunión de los electores secundarios, ocurrió del 2 al 5 de octubre de 1851, y prevaleció una total autonomía en la junta de los electores secundarios para elegir 19 diputados propietarios e igual número de suplentes. Vale la pena insistir sobre el reducido espacio temporal de la junta electoral estatal para subrayar que los acuerdos políticos —que seguramente existieron entre los electores secundarios— no se gestaron en ese espacio de tiempo sino que parecieran ser previos a la reunión.

El cuadro 3 nos deja ver cómo se configuraron las políticas de coalición que desarrollaron los electores secundarios. Es claro que no fue

[16] Hernández Chávez, *La tradición republicana, op. cit.*, pp. 53-57.
[17] Convocatoria a la Nación, 1855, cit., art. 56.

CUADRO 3. *Elección de diputados titulares y suplentes del estado de México, 1851**

Turno	Electores "coalición"	Dip. titulares	Dip. suplentes
Primero	13	3	3
Segundo	9	2	2
Tercero	17	4	4
Cuarto	9	2	2
Quinto	13	3	3
Sexto	9	2	2
Séptimo	10	3	3
Total de electores de coalición	80		
Total de electores:	122	19	19

* Diputados al Congreso General, cit.

una operación simple y fácil, como tampoco fue una mera reproducción de la dimensión jerárquica social en la esfera política. En efecto, la elección de los diputados ocurrió mediante el llamado "derecho de minorías", que era una práctica que preveía la construcción de diversas coaliciones de electores con el fin de elegir entre dos y cuatro diputados titulares por coalición, con sus suplentes. En consecuencia cada coalición de electores se presentaba —probablemente— ya organizada en la palestra de la junta electoral y proponía a las otras coaliciones que votaran por sus candidatos, ofreciendo a cambio su reciprocidad. Las coaliciones que lograban imponer a sus candidatos eran aquellas que obtenían la neutralidad de las coaliciones amigas en el turno electoral en el que presentaban a sus candidatos, y a cambio ofrecían su reciprocidad al mantenerse neutrales en los turnos electorales de las coaliciones electorales amigas.

Las políticas de coalición se construían a partir de un número predeterminado de electores que terminaban por actuar colegiadamente. Con lo cual se marginaba a actores políticos que no contaban con las conexiones necesarias a nivel estatal —como ocurría con numerosos electores primarios— no obstante que éstos tuvieran fuerte arraigo en el ámbito local.

2. LA TRANSFORMACIÓN LIBERAL

Lo expuesto con anterioridad destaca varios aspectos. El primero distingue el ámbito social en el cual participa, acorde con su rango, la vasta mayoría de la población masculina adulta en su calidad de ciudadanos y electores. Señalamos, además, la distinción entre este nivel y el orden siguiente, o sea, el ámbito político que es una palestra artificial propia y exclusiva del rango superior de los ciudadanos: el de los electores tanto primarios como secundarios. Un segundo aspecto notorio es que, en el curso de la primera mitad del siglo XIX, fue la distinción entre estas dos esferas de la política la que generó un distanciamiento que acabó por convertirse en un mecanismo capaz de bloquear la expansión de la ciudadanía orgánica; es decir, de permitir que trascendiera de lo particular a cada entidad a la más amplia del país. Consideramos que fue la rigidez del sistema doblemente indirecto lo que impidió el acceso a nuevos actores políticos en condiciones de una real igualdad ciudadana. Se comprende entonces por qué los actores políticos emergentes —en especial el vasto segmento de electores primarios— objetaban este sistema. Sin duda fue la creciente difusión del republicanismo, del constitucionalismo y, en menor medida, del jusnaturalismo, que condujo a que se considerara la elección doblemente indirecta como un obstáculo a la libertad política, por ser un sistema que distinguía entre ciudadanos y electores y, más aún, reforzaba las jerarquías al volver a distinguir entre electores primarios y secundarios.[18]

El problema se debatió en el seno del Congreso Constituyente de 1856, donde se hicieron sentir dos grandes corrientes. La primera, la defensora de la continuidad o de la "tradición", sostuvo que la vecindad debía mantenerse como el requisito básico de la ciudadanía en la medida en que así se correlacionaba la residencia y la defensa de los "intereses locales" con el sistema de una sola cámara, la de diputados. Sustentaron su alegato en que, una vez adoptada la forma de gobierno federal y no existiendo el Senado, era "importantísimo que fuera perfecta la representación de las localidades para que fueran atendidos sus intereses especiales".[19] La insistencia en la vecindad tuvo un objetivo político: el ciudadano asumiría la plena responsabilidad de velar por los intereses de su localidad mediante una representación fincada en el territorio, con lo cual, entre otras cosas, se eliminaba a los electores secundarios.

La segunda corriente —minoritaria no obstante que entre sus defen-

---

[18] Para una aproximación a estas tensiones, *cf.* Carmagnani, *Del territorio a la región, op. cit.*, pp. 228-237, y "El federalismo liberal mexicano", en Marcello Carmagnani (coord.), *Federalismos latinoamericanos: México, Brasil, Argentina*, Fideicomiso Historia de las Américas/El Colegio de México/Fondo de Cultura Económica, México, 1993, pp. 144-157.

[19] Zarco, *Historia del Congreso, op. cit.*, p. 881.

sores encontremos a los constituyentes liberales más avanzados como Francisco Zarco, Castillo Velasco, Ignacio Ramírez e Ignacio Prieto— sostuvo que era necesario abolir el vínculo entre vecindad y ciudadanía porque de esa forma se lograría eliminar el dogma político del provincialismo y se daría fuerza al "fin grandioso de la Federación". Según ellos, la ciudadanía no podía ser un atributo local sino una condición general capaz de incluir al conjunto de la población, independientemente de los condicionamientos territoriales. A fin de cuentas esta postura, que refleja bien el jusnaturalismo de ese componente liberal, alegó que la ciudadanía debía ser una condición abstracta al alcance de la totalidad de los mexicanos que reunieran un mínimo de condiciones de edad y de "mérito". En el interior de esta posición, Zarco es de los pocos, sino el único, que se expresa en favor del voto directo argumentando que "todo ciudadano es elector y elegible".[20]

La posición mayoritaria —la que sostuvo que la vecindad era definitoria de la ciudadanía— influyó en la formulación de la ley orgánica de 1857, que, si bien mantuvo la distinción entre ciudadano y elector, eliminó al viejo elector secundario. La reforma del sistema doblemente indirecto por uno indirecto simple mantuvo, sin embargo, el vínculo vecindad-ciudadanía así como la dimensión territorial que deriva de este vínculo. El arraigo territorial se constata en el articulado de la Constitución de 1857 que dice: es obligación del "ciudadano de la República" el "inscribirse en el padrón de su municipalidad, manifestando la propiedad que tiene, la industria, profesión o trabajo con que subsiste".[21] De este modo se explicita la condición a la cual se hace referencia indirecta en el artículo 34 en donde sólo se requiere, para ser ciudadano, "tener un modo honesto de vivir". La continua referencia y peso en lo municipal remite a los intereses locales mientras que el "modo honesto de vivir" hace referencia a una condición social, económica e incluso moral que reposa como siempre en criterios subjetivos de las autoridades locales.

La Constitución liberal y federal de 1857 —en virtud de lo que hemos venido sosteniendo— no hizo más que reconocer el principio histórico de la ciudadanía "natural". Es decir, reconoció la forma de la ciudadanía orgánica tanto a la dimensión local como al orden social

---

[20] *Ibid.*, pp. 878-880 (n). Véase además la defensa de Zarco del voto directo y sus argumentos en contra del voto indirecto en *op. cit.*, pp. 860-861.

[21] Constitución Política de la República Mexicana, 1857, arts. 33 y 34, en Felipe Tena Ramírez, *Leyes fundamentales de México, 1808-1983,* Porrúa, México, 1983, p. 612.

prevalente en un particular sitio y que, por lo tanto, podía ser diferente de territorio a territorio, de estado a estado de la Federación. Si analizáramos la connotación que adquirió la ciudadanía en cada estado de la Federación llegaríamos, sin lugar a dudas, a mostrar que esta forma de la ciudadanía mexicana era plural y diferenciada en contraste con la que se conformó en países cuya tradición arrancó de un criterio político único.

En virtud de lo anterior sostenemos que en México en el periodo estudiado la concepción de la ciudadanía fue orgánica y no censataria, porque el "modo honesto de vivir" no respondía a un ingreso, renta o salario capaz de ser cuantificado o monetarizado. Por lo contrario, es orgánica a la comunidad en la medida en que la ciudadanía se determinaba localmente a partir de un juicio valorativo que arraigaba al individuo con su comunidad. Dicho juicio representaba una combinación de virtudes como su prestigio, su honorabilidad, la riqueza y la estima en que se le tenía, por todo lo cual se le reconocía el estatus de vecino de una determinada localidad. La responsabilidad de los comisionados de los ayuntamientos fue dar este reconocimiento en "cada una de las divisiones de su municipalidad que empadrone a los ciudadanos que tengan derecho a votar y que les expida las boletas que les hayan de servir de credencial".[22] Son los comisionados los que aplican el criterio del "modo honesto de vivir". Una vez hechas públicas las listas, los varones excluidos podían aún reclamar el no haber sido considerados en su municipalidad o, a la hora de la votación, en la mesa electoral de su sección.[23] Sin lugar a dudas, era el conocimiento personal de la gente por parte del comisionado responsable de formar la lista de ciudadanos lo que contaba para atribuir a un jefe de familia la condición de vecino y de ciudadano, que por lo ya dicho era fundamentalmente un juicio de valor, no censatario.

Un razonamiento de esta índole se refuerza por el hecho de que son los ayuntamientos los encargados de dividir "sus municipios en secciones [...] de 500 habitantes de todo sexo y edad que den un elector por cada una" y es la autoridad de los estados, del Distrito Federal y de los territorios de la Federación la responsable de dividir las "demarcaciones de su respectivo mando, en distritos electorales numerados, que contengan cuarenta mil habitantes" o "fracción de más de veinte mil ha-

[22] Ley orgánica electoral, 12 de febrero de 1857, art. 3, en García Orozco, *Legislación electoral*, *op. cit.*, p. 154.
[23] *Ibid.*, art. 4.

bitantes".[24] Los distritos electorales comportan, en cambio, una novedad, pues, a diferencia del anterior procedimiento, el reciente sistema electoral es de tipo uninominal puro, o sea, donde los electores eligen directamente al diputado.

Cabe ahora preguntarnos, ¿cuál fue la novedad y el alcance de los distritos electorales? Contamos con información para distintos periodos que nos deja ver una situación del siguiente tipo: en la elección de diputados al Congreso General de 1851 se registra un número de electores primarios de cerca de 10 000, o sea una cifra similar a la que hubo en la elección del Congreso Constituyente de 1856, que fue la última elección con un sistema electoral doblemente indirecto. En cambio, en la primera elección con sufragio indirecto simple, la de 1861, el número de electores primarios aumenta a alrededor de 12 000 y para la elección de 1875 el número de electores primarios ascendió a 18 000. Es evidente que, al haberse casi duplicado el cuerpo de electores, nos encontramos ante un fenómeno inédito.[25]

Ahora bien, hemos reiterado que la forma que adoptó la ciudadanía por efecto de la revolución liberal mantuvo como rasgo de continuidad su carácter orgánico. Por lo mismo, no es simple la explicación de por qué creció el cuerpo de electores en los dos últimos periodos electorales, 1861 y 1875. En efecto, si tomáramos en cuenta la proporción que establecía la ley orgánica electoral de 1857, de un ciudadano por cada cinco habitantes y un elector por cada 500 almas, pensaríamos en un criterio moderno de representación de la población; más aún, concluiríamos que el número total de ciudadanos en 1861 debería haber sido de 1.1 millones, con una población total, hipotética, de 5.5 millones. Sin embargo, si tomáramos como base la estimación de población del bienio 1866-1868, lo primero que salta a la vista es que la estimación demográfica no corresponde a la realidad electoral porque seis años antes, en 1861, el número de electores primarios había sido de sólo 12 000, mientras que de haberse tomado como base la estimación demográfica habría alcanzado la cifra aproximada de 17 000. Lo significativo de los datos es que no aumenta el número de ciudadanos en proporción a la población. De hecho, se mantiene reducido el cuerpo

[24] *Ibid.*, arts. 1 y 2.
[25] Diputados al Congreso General. Cuadros de votación por estados 1851; Diputados al Congreso General. Cuadros por Estados 1861, Archivo General de la Nación (México), Gobernación, leg. 240 (1) y 1026; Octavo Congreso de la Nación, 1875, Archivo de la Cámara de Senadores (México), sección actas electorales.

de electores, lo que refuerza nuestra idea de que la ciudadanía es una connotación local y no general, y el criterio del "modo honesto de vivir", que varía de un lugar a otro, no cambió significativamente. Todavía con la reforma electoral de 1871 se perfeccionó la figura del comisionado para precisar que debían ser nombrados por el ayuntamiento "por escrutinio secreto" para darle mayor fuerza y sobre todo, representatividad; pero, ante todo, debían reunir la condición de "ser vecinos de la sección".[26] Es clara la persistencia de un derecho consuetudinario que refuerza una forma de ciudadanía orgánica frente a la cual tiene poca o ninguna validez un razonamiento de carácter general.

El cuadro 4 muestra el cambio ocurrido entre las dos elecciones federales a que hemos venido haciendo referencia. En primer lugar observamos lo novedoso de los distritos electorales: en la gran mayoría de los estados estos distritos no se diseñan con un criterio demográfico tal como lo establecía la ley electoral vigente, sino que reflejan realidades intrarregionales complejas y distintas. Con anterioridad a la nueva ley electoral, las secciones se organizaban con base en los intereses de cada localidad, de lo que resultaba un mosaico fragmentado de particularidades. En cambio, los nuevos distritos agrupaban intereses intrarregionales que coexistían de tiempo atrás. Sólo que ahora, bajo el nuevo distrito, se reagruparon y recogieron los hilos de esas redes políticas locales previas en una organización más extensa y en torno a la cabecera política distrital. Los distritos electorales no siempre fueron el mecanismo para desactivar intereses territoriales arraigados —como tal vez hubiera deseado la clase gobernante— para así conformar nuevas unidades territoriales; resultaron ser más bien una nueva forma de organizar lo que ya existía.

En este sentido, entidades como Aguascalientes, Campeche, Colima y Tabasco, en general de baja densidad demográfica, continuaron con el mismo número de distritos, ya calculados con anterioridad con base en su población. En cambio, en otros estados con intereses intrarregionales fuertemente diferenciados y con un tejido social más complejo y denso no existe una correspondencia entre la cantidad de población y los distritos electorales a los cuales tienen derecho conforme a la ley. Un ejemplo de lo anterior se observa en los estados de Chihuahua, Guanajuato, Jalisco, Oaxaca, San Luis Potosí y Veracruz, donde resulta

[26] Decreto que reforma la ley electoral de 12 de febrero de 1857, 8 de mayo de 1871, art. 1, fr. II, en García Orozco, *Legislación electoral, op. cit.*, p. 191.

CUADRO 4. *Elecciones federales de 1861 y 1875. Distritos electorales y electores* *

Estado	Año	Dif. dist. reales núm.	Dif. elect. pot. núm.	Electores reales %	Distritos reales %	Electores reales %
Aguascalientes	1861	0	-79	-43.8		
	1875	0	-124	-44.2	0	54.5
Campeche	1861	0	-89	-45.7		
	1875	0	-58	-31.3	0	54.9
Colima	1861	0	-78	-61.9		
	1875	0	-38	-27.4	0	97.9
Chihuahua	1861	-1	-195	-60.9		
	1875	-1	-149	-41.2	33.3	69.6
Guanajuato	1861	-2	-1007	-69.0		
	1875	-2	-459	-29.1	12.5	147.1
Guerrero	1861	+1	-111	-20.4		
	1875	0	-167	-27.0	0	4.2
Jalisco	1861	-5	-904	-52.8		
	1875	-2	-759	-38.7	43.7	49.1
México	1861	+4	-1301	-54.0		
	1875	+1	-625	-24.3	0	75.5
Nuevo León	1861	+1	-63	-18.3		
	1875	-1	-176	-45.2	-20.0	-32.8
Oaxaca	1861	0	-120	-11.2		
	1875	-2		-211.0	23.1	32.4
S. L. Potosí	1861	-3	-426	-44.7		
	1875	-1	+292	+28.8	33.3	147.6
Sinaloa	1861	-1	-207	-63.8		
	1875	0	-73	-21.8	33.3	23.1
Tabasco	1861	0	-68	-409.0		
	1875	0	-12	-6.4	0	77.5
Tlaxcala	1861	-1	-97	-41.4		
	1875	0	-190	-71.4	50.0	19.7
Veracruz	1861	-3	-490	-53.3		
	1875	-2	318	31.5	-37.5	-61.1
Zacatecas	1861	-4	-334	-42.0		
	1875	0	419	50.6	66.6	-11.5

* Diputados al Congreso General. Cuadros de votación por estados, 1861, Archivo General de la Nación (México), Gobernación, vol. 1026, varios legajos; Octavo Congreso de la Nación, 1875, Archivo de la Cámara de Senadores (México), sección actas electorales.

una diferencia negativa entre distritos potenciales y distritos reales, mientras lo contrario ocurre en el estado de México.

No obstante la continuidad con el pasado, en el sentido de haber recogido los hilos centrales de las redes políticas parroquiales o municipales, bajo un territorio más amplio, el distrito representa una dimensión nueva. Lo novedoso se observa en el cuadro 4, en la diferencia entre electores potenciales —calculados a partir de la norma electoral de uno por cada 500 habitantes— y los electores reales —los que efectivamente se registran en las votaciones en los distritos electorales—. La elección de 1861 refleja todavía el orden previo si notamos que el déficit entre electores potenciales y reales es altísimo. Una vez más se constata que las realidades regionales —por ser diferentes— rehuyen una definición general de ciudadanía y retienen su carácter natural al territorio. A fin de cuentas esta forma de ciudadanía no era más que la expresión en la esfera política de las dimensiones sociales organizadas de modo distinto.

El déficit entre electores potenciales y reales que registramos se mantuvo en 1861 en alrededor de 45.2%. El faltante es elevado, superior a 60%, en los estados de Colima, Chihuahua, Guanajuato y Sinaloa; las demás entidades —con excepción hecha de Guerrero, Nuevo León y Oaxaca— tienen porcentajes similares a la media general de 45.2%. En todo caso, las diferencias son tan grandes que no se puede hacer ninguna generalización. Sin embargo, vale la pena reflexionar acerca de por qué predomina un déficit en las regiones del norte de México mientras éste es menor en las áreas centro-sur del país, en especial en los estados de Guerrero y Oaxaca. Es probable que lo anómalo de estas dos regiones se explique, en el caso de Guerrero, por el proceso de movilización acaudillado por Juan Álvarez y, en el de Oaxaca, por la reorganización liberal emprendida por el gobernador Benito Juárez.

La comparación entre la elección de 1861 y la del año de 1875 permite destacar el cambio ocurrido en ese lapso y los efectos de la creación del distrito electoral. La diferencia es que antes de 1861, el cuerpo de electores se congregaba en la capital del estado, donde se elegían diputados propietario y suplente; en cambio, a partir de esa elección la capital no sería más el sitio de reunión de los electores sino el distrito electoral.

Este cambio fue básico pues trasladó el peso político de un lado a otro. Al observar cómo funcionaba el distrito electoral destacamos que la capital era el lugar donde se congregaban todos los electores primarios y que al mudar de sede de reunión se subsana el problema de la distancia que dificultaba la presencia de algunos electores, al reducirse el costo del viaje. Más importante aún es que al trasladar el peso de la política a la cabecera del distrito se acercaba el cuerpo electoral a sus electores, residentes de las secciones y municipios del distrito.

El distrito electoral se configura, de esta manera, como una realidad nueva respecto al partido y a las juntas electorales secundarias.[27] En primer lugar, el distrito electoral tuvo una extensión territorial mayor a la de los partidos pues comprendía a dos o más de éstos. En segundo lugar, el distrito electoral tenía mayor autonomía decisional en cuanto que, a diferencia de la junta de partido, los electores nombraban por escrutinio secreto y no público la junta electoral distrital, compuesta por un presidente, un secretario y dos escrutadores. Al mismo tiempo aumentaron a dos las comisiones calificadoras de credenciales, sin que por ello perdiera cada elector el derecho de objetar y solicitar la revisión de credenciales. En tercer lugar, las juntas distritales organizaban de manera autónoma el calendario del proceso electoral que culminaba con la elección del diputado titular y suplente.[28]

Sin duda, el cambio de mayor trascendencia fue el procedimiento electoral que procuró una mejor representatividad de los grupos políticos en el siguiente sentido: los electores primarios votaban primero directamente por una sola persona para diputado titular, enseguida volvían a votar de la misma manera, nominalmente, por el diputado suplente. O sea que no resultaba como suplente el segundo con más número de votos sino que este procedimiento daba cabida para que se reorganizaran de modo distinto las facciones para la segunda votación. Otro adelanto fue el escrutinio secreto y por "mayoría absoluta de los electores presentes". Con estos cambios en la legislación electoral se procuraba coordinar mejor y reforzar las redes políticas en el interior de la jurisdicción distrital para que el cuerpo de electores se organizara en su distrito electoral con amplia autonomía y de modo corresponsable y afín a los intereses de sus localidades. La modernización del proceso electoral también procuró garantizar la representatividad de las distintas facciones políticas en la medida en que dio cabida a la construcción de mayorías y minorías, pues cada turno electoral permitía incluir como suplente a un candidato de las minorías.[29]

[27] El constituyente Joaquín García Granados sostuvo que el distrito electoral "rompía el monopolio electoral de las capitales [de los estados] para que decidan de la representación de los estados los gobernadores y tres ó cuatro personas", véase Zarco, *Historia del Congreso, op. cit.*, p. 1191.
[28] Ley orgánica electoral, 1857, cit., arts. 24, 26, 35 y 39.
[29] Sobre la relación mayoría y minoría, véase Elisabetta Bertola, "La designazione dei candi-

Cabe preguntarnos ¿en qué medida influyó el nuevo distrito electoral en el desarrollo de nuevas prácticas políticas? Una primera respuesta nos la da el cuadro 4, que deja ver la tendencia de una creciente movilización política entre las dos décadas, la de 1860 y la de 1870. En primer lugar, aumentan los distritos electorales no obstante el déficit que prevalece entre distritos potenciales y reales.

La variante principal se encuentra en la relación entre electores potenciales y reales. Se dijo que este déficit era en promedio de 45.2% en 1861 mientras que en 1875 fue de 29.7%. Dicho con otras palabras, el déficit se redujo notablemente en aquellos estados que en 1861 acusaban un déficit superior a 60%. En efecto, en todas las regiones, con excepción de Tlaxcala y Zacatecas, se observa un notable aumento en el número de electores. En algunos estados, el incremento fue superior al doble (Guanajuato y San Luis Potosí), en otros casi se duplicó (Colima, México, Morelos, Hidalgo y Tabasco), y en otros el crecimiento fue superior a 50% (Aguascalientes, Campeche, Chihuahua y Veracruz).

La expansión de los electores primarios pareciera indicar que entre 1861 y 1875 —periodo de la revolución liberal, de la lucha contra el Imperio y de la restauración de la República— se hubiera producido un fenómeno positivo: la ciudadanía política aumenta al hacerse extensiva a un mayor número de varones. Seguramente el criterio para juzgar el modo honesto de vivir y la calidad de los servicios brindados a la comunidad abrió el acceso a la vecindad a varones que habían portado las armas —ciudadanos armados en defensa del grupo liberal—.[30] Es difícil cuantificar el incremento, pero por lo menos debió de ser un aumento similar al de los electores. Si los primeros resultados de la investigación muestran ya una tendencia expansiva, se podría plantear —como hipótesis provisional— que la forma de la ciudadanía orgánica o natural que se desarrolló en México no contenía un mecanismo de tipo limitativo o excluyente dado que constatamos que la revolución liberal alentó a que el derecho de ciudadanía se concediera a un mayor número de varones.

El carácter que adquirió la ciudadanía condujo a que coexistieran a un mismo tiempo a lo largo del país, una pluralidad de formas de sufragio. En el nivel federal el modo de sufragar fue indirecto, en cambio

---

dato elettorali: la costruzione di un compromesso nel Messico Porfirista (1876-1911)", *Quaderni Storici*, 1988, núm. 69, pp. 929-939.

[30] Hernández Chávez, *La tradición republicana, op. cit.*, pp. 62-82.

en el nivel municipal —en buen número de ocasiones— se practicaba el voto directo. Más aún, para hacer más complejo el procedimiento electoral en el nivel de cada entidad federativa, el sistema de sufragio era mixto: con el voto directo para diputados e indirecto para gobernador o viceversa, según la tradición del estado.[31]

No cabe duda de que la abolición de las juntas electorales de partido y la creación de las juntas electorales de distrito abrió nuevos horizontes para el ejercicio de prácticas políticas más incluyentes. No obstante, cada comunidad conservó el atributo de conceder el derecho de ciudadanía a sus pobladores con base en el derecho consuetudinario, o, como se decía, según sus "usos y costumbres". Lo anterior propició una relación de tipo personal y no la relación impersonal de una ciudadanía política general sustentada en criterios objetivos e iguales para todos. Por ejemplo, un distrito electoral que comprendía más de dos partidos podía reunir entre 60 y 80 electores, quienes representaban distintas facciones. El nuevo tipo de agregación seguramente dio cabida a una competencia entre las cabezas o notables de cada localidad en el nivel del partido. Dicha competencia obligó a que las formas del intercambio y relación política en el nivel de la comunidad se modificaran para dar mayor espacio a nuevos ciudadanos, o sea, a un creciente número de electores primarios que vino a reforzar políticamente a sus representantes en el nivel distrital. Esta circunstancia fue cierta para las regiones donde aumentó el número de votantes. Sin embargo, como también notamos, la base electoral no siempre creció en proporción a la población en otras entidades.

En esta primera fase de interpretación de datos es claro que planteamos más interrogantes que respuestas. Pero veamos por qué y de dónde nos surge este tipo de propuesta. Si un diputado debía ser elegido por mayoría absoluta de los electores presentes y si estos fluctuaban entre 60 y 80, el candidato, para ser electo, debía contar aproximadamente con 40 a 54 votos. En este sentido, el espacio político restringido en el cual los notables de la comarca realizaban sus acuerdos y compromisos en favor de un determinado candidato, forzosamente cambió. La diferencia no fue sólo la de haberse ampliado el cuerpo electoral, sino que, al introducirse el distrito uninominal y al desaparecer el viejo derecho de minorías, sólo podían ser elegidos un diputado titular y uno suplente.

[31] Sobre la pluralidad de sistemas electorales, *cf.* Carmagnani, "Del territorio", cit., pp. 235-236.

3. Ciudadanía y orden liberal

Existe una interpretación historiográfica contemporánea muy difundida que sostiene que una vez consolidado el orden liberal hubo una tendencia a desmovilizar a los distintos sectores sociales con el consiguiente repliegue político, producto de la tendencia autoritaria del régimen de Porfirio Díaz. La visión que se obtiene de la lectura de los debates políticos que se desarrollan en el Congreso Federal, en la prensa y en los panfletos de la época contraviene esta idea.[32]

Comencemos por rescatar la visión que tuvieron de sí mismos los actores. Por lo que concierne a la ciudadanía orgánica, se criticaba por ser excesiva, muy cuantiosa. Justo Sierra formuló la primera objeción en 1878 al definir a México como "el país de las elecciones". Sostuvo que el camino hacia la democracia debía ser lento y realista y, por lo mismo, la Constitución debía ser reformada para limitar el voto a aquellos que tuvieran un modo honesto de vivir y supieran leer y escribir.[33] Un segmento nutrido de la elite política compartió esta convicción aún durante la primera década del siglo XX; repetían que "la restricción de saber leer y escribir, tiene la ventaja de abrir las puertas a la ciudadanía real".[34] Asimismo afirmaban que una ciudadanía se fortalecía si se concedía el sufragio sólo a los que sabían leer y escribir y bajo esta condición se introducía el voto directo.[35] Hubo incluso quien pidió la restricción del sufragio a las clases ilustradas.[36]

Al discutir la nueva ley electoral de 1901, al igual que tantas veces en sesiones pasadas del Congreso, se retomó el debate en torno a si la ciudadanía debía o no mantener su vínculo con la vecindad. Como en el pasado, se insistió en que dicha condición contradecía el artículo 30

---

[32] Véase al respecto Charles A. Hale, *The Transformation of Liberalism in Late Nineteeth-Century Mexico*, Princeton University Press, Princeton, 1989; Jean Pierre Bastian, *Los disidentes. Sociedades protestantes y revolución en México. 1872-1911*, Fondo de Cultura Económica/El Colegio de México, México, 1989; Manuel Ceballos Ramírez, *El catolicismo social: un tercero en discordia*, El Colegio de México, México, 1991; Marcello Carmagnani, *Estado y mercado. La economía pública del liberalismo mexicano. 1850-1911*, Fideicomiso Historia de las Américas/El Colegio de México/Fondo de Cultura Económica, México, 1994; Alicia Hernández Chávez, *La tradición republicana, op. cit.*

[33] Hale, *The Transformation, op. cit.*, p. 54.

[34] Emilio Rabasa, *La constitución y la dictadura. Estudio sobre la organización política de México* (1912), Porrúa, México, 1976, p. 130.

[35] Manuel Calero, *La nueva democracia*, s. p .i., México, 1901.

[36] Ricardo García Granados, *El problema de la organización política de México*, Tip. Económica, México, 1909, p. 25.

de la Constitución Federal que establecía que son "ciudadanos de la República todos los que, teniendo la calidad de mexicanos, reúnan además los siguientes requisitos: haber cumplido 18 años siendo casados o 21 si no lo son; tener un modo honesto de vivir". El compromiso máximo alcanzado fue que desapareciera la referencia al concepto de vecindad en la ley de ese año, para no entrar en contradicción con la norma constitucional federal.

Sin embargo, no se tomó la decisión tajante de otorgar a la ciudadanía un carácter abstracto y general para todos, como lo venían exigiendo algunos liberales. Fundamentalmente fueron las facciones locales quienes defendieron cotos de poder en sus entidades: esgrimiendo un argumento efectivo y difícil de contravenir en un ambiente federalista, y enarbolaron la facultad y atribución soberana de cada estado para definir su gobierno interno, incluyendo la calificación de quién era y quién no era ciudadano. Al no tomarse una decisión clara resultó que se dejaba, una vez más, en manos de los comisionados del municipio el registro electoral y consecuentemente la definición de vecino según los usos y costumbres locales. Algo se avanzó, sin embargo, al eliminar el requisito de vecindad para el comisionado o empadronador.

El paso a una elección con criterios generales y conocidos para todos hubiera sin duda representado un salto de calidad. Dicho avance exigía medios materiales y un esfuerzo notable de parte de gobiernos estatales e incluso del federal, con los que probablemente no se contaba. Por lo mismo era previsible que un compromiso tan vago como el alcanzado no cambiaría el peso de la costumbre.

Al igual que en el pasado, con el proceso electoral en manos de las municipalidades se continuaron las prácticas habituales que sirvieron una vez más para designar a un comisionado e incluso una comisión de empadronadores —representantes de las facciones del pueblo— para empadronar a quienes a su juicio reunían las condiciones prescritas por la Constitución.[37] Se comprende que el compromiso alcanzado apenas matizó la vieja connotación de ciudadanía natural que mantuvo sus rasgos esenciales.

Aun así, el vínculo entre vecindad y ciudadanía se fue debilitando en la primera década del siglo XX, tanto más con la introducción de nuevos valores resultantes de la efervescencia política electoral de esos años. La contienda electoral de 1909-1910 puso en movimiento una so-

---

[37] Ley electoral, 18 de diciembre de 1901, art. 12, en García Orozco, *Legislación electoral, op. cit.*, p. 207.

ciedad ansiosa de cambio que se organizó autónomamente en clubes, partidos, convenciones democráticas y giras electorales. La votación de 1910 fue muy nutrida. La valorización que la sociedad concedía el proceso electoral en que hemos venido insistiendo se expresó en partidos de oposición que creyeron en una apertura democrática, pero que se sintieron defraudados cuando se les negó todo triunfo en las urnas. Solicitaron al Congreso de la Unión la nulidad de las elecciones, agotaron todas las instancias constitucionales y sólo entonces apelaron a la ciudadanía a defender el voto con las armas. La renuncia del gobierno de Porfirio Díaz sucedió a los cuantos meses de una sociedad en armas y la gesta democrática maderista condujo a una nueva ley electoral, la de 1911. Ésta hizo patente la ineludible necesidad de dar un paso más en la democratización política del país al hacer una y general la noción de ciudadanía.

El paso de un criterio particular de vecindad a uno generalizable como el de la residencia se puso a discusión. A lo largo del debate surgieron intervenciones respecto al tema, como el que apareció en el dictamen de la comisión del Congreso, según el cual la vecindad se había entendido "como un antiguo estatuto que servía para resolver el conflicto de diferentes soberanías y aún de diferentes costumbres que existían en un mismo país", como si fuera algo del pasado remoto.[38] Sin embargo, por algún motivo la comisión del Congreso tuvo que reiterar que la ciudadanía natural estaba relacionada tanto con la forma de gobierno federal, en donde coexistían dos esferas soberanas correlacionadas entre sí, como por el derecho consuetudinario, cuyo carácter era esencialmente local.

La Comisión de la Cámara de Diputados que elaboró el dictamen de proyecto de ley que presentó el diputado Luis A. Vidal y Flor proponía la abolición radical del requisito de vecindad para los cargos de elección popular. Su argumento concordó con la mejor tradición jusnaturalista liberal al sostener que el principio de la vecindad era ambiguo, pues no existía una norma que estableciera qué se entendía por vecino. Por consiguiente, alegó que cada estado tenía derecho a legislar en esta materia como mejor le conviniera y se declaró por una definición de ciudadano a partir de su residencia. El diputado Vidal y Flor remató el argumento al afirmar que la residencia se acercaba a los "principios modernos de la ciencia política" y no alentaba —como sí lo

[38] Dictamen de la comisión, 1° de noviembre de 1911, Cámara de Diputados, *Diario de debates, 1911,* México, 1912, p. 17.

hacía la vecindad— la idea de "patria chica" y "el sentimiento mezquino del provincialismo". Así y sin más debate, la Comisión propuso la abolición del requisito de la vecindad. De inmediato pasó a votación del pleno de la Cámara de Diputados. Resultó aprobada por 108 votos contra 12, aunque no se discutió en el Senado.[39]

La ley electoral de 1911, a semejanza de las que le antecedieron, guarda reminiscencias de la concepción de la ciudadanía natural. Sin embargo, se introdujo un cambio básico en la ley: por vez primera se asentó que las pruebas para ser reconocido como ciudadano eran las de la residencia, que se acreditaba con el aviso dado a la autoridad municipal del cambio de domicilio o "las manifestaciones existentes en las oficinas de contribuciones con anterioridad a la formación del censo (electoral), o los recibos por rentas de casa habitación, o cualquier otro documento indubitable o el testimonio de vecinos caracterizados".[40] La reforma que se introdujo dejaba finalmente la definición de ciudadanía clara y comprobable con un simple documento administrativo.

A lo largo del periodo analizado —último tercio del siglo XIX y primera década del siglo XX— aparece una y otra vez que el fundamento esencial de la ciudadanía era el natural, con algunos signos de cambio. El debate político entre las distintas facciones nunca puso en duda que el principio organizativo del proceso electoral debía ser la dimensión local. Lo que estaba en el fondo de la disputa, sobre todo a partir de 1890, era si se organizaba mejor al electorado para pasar al voto directo o se restringía la participación del electorado conservando el cuerpo selecto de los electores por medio del voto indirecto.

Los debates y disputas en torno al proceso de votación fueron todo menos minucias; su importancia fue tal que marcó el desenvolvimiento de la ciudadanía a lo largo del periodo 1875-1911. La cerrazón con que se topó en el Congreso y la fuerza de una cultura política de carácter parroquial respondían en buena medida al arraigo de la práctica del sufragio indirecto y a la persistencia de distritos electorales uninominales para la elección de los representantes federales. En efecto, incluso la ley electoral de 1901 se limita a precisar que los distritos electorales deben ser diseñados comprendiendo en cada uno una población de 60 000 habitantes y fracción que pase de 20 000 habitantes mientras

---

[39] Proyecto de ley, 1° de noviembre de 1911, Cámara de Diputados, *Diario de debates*, cit., pp. 6-7.
[40] Ley electoral, 19 de diciembre de 1911, art. 15, en García Orozco, *Legislación electoral*, cit., p. 219.

queda inalterada la norma de que los padrones electorales son asunto municipal cuyos responsables son los comisionados de los ayuntamientos. Por los mismos motivos queda inalterada la norma de que son autónomos los electores en su distrito electoral.[41]

Si retenemos como importantes estas condicionantes y además recordamos que la ciudadanía natural debió aumentar en función del crecimiento orgánico de la sociedad, podemos verificar eventuales cambios en el periodo 1875-1910.

Tomemos los datos de ocho estados que consideramos significativos por responder a diferentes realidades regionales: dos del norte del país (Chihuahua y Nuevo León), uno del centro-norte (San Luis Potosí), uno del occidente (Jalisco), uno del centro (estado de México), otro del Golfo de México (Veracruz), otro del centro-sur (Oaxaca) y el último del sureste (Yucatán). El conjunto de estas regiones representa casi la mitad de todos los distritos electorales y de todos los electores.

La evolución de los distritos electorales muestra la existencia de un déficit importante en la relación entre distritos potenciales (calculados sobre la base de la población que exigía la ley electoral) y distritos

CUADRO 5. *Elecciones federales, 1875-1910. Distritos electorales* *

	\multicolumn{8}{c}{Diferencia entre distritos nominales y reales}							
	Ch.	N. L.	S. L. P.	Jal.	Méx.	Oax.	Ver.	Yuc.
1875	-1	0	-1	-4	-1	-1	-2	1
1880	-2	-1	-2	-6	-2	-3	-4	1
1890	-4	-4	-2	-10	-5	-8	-11	0
1900	-2	-2	+2	-1	0	0	-6	0
1910	-1	0	+1	-1	+1	-1	-3	-1

	\multicolumn{8}{c}{Porcentaje de incremento de los distritos reales}							
	Ch.	N. L.	S. L.P.	Jal.	Méx,	Oax,	Ver.	Yuc.
1875	-	-	-	-	-	-	-	-
1880	0	-20.0	-8.3	-9.6	0	0	0	0
1890	0	0	-9.1	-5.3	0	0	0	0
1900	0	0	0	0	0	0	0	-37.5
1910	0	50.0	0	5.5	0	0	45.5	-0

*Archivo de la Cámara de Senadores (México), sección actas electorales.

[41] Ley electoral, 18 de diciembre de 1901, arts. 4, 7, 8 y 38.

reales (los que efectivamente existían). Vale la pena destacar que el creciente déficit que señalamos previamente entre 1875 y 1900 en algo se corrigió en 1901, al incrementarse la población necesaria para conformar un distrito electoral. Por ejemplo, si con anterioridad un distrito electoral reunía entre 60 y 80 electores, a partir de 1901 aumenta a un número aproximado de 100 a 120 electores. Probablemente este aumento produjo algunos cambios en la competencia electoral que en un futuro evaluaremos.

Si sólo tomamos en cuenta la evolución de los distritos electorales reales, notamos que no crecen, excepción hecha del estado norteño de Nuevo León y de Veracruz en la región del Golfo. En el primer caso, los distritos electorales se ajustaron a la población existente en 1910. El estado de Veracruz —en cambio— aumenta el electorado sin que por ello logre absorber el déficit. Las dos opciones distintas nos llevan a plantear la hipótesis de que en el nivel de los distritos electorales la ciudadanía orgánica crece en las regiones donde se manifiesta, como en Veracruz, una pluralidad de intereses que presiona por mayor representatividad política. En el caso de Nuevo León, en cambio, pareciera haber una red política con dirección estatal centrada en su ciudad capital, Monterrey, que busca, con los nuevos distritos electorales, incorporar al proceso político a los nuevos contingentes de población y regiones en desarrollo generados por la reciente oleada de colonización del estado.

Si durante la revolución liberal se alcanzó un mejor equilibrio en la relación entre población y electores, entre 1875 y 1910 se descompensa dicha proporción para quedar el crecimiento de la ciudadanía por debajo del crecimiento de la población. En el cuadro 6 se observa que en todos los estados analizados se acusa una notable diferencia en valor absoluto en la relación entre electores potenciales —uno por cada 500 habitantes— y electores reales.

El diferencial se observa mejor en los valores porcentuales pues son las regiones de más rápido crecimiento demográfico, social, económico y cultural las que presentan mayor déficit. En los estados del norte (Chihuahua y Nuevo León), en occidente (Jalisco) y en el Golfo (Veracruz), el crecimiento del número de electores es menor al de la población. En cambio, en las regiones de la Meseta central, de mayor tradición y densidad de población, como San Luis Potosí, México y Oaxaca, el déficit es menor. Las dos variables —crecimiento de la población y número potencial de electores— indican que en todos los distritos electorales y en los cinco periodos registrados el número de electores no aumenta, como debió haber ocurrido.

La imagen del periodo es de un primer empuje notable en la participación y representación ciudadanas que al entrar en el decenio de 1880 se frena. Las ataduras pudieron obedecer a que los notables y grupos poderosos locales cerraron sus cotos de poder con lo cual se limitó el acceso a nuevos actores políticos. Como no se corrigió la tendencia, se produjo una suerte de estancamiento en la vida política. Bajo esta óptica se podría argumentar que la ciudadanía natural perdió progresivamente su capacidad para incorporar a nuevos actores políticos producto del crecimiento orgánico de la sociedad, aún cuando hubiera sido capaz de asimilar a nuevos vecinos en el periodo precedente. Al final de cuentas, la proporción entre electores potenciales y electores reales a la vuelta del siglo refuerza la imagen de un orden liberal poco dinámico.

Consideramos que esa imagen inerte se modifica al observar una tercera variable, en el cuadro 6, la relativa al crecimiento de los electores reales. Notamos, en primer lugar, que los estados de mayor desarrollo, los del norte y del Golfo, se esfuerzan por incorporar a los nuevos actores. La tasa de incremento de los electores, no obstante su variación, apunta hacia un proceso expansivo del electorado, particularmente rápido en el curso de la primera década del siglo xx. El mismo proceso se repite en las regiones tradicionales, con excepción del estado de San Luis Potosí. La entidad que proyecta una imagen tradicional y conservadora es Yucatán, donde el avance registrado para 1880 se pierde en las décadas subsiguientes.

Al observar el incremento de los electores nos asalta una duda que expresamos a título de hipótesis. Nuestra impresión es que en muchas regiones, especialmente en las que conocieron el fenómeno de la segunda colonización, la incorporación de nuevos electores es lenta porque ocurre mediante el mecanismo de la cooptación en el nivel del distrito electoral. El grado de autonomía del cuerpo de electores y el hecho de que éstos por lo general no accedieran a puestos más altos llevaron a que actuaran como jefes o cabezas de facciones locales. De abrir sus cotos de electores a nuevos miembros, como estaba previsto por la legislación, se hubieran cambiado las reglas del juego; pensamos que optaron por controlar el acceso a nuevos miembros para no alterar el equilibrio interno. El cuerpo de electores incluso aceptó el ingreso de nuevos miembros a condición de que los comisionados o empadro-

CUADRO 6. *Elecciones federales, 1875-1910. Electores**

	I. Diferencia entre electores potenciales y reales				
	1875	1880	1890	1900	1910
Chihuahua	-168	-251	-323	-352	-461
Nuevo León	-121	-125	-208	-304	-162
S. L. Potosí	-15	-157	-206	-221	-319
Jalisco	1 390	-679	-916	-974	-1 027
México	-218	-348	-466	-617	-599
Oaxaca	-65	-258	-481	-401	-442
Veracruz	-350	-450	-1 063	-1 172	-1 001
Yucatán	-177	-4	-55	-188	-289

	II. Diferencia entre electores potenciales y reales (%)				
Chihuahua	-34.5	-50.0	-45.8	-46.2	-56.8
Nuevo León	-31.8	-29.6	-33.5	-46.3	-22.2
S. L. Potosí	-1.4	-15.2	-18.1	-19.2	-25.4
Jalisco	-70.9	-34.5	-41.3	-42.2	-42.5
México	-16.4	-24.5	-27.7	-33.0	-33.3
Oaxaca	-4.6	-17.3	-27.2	-21.1	-21.2
Veracruz	-33.7	-38.7	-61.4	-40.3	-44.2
Yucatán	-31.0	-0.8	-26.0	-30.4	-42.6

	III. Incremento de electores reales (%)				
Chihuahua	—	-5.7	36.5	10.9	15.5
Nuevo León	—	14.7	38.7	-14.6	61.4
S. L. Potosí	—	-15.5	6.3	-0.1	0.8
Jalisco	—	125.1	0.8	2.6	4.2
México	—	-3.2	13.4	2.8	-4.3
Oaxaca	—	-1.8	4.1	16.2	9.5
Veracruz	—	3.5	-6.3	18.1	59.9
Yucatán	—	31.3	-14.5	-2.5	-9.5

*Archivo de la Cámara de Senadores (México), sección actas electorales.

nadores municipales accedieran a no admitir a nuevos residentes o "arrimados" al pueblo, bajo el rango de vecino-ciudadano.

Por motivos semejantes el cuerpo de electores, de larga experiencia en su distrito, se ingenia para evitar que las autoridades estatales cambien la jurisdicción de sus distritos electorales y condicionen la expansión del electorado, la jurisdicción que controlan y el tipo de relación que guardan con sus bases electorales. Este tipo de cuerpo político de nivel intermedio necesita la certeza de cotos de poder cerrados y a las autoridades de la entidad parece haberles tranquilizado la estabilidad de un arreglo de esta índole. Un elemento que refuerza esta hipótesis proviene de la comparación entre los electores existentes en 1910 y el número de ciudadanos que votan directamente en 1912. Según nuestros cálculos hay un elector por cada 21.1 ciudadanos en Jalisco, 32.1 en San Luis Potosí, 39.2 en Nuevo León, 51.2 en el estado de México, 63.4 en Oaxaca y 55.9 en Yucatán.

4. Algunas consideraciones

Las reflexiones que apuntamos a continuación parten del supuesto de que la forma que asume la ciudadanía en México a lo largo del siglo XIX y en las primeras décadas del siglo XX responde a la pluralidad social y cultural del país, donde cada localidad, región o territorio retiene usos y costumbres particulares. En consecuencia, el elemento fundador de la ciudadanía es la vecindad, calificativo que cada localidad reconoce a algunos varones, tanto en el periodo colonial como a lo largo de todo el siglo XIX.

El vínculo entre vecino y ciudadano confirió a la ciudadanía su connotación orgánica al territorio de pertenencia, y en México, como en la casi totalidad de los países latinoamericanos, al introducirse el liberalismo se encontró esencialmente con una "sociedad de sociedades" que dificultó la afirmación de un criterio exclusivamente político y general para todos los eventuales titulares de derechos políticos.

Sin lugar a dudas, también en otros países americanos y europeos los derechos ciudadanos tuvieron un desarrollo inicial semejante al latinoamericano y mexicano, sólo que en la mayoría de esos países se afianzó la idea de que sólo aquel que contara con la propiedad de algún bien era merecedor de derechos políticos. La idea censataria no prosperó en México o en otros países latinoamericanos porque de aplicarse habría quedado excluida la mayor parte de la población, como sucedió en Chile desde los años de 1830, y en Brasil cuando se pasa de la ciudadanía orgánica a la censataria en la última década del siglo XIX.

En una "sociedad de sociedades", como la mexicana o latinoamericana, pensamos que el empleo del criterio censatario hubiera comportado —además del de la gobernabilidad— otro tipo de problemas. Este tipo de sociedades eran muy diferenciadas social y económicamente pero lo eran aún más a nivel étnico. ¿Cómo se podía entonces encontrar un criterio válido en un mismo tiempo para todas las regiones y todas las localidades?

Se comprende entonces por qué se recurrió a que cada región y localidad reconociera en sus miembros ciertas cualidades para otorgarles los nuevos derechos políticos. Más aún, estos derechos nuevos se afirmaron en un derecho consuetudinario colonial, familiar a cada localidad. En consecuencia, uno de los rasgos inéditos del constitucionalismo mexicano fue que se nutrió de esos derechos, históricamente elaborados en los diferentes territorios. El peso de esta tradición es tan importante que incluso la segunda generación liberal, la de los constituyentes de 1857, sostiene que se debe reconocer para poder acercarla al constitucionalismo.

El peso de la tradición territorial y de su particular connotación de vecindad es de tal fuerza que termina por dar a la ciudadanía y a los sistemas electorales del siglo XIX mexicanos la característica incluyente que hemos destacado.

A diferencia de la ciudadanía censataria, la orgánica es incluyente porque los criterios particulares del concepto de vecino confieren derechos políticos a un número muy elevado de varones. Es incluyente también porque abre a todos los ciudadanos, sin consideración de censo, la posibilidad de ser, antes de la revolución liberal, elector de parroquia y de partido y, posteriormente, elector primario. Es decir, todos los vecinos son ciudadanos y electores.

El reconocer en todos los vecinos la calidad de ciudadano y potencial elector es uno de los grandes méritos de la ciudadanía orgánica, máxime porque permite recomponer la extrema diferenciación social interna —y entre sí— de las distintas comunidades y del país en general. Además tiende a reforzar la comunidad de intereses políticos y los nexos entre los ciudadanos —que son muchos— y los electores —que son pocos—. Este rasgo de la colaboración política acentúa el carácter corporativo de la ciudadanía y minimiza el individual, a la vez que promueve la construcción de redes políticas diferentes de las sociales.

La construcción de espacios políticos más amplios llevó a que con la revolución liberal se crearan los distritos electorales y se aboliera el segundo nivel de electores. El distrito electoral y la elección indirecta simple desprendió la esfera política de su base social y le dio mayor autonomía; se redujo así el control que los notables ejercían como electores secundarios o de partido. El resultado fue que emergieron nuevos actores políticos de extracción social distinta al segmento de notables. De no ser así no lograríamos explicarnos la renovación de la clase política en el periodo 1860-1880.

La ciudadanía orgánica basada en la vecindad propició un apego entre política y sociedad a escala local y regional que acabó por ser limitativa. La exigencia de muchos liberales de pasar a la formulación de una ciudadanía nacional se basaba en la necesidad de verter las distintas versiones locales en una general, nacional. La conformación de los liberales como clase política nacional exigía que se liquidaran las parcelas de poder y el control de las municipalidades sobre el padrón electoral. En este sentido, la persistencia de la ciudadanía orgánica acompañada del sufragio indirecto se convirtió en un obstáculo a la consolidación de un gobierno y su clase política, con presencia a lo largo del territorio nacional.

La "municipalización de la política" produjo otros fenómenos, como el personalismo y el clientelismo, opuestos a un orden liberal sustentado en valores individuales. Consideramos por esto importante arrojar luz en torno a cómo, en las décadas terminales del siglo XIX, los mismos mecanismos que permitieron el desenvolvimiento de la ciudadanía orgánica por casi un siglo condujeron a una cerrazón política hasta entonces desconocida.

La última década del siglo XIX señala el ocaso de los principios básicos de la ciudadanía orgánica: se frena el desenvolvimiento de derechos políticos a todos los vecinos. Los más afectados eran los nuevos segmentos sociales que migraban en busca de trabajo o a colonizar nuevas regiones. La antigua connotación de vecino no respondía más a las necesidades y características de una sociedad con mayor movilidad, a una población que se desplazaba hacia nuevos centros de población o arribaba a sitios de mayor tradición. En estos últimos el contexto fue excluyente debido a que los recién arribados presionaban sobre los recursos de la comunidad. Los nuevos centros fueron por sus caracteres más abiertos. La ciudadanía orgánica con sus virtudes iniciales ya era, para fin de siglo, un obstáculo para el desenvolvimiento político del país.

Nos queda claro que, en tanto mecanismo de cooptación local en poder de los vecinos, la connotación de vecino-ciudadano había podido funcionar cuando las transformaciones económicas y la diferenciación social tuvieron ritmos lentos. Muy distinto fue al vivirse en el país un periodo de crecimiento, de mayor diferenciación y dinamismo de la población como el de las últimas décadas del siglo XIX y primeras del siglo XX. Más que nunca se requería una concepción moderna de la política que gran parte de la sociedad identificó en el discurso, escritos y propuestas liberal-democráticos de 1909-1910. La ciudadanía orgánica sustentada por la fuerza de la costumbre y el arraigo de los poderes locales necesitó, aún entonces, del empuje de una revolución para dejar espacio al voto directo universal.

CIUDADANÍA POLÍTICA E INTEGRACIÓN SOCIAL EN EL URUGUAY (1900-1933)

Gerardo Caetano*

Introducción

La cuestión de la ciudadanía política vuelve a ocupar un lugar central en la agenda política y académica de América Latina. El replanteo de esta problemática durante largo tiempo olvidada o secundaria en las consideraciones generales parece anudarse con los efectos aún persistentes de los procesos de transición a la democracia en la región y, en fecha más reciente, con el impacto de la llamada reacción antipolítica.

La explosión de expectativas que siempre acompaña a estas transiciones del autoritarismo a la democracia ha desembocado rápidamente en nuestros países en el desencanto y en el debilitamiento de la adhesión de los ciudadanos a los nuevos —y aún frágiles— marcos institucionales. A este respecto, no hace falta enumerar la multiplicidad de fenómenos vinculados con estos procesos que, en más de un sentido, adquieren también una proyección universal y se insertan en los desarrollos contemporáneos de la nueva aldea global.

En ese marco, la construcción de nuevos pactos de ciudadanía, capaces de refundar las lógicas democráticas de cara a las exigencias de este tiempo de cambios (como ha dicho Pierre Nora), constituye uno de los mayores desafíos actuales para los sistemas políticos del continente. En efecto, en ese contexto de exigencias convergen las consecuencias de múltiples transformaciones, desde la progresiva reformulación de las pautas tradicionales de representación y legitimidad, hasta los cambios vigorosos en la relación entre actores o la revaloración de lo político y aun de lo público en nuestras sociedades.

Todo este haz de transformaciones representa también un formidable desafío para las ciencias sociales, pues las obliga a repensar con radi-

---

* Instituto de Ciencia Política, Facultad de Ciencias Sociales (Universidad de la República Centro Latinoamericano de Economía Humana (CLAEH). Uruguay.

calidad muchos de sus modelos y categorías más utilizados en referencia con estos temas. Resulta bastante evidente también que los historiadores no se encuentran ajenos a esos requerimientos; por tanto la renovación de su mirada puede ser útil para una comprensión más cabal de muchos de los procesos mencionados. Esta última percepción se refuerza al constatar que los cambios en curso cuestionan varios aspectos de la interpretación convencional acerca de las relaciones entre ciudadanía y democracia en nuestros países, consideradas en el largo plazo.

A fin de contribuir al ejercicio comparativo que propone este volumen, nuestro trabajo se propone presentar algunas de las características más peculiares y señaladas del proceso de expansión de la ciudadanía política en el Uruguay de las primeras décadas del siglo XX. El foco de análisis elegido apunta en especial al estudio de la convergencia más o menos simultánea en el país de una gradual incorporación ciudadana vía partidos y elecciones y la instrumentación de una panoplia de políticas sociales integradoras, impulsadas en fecha temprana por el Estado, y que tuvieron múltiples influjos en distintos campos.

En este sentido, nuestro trabajo presenta algunos rasgos particulares: se trata del estudio de un caso acotado y peculiar, proyectado además en un periodo más contemporáneo que el de la mayoría de los otros trabajos, cuando los procesos de construcción de la ciudadanía en América Latina ya han incorporado nuevos problemas, enfoques ideológicos y hasta actores. Sin embargo, contra la clásica visión del excepcionalismo uruguayo, pensamos que la propuesta puede ser útil incluso desde una perspectiva comparativa, tomando como pretexto un caso singular pero parangonable que puede funcionar como una suerte de laboratorio para presentar asuntos y temas.

En esta dirección, dos son las cuestiones que nos parecen especialmente destacables del análisis del caso uruguayo, propicias ambas para encarar distintas comparaciones. En primer lugar, la peculiaridad de un proceso en el que desde fecha muy temprana los actores centrales han sido los partidos, desde su etapa primigenia de protopartidos hasta su momento de consolidación en términos más modernos. En segundo, las implicaciones de la fuerte asociación que se da en el Uruguay entre la expansión de la ciudadanía política y la implantación de un determinado modelo de integración social de nítidos perfiles universalistas y uniformantes, que viene a replantear de un modo distinto el viejo problema de cómo reconciliar las diferencias culturales con la igualdad política.

Este enfoque permite, además, plantear de manera operativa algunas reformulaciones teóricas en torno a la propia categoría de ciudadanía, y analizar un conjunto de procesos que definen ciertos perfiles distintivos de la matriz política y socio-cultural de los uruguayos contemporáneos.

Algunos desafíos teóricos: de modelos y secuencias rígidas a una renovación analítica desde la pluralidad

Antes de considerar en forma más específica el tema referido, se impone reseñar algunas notas teóricas a propósito de ciertos puntos clave de los análisis históricos contemporáneos sobre la cuestión de la ciudadanía y las políticas de integración social en América Latina.

En primer término, los estudios históricos más recientes sobre estos temas han tomado como punto de partida casi insoslayable cierto consenso tácito respecto a la caducidad o la insuficiencia de las visiones y modelos interpretativos tradicionales sobre ambas problemáticas. De manera particular, la frecuente aplicación acrítica del modelo evolutivo de T. H. Marshall, con su ya clásica secuencia por etapas de expansión gradual de los derechos civiles, políticos y sociales, aparece hoy como una vía explicativa pobre y crecientemente inadecuada. Más allá de algunos méritos persistentes,[1] este modelo de Marshall aparece cuestionado —teórica y empíricamente— por los estudios históricos de las últimas décadas y también por la reflexión académica contemporánea en el campo de otras ciencias sociales.

Sin embargo, no es sólo el modelo de Marshall y su capacidad explicativa el que hoy se pone en tela de juicio, sino también aquellos que en algún sentido se formularon como sus alternativas. Tomemos, por ejemplo, el caso singular de los autores que han tratado de explicar el derrotero de las experiencias populistas latinoamericanas como fruto de secuencias diversas y hasta inversas a la de Marshall, proponiendo diferencias no sólo de ruta sino también de categorías conceptuales bá-

---

[1] El modelo evolutivo planteado por Marshall en sus textos ya clásicos de los años cincuenta resulta hoy insuficiente, sobre todo en lo que respecta a su propuesta implícita de trayectorias optimizadoras de expansión de la ciudadanía con independencia del grado de acierto y desacierto de las orientaciones y arreglos institucionales observados en cada caso. Sin embargo, no deben olvidarse ciertos méritos persistentes de su enfoque, como el énfasis acerca de la necesidad de historizar debidamente la explicación de estos procesos y el acento en el papel clave de las políticas sociales en la consecución de los derechos sociales.

sicas, como ciudadanía, o sus consideraciones sobre los alcances del *Welfare State*.[2]

La revisión crítica en curso y sus desafíos teóricos parecen empujar decididamente en una dirección exploratoria de enfoques novedosos y plurales antes que a imaginar secuencias alternativas. En ese sentido, a partir de experiencias concretas de análisis comparados, aparece cuestionada hasta la posibilidad (también la pertinencia) de una modelización rígida de procesos como el de la expansión de la ciudadanía, mucho más si se trata de una modernización amplia que pretenda abarcar a la mayoría de los casos nacionales en América Latina.

Se trata por cierto de una revisión teórica que trasciende los límites de la historia y las ciencias sociales latinoamericanas para apuntar a una problemática que también preocupa a otras disciplinas y en otras latitudes.[3] En el debate de la cuestión aparecen involucrados algunos de los temas más relevantes de la reflexión politológica contemporánea: los sustentos de las nuevas teorías democráticas; la consistencia y especificidad de lo político; las relaciones entre partidos, Estado y sociedad civil; los cruzamientos entre lógicas ciudadanas y lógicas corporativas; las redefiniciones en torno a la noción de espacio público y sus modalidades de construcción y conceptualización; la cuestión de los procesos de constitución y renovación del significado de las identidades políticas, sociales y culturales.

Para atender este tipo de requerimientos ya no bastan las interpretaciones tradicionales del viejo cuño liberal sobre la historia política en los procesos de configuración de las democracias occidentales. Tampoco resultan demasiado fecundas las estrategias heurísticas de índole sociocéntrica que imperaron en los años sesenta y setenta, las cuales tendieron a visualizar los fenómenos políticos como meros epifenómenos subordinados a los avatares de otras áreas del acontecer social. Como

[2] Un ejemplo a este respecto lo podría constituir el enfoque dado por Wanderley Guilherme Dos Santos al análisis de la expansión de la ciudadanía en el caso brasileño. Dos Santos confronta la secuencia evolutiva de Marshall y sugiere que en el caso latinoamericano la secuencia óptima se encuentra alterada e invertida. En su opinión, los populismos latinoamericanos procesaron la incorporación política de importantes segmentos de la población a partir de canales de atención estatal previos a la plena institucionalización del debate y la competencia políticas en un orden democrático liberal. De este modo, se construyó una ciudadanía regulada sin la referencia de los partidos como agentes centrales. *Cf.* Wanderley G. Dos Santos, *Cidadanía e Justicia*, Campus, Rio de Janeiro, 1987; o del mismo autor, *Razões da Desordem*, 2ª ed. Rocco, Rio de Janeiro, 1993.

[3] Sobre este particular podría señalarse el ejemplo dado por los estudios de Robert A. Dahl acerca de la poliarquía, en particular a propósito de la vinculación que establece entre la liberalización y ampliación del debate y la participación política como indicadores centrales de los procesos de institucionalización democrática.

hemos dicho, en las condiciones actuales la exploración teórica se vuelve más libre y abierta; parece más interesada en abarcar la pluralidad de las preguntas y significaciones analíticas que en modelizar *urbi et orbi* las nuevas explicaciones.

En esta dirección, tal vez se requiera antes que nada un ejercicio teórico que ponga de manifiesto las múltiples implicaciones de un proceso de fundación y expansión de la ciudadanía en tanto implantación de todo un modelo de asociación política, con sus respectivas características: delimitación de lo privado y lo público; establecimiento de ideales morales con pretensiones hegemónicas; acumulación de tradiciones, lealtades cívicas y recursos de cultura política; dimensión de pacto social renovado y revisable; convocatoria a interlocuciones competentes y responsables; relatos y referentes colectivos propios; articulaciones y arreglos institucionales; pautas de solidaridad, de integración y de resolución de las asimetrías sociales de diversa índole.

A partir del reconocimiento de esta multiplicidad de significados, el análisis histórico de los procesos de expansión de la ciudadanía en América Latina cobra otras proyecciones. Se trata de estudiar fenómenos que se articulan directamente con la constitución de matrices políticas que marcarán a fuego el derrotero posterior de los sistemas políticos del continente y cuyos perfiles condicionan aún hoy el mapa de relaciones entre sociedad y política en muchos países de la región.[4]

En suma, si un buen punto de partida para afrontar el replanteamiento de esta temática en el campo de la historia supone escapar de modelizaciones rígidas y diseñar una estrategia teórica y heurística que recoja antes que nada la radical pluralidad del proceso estudiado, la agenda de temas y de perspectivas analíticas que deben explorarse no puede menos que desbordar los límites estrechos de la historia política tradicional para inscribirse más directamente en zonas fronterizas con abordajes focalizados en áreas sociales y culturales. Esto no significa que el estudio de partidos, elecciones, políticas públicas o formas de representación política ya no sirvan más, sino que para profundizar en el análisis de estos temas es forzoso ampliar los repertorios de asuntos, preguntas e interpelaciones.

---

[4] En esa dirección pueden citarse estudios renovadores en América Latina, como el de Fernando Escalante, *Ciudadanos imaginarios*, México, El Colegio de México, 1993.

La expansión de la ciudadanía política en el Uruguay reformista del "primer batllismo"

A continuación presentaremos en forma sintética algunos rasgos centrales del momento culminante del proceso de expansión de la ciudadanía política en el Uruguay durante las primeras décadas del siglo xx. Este periodo decisivo de la historia uruguaya fue signado en más de un sentido por el impulso y freno[5] del proyecto reformista defendido —en forma hegemónica pero no exclusiva— por el llamado primer batllismo. En ese marco, a partir del fuerte influjo de toda una matriz de cultura política que se había ido forjando desde los inicios del Estado independiente y la Guerra Grande, se consolida un papel ampliado del Estado, de fuerte contenido integrador; se configura el sistema moderno de partidos, y la política uruguaya define una profunda articulación electoral. Estos procesos constituyeron el telón de fondo de la expansión de la ciudadanía política en el Uruguay.

Los legados políticos de la "tierra purpúrea"[6]

Ninguno de los procesos políticos que marcaron a fuego el año 1900 uruguayo constituyeron un salto en el vacío y una ruptura tajante respecto al pasado. Aún los fenómenos más innovadores en este campo recogieron las herencias y tradiciones de una historia política muy rica y densa en significados de diversa índole.[7] De allí que se imponga una enumeración —aunque de manera sucinta— de algunos legados políticos importantes que enmarcaron las luchas y búsquedas políticas del Uruguay de 1900:

a) Como buen punto de partida habría que remitir a esa

---

[5] Se alude así al título del conocido libro de Carlos Real de Azúa, *El impulso y su freno: tres décadas de batllismo y las raíces de la crisis uruguaya,* Banda Oriental, Montevideo, 1964.

[6] *La tierra purpúrea* es el título dado por el argentino-británico Guillermo H. Hudson a su novela histórica sobre el Uruguay de mediados del siglo XIX.

[7] Como bien señala Fernando Escalante, muchas de las luchas políticas del siglo XIX pueden considerarse también como "guerras para crear ciudadanos". Para un análisis en esta dirección sobre el caso uruguayo, *cf.* Gerardo Caetano y José Rilla (comps.), *Los partidos uruguayos y su historia (I). El siglo XIX,* Fundación de Cultura Universitaria, Montevideo, 1990; y Romeo Pérez, "Cuatro antagonismos decisivos sucesivos. La concreta instauración de la democracia uruguaya", *Revista de Ciencia Política,* núm. 2, 1988.

patente, innegable debilidad que en el Uruguay del siglo XIX presentó la constelación de poder del continente [...] [caracterizada] por la hegemonía económico-social de los sectores empresarios agrocomerciales y su entrelazamiento con la Iglesia y las Fuerzas Armadas como factores de consenso y respaldo coactivo.[8]

El umbral del siglo XX constituía un momento tardío para configurar esa constelación de poder: el Uruguay de 1900 se mostraba más bien abierto para recibir e interpretar el impacto de los fenómenos típicos de la política moderna, desplegados con cierta comodidad en aquel país nuevo y aluvional.

b) También fueron relativas las restricciones de los condicionamientos externos, ya porque la misma implantación capitalista no terminaba de afirmarse, ya porque la oferta uruguaya en los mercados mundial y regional era bastante diversificada, aun dentro del marco de la monoproducción ganadera. Pese a formar parte del imperio informal británico, el país no había dejado de ser frontera de la región y de las luchas interimperiales. A partir de allí y de su misma pequeñez, se habilitaba la posibilidad de ciertos gestos y políticas de sesgo nacionalizante y de no pocos regateos.

c) La combinación de ambas debilidades —la de la implantación oligárquica y la de la implantación capitalista— contribuyó a reforzar la presencia del Estado en la sociedad civil y la centralidad de sus funciones en la formación social uruguaya. Hacia fines del siglo XIX, el Estado uruguayo ofrecía ya una sólida tradición intervencionista, expresada no sólo en el desarrollo del poder coactivo y administrativo sino también en el cumplimiento de tareas empresariales y arbitrales. El reformismo batllista encontraría —y en parte sería su fruto— un Estado empresario e interventor con relativa autonomía de las clases sociales y de sus actores, que veían en él una posibilidad de proyectar sus demandas y disimular sus vacilaciones.

d) Esta primacía del Estado coadyuvó también a la centralidad de las mediaciones específicamente políticas en la sociedad uruguaya. Configurados en fecha temprana, resistentes ante los reiterados embates doctorales y fusionistas,[9] los partidos políticos o sus formas previas sir-

---

[8] *Cf.* Carlos Real de Azúa, *Uruguay: ¿una sociedad amortiguadora?*, Banda Oriental-CIESU, Montevideo, 1985.

[9] Durante todo el siglo XIX, la elite doctoral bregó denodadamente por terminar con el poder de los caudillos orientales. En ese afán, muchos de ellos llegaron a promover la fusión de ambos partidos en un solo partido de la Nación, con exclusión explícita del elemento caudillesco.

vieron de intermediarios idóneos entre las demandas formuladas por una sociedad civil carente de corporaciones fuertes y un espacio público definido y ordenado en clave casi monopólica desde el Estado. Asimismo, blancos y colorados se admitieron también pronto recíprocamente y aceptaron una pauta de coparticipación en los manejos del gobierno.[10]

e) Con un fondo común liberal cuyo imaginario contribuyeron decisivamente a expandir,[11] blancos y colorados participaron así de un esquema binario y dialéctico irreductible a la oposición liberales-conservadores, tan típica en América Latina. Tras cruentos conflictos, tras sucesivas negaciones y exclusiones, ambos partidos pudieron urdir tramas de hondo arraigo en la sociedad y en la cultura de aquella patria gringa[12] que nacía. Así terminaron por aceptarse pronto como agentes legítimos y expresaron, cada cual a su modo, la matriz liberal por entonces disponible y hegemónica.

Esa temprana matriz partidista y el clima fértil para la implantación de ideas y mitos liberales se articulaban además con otros aspectos, cuya consideración excede los límites de este artículo; no obstante queremos al menos registrarlos fugazmente: la debilidad del mundo cultural colonial y en especial de un esquema de cristiandad indiana, que fuera similar al vigente en otras partes del continente americano; la debilidad de los clivajes territoriales, étnicos, comunitarios, en el marco del predominio de una visión de pequeña escala que favorecía la construcción de una ciudadanía definida a partir del horizonte político; una abrumadora y temprana primacía urbana y capitalina, entre otros.

Eso condujo a que ya en la segunda mitad del siglo XIX fuera visible un incipiente asociacionismo en el que, a diferencia de lo ocurrido en otros países del continente y de la región,[13] resultaba perceptible una intermediación importante —aunque no excluyente ni tampoco central o hegemónica en esos momentos— de los partidos. Con rasgos primitivos y con muchas deficiencias, fueron ellos actores relevantes de esa

---

[10] *Cf.* Romeo Pérez, *art. cit.*

[11] *Cf.* Francisco Panizza, "El liberalismo y sus otros. La construcción del imaginario liberal en el Uruguay (1850-1930)", *Cuadernos del CLAEH*, núm. 50, Montevideo 1989.

[12] La inmigración y en particular las modalidades de naturalización e incorporación política de los inmigrantes constituyen temas centrales en la problemática que nos ocupa, aunque su consideración específica desborda los límites del presente artículo.

[13] Para una comparación contrastante de cómo se tramitaron estos procesos de explosión asociacionista en el Río de la Plata, *cf.* los trabajos que sobre el caso de Buenos Aires ha hecho Hilda Sabato en su investigación sobre *Ciudadanía, participación política y formación de una esfera pública en Buenos Aires, 1860-1890*.

explosión asociativa y de la prensa, que en otros países discurrió por canales muy diferentes. Todo ello refería de algún modo lo que podríamos calificar como una precoz densificación de la sociedad política en detrimento de una sociedad civil débil y segmentada.

Impulso y freno del afán reformista del primer batllismo

La crisis económico-financiera de la década de 1890 y la crisis político-militar expresada por las guerras civiles de 1897 y de 1904 operaron como un gran espacio de interpelación al sistema político. A partir de un conjunto de valoraciones acerca del país en términos de su destino, pudieron replantearse con fuerza temas como el de la legitimidad política, el de la consiguiente ampliación de la ciudadanía, el de la necesidad de nuevos actores políticos y sociales. Esa doble crisis propició una introspección osada, que seguramente tenía bastante relación con la identidad de quienes la emprendían, pues provino de manera importante de aquellos que mostraban mucho más vinculación con la política profesional que con la estructura productiva.[14]

Como principal intérprete de los nuevos tiempos (esos tiempos de formación como los llamó el propio Batlle y Ordóñez), el batllismo nació en la cuna de oro del Estado, dueño a esa altura de una incontrastable fuerza militar (confirmada en 1904) y agente renovador de una práctica interventora en la economía y la sociedad. Nació también dentro de la matriz de la vieja tradición colorada, cuyas piezas clave eran el ejercicio mismo del gobierno (que detentaba desde hacía cuatro décadas) y la identificación con el Estado.

El itinerario de aquel primer batllismo es reconocible en una serie de reformas desarrolladas en varios escenarios de la vida del país. Su plan de transformaciones, que bregaba antes que nada por la integración moderna del país, discurrió por seis grandes andariveles: la reforma económica (nacionalizaciones, estatizaciones, promoción de la industria vía proteccionismo); la reforma social (apoyo crítico al movimiento obrero, otorgamiento de una legislación social protectora y obrerista, desarrollo de medidas de índole solidaria con los sectores más empo-

---

[14] José P. Barrán y Benjamín Nahum han estudiado con detenimiento los temas de la profesionalización del elenco político de 1900 y de su no pertenencia relativa a los círculos empresariales. *Cf.* J. P. Barrán y B. Nahum, *Batlle, los estancieros y el Imperio británico*, t. III: *El nacimiento del batllismo*, Banda Oriental, Montevideo, 1991.

brecidos); la reforma rural (eliminación progresiva del latifundio ganadero, promoción alternativa de un país de pequeños propietarios, con mayor equilibrio productivo entre ganadería y agricultura); la reforma fiscal (mayor incremento de los impuestos a los ricos y descenso de los impuestos al consumo, con objetivos también en el plano de la recaudación fiscal y del dirigismo económico y social); la reforma moral (incremento de la educación, defensa de una identidad nacional cosmopolita, anticlericalismo radical, propuestas de emancipación para la mujer); la reforma política (amplia politización de la sociedad, colegialización del Poder Ejecutivo).

Todas estas reformas (muchas de las cuales no llegaron a concretarse) no sólo congregaron voluntades entusiastas; también provocaron miedos y resistencias. La primera crisis del batllismo temprano encuentra su expresión más rotunda en la derrota electoral del 30 de julio de 1916. En un marco de creciente polarización social y política fue convocada y electa una Asamblea Constituyente, cuyo cometido era la reforma de la Carta de 1830. La instancia electoral operó como un verdadero plebiscito al modelo reformista, identificado en esa ocasión con una propuesta colegialista apoyada por el batllismo e indirectamente también por el socialismo. Su resultado fue sorprendente: la primera vez que se aplicaba el voto secreto y el sufragio universal masculino, la ciudadanía uruguaya se pronunciaba categóricamente en contra del gobierno y de su propuesta reformista.

El año de 1916 delimitó, así, la paradoja constitutiva de la moderna democracia uruguaya. A simple vista, el freno al reformismo[15] fue producto de su traspié en las urnas; la democracia política de sufragio universal, finalmente asegurada en la nueva Constitución,[16] nació junto al imperativo político de la conciliación y del pacto, de la parsimonia para el cambio social, del recelo ante los impulsos hegemonistas. De allí

[15] Pocos días después de la derrota electoral de 1916, el entonces presidente Feliciano Viera (sucesor designado por el propio Batlle) anunció ante la convención partidaria un alto en la marcha de las reformas, argumentando que la población parecía no compartir los planes vanguardistas del batllismo.

[16] La nueva Constitución, que entró en vigencia a partir de marzo de 1919 y que fue el fruto de un pacto político entre el batllismo y la oposición, incorporó un conjunto de disposiciones innovadoras respecto a la primera Carta de 1830. Entre ellas deben citarse: separación de la Iglesia del Estado, sufragio universal masculino, ampliación de las garantías electorales, establecimiento de un exótico poder ejecutivo bicéfalo (con un presidente y un Consejo Nacional de Administración), reconocimiento de las empresas públicas, fijación de una secuencia electoral casi anual y la flexibilización de los procedimientos de reforma constitucional, entre otras. Con acierto, Real de Azúa ha señalado que el pacto constitucional pareció inspirarse en una decidida búsqueda de exorcización del poder.

en adelante, a partir de ese acto refundacional del Estado, los pleitos fundamentales de la sociedad uruguaya buscarían dirimirse desde la legitimidad de los caminos institucionales de una democracia de partidos y elecciones.

¿Qué era, en qué consistió esa tan mentada "política del *alto*"? En términos generales, fue freno, detención, parálisis en los planes reformistas, pero no retroceso, al menos en un primer momento. El freno al impulso reformista no se tradujo en hegemonía de la derecha antibatllista. También el viraje conservador tuvo su propio *alto*.[17]

El periodo formativo del sistema de partidos[18]

La modernización de la política y la hiperintegración[19] de la sociedad progresaron en forma paralela con ese proceso de impulso y freno del modelo reformista del primer batllismo. Varios fueron los aspectos que tornaron peculiar la experiencia uruguaya de modernización política durante las primeras décadas del siglo: la supervivencia de las formas partidarias tradicionales del siglo XIX; la experiencia poco ortodoxa para un país latinoamericano de un Ejecutivo colegiado como el que se practicó en Uruguay, y la aplicación de un conjunto de reformas sociales impulsadas desde el Estado, entre otros muchos fenómenos distintivos.

La confirmación de la democracia política en el país, a partir de la vigencia de la segunda Constitución de la República en 1919, terminó de consolidar la configuración originaria del sistema moderno de partidos, estableciéndose un conjunto de constelaciones y dinámicas de funcionamiento que habrían de permanecer casi inalteradas en las décadas siguientes. En su proceso de configuración, el sistema partidario fue consolidando una serie de características que se convertirían con el tiempo en permanencias de la política uruguaya. Señalaremos algunas de las más importantes:

a) Continuidad y fortalecimiento del tradicionalismo político. Desafiados por el duro examen que significaba la implantación del sufragio

[17] *Cf.* Gerardo Caetano, *La República Conservadora (1916-1929)*, 2 tomos, Fin de Siglo, Montevideo, 1992, 1993; y Gerardo Caetano y Raúl Jacob, *El nacimiento del terrismo (1930-1933)*, 3 tomos, Banda Oriental, Montevideo, 1989, 1990 y 1991.

[18] *Cf.* Gerardo Caetano, y José Rilla, "El sistema de partidos: raíces y permanencias", en AA. VV. *De la tradición a la crisis*, CLAEH- Banda Oriental, Montevideo, 1985, pp. 9-39.

[19] La noción de sociedad hiperintegrada, que utilizaremos de aquí en adelante en forma reiterada, pertenece a Germán Rama, quien la expresa en su libro *La democracia en Uruguay. Una perspectiva de interpretación*, Arca, Montevideo, 1987.

universal, los partidos tradicionales recibieron en esos años una plena confirmación electoral, superando casi siempre 95% de los votos emitidos y demostrando así que su arraigo era en verdad popular, incluso en el seno de un electorado en buena medida nuevo, aluvional y en apariencia no tradicionalizado *a priori* (inmigrantes, trabajadores, las nuevas generaciones novecentistas, etcétera).

b) Bipartidismo electoral y multipartidismo cotidiano. El bipartidismo tradicional de blancos y colorados funcionaba como tal únicamente en las instancias electorales, ya que en la dinámica política más corriente tenía plena vigencia un sistema de partidos múltiples.

c) Policlasismo marcado en los partidos. Los partidos políticos —fundamentalmente los llamados tradicionales, pero no sólo ellos— proyectaron un corte más bien vertical de la sociedad civil, trasladando a su interior los conflictos sociales y promoviendo a partir de allí proyectos nacionales —cuando los hubo— diseñados por los sectores predominantes en el pacto social implícito dentro de la vida partidaria.

d) Sistema electoral funcional que fomentaba la permanencia de la estructura partidaria configurada. Se establecieron en las primeras décadas del siglo xx normas electorales como la del doble voto simultáneo, las diversas formas de acumulación de votos, la propiedad de los lemas por las mayorías, entre otras,[20] las cuales coadyuvaron —aunque a nuestro juicio no determinaron— para la compleja traducción del multipartidismo real en ese bipartidismo electoral, que terminó de atarse en forma definitiva con la famosa ley de lemas.[21]

e) Congelamiento relativo de la constelación partidaria, expresado, por ejemplo, en las dificultades de arraigo de las terceras fuerzas, en los duros escollos encontrados dentro de los lemas tradicionales por los movimientos disidentes con preocupaciones ideológicas, en los obstáculos casi insalvables para la concreción de coaliciones electorales o políticas que no se adaptaran a los cánones de la tradición.

f) Liderazgos fuertemente integrados a la dinámica general del sistema

[20] El instituto del llamado doble voto simultáneo (pieza clave de todo el sistema electoral uruguayo) es anterior a la vigencia de la Constitución de 1919; fue aprobado por ley del 11 de julio de 1910, a partir de las ideas del constitucionalista belga Borely. Véase Ángel Cocchi, "El sistema electoral uruguayo. Historia y estructura actual", en Dieter Nohlen y Juan Rial, *Reforma electoral ¿Posible, deseable?*, FESUR-Banda Oriental, Montevideo, 1986.

[21] Con el nombre un tanto engañoso de ley de lemas se denomina en realidad al conjunto de leyes y enmiendas constitucionales que terminarían de conformar en la década de los treinta el sistema electoral tradicional del Uruguay contemporáneo. *Cf.* Ana Frega y Mónica Maronna e Yvette Trochón, "La ley de lemas: la génesis de una trampa", *Hoy es Historia*, año 1, núm. 5, agosto-septiembre de 1984, Montevideo.

partidario. A diferencia de lo ocurrido en otros países latinoamericanos durante los procesos de modernización política y de expansión ciudadana, en el Uruguay no se produjo el surgimiento de liderazgos masivos y extrapartidistas. Por el contrario, los liderazgos que surgieron (ninguno de ellos hegemónico en forma incontrastable ni siquiera dentro de su propio partido) debieron subordinarse a la dinámica de funcionamiento general del sistema partidario.

g) Inexistencia de un sistema de relación directa entre el partido gobernante y los sindicatos, aspecto también distintivo del batllismo y del movimiento sindical uruguayo en el contexto del continente, sobre el que han insistido en sus trabajos comparativos sobre América Latina los historiadores estadunidenses Ruth Berins y David Collier.[22]

Este periodo formativo del sistema de partidos adquirió mayor relevancia por el papel clave que los partidos políticos cumplían como actores fundamentales en la dinámica política del país, situación que habría de consolidarse en la década de 1920. Bien habría de señalarlo el doctor Segundo F. Santos, por entonces diputado nacionalista afín al grupo herrerista,[23] directivo de la Federación Rural y director de la revista gremial de esta última institución, en 1929: "nadie que conozca la psicología nacional podrá abrigar la ilusión de que en nuestra tierra pueda hacerse nada al margen de los partidos".[24]

La expansión electoral y su capacidad integradora

En este marco de fuerte partidocentrismo[25] el sistema político uruguayo experimentó una acelerada expansión electoral. Superados de manera progresiva los motivos que en el pasado habían quitado legitimidad ciudadana a las elecciones, el arbitraje electoral pudo en esos años con-

---

[22] *Cf.* David Collier y Ruth Berins, *Shaping the Political Arena. Critical Junctures, the Labor Movements and Regime Dynamics in Latin America,* Princeton University Press, Princeton, 1991.

[23] El herrerismo fue el principal grupo dentro del Partido Nacional desde los primeros años de la década de los veinte. Reunido en torno a la figura del doctor Luis Alberto de Herrera, principal caudillo y candidato del partido desde 1922, este grupo nacionalista tuvo un especial predicamento en el seno del gremio ganadero: el propio Herrera fue socio fundador y varias veces dirigente de la Federación Rural.

[24] *Revista de la Federación Rural,* año XI, núm. 125, junio de 1929, pp. 309-311.

[25] *Cf.* Caetano, Rilla, Mieres y Pérez, *Partidos y electores. Centralidad y cambios,* Banda Oriental-CLAEH, Montevideo, 1992; y Caetano-Rilla-Pérez, "La partidocracia uruguaya. Historia y teoría de la centralidad de los partidos políticos", *Cuadernos del CLAEH,* núm. 44, 1987.

solidar su prestigio entre la población como el gran instrumento político para dirimir los pleitos fundamentales.

Lo primero que debe destacarse al examinar las tendencias electorales de ese periodo tiene que ver con un aumento verdaderamente espectacular en el número de votantes. En el cuadro 1 y en la gráfica 1 observamos la evolución del electorado en las elecciones para la renovación de la Cámara de Representantes entre 1905 y 1931. Lo primero que salta a la vista es el carácter explosivo del aumento de votantes, especialmente a partir de 1916 y después de la puesta en vigor de la Constitución de 1919, cuando se implantan las nuevas garantías para la emisión del sufragio.

Cuadro 1. *Elecciones nacionales*

Año	Elección de	Total de votantes
1905	Representantes[a]	46 238
1907	Representantes[a]	44 693
1910	Representantes[a,b]	31 262
1913	Representantes[c]	54 728
1916	Constituyentes[c]	146 632
1917	Representantes[a]	129 008
1919	Representantes[c]	188 352
1920	Cons. Nac. Admin.[c,d]	178 777
1922	Pte. República-Cons. Nac. Admin.- Representantes[c]	246 324
1925	Cons. Nac. Admin.[c]	241 910
1925	Representantes[c]	271 468
1926	Pte. República[c]	289 131
	Cons. Nac. Admin.[c,d]	289 253
1928	Cons. Nac. Admin.[c]	292 795
	Representantes	299 017
1930	Pte. República[c]	318 760
	Cons. Nac. Admin.[c]	316 652
1931	Representantes[c]	309 048
1932	Cons. Nac. Admin.[c,e]	160 625

[a] Voto público.
[b] Abstención del Partido Nacional.
[c] Voto secreto e inscripción obligatoria en el Registro Cívico.
[d] Acuerdo colorado.
[e] Abstención del Partido Colorado (general Fructuoso Rivera) y del Partido Nacional (herrerismo).
Fuente: Carlos Zubillaga, "El batllismo: una experiencia populista", *Cuadernos del CLAEH*, núm. 27, 1983, p. 51.

GRÁFICA 1. *Evolución de los votantes en elecciones de representantes nacionales (1905-1931)*

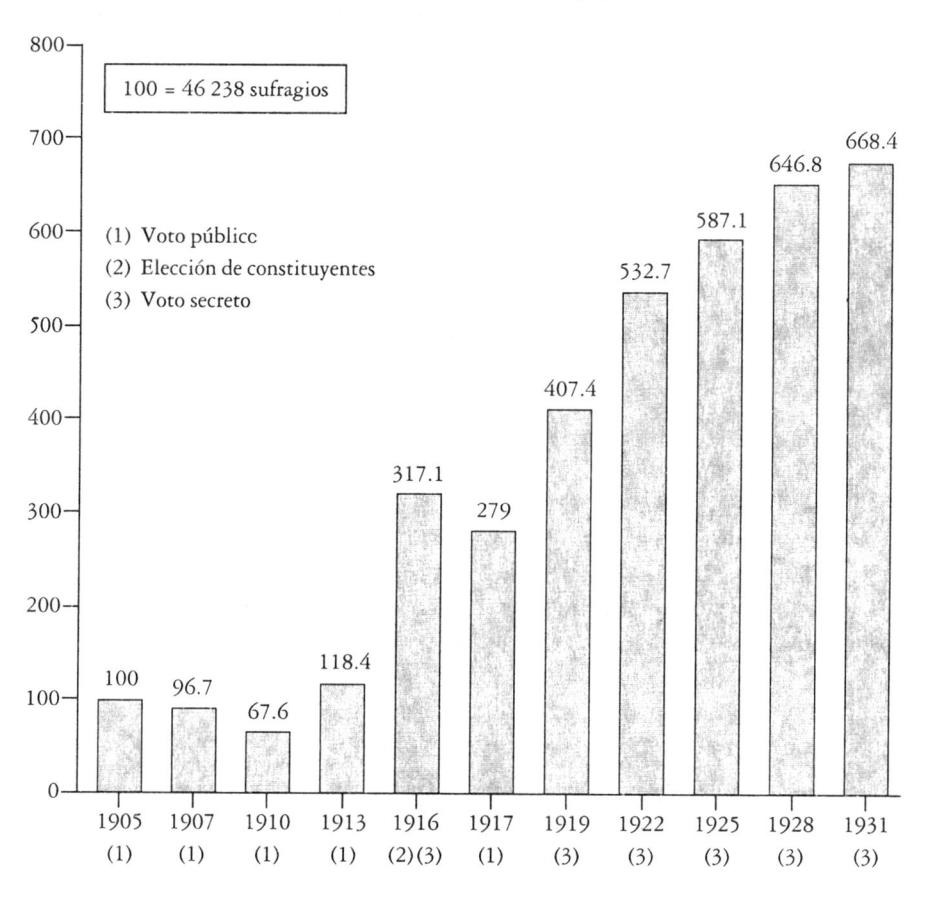

100 = 46 238 sufragios

(1) Voto público
(2) Elección de constituyentes
(3) Voto secreto

Año	Valor	Nota
1905	100	(1)
1907	96.7	(1)
1910	67.6	(1)
1913	118.4	(1)
1916	317.1	(2)(3)
1917	279	(1)
1919	407.4	(3)
1922	532.7	(3)
1925	587.1	(3)
1928	646.8	(3)
1931	668.4	(3)

FUENTE: ANA FREGA, *El pluralismo uruguayo (1910-1933), Cambios sociales y política*, Serie Investigaciones, núm. 64, p. 90.

Mediante el sufragio universal masculino y voto secreto, el electorado se multiplicó casi por siete, en apenas un cuarto de siglo, lo que constituyó sin duda alguna un crecimiento muy vigoroso e hipotéticamente desafiante para las identidades políticas existentes. De un cuerpo electoral de menos de 50 000 personas, más o menos manipulable y previsible en sus comportamientos, en particular con el agregado del voto público,[26] se pasó en poco tiempo a un electorado superior a los 300 000

[26] Barrán y Nahum han estimado en 40% del electorado total el número de funcionarios públi-

CUADRO 2. *Comparación entre la evolución de la población del país y del número de votantes, 1905-1938*

Año Electoral	Evolución de la población del país[a] (Base: 100 para 1908)	Evolución de los votantes[b] (Base: 100 para 1907)
1907	100.0	100.0
1913	122.6	122.4
1926	165.0	646.9
1938	203.6	799.2

[a] Para 1907 se tomaron las cifras del Censo de Población del año 1908. Para los años 1913, 1926 y 1938 se tomaron estimaciones efectuadas en los años correspondientes por la Dirección General de Estadística y Censo en sus *Anuarios Estadísticos*, con un carácter solamente aproximado.

[b] Las cifras electorales de 1907 y 1913 se tomaron de Eduardo Acevedo, *Anales históricos del Uruguay*, Barreiro y Ramos, Montevideo, 1934; las de 1926 y 1938 se tomaron de Julio T. Fabregat, *Elecciones uruguayas (febrero de 1925 a noviembre de 1946)*, 2ª ed., Poder Legislativo, Montevideo, 1948.

ciudadanos, enfrentados además a una oferta partidaria crecientemente heterogénea y competitiva. Como se observa, el salto más espectacular de esta evolución se dio en 1916, ocasión en la que, con nuevas reglas de juego, el electorado casi se triplicó en menos de un trienio, lo que ratifica lo inédito de esos comicios que marcaron la primera y más contundente derrota electoral del batllismo.

Esta tendencia de crecimiento electoral se confirma con mayor profundidad si se compara la evolución de los votantes con la de la población total del país. En el cuadro 2 se presenta este cotejo durante el periodo 1907-1938, se registra allí la repercusión que tuvo la incorporación del voto femenino en las elecciones nacionales.[27] En poco más de 30 años, mientras la población total se duplicó, el electorado llegó a multiplicarse por ocho.

cos sufragantes antes de la elección de 1916. Bajo condiciones de voto público y a partir de las características de ese viejo partido del Estado que era el Partido Colorado, no resulta muy difícil adivinar por quién votaban entonces los funcionarios del gobierno, definiendo la elección y quitando cualquier posibilidad a la oposición. Véase José P. Barrán y Benjamín Nahum, *Batlle, los estancieros y el Imperio británico*. Tomo 8. *La derrota del batllismo (1916)*, Montevideo, Editorial Banda Oriental, 1987.

[27] La Constitución de 1919 había dejado la puerta abierta para la consagración de los derechos políticos de la mujer, al disponer que los mismos podían ser otorgados por el voto conforme de dos tercios de los legisladores de la Asamblea General. Después de varios intentos frustrados, se aprobaron por fin en diciembre de 1932, al obtener esa mayoría especial un proyecto de ley presentado por los senadores batllistas Lorenzo Batlle Pacheco y Pablo María Minelli. Las mujeres uruguayas votaron por primera vez en comicios nacionales en 1938. Es pertinente hacer notar que ya con anterioridad legisladores socialistas y batllistas habían presentado en el Parlamento y en la Convención Nacional Constituyente proyectos de derechos políticos femeninos, aunque sin poder obtener los votos necesarios.

Durante la década de 1920, el porcentaje de votantes dentro del número total de habilitados para sufragar alcanzó, en comicios sin obligatoriedad del voto, un promedio cercano a 80%, cifra que confirma el elevadísimo grado de participación electoral. Se trata sin duda de guarismos muy altos para cualquier época y para cualquier país, pero adquieren un acento especial si se toma en cuenta el momento histórico en que se produjeron.

Este crecimiento del electorado y la consiguiente legitimación del arbitraje comicial fueron objetivos buscados por los artífices del pacto político del que emanó la Constitución de 1919. Sin embargo, debe destacarse que en el caso uruguayo —a diferencia de lo que ocurrió en casi todo el resto de América Latina— la partidización de la política precedió a su electoralización. En efecto, fueron los viejos partidos uruguayos los que impulsaron de manera pactada la incorporación electoral del conjunto de la población, revelando así que esta última ya hacía tiempo que había comenzado a procesar su integración política a través de su inserción en la trama partidaria.[28]

El eje político clave de todo el periodo (orientado a delimitar las fronteras de la inclusión y exclusión en el sistema político y en la sociedad) se resolvía de esta manera en una perspectiva no rupturista e inclusiva. Los resultados electorales confirmaron en general el amplísimo predominio de las lealtades blanqui-coloradas, al tiempo que la creciente fragmentación de los partidos y lemas tradicionales ratificó la orientación casi insoslayable hacia una política de pactos.

Ciudadanía e integración social:
Entre la sociedad hiperintegrada y el disciplinamiento cultural

Este crecimiento explosivo del ámbito electoral en la vida política uruguaya, ocurrido en un periodo aproximado de 25 años, constituyó tal vez la prueba más completa de ese ideal hiperintegrador que ya por entonces permeaba e identificaba fuertemente al conjunto de la sociedad uruguaya. Esa asimilación estrecha entre ciudadanía e integración social contenía un conjunto de significaciones de gran relevancia.

[28] Para un análisis comparado de las relaciones entre ejercicio partidario y sanción electoral en los procesos políticos de Argentina y Uruguay en las primeras décadas del siglo xx, cf. Gerardo Caetano y José Rilla, "La partidocracia uruguaya en busca de un espejo. Partidos, Estado y Sociedad en el Río de la Plata (1890-1930)", *Cuadernos del CLAEH*, núm. 50, Montevideo, 1989.

A continuación examinaremos algunas de las implicaciones institucionales más importantes y perdurables de esa modalidad de expansión ciudadana en el Uruguay.

Debilidad hegemónica y predominio de la matriz ciudadana sobre las lógicas corporativas

En ese marco partidocéntrico de la construcción ciudadana que hemos descrito, el espacio efectivo de las relaciones corporativas durante el periodo considerado no pudo ser sino secundario, integrado además en una tónica de reforzamiento de la estructura pluralista del accionar ciudadano. La matriz liberal, tan ampliamente implantada, redujo así el campo de despliegue de los desempeños corporativos.

Existían además limitantes económicas e histórico-culturales para el influjo de este tipo de actores en el país. Desde los orígenes mismos de la vida independiente, había sido fácilmente reconocible una debilidad hegemónica, expresada en la ineptitud o imposibilidad de los distintos actores sociales para liderar y dirigir alrededor suyo una configuración hegemónica persistente. Éstos son simplemente algunos elementos que guardan una relación particular con este tema: la debilidad originaria de la matriz corporativa en el país, vinculada con múltiples fenómenos históricos (el escaso vigor del pasado colonial, la falta de densidad de los clivajes territoriales, la fuerte expansión del imaginario liberal durante la revolución y en las primeras décadas de vida independiente, entre otros); los límites económicos de la influencia corporativa, que guardaba estrecha relación con la fragmentación de la estructura económica local y la relativa dispersión de los grupos económicos dominantes, así como con la propia debilidad general de la implantación capitalista en el país; los bloqueos políticos interpuestos a la posibilidad de un desempeño corporativo hegemónico, lo que se vinculaba en el periodo considerado con temas como la relativa ausencia de cohesión y centralidad políticas de los núcleos empresariales, el influjo de la temprana configuración de los partidos y de la perdurabilidad de su primacía como mediadores y vehículos de consenso e integración, y la limitación del alcance político de las prácticas de origen corporativo, entre otros.

Estas dificultades de liderazgo por parte de los actores sociales coadyuvaron de manera indirecta a la afirmación del estatismo y la preeminencia de los partidos en el proceso de expansión ciudadana. De todos modos, la marginalidad de los actores corporativos y la proyección segmentaria y debilitada de sus acciones no fueron tampoco absolutas. Las propias características de los partidos uruguayos y de muchas de sus interacciones más estables contribuyeron a generar también un espacio relevante para la política de presión, cuyo influjo resultó muchas veces decisivo en el itinerario de las políticas públicas.[29]

En suma, el Estado batllista privilegió con claridad a los partidos como sus interlocutores reconocidos, tendiendo paralelamente a no transferir ese estatuto a los actores corporativos, en particular en lo que hace a la formulación de las políticas generales.[30] Así, el despliegue de esta primacía ciudadana sobre la acción corporativa fue consolidando el arraigo de un conjunto de pautas generales en las relaciones entre sociedad civil y política, signadas en especial por una politización profunda de lo social.

Ciudadanía, Estado y delimitación de lo público

Como han destacado varios autores,[31] el peso relevante del Estado en la formación política uruguaya de 1900 tenía mucho que ver con la forma en que se había procesado históricamente en el país la delimitación del espacio de lo público y la consiguiente configuración originaria de las relaciones entre Estado y sociedad civil. En este sentido, y como ha anotado en particular Francisco Panizza, el Estado uruguayo se constituyó desde las últimas décadas del siglo XIX —junto con los partidos— en un instrumento de construcción política del orden social, al tiempo que también se manifestó tempranamente como un poderoso centro imaginario de la unidad social.[32]

El fuerte influjo de esta doble dimensión instrumental y simbólica del Estado uruguayo se reforzó asimismo a partir de la débil resistencia que encontró en el seno de la sociedad civil, lo que incluso estimuló la ex-

---

[29] *Cf.* Gerardo Caetano, "Partidos, Estado y cámaras empresariales en el Uruguay contemporáneo (1900-1990)", en varios autores, *Organizaciones empresariales y políticas públicas*, Trilce, Montevideo, 1992.

[30] Esto ha llevado a Jorge Lanzaro a sostener que el caso uruguayo constituye un ejemplo sólido de corporativismo liberal-democrático, en cuyo marco pudo asociarse sin mayor violencia un pluralismo corporativo con un sistema partidario de centralidad efectiva y amplia implantación social. *Cf.* Jorge Lanzaro, "Las cámaras empresariales en el sistema político uruguayo: acciones informales e inscripciones corporativas", en varios autores, *Organizaciones empresariales y...*, *op. cit.*

[31] *Cf.*, por ejemplo, Francisco Panizza y Adolfo Pérez Piera, *Estado y sociedad*, FESUR, Montevideo, 1988.

[32] *Cf.* especialmente Francisco Panizza, *Uruguay: Batllismo y después. Pacheco, militares y tupamaros en la crisis del Uruguay batllista*, Banda Oriental, Montevideo, 1990.

pansión del Estado a través de su involucramiento en una multiplicidad de papeles y funciones que excedían con creces el escenario de lo estrictamente político. Desde la constitución-articulación del mercado hasta el cumplimiento de una función arbitral en la distribución del poder económico y social, pasando por su participación visible en los procesos de conformación de identidades sociales, la mera reseña de ese amplio espectro de faenas estatales —algunas cumplidas en forma parcial o en co-participación con los partidos— refuerza la percepción de su preeminencia sobre los actores de la sociedad civil.

En realidad, la centralidad partidaria y la estatal se alimentaron recíprocamente en el proceso de expansión de la ciudadanía, contribuyendo ambas a volver borrosa la distinción tradicional entre las esferas de lo público y lo privado, así como a consolidar la densidad y el arraigo de las mediaciones más estrictamente políticas. De allí surgieron las bases de un sistema político altamente inclusivo, enmarcado en una trama de escenarios dominada por una lógica de vetos y de equilibrios múltiples, a veces enervantes y de complejidad barroca.[33]

Resulta obvio que en este marco el Estado uruguayo desempeñó, a menudo, desde las primeras décadas del siglo, el papel de un centro regulador casi insustituible, con consistencia propia y márgenes de acción relativamente autónomos respecto de las clases dominantes —más dominantes que dirigentes de acuerdo con la lúcida interpretación de Carlos Real de Azúa—.[34] En buena medida a partir de esta peculiar inserción estatal en la sociedad uruguaya, se evidenciaron con frecuencia bloqueos estructurales para la adopción de políticas públicas que representaran bases clásicas estrechas o excluyentes. La consistencia de la mediación partidaria, la ya aludida debilidad hegemónica de los actores sociales y la apropiación de la conducción estatal por un elenco político estable y con índices elevados de profesionalismo constituyeron elementos que reforzaron sin duda esa proyección inclusiva, de concertación, de las políticas públicas, desarrollada —en especial, aunque no exclusivamente— durante los años de predominio del batllismo.[35]

---

[33] Francisco Panizza y Adolfo Pérez Piera, *Estado y sociedad...*, op. cit.

[34] *Cf.* Carlos Real de Azúa, *Uruguay: ¿una sociedad amortiguadora?*, CIESU-Banda Oriental, Montevideo, 1984.

[35] Por cierto que esta es una tendencia genérica y de larga duración en la historia uruguaya contemporánea, la que resultó debilitada en algunos periodos. A este respecto no ocurrió lo mismo bajo el impulso reformista del primer batllismo (1903-1916), que durante el periodo terrista (1933-1938), ni son asimilables en forma directa las experiencias acaecidas durante el neobatllismo

Así, lo público se asoció casi en forma monopólica con lo estatal, mientras que ese Estado de partidos terminó configurando el gran centro institucional de alianzas y compromisos. De ese modo, si la mediación más estrictamente política pudo mantener una relativa autonomía respecto a la representación de los intereses clásicos más directos, quedó sin embargo progresivamente capturada como un espacio de plena concurrencia con la sociedad civil.[36]

Ciudadanía hiperintegradora y disciplinamiento cultural

En este marco, en el momento culminante de su expansión, el modelo de ciudadanía uruguaya devenía hiperintegrador. Este ideal ciudadano se constituía, así, en una de las piezas clave de todo un imaginario uruguayo-batllista,[37] fundado en pautas como la sacralización del consenso, la amortiguación de todos los conflictos y la extensión de una cultura del arreglo (aspectos todos que se veían facilitados por un fuerte disciplinamiento cultural y por el rechazo a la diferencia y la diversidad).[38]

Las disputas decisivas acerca de los principios institucionales fundantes de la asociación política, iniciadas en el siglo XIX, culminaban así con una asimilación muy fuerte entre ciudadanía política e integración social uniformante. Más aún, la misma idea de nación terminaba por identificarse con la legitimidad del sistema político. Las lealtades y pertenencias cívicas —especialmente las político-partidarias— se constituían en el factor dominante para la constitución y renovación del significado de las identidades sociales en el país.[39] En ese periodo decisivo en que se completaba la configuración originaria de todo un sistema institucional de convicciones, valores, símbolos y relatos cívicos, la identidad nacional

(1946-1958), los gobiernos blancos entre 1959 y 1967 o el periodo pachequista (1967-1972). A pesar de ello, creemos que es visible la persistencia de esta tendencia en una perspectiva histórica de más largo aliento.

[36] Francisco Panizza y Adolfo Pérez Piera, *Estado y sociedad...*, *op. cit.*
[37] Con expresión de imaginario uruguayo-batllista se alude a la hipótesis manejada por varios autores uruguayos sobre la batllización simbólica de la sociedad uruguaya, precisamente establecida durante las primeras décadas del siglo XX. *Cf.* Gerardo Caetano, "Identidad nacional e imaginario colectivo en Uruguay. La síntesis perdurable del Centenario", en varios autores, *Identidad uruguaya: ¿mito, crisis o afirmación?*, Trilce, Montevideo, 1992.
[38] Para profundizar en el tema del disciplinamiento cultural en el Uruguay a fines del siglo XIX y comienzos del XX, *cf.* especialmente José Pedro Barrán, *Historia de la sensibilidad en el Uruguay. Tomo II. El disciplinamiento (1860-1920)*, Banda Oriental, Montevideo, 1990.
[39] *Cf.* María del Rosario Beisso y José Luis Castagnola, "Identidades sociales y cultura política en Uruguay. Discusión de una hipótesis", *Cuadernos del CLAEH*, núm. 44, Montevideo, 1988.

de los uruguayos quedaba asociada de manera indisoluble al funcionamiento del sistema de partidos y a la sucesión electoral, a la índole democrático-integrativa del Estado y a la idea misma de pacto republicano.[40]

Este modelo de ciudadanía hiperintegradora sintetizaba sin duda todo un conjunto de otros fenómenos y procesos sociales y culturales ya por entonces definitorios, que marcarían la historia uruguaya en las décadas venideras: desde el impacto de la reforma escolar de José Pedro Varela hasta las características del proceso de inmigración (sobre todo en cuanto a las modalidades de integración y nacionalización de los inmigrantes), la radicalización del impulso secularizador o la expansión de un modelo de medicalización en la sociedad.[41]

La implantación de este peculiar modelo de ciudadanía no estuvo exento de disputas acerca de las formas de constitución óptima del cuerpo político. La renovada confrontación ideológica de blancos y colorados (a través de sus recreaciones modernas del herrerismo y del batllismo) o la acción inicial de los partidos y organizaciones de izquierda en el país estuvieron referidas de manera privilegiada al escenario de esa polémica institucional, que signó el debate de ideas en el Uruguay de 1900. Aunque tampoco en este plano se dieron hegemonías incontrastadas, tendió a predominar un modelo de asociación política orientado al abandono de las identidades previas o de origen (lingüísticas, religiosas, culturales, etc.) como condición indispensable para la integración política y a la concepción general de la política "como la esfera en que las identidades particulares se subliman en un nosotros neutralizado y legalizado..."[42]

Esta forma de concebir la ciudadanía se articuló con todo un entramado cívico-institucional de proyección homogeneizadora, que, a través de la acción siempre predominante del Estado y de los partidos, ofre-

---

[40] En referencia con esto, varios autores han destacado que en el léxico cotidiano y común de los uruguayos, la referencia a la república ha predominado y aún predomina sobre la mención de términos como nación o patria.

[41] En efecto, estos cuatro procesos aludidos (reforma escolar, nacionalización de los inmigrantes, radicalización de la secularización e impulso a la medicalización social) se vinculan de manera directa con el tema y el enfoque de este artículo. En ese sentido, un análisis acerca de las distintas implicaciones socioculturales de la implantación en el país de ese modelo de ciudadanía hiperintegradora se proyecta naturalmente hacia la consideración más específica de estos temas. Un ejemplo singular de las posibilidades de ese enfoque puede obtenerse en la lectura atenta de la última colección de José Pedro Barrán, *Medicina y sociedad en el Uruguay del novecientos*, 3 tomos, Banda Oriental, Montevideo, 1992, 1993 y 1995.

[42] *Cf.* Carlos Pareja, "Polifonía y jacobinismo en la política uruguaya", *Cuadernos del* CLAEH, núm. 49 y 51, 1989.

ció una suerte de "superego ciudadano celoso y absorbente",[43] que brindaba protección y pertenencia pero a cambio de una fuerte restricción para el despliegue de otras lealtades y adhesiones.

Como hemos señalado anteriormente, tal vez en ningún otro escenario como en el modelo escolar (la escuela pública formadora de ciudadanos) o en las modalidades peculiares de integración de los inmigrantes (la sociedad cosmopolita que construye y recibe uruguayos) se pueda observar la profundidad de la propensión de aquel Uruguay de 1900 a funcionar dentro de la cultura cívica oficial. En una clave igualmente general, las formas de delimitación de fronteras entre lo público y lo privado reflejaron también de manera evidente los efectos perdurables de esa uniformación extremada en las modalidades de inclusión ciudadana en el país.

Como bien han señalado Beisso y Castagnola, fundando precisamente esta peculiar articulación entre identidades sociales y cultura política en el Uruguay:

> al ser interpelado en tanto ciudadano, el sujeto [tendió en el Uruguay] a estructurar su identidad tomando como referencia, fundamentalmente, su participación en la esfera pública [...] El sujeto ciudadano tendió a eclipsar al sujeto individual y al sujeto partícipe de un grupo o categoría social particular. Lo general se [impuso] sobre lo particular; la lógica de lo público sobre la de lo privado [...] La visibilidad y el reconocimiento mutuo de los sujetos se [verificó] sobre la base de los códigos y reglas propios de la esfera política. Por lo tanto, el pacto social fundante [...] se (instituyó) sobre la base de los sujetos ciudadanos, sin prestar particular atención a las diferencias propias de la esfera privada.[44]

En suma, esta ciudadanía hiperintegradora, asociada con esa pauta de disciplinamiento cultural que le resultaba casi inherente, se constituía así en uno de los patrones de cultura política más influyentes para el derrotero posterior de la política uruguaya en el siglo xx. Los influjos de esa auténtica matriz política llegan incluso hasta nosotros, aún cuando los horizontes culturales que fundaron la vieja sociedad hiperintegrada no parecen articularse demasiado con las exigencias y desafíos de estos tiempos actuales.

---

[43] *Ibid.*
[44] María del Rosario Beisso y José Luis Castagnola, "Identidades sociales y cultura política en …", *art. cit.*

EPÍLOGO

CIUDADANÍA SIN DEMOCRACIA O CON DEMOCRACIA VIRTUAL
A modo de conclusiones

Gonzalo Sánchez Gómez[*]

La ciudadanía y su centralidad en la configuración de la esfera pública, la igualdad política y su expresión virtual más inmediata, el sufragio universal, aparecen hoy a nosotros como un dato natural de las relaciones sociales. No obstante, lo que esta publicación y el taller que le antecedió nos recuerdan es que tras la aparente evidencia hay una historia, que se desarrolla en múltiples planos, sin un destino manifiesto (así lo reveló la experiencia traumática de las dictaduras en el subcontinente) y como parte de procesos más amplios de la construcción democrática y de la cultura política occidental. Más aún, diversas evoluciones contemporáneas tienden a confirmar que una creciente conquista de libertades y derechos civiles no es incompatible con la persistencia de las desigualdades sociales e incluso con su agravamiento. Es la tensión entre libertad e igualdad, clásicamente formulada por Thomas H. Marshall, y que define todavía hoy el horizonte y el potencial estratégico del ejercicio de la ciudadanía.

Para entender el porqué y el cómo de tales tensiones se consideró útil abrir este diálogo regional latinoamericano y volver a los orígenes, a las imbricaciones entre modelos de desarrollo, sistemas de integración o de exclusión social, mecanismos de expansión de la ciudadanía y elementos de construcción de la identidad nacional. Hilda Sabato asumió el reto, seleccionó un notable equipo intelectual y, con la colaboración del Social Science Research Council y del Instituto de Estudios Políticos y Relaciones Internacionales de la Universidad Nacional de Colombia, lo puso a pensar en voz alta. El resultado es este vigoroso volumen que aparece justamente en un momento de muy escasa y de muy necesitada reflexión sobre los problemas que afectan o conciernen a América Latina.

Las consideraciones que siguen no pretenden ser más que un acta comentada de las sesiones de debate en Bogotá.

[*] Instituto de Estudios Políticos y Relaciones Internacionales, Universidad Nacional de Colombia.

El problema de las definiciones

Para comenzar, cualquier analista del tema debe darse por notificado de la precaución de carácter metodológico enunciada por José Carlos Chiaramonte, según la cual debemos cuidarnos de ver la ciudadanía de hoy como un producto lineal e inevitable de la ciudadanía de fines de la época colonial. Hay que estar alertas a las múltiples posibilidades que en su momento se iban planteando en cada experiencia nacional tras el desplome del pacto colonial, de tal suerte que el registro de la diferencia no sea visto como disonancia de un pretendido modelo, sino precisamente como punto de partida para la construcción de la especificidad.

Si, como lo plantean tanto François-Xavier Guerra como Marcello Carmagnani y Alicia Hernández, la primera forma de transición de la condición de súbdito o vasallo a ciudadano es la de vecino, habría que darse a la tarea prioritaria de dilucidar las fronteras cronológicas y conceptuales entre uno y otro, como sujetos de representación. Se trata de un deslinde que, como se subraya en el trabajo de Antonio Annino, representa todavía una gran empresa cultural por realizar. Con todo se hicieron anotaciones esclarecedoras para la investigación futura, que vale la pena retener.

La categoría *ciudadano* en su forma inicial —se destacó reiteradamente en las exposiciones— no apunta en la América hispana a una comunidad de iguales (como fue la usanza a partir de la Revolución francesa) sino a un campo de privilegios, de vínculos corporativos, y por lo tanto de jerarquías, que tenía, por lo demás, una precisa adscripción espacial; la ciudadanía era, en efecto, un atributo de la ciudad, concebida en aquellos tiempos como la única sede del poder político, monopolizado por las elites. Ello conllevaba la exclusión expresa, o a lo sumo la aceptación resignada, del hombre rural, perteneciente al mundo de la barbarie, por oposición al mundo urbano, el de la civilización, de la política... En este sentido la oposición inicial no es entre ciudadanos y siervos, ciudadanos y esclavos, sino entre ciudadanos y peregrinos, o entre ciudadanos y vecinos (de un lugar, de un municipio, de una comunidad...).

Ciudadano y vecino a comienzos del XIX eran todavía sinónimos, o al menos no tenían claramente delimitadas sus fronteras. A mediados de siglo, la vecindad era incluso un prerrequisito de la ciudadanía, y se convertía en fuente de derechos como el de elegir y ser elegido, y el de tener múltiples vínculos, incluso fiscales, con la comunidad local.

De hecho, como lo señalan los autores arriba citados a partir de estudios sobre el caso mexicano, la primacía de la vecindad reflejaba una inocultable dualidad: de un lado, era una expresión del arraigo y del vigor del provincialismo, de la pluralidad social y política, de la fragmentación político-territorial consagrada en las constituciones federales, en una palabra, de los particularismos, tan extendidos en todo el subcontinente; pero, de otro lado, en el momento en que se hacía perceptible el progresivo debilitamiento de dicha vecindad en aras de un poder político centralizado, se producía una trasmutación significativa puesto que se pasaba entonces de una ciudadanía local a otra general e impersonal (aplicable a toda la población), que es la que le confiere universalidad al derecho al voto. Pero a ello sólo se llegó plenamente en los albores de la Revolución zapatista.

Las peripecias de la ciudadanía

Todos los esfuerzos por hacer la historia de esta categoría política parten de la siguiente premisa: las formas de asociación política del siglo XIX tienen raíces en redes de relaciones tradicionales y comunitarias del periodo colonial, tales como los pueblos y, más importante aún, las parroquias. Es decir, que al comienzo de esta historia había una imbricación comprobable entre la esfera de la religiosidad y la esfera de lo público, entre cristianismo y republicanismo. Es lo que Pilar González llama la "sacralidad de lo público", o la "esfera pública no laicizada", que se desarrolla en una línea no necesariamente secuencial de clubes parroquiales, clubes electorales, clubes de opinión y partidos.

A partir de esta consideración, más que como expansión del ámbito electoral, el proceso posterior puede verse entonces como la irrupción de la sociedad civil en la esfera política (Peralta Ruiz), y como un esfuerzo de autonomización de un espacio público o político en el cual se pudiera resolver la tensión entre derechos y condición corporativa, grupal, estamental y segmentada del orden colonial. Vista de otra manera, la transformación subsiguiente podría considerarse como el salto de la representación o vocería de "intereses" particulares o gremiales —la representación corporativa— a la representación ciudadana (pública).

Sin embargo, sobre la persistencia de las redes comunitarias o las pertenencias tradicionales (clientelas, parentesco) no hubo acuerdo entre los participantes en el coloquio y autores de este libro: en tanto que algunos las ven desapareciendo a comienzos del XIX, otros, como Marta Bonaudo, las ven actuantes a fines del siglo y ni siquiera las consideran del todo incompatibles con la moderna sociedad de hoy. Todavía más: ya a fines de la misma época colonial, en México y Centroamérica, si entiendo bien a Antonio Annino, la ciudadanía y la igualdad no eran atributos exclusivos de individuos sino que fueron apropiados directamente por las comunidades y pueblos, reduciendo así en años posteriores el impacto de la modernidad en las viejas identidades colectivas, y configurando un espacio político en el que, según el mismo autor, se superponen y hasta disputan dos soberanías: una nacional (abstracta, de ciudadanos) y una local (de municipios, pueblos, comunidades). Esto para no hablar de Brasil, en donde, según Richard Graham, la sociedad de órdenes del periodo colonial se prolonga más allá de la Independencia, reproduciendo sus estructuras jerárquicas y esclavistas, pese al circundante discurso demo-liberal. Dentro de esta perspectiva, el orden ciudadano en el siglo XIX era meramente un orden posible o deseable, un orden de "ciudadanos imaginarios", para utilizar la expresiva fórmula acuñada por Fernando Escalante en un texto reciente.

Se trata, desde luego, de una tensión que bajo múltiples formas persiste aún hoy día: la asignación de cuotas fijas de representación a las mujeres en algunos países, la creación de circunscripciones especiales, como las que surgen en Colombia a partir de la nueva Constitución de 1991, para minorías étnicas y para grupos guerrilleros reinsertados, que en aras de un interés estratégico nacional reciben una representación determinada, independientemente de su capacidad electoral, son todas medidas que de alguna forma ponen en evidencia las asimetrías o disonancias entre democracia y procesos electorales.

Frente al orden externo, la representación está mediada por la soberanía. En efecto, con la decisión política de la independencia, los pueblos "reasumen" el derecho a darse, en pie de igualdad, sus propios gobiernos. Pero tampoco aquí se disipa la ambigüedad ya señalada en el concepto de ciudadano ya que cada pueblo se supone portador al mismo tiempo de derechos iguales a los demás, como pueblo, y de derechos diferentes en cuanto titular de privilegios transferidos por la Corona. En ese contexto hay necesidad imperiosa de equilibrar poderes. No hay soberanía única nacional al estilo Revolución francesa, sino esfuerzos por conciliar múltiples soberanías.

Tales ambigüedades doctrinarias son las que dejan el espacio abierto, en la arena política, al juego de relaciones de la trilogía histórica y conceptual ciudadanía-pueblo-nación. François-Xavier Guerra ofrece, no sólo en el trabajo incluido en esta antología sino en otros citados a menudo en el texto, un marco global muy sugestivo para aproximarse a estas transiciones, no siempre resueltas claramente. La nación aparece, según Guerra, a veces como conjunto de estados y a veces como conjunto de ciudadanos.[1]

El otro tema que se insinúa aquí es el de las articulaciones entre poder local, poder regional y poder central o nacional, con sus distintas formas de soberanía; problema al cual podría vincularse uno más, el de la convergencia o divergencia entre representación de pueblos (representación social) y representación de territorios (departamentos, estados, provincias). Chiaramonte no es en verdad muy optimista sobre este juego de relaciones. Su conclusión al respecto es más bien negativa y categórica: antes de mediados del siglo XIX no hay ni ciudadanía argentina, ni ciudadanía bonaerense.

En todos los participantes —salvo explícitamente en el caso de Murilo de Carvalho— la ciudadanía es el resultado de un proceso de afirmación del individuo frente al Estado, al estilo francés. Murilo de Carvalho considera que éste es sólo un camino de construcción, pero que hay otros inclusive de dirección opuesta en los que la construcción de la ciudadanía es una emanación del propio Estado (la *estadanía),* o, dicho de otra manera, en donde la construcción del ciudadano es parte del proceso de construcción de lo público y del Estado. Podría decirse también, dentro de la óptica de Murilo de Carvalho, que el ciudadano no es residuo sino germen de lo público, del orden político; un debate importante que queda abierto a partir de su incitante contraste entre unas naciones latinoamericanas en busca de Estado y un Estado (Brasil) en busca de una nación.

Asimetría entre acto electoral y orden democrático

La función del acto electoral en el siglo XIX hay que verla en el contexto de los sistemas de intermediación que, por fuera del orden jurídico, re-

---

[1] François Xavier-Guerra, "Les avatars de la représentation au XIXe siècle", en Georges Couffignal (comp.), *Réinventer la démocratie,* Presses de la Fondation Nationale des Sciences Politiques, París, 1992, p. 53.

gulan las relaciones entre los múltiples actores y poderes de la sociedad. En este terreno, como lo señala con gran perspicacia Fernando Escalante, el punto de partida es que quienes ganan las elecciones, no son ni los programas, ni los jefes, ni los electores sino los intermediarios.[2]

¿Quién decide y qué es lo que se decide entonces en las urnas? cabría preguntarse. El punto se puede ilustrar con dos ejemplos tan dispares como los de Argentina y Bolivia. En la Argentina, según destaca Marcela Ternavasio, el propio Rosas celebraba ritualmente las elecciones anuales (con lista única), de acuerdo con procedimientos claramente establecidos y controlados incluso personalmente por él, en una típica versión bonapartista de "sufragio sin democracia". En el caso de Bolivia Marta Irurozqui demuestra también cómo el proceso electoral activaba casi inherentemente la corrupción y la violencia, a tal punto que el rito electoral parecía un simple mecanismo de reactualización de una dictadura, consentida o pasiva, de las elites. Asimismo, la igualdad legal de los afrobrasileños, proclamada con la declaración de la República en 1889, revivió el racismo y, tras la disolución de las viejas identidades colectivas de las comunidades negras en el Brasil, empeoró la situación real de éstas (Graham). La evocación de estas experiencias deja explícitamente formulada la posibilidad teórica e histórica de un régimen electoral antiliberal, tributario del orden colonial y no del orden democrático posrevolucionario francés.

Más allá del rito electoral, a la ciudadanía hay que valorarla en relación con un conjunto de prácticas (legales, simbólicas, asociativas) a través de las cuales se promueven los criterios de orientación general de la sociedad.

Límites a la universalización de la ciudadanía y al ejercicio ciudadano

Algunos trabajos, y en particular el de Ternavasio, insinúan campos de reflexión sobre una gran variedad de temas que caen bajo el título de límites al ejercicio ciudadano. Aparte de las restricciones más antiguas, como las derivadas de la capacidad patrimonial del votante (voto censatario, ciudadano propietario) o las relacionadas con los habitantes que se encuentran en lo que Pierre Rosanvallon llama los "márgenes de

---

[2] Fernando Escalante, *Ciudadanos imaginarios*, El Colegio de México, México, 1992, p.118.

la nación"[3] (ciertos grupos étnicos, los extranjeros, los condenados judicialmente), los ciudadanos tropiezan con muchos obstáculos para el ejercicio de sus derechos y la práctica de sus deberes, entre los cuales cabe destacar: los engranajes caciquiles, el confinamiento de sufragantes en sitios de control directo, la compra de votos, el fraude, arbitrarias formas de empadronamiento, la intimidación de los electores, la coacción efectiva, la manipulación de jurados y de escrutinios en las mesas electorales, las restricciones en las opciones, la discriminación entre ciudadanos activos y pasivos, o sea entre electores y elegibles, los mecanismos de financiación de las campañas, hasta llegar a la dictadura, cuya escala de gradación puede ir a su vez desde la simple usurpación del poder hasta la "dictadura legal" (como se calificó a la de Juan Manuel de Rosas en algún momento). Es de subrayar que las formas de gobierno en general, y en particular la dictadura como restricción repentina del espacio público y receso político de la ciudadanía, fueron objeto de escasas referencias.

En todo caso no olvidemos que son estas y otras barreras al sistema electoral las que hacen que recurrentemente la fuerza e incluso las armas (la dinámica guerrera) se conviertan en garantía o alternativa de representación (Pilar González).

No obstante lo dicho, paralelamente a los límites sería importante continuar la línea de indagación de Murilo de Carvalho y extender los estudios sobre la ciudadanía a la sistematización histórica de los deberes cívicos, las responsabilidades del ciudadano (la institución judicial anglosajona del jurado, la defensa de la patria como soldado-ciudadano...) y muy especialmente al campo de lo que podríamos llamar las vivencias ciudadanas subyugadas, o la ciudadanía de catacumbas, en los países en donde el caudillismo, la guerra y las dictaduras prolongadas han sojuzgado las prácticas democráticas.

Mecanismos de movilización, de pedagogía ciudadana y de construcción de opinión pública

A mediados del siglo, como lo demuestra el trabajo de Marcela Ternavasio, los temas son los de una ya consolidada práctica electoral, ritualizada y solemnizada: declaraciones de principios (elaboración de un

---

[3] Pierre Rosanvallon, *Le sacré du citoyen*, Gallimard, París, 1992, p. 41.

programa); mecanismos de selección de candidatos (pactos, convenciones); mecanismos de elección (directa, indirecta); naturaleza de la representación; mecanismos de movilización y agitación (marchas, consignas, arengas); alternancia o continuidad; diferenciadas formas de configuración de los partidos; símbolos de identificación (vestimenta, banderas) cuyos efectos, para que no degeneren en la negación del proceso electoral mismo como fuente de legitimidad, es decir, en la guerra, están sometidos al control ancestral del pacto entre las elites heredado de la Colonia. O, planteado en otros términos, lo que se sospecha es que detrás de la práctica electoral está siempre el fantasma de la guerra.

Las nuevas formaciones o facciones partidistas (que se van consolidando entre las décadas de 1830 y 1850) parecen ser trasmutaciones de los viejos contendientes armados de la independencia o de la preindependencia, lo cual plantea una interesante paradoja: los cimientos del joven orden democrático-republicano reposan en el orden colonial.

Por otro lado, detrás de la práctica electoral está siempre el fantasma de la guerra. Más aún, la política, donde hay fuerzas claramente hegemónicas (la Argentina de Rosas), sustituye la guerra; y la política en situación de vacíos hegemónicos (Colombia) no puede adelantarse sino con el recurso presente o potencial de la guerra. En este último caso, como lo ha señalado Eduardo Posada Carbó, la violencia ha sido históricamente un componente casi consustancial a la práctica electoral.[4] La violencia electoral, cuya gravedad podía ir desde una simple alteración de los escrutinios hasta el trastocamiento de la estabilidad política o la guerra civil, es en Colombia un capítulo peculiar de la construcción de la ciudadanía.

Pero hay otras formas de movilización tumultuaria y otras prácticas colectivas que contribuyen decisivamente a la construcción de la esfera pública y que escapan a la dinámica propiamente electoral: fue el tema de la presentación de Hilda Sabato,[5] y también del trabajo de Francisco Gutiérrez, quienes a través del análisis de los actores nos han mostrado, si se quiere, la democracia en acción, subrayando, además,

---

[4] Eduardo Posada Carbó, "Civilizar las urnas. Conflictos y control en las elecciones colombianas, 1830-1930", en Carlos Malamud (comp.), *Partidos políticos y elecciones en América Latina y la Península Ibérica.1830-1930*, vol. 1, Instituto Universitario Ortega y Gasset, Madrid, p. 145 y ss., febrero de 1995, mimeo.

[5] Su ponencia sobre "Vida política y cultura de la movilización en Buenos Aires, 1860-1880" integra el tomo III de la serie coordinada por M. Carmagnani y A. Hernández Chávez, *Para una historia de América*, Fideicomiso Historia de las Américas-FCE-El Colegio de México, 1999.

la discontinuidad entre clase y discurso político. Curiosamente, esta discontinuidad es llevada a su límite por Gutiérrez a partir de un seguimiento riguroso de los vaivenes y la dinámica entre sistema electoral y propiedad, dinámica que, contra todo lo esperado, está llena de sutilezas.

Se nos abren así otros caminos para repensar la construcción del espacio público y la democracia a partir de la consolidación de múltiples instancias intermediarias entre la sociedad civil y el Estado: clubes, sociedades, asociaciones, así como las prácticas que implican las concentraciones multitudinarias con sus escenarios propios (plazas, teatros, avenidas), concentraciones de las cuales nos hace la anatomía Hilda Sabato. Eran prácticas que en su propio despliegue ponían al desnudo la precariedad de la movilización electoral. Éstas, más que actos de delegación del poder o de representación, eran actos de poder.

Simplificando las cosas habría por lo menos cuatro formas de intervención política: la electoral, la armada, la asociativa y la de la movilización callejera, que combinan diversas temporalidades. Algunas de ellas corresponden a expresiones episódicas de la acción política (una revuelta, una guerra); otras podrían ser consideradas como manifestaciones propias de un periodo (la irrupción de un movimiento mesiánico-religioso) y, finalmente, otras que forman parte del bagaje histórico de la moderna sociedad política.

Desde luego es necesario seguir avanzando en el análisis de otras formas o instrumentos de construcción de opinión pública que han quedado por fuera de los debates: periódicos, pasquines, folletos, hojas volantes y, más en general, la imprenta, que cumplen un importante papel movilizador electoral entre la población alfabeta. Pero sin olvidar que en las condiciones educativas de la época había otros recursos y prácticas coadyuvantes en la formación de opinión pública entre la población analfabeta, tales como tertulias, rumores, proclamas, conversaciones callejeras, en tiendas, chicherías, cabildos, clubes y púlpitos (Posada Carbó ha hecho referencias útiles al respecto).

Hasta aquí, y con respecto a este punto, quisiera subrayar una carencia mayor en el conjunto de los estudios presentados en este libro: se abunda en temas que pueden considerarse muy instrumentales, de mecánica, y en otros muy novedosos, como los clubes, pero están relativamente ausentes los más obvios. En primer lugar los partidos como mediadores en los procesos de representación, salvo en la ponencia de Bonaudo y forzosamente en el análisis del partidocéntrico y Estadocéntrico Uruguay, realizado por Gerardo Caetano (tan cercano en muchos aspectos al caso de Colombia).[6] A lo dicho se podrían agregar otras tres ausencias señaladas por Carmen McEvoy: la historia parlamentaria, la cultura cívica y la educación republicana.

Sería también muy ilustrativa una mirada al reverso de muchos de los temas aquí tratados, por ejemplo el abstencionismo en su despliegue bifronte, como movimiento anticiudadano y también como reafirmación de ciudadanía. Es, entre otros, un interrogante clave en una América Latina en la cual, al decir de Norbert Lechner, no sólo la democracia sino la política misma se encuentra en transición.

LAS EXCLUSIONES DE LA CIUDADANÍA

La *polis* latinoamericana del siglo XIX es extraordinariamente localizada y segregada. Como se demuestra en varios ensayos, la democracia electoral era ante todo un asunto de elites. Por ello, a pesar de que las elecciones, como lo plantea Posada Carbó, puedan ser consideradas como eventos centrales en la formación de las diversas naciones, hay otro tema que requiere mayor investigación y es el de las exclusiones de la *polis* como cuerpo deliberante.

En efecto, quedaría todavía mucho por hacer en el rastreo de los no ciudadanos, de los no representados ni representables. Naturalmente, en la mayoría de los casos, la cadena de las exclusiones abarcaba específicamente a los esclavos, los extranjeros, los condenados judicialmente y muy notoriamente a los que no tuviesen la subsistencia asegurada, determinada edad o condiciones de alfabetismo. Y ello sin contar al medio país femenino, cuya exclusión dividía de una vez por la mitad la democracia representativa. Porque, como también lo plantearon las mujeres, las "porteñas federales", sin ellas el recinto parlamentario era un lugar semivacío (Marcela Ternavasio). Era, hay que recordarlo, una exclusión basada no en el hecho de ser mujer sino en una razón anterior, su pertenencia, en términos de la legislación civil, al universo de los dependientes, lo que la hacía equiparable al menor de edad.

La ciudadanía en el siglo XIX era, por así decirlo, una ciudadanía aristocrática, o, como lo señalara categóricamente Fabio Zambrano, un atri-

---

[6] Pero si bien en Uruguay lo social se articula a partir del Estado y los partidos, en Colombia los ejes articuladores son la Iglesia y los partidos (¿teocracia y bipartidocracia?), lo que hace muy borrosas las fronteras entre conciudadanos y correligionarios.

buto de "la elite ilustrada, masculina y económicamente independiente". Este complejo proceso de construcción y de prácticas ciudadanas nos lleva a esta constatación importante: en última instancia el ciudadano era un igual rodeado de desiguales.

La carencia de la ciudadanía sensibilizaba no sólo a los excluidos sino a muchos otros sectores de la sociedad. De ahí que un tema como el sufragio fuera en el siglo XIX, según lo ha subrayado Pierre Rosanvallon, fuente de polarizaciones sociales, de perplejidades intelectuales y de sueños utópicos.[7] Ello es un indicativo de la magnitud de lo que estaba en juego.

El caso de los extranjeros e inmigrantes es, a este propósito, muy revelador y plantea por lo menos dos problemas sugestivos, evocados para el caso argentino en el texto de Marta Bonaudo: primero, el de la naturalización, que visto desde la óptica de quienes se proponen la liquidación del Estado, como los anarquistas que luchan por una patria y por una ciudadanía universales, resulta fácil, pero que visto en cambio desde la perspectiva de la sociedad establecida que se propone "construir Estado" resulta muy difícil de asimilar. Se trata, en todo caso, de un conjunto social cuyo papel suscita una reflexión más honda. Los excluidos, en el acto mismo de la exclusión, descubren su potencialidad. Su exclusión de la política no les impide de hecho hacer política, incluso con el lenguaje duro de las armas y la rebelión. El excluido (del sufragio) descubre la riqueza inmensa de ser ciudadano, como actor que va más allá del ejercicio del derecho a voto, del acto electoral, y se interroga sobre todos los derechos políticos y sociales a que puede apelar en el nivel municipal a través de su involucramiento pleno en los asuntos locales (la economía, la administración y la cultura).

La representación política no electoral

El otro punto que queda planteado es el de las formas de representación, sociabilidad y relaciones políticas que no pasan por el rito electoral. Se trata de otras maneras de escenificación y ampliación de lo público que no aparecen explícitamente como modos de expresión política o ciudadana. Nos referimos a las formas asociativas que contribuyen, como lo plantea Carlos Forment, a la formación e institucionalización de una sociedad civil democrática.

[7] Pierre Rosanvallon, *op. cit.*, p. 12.

Algunos de los trabajos señalan incluso que la escasa participación de las elites en los eventos electorales se debe no sólo al hecho de que cuentan con otros canales de acceso al poder político, sino también a que participan en las etapas claves del proceso, como la selección de candidatos a través de medios asociativos privados con fuerza decisoria, como los clubes, las tertulias y los cafés, que hacen innecesaria su participación en el comicio. Para las clases adineradas, la política era, en el siglo XIX al menos, un mal negocio. Pilar González muestra de qué manera era compatible una alta politización de la vida pública con una baja participación electoral, a mediados de siglo en Buenos Aires. La exploración más sistemática de la línea asociativa de la democracia y la ciudadanía, por oposición a la que podríamos llamar la línea individualística, es planteada por Carlos Forment, sin que los restantes trabajos la aborden en todas sus implicaciones.

En esta visión ampliada y renovada de la ciudadanía hay que resaltar también el tema del soldado republicano y el de las guerras civiles como escenarios claves de socialización política. Peralta Ruiz y Murilo de Carvalho nos hablan, así, del ciudadano de las barricadas, de las "milicias cívicas", del "ciudadano armado" encarnado en las diversas Guardias Nacionales, las cuales representan en muchos casos la plenitud de las virtudes cívicas, sobre todo allí donde la carencia de formas de sociabilidad política constituye el dato primario. Habría que insistir en la necesidad de hacer también la historia de las prácticas cívicas (ciudadanas) anteriores a la construcción de un espacio público-político-electoral. Antonio Annino refuerza el planteamiento al señalar que incluso los levantamientos del XIX forman parte de la problemática de la ciudadanía y la representación. No cabe duda: aquí es lícito y necesario sumar, ya que, como resulta evidente a estas alturas, el rito característico del ciudadano en el siglo XIX incluye efectivamente ir a elecciones, pelear, pagar impuestos y conversar.

Desde la perspectiva aquí considerada, no sobra advertir que una espontánea visión sufragista de la participación política tendría que estar balanceada con el impulso decisivo a una visión asociativa de la misma. No son perspectivas en principio incompatibles, pero puede haber desencuentros. De hecho, para las comunidades indígenas y campesinas la participación política electoral se lograba a menudo a costa de su autonomía, de su cohesión interna y de sus tradiciones culturales. Si se quiere el ejemplo de signo contrario, habría que destacar que para los artesanos de la Nueva Granada, estudiados por Francisco

Gutiérrez, resultó mucho más productivo (social, cultural y políticamente) asociarse y proyectarse a través de sus propias Sociedades Democráticas que embarcarse en las reyertas partidistas. La revuelta artesanal neogranadina de 1854 puede ser vista en este contexto como una de las más protuberantes "invasiones" de sectores populares a los espacios públicos, tradicionalmente reservados a las elites. *A contrario sensu,* la Semana Magna de Lima en 1844 ilustraría la recuperación ruidosa de los espacios perdidos por parte de los sectores tradicionales (Víctor Peralta Ruiz).

Lo expuesto no excluye en absoluto la superposición de formas asociativas tradicionales y modernas (religiosas y políticas), como las cofradías y los clubes electorales (Pilar González), o de varias de las modernas, tales como clubes electorales y logias, o asociaciones culturales y artesanales. Pero, en todo caso, lo que se quiere enfatizar aquí es la necesidad de avanzar en el estudio de una línea de construcción ciudadana y de decisión política a partir del espacio privado (Murilo de Carvalho).

Las nuevas formas de hacer política

En este texto y en el taller que le precedió hemos concentrado nuestra atención en el escrutinio de las formas como históricamente se ha hecho la política. Quedaría abierta la puerta para plantearse más explícitamente el tema de la crisis de las tradicionales formas de hacer política —que se ha hecho patente con particular agudeza en los regímenes posdictatoriales— y las novedades que en ese campo se pueden atisbar. ¿Cuáles son los nuevos objetos de la política hoy? ¿Cuáles las configuraciones de las nuevas fuerzas políticas? ¿Qué es eso de la crisis de la política, según unos, o de la revalorización de la misma según otros, de la desafección de los partidos como rasgo generalizado de la cultura política occidental? ¿Cómo se vive en América Latina la crisis de las identidades políticas (izquierda, derecha) y a partir de qué referentes construir nuevas identidades? ¿Está atravesando América Latina una crisis de representación o una expansión y fragmentación de la misma? ¿Qué significa el sorprendente éxito del discurso de la antipolítica y a qué se debe el éxito de otras formas más o menos espontáneas de organización, de representación y de acción colectivas, como los llamados "nuevos movimientos sociales" ("movimientos cívicos", de ecologistas, de mujeres, de pacifistas, de pobladores, de defensa de los derechos humanos y otros)? A diferencia del siglo XIX, cuando expansión de los partidos y expansión de la ciudadanía eran vistos como procesos paralelos, hoy la participación y la representación políticas presuponen a menudo la superación de los partidos tradicionales e incluso la suplantación pura y simple de la forma partido, como la forma paradigmática o natural de la participación o incorporación. Y si a lo anterior se agregan el surgimiento de remozadas maneras de neocaudillismo y la pregunta por las posibilidades de compatibilizar procesos de descentralización y de "ciudadanización", lo que nos va quedando entre manos es todo un programa de investigación para hacer el puente entre el siglo XIX y el momento presente, que trasciende los contenidos mismos de la ciudadanía. Habremos llegado entonces a lo que nos había anticipado Antonio Annino: que la ciudadanía se ha transformado de objeto en instrumento de investigación y que, más importante que lo que la ciudadanía es, resulta lo que se hace con ella en un país y en una época.

ÍNDICE

Presentación 7
Agradecimientos 9
Introducción, Hilda Sabato 11

Primera Parte
LOS ORÍGENES DE UN PROBLEMA

El soberano y su reino. Reflexiones sobre la génesis del ciudadano en América Latina, François-Xavier Guerra 33
   Prioridad y primacía de la nación 36
   ¿Ciudadanos o vecinos? 40
   Elecciones y representación 48

Ciudadanía versus *gobernabilidad republicana en México. Los orígenes de un dilema*, Antonio Annino 62
   Introducción 62
   El desliz de la ciudadanía 66
   Fisiologías colectivas de la ciudadanía: los pactos y las normas . 74
   La semántica católica de la ciudadanía 81
   Sincretismos culturales de la ciudadanía 86
   Conclusiones 92

Ciudadanía, soberanía y representación en la génesis del Estado argentino (c. 1810-1852), José Carlos Chiaramonte 94
   El sujeto de la representación 96
   La calidad de "vecino" a partir de la Independencia 99
   La calidad de vecino y la participación política de la campaña . . 101
   La concepción de la soberanía y la forma de representación . . . 105
   "Eructando derechos de pueblos" 107
   El conflicto en torno a la forma de representación 109
   Buenos Aires y el mandato imperativo 110
   Consideraciones finales 114

Segunda Parte
FORMAS DE REPRESENTACIÓN Y DE PARTICIPACIÓN PÚBLICA

Hacia un régimen de unanimidad. Política y elecciones en Buenos Aires, 1828-1850, Marcela Ternavasio 119
    Entre la legalidad electoral y la tradición pactista 122
    ¿Qué tipo de representación? El gran debate (1829-1835) 128
    La unanimidad rosista 132

Los clubes electorales durante la secesión del Estado de Buenos Aires (1852-1861): La articulación de dos lógicas de representación política en el seno de la esfera pública porteña, Pilar González Bernaldo . . . . : 142
    Los clubes electorales: de la comunidad de culto a la esfera pública 144
    La dirigencia de los clubes electorales 150
    Los clubes como instancia representativa 153

Alternancia y república: Elecciones en la Nueva Granada y Venezuela, 1835-1837, Eduardo Posada Carbó 162
    Sufragantes y electores 164
    República y alternancia 166
    "Noticiosos libres" y "espectadores eleccionarios" 171
    Conclusiones 177

La literatura plebeya y el debate alrededor de la propiedad (Nueva Granada, 1849-1854), Francisco Gutiérrez Sanín 181
    Introducción 181
    El patrimonialismo y sus contradictores 185
    La irrupción democratizante (1849-1852) 188
    Retroceso triunfal (1852 y 1853) 193
    La inflexión pretoriana (abril-diciembre 1854) 196
    Conclusiones 200

La sociedad civil en el Perú del siglo XIX: democrática o disciplinaria, Carlos A. Forment 202
    La sociedad civil, la ciudadanía y los regímenes democráticos . . . 204
        ¿Habermas o Foucault?, 204

La guerra civil y la vida pública en Perú: 1830-1845 207
Los salones familiares: Lima, Cuzco y Arequipa, 207; La radicalización de la vida privada y la militarización de la vida pública, 210

La estabilidad cívica y la redefinición de la sociabilidad de la elite: 1845-1875 213
Narración de la vida pública: el catolicismo cívico, 214; La experiencia de la vida pública: inclusión y exclusión, 222

Observaciones finales 228

EL mito del ciudadano armado. La "Semana Magna" y las elecciones de 1844 en Lima, Víctor Peralta Ruiz 231
Los laberintos del orden corporativo limeño 232
Domingo Elías y la Semana Magna de 1844 236
La elección presidencial de 1844 246
Conclusiones 252

La experiencia republicana: política peruana, 1871-1878, Carmen McEvoy 253
Arqueología del saber republicano 256
El republicanismo al ataque 258
Los vaivenes de la República Práctica 264
Conclusiones 267

De representantes y representados: Santa Fe finisecular (1883-1893), Marta Bonaudo 270
El Partido Constitucional ¿una facción más? 271
El partido o club como instancia de representación, 271; La ruptura del pacto y la emergencia del Partido Constitucional, 273; El gobierno de la voluntad popular como consigna, 276; Los constitucionalistas en la disyuntiva: ¿política de elites o política de ciudadanos?, 280

Los no ciudadanos entre la representación virtual y la formal . . 283
El CPE en las colonias: abandonar "un momento el arado para acordarse de que es ciudadano", 288

¡Que vienen los mazorqueros! Usos y abusos discursivos de la corrupción y la violencia en las elecciones bolivianas, 1884-1925, Marta Irurozquri 295
Instigadores y ejecutores 300
De los instigadores y pagadores, 303; De los ejecutores y culpables, 309

Conclusiones 324

ÍNDICE

Tercera Parte
LA CIUDADANÍA EN EL LARGO PLAZO

Dimensiones de la ciudadanía en el Brasil del siglo XIX, José Murilo de Carvalho 321
Dimensiones de la ciudadanía 321
Ciudadanos brasileños en el siglo XIX 326
Votantes, 327; Jurados, 328; Guardias nacionales y soldados, 332
Ciudadanos en negativo 338
¿Cuál ciudadano? 342

Ciudadanía y jerarquía en el Brasil esclavista, Richard Graham . . 345

La ciudadanía orgánica mexicana, 1850-1910, Marcello Carmagnani y Alicia Hernández Chávez 371
Vecindad y ciudadanía: aspectos de una continuidad 373
La transformación liberal 382
Ciudadanía y orden liberal 393
Algunas consideraciones 401

Ciudadanía política e integración social en el Uruguay (1900-1933), Gerardo Caetano 405
Introducción 405
Algunos desafíos teóricos: de modelos y secuencias rígidas a una renovación analítica desde la pluralidad 407
La expansión de la ciudadanía política en el Uruguay reformista del "primer batllismo" 410
Los legados políticos de la "tierra purpúrea", 410; Impulso y freno del afán reformista del primer batllismo, 413; El periodo formativo del sistema de partidos, 415; La expansión electoral y su capacidad integradora, 417
Ciudadanía e integración social: Entre la sociedad hiperintegrada y el disciplinamiento cultural 421
Debilidad hegemónica y predominio de la matriz ciudadana sobre las lógicas corporativas, 422; Ciudadanía, Estado y delimitación de lo público, 423; Ciudadanía hiperintegradora y disciplinamiento cultural, 425

EPÍLOGO

Ciudadanía sin democracia o con democracia virtual. A modo de conclusiones, Gonzalo Sánchez Gómez 431

El problema de las definiciones 432
Las peripecias de la ciudadanía 433
Asimetría entre acto electoral y orden democrático 435
Límites a la universalización de la ciudadanía y al ejercicio ciudadano 436
Mecanismos de movilización, de pedagogía ciudadana y de construcción de opinión pública 437
Las exclusiones de la ciudadanía 440
La representación política no electoral 441
Las nuevas formas de hacer política 443

Este libro se terminó de imprimir y encuadernar
en el mes de junio de 1999, en los talleres
de Impresora y Encuadernadora Progreso, S. A.
de C. V. (IEPSA), Calz. de San Lorenzo, 244;
09830 México, D. F.
Esta edición consta de 3 000 ejemplares.

FIDEICOMISO HISTORIA DE LAS AMÉRICAS

Series Ensayos y Estudios

Bataillon, Claude: *Espacios mexicanos contemporáneos*

Carmagnani, Marcello: *Federalismos latinoamericanos: México, Brasil, Argentina*

Hernández Chávez, Alicia: *La tradición republicana del buen gobierno*

——: *Anenecuilco, memoria y vida de un pueblo*

—— (coord.): *Presidencialismo y sistema político. México y los Estados Unidos*

——— (coord.): *¿Hacia un nuevo federalismo?*

Marichal, Carlos (coord): *Las inversiones extranjeras en América Latina, 1850-1930. Nuevos debates y problemas en historia económica comparada*

Miño, Manuel: *La protoindustria colonial hispanoamericana*

Murilo de Carvalho, José: *La ciudadanía y su desenvolvimiento en Brasil*

Rodríguez O., Jaime E.: *La independencia de la América española*

Romano, Ruggiero: *Coyunturas opuestas: la crisis del siglo XVII en Europa y América*

———, *Moneda, seudomoneda y circulaci[on monetaria en las econom[ias de México, 1732-1822*

Trabulse, Elías: *Ciencia y tecnología en el Nuevo Mundo*

Zapata, Francisco: *Autonomía y subordinación en el sindicato latinoamericano*

Serie Hacia una nueva historia de México

Carrasco, Pedro: *Estructura político-territorial del Imperio tenochca. La Triple Alianza de Tenochtitlan, Tezcoco y Tlacopan*

López Austin, Alfredo, y Leonardo López Luján: *El pasado indígena*

Serie Hacienda Pública

Carmagnani, Marcello: *Estado y mercado. La economía pública del liberalismo mexicano, 1850-1911*

Zebadúa, Emilio: *Banqueros y revolucionarios: la soberanía financiera en México, 1914-1929*

Cárdenas, Enrique: *La hacienda pública y las políticas de presupuesto, 1929-1958*

———, *La hacienda pública y la política económica, 1950-1994*

Izquierdo, Rafael: *Política hacendaria del desarrollo estabilizador, 1958-1970*

Ortiz Mena, Antonio: *El desarrollo estabilizador: Reflexiones sobre una época*

Serie Breves Historias de los Estados

Aboites, Luis: **Breve historia de Chihuahua**

Cavazos Garza, Israel: **Breve historia de Nuevo León**

Martínez Assad, Carlos: **Breve historia de Tabasco**

Meyer, Jean: **Breve historia de Nayarit**

Monroy, Isabel y Tomás Calvillo: **Breve historia de San Luis Potosí**

Muriá, José María: **Breve historia de Jalisco**

Flores Olague, Jesús, et al.: **Breve historia de Zacatecas**

Rendón, Ricardo: **Breve historia de Tlaxcala**

Rojas, Beatriz y Salvador Camacho: **Breve historia de Aguascalientes**

Romero, Miguel: **Breve historia de Colima**